国外毛泽东研究译丛（第二辑）
主编　石仲泉　萧延中

Mao Tse-tung

毛泽东

[美] 斯图尔特·施拉姆　著
Stuart Schram

王应一　唐秀兰　何祚康　杨德　译
萧延中　审译

中国人民大学出版社
·北京·

纪念国际上卓越的毛泽东研究者和毛泽东著作翻译家施拉姆教授

（To commemorate Professor Stuart R. Schram, one of the world's most prominent researchers on the study and translation on the works of Mao Zedong）

诚挚感谢施拉姆夫人(Ms. Marie-Annick Schram)授予本书版权并提供大量相关信息

(We gratefully acknowledge the courtesy of Madam Marie-Annick Schram for granting us related permissions and providing abundant information to support the publishing of this work)

诚挚感谢哈佛大学费正清中国研究中心图书馆资深馆员南希·赫斯特女士(Ms. Nancy Hearst)为本书的出版提供施拉姆图片、手稿等档案资料以及多方面的慷慨援助

(We gratefully acknowledge the courtesy of Madam Nancy Hearst, the senior librarian of Fairbank Center for Chinese Studies, library of Harvard University, for providing photos, manuscripts and other archives of Stuart Schram to support the publishing of this work)

斯图尔特·施拉姆

1988 年施拉姆参观韶山毛泽东故居

1988 年施拉姆参观中南海丰泽园

1988 年施拉姆在湘潭大学发表演讲

1989 年施拉姆于哈佛大学费正清中国研究中心

1993 年钓鱼发烧友施拉姆于家乡美国明尼苏达州

2002 年施拉姆于法国南部

施拉姆在法国的家中

总　序

毛泽东是举世公认的20世纪最为重要的政治家、革命家和思想家之一，同时也是一位天才诗人。由于他对现代中国之思想、制度和社会产生的深刻影响，也由于他对建构20世纪国际政治格局做出的重要贡献，几十年来，对毛泽东本人及其思想体系的研究已经成为一个具有长久意义的学术领域。毛泽东不仅是属于中国的，也是属于世界的。尽管国外的毛泽东研究在理论目标、分析方式、社会功能和学术立场等方面与国内存在差异，但在全球化的宏观视角下，其研究成果，应当被看作整体毛泽东研究的一个重要组成部分。它们与国内毛泽东研究一起，对这一学术领域做出了积极的贡献。

基于这样的一种视阈和理解，我们在众多国外毛泽东研究的学术著作中，精选翻译了部分佳作，编成“国外毛泽东研究译丛”，以纪念这位旷世伟人，并进一步推进毛泽东及其思想研究的深入扩展。我们选译的基本原则是，站在21世纪全球化的历史视野上，严格遵奉学术理据和研究逻辑，精选经过历史检验，具有较强理论价值和持久性影响，持论较为公允客观，论说严谨缜密的名著。对于那些具有严肃治学精神和审慎推理论证的作品，即使与我们的学术观点不尽一致，甚至在一定程度上存在着观念冲突，也在选择范围之内。“他山之石，可以攻玉”，我们希望把这一睿智古训真正转变为学术行动。

“国外毛泽东研究译丛”是中国人民大学国际关系学院政治学系“中国政治研究”课题的一个子项目，是这个教学科研共同体集体努力的成果之一。我们期望这次翻译的几部著作不是译介编研工作的结束，而是一项系统科研工程的开始。我们愿意把这项工作继续下去。

在“国外毛泽东研究译丛”出版之际，我们首先感谢以下诸教授：

本杰明·I·史华慈（Benjamin I. Schwartz）；

斯图尔特·R·施拉姆（Stuart R. Schram）；

魏斐德（Frederic Wakeman，Jr.）；

莫里斯·迈斯纳（Maurice Meisner）；

约翰·布莱恩·斯塔尔（John Bryan Starr）；

布兰特利·沃马克（Brantly Womack）；

罗斯·特里尔（Ross Terrill）；

杨炳章（Benjamin Yang）。

这些教授不仅慷慨允诺让我们翻译其各具特色的学术名著，而且其中不少人专此为“国外毛泽东研究译丛”撰写了“中文版序言”，这无疑是对我们的信任和支持。

国内毛泽东研究的著名学者逄先知、龚育之、冷溶、朱佳木、李忠杰、金冲及、李君如、李捷和陈晋等教授，不仅慨然允诺担任本译丛的学术顾问，而且多次对翻译工作给予指导，这对我们是极大的鼓舞。李君如教授还就统一国外著者的译名作了专门指导，使翻译工作避免了不少差错。中共中央文献研究室第一编研部的专家们，在学术方向上的直接指导以及在史料的校译、勘误方面所提出的大量关键性意见，使本译丛的质量有了进一步提高。来自国家社会科学研究机构和著名高校的编委们，从不同学科的多元视角，为选编工作提出了许多中肯的意见。中共中央文献研究室原“国外研究毛泽东思想资料选辑”编辑组工作人员前此的开拓性研究和贡献，不仅给予编选以诸多经验和启发，而且直接为具体的译介工作提供了宝贵的便利条件。在此，我们向上述所有关心、支持本译丛的学者和单位以及图片的提供者，一并表示由衷的谢意。

对书中出现的引文，编译者采取如下的文献处理原则：凡国内有对应的公开发表的毛泽东著作者，均已按中文版本原文进行了核校；凡确属毛泽东文稿，但未公开发表者，按相关文献进行了核校，如凡引用日本学者竹内实主编《毛泽东集》和《毛泽东集》补卷者，按该书进行核校；凡属不能确定是否为毛泽东著作的引文，则尊重原作者的引文，未加处理，如凡引用《毛泽东思想万岁》和国外报刊报道的文献，一律按外文原文译出。

译介工作本是一件永远达不到尽善尽美境界的苦差，语际书写过程中的误读、遗漏和错置等都在所难免。我们恳切期望和真诚欢迎来自国内外专家学者以及广大读者的指教和批评。

石仲泉　萧延中

中文版序

施拉姆教授著《毛泽东》这部政治传记，以较为丰富的文献资料为基础，对毛泽东从青少年时期直至“文化大革命”初期的革命生涯和思想发展进行了比较系统的叙述和分析，与国外同类著作相比，有较高的参考价值，值得一读。

我们在编译过程中对这部著作的成就和缺点，对它的可供借鉴之处和不足之处形成了一些初步看法。下面从几个方面简略地谈谈我们的认识和意见，以就教于广大读者。

一

一本具有科学性的政治传记，首先需要对传主有一个科学的评价和认识。毛泽东是伟大的马克思主义者和无产阶级革命家，但晚年犯有严重错误。如何对毛泽东作出客观的和公正的评价，不仅涉及如何认识中国革命的历史，也涉及如何理解中国人民的感情。作者施拉姆虽然不是马克思主义者，对毛泽东的分析不可能不受西方的文化价值观念的影响，但作为一位学者，他能够尊重历史、尊重事实，从总的方面来说，对毛泽东的理论和实践活动作出了比较客观的评价。

比如，作者在说到毛泽东在中国革命历史中的作用时认为，今日之中国是经过半个世纪之久的革命后诞生的，而这场革命的方向实质上是由既是理论家又是革命家的毛泽东决定的。离开毛泽东，既不能理解中国革命的历史，也不能认识它的现状和未来。

作者还认为，彻底改造旧中国，把中国人民中蕴藏的无穷力量解放出来，恢复中华民族在国际上应有的地位，这是毛泽东对中国人民的最大贡献。

作者还指出，毛泽东在中国的条件下运用马克思主义，把“马克思主义在中国具体化”，为中国革命指出了一条通向胜利的独特道路，这是他个人在理论和实践上的最大成就。

作者对毛泽东的这些评价，基本概括了毛泽东的历史伟绩。“马克思主义在中国具体化”是中国共产党在形成“毛泽东思想”这一科学概念过程中使用过的提法，用以表明毛泽东思想是马列主义普遍真理与中国革命具体实践相结合的产物。

施拉姆使用这一概念，侧重强调的是毛泽东思想是马克思主义同经过改造的中国传统文化、同中国革命的民族主义目标相结合的产物。他所谓的“民族主义”是指这样一种思想：整个中华民族不仅是个重要的历史统一体，而且是一种强大的历史进步力量；中华民族的尊严和对世界文明的贡献，不仅是反帝斗争的旗帜，而且它们本身就是极为重要的价值。施拉姆相当重视这种民族主义在毛泽东的理论和实践中的作用，认为它是引导毛泽东走向真正马克思主义的桥梁。他以西方习惯的思维方式强调这种民族主义在毛泽东思想形成过程中的作用，与中国共产党对“马克思主义在中国具体化”的理解当然有所不同，但从整体看来，他认为毛泽东思想是具有中国特点的马克思主义，并充分评价毛泽东思想在中国革命中的指导作用，这还是应予肯定的。

施拉姆对毛泽东在民主革命时期和社会主义改造时期的活动持基本肯定态度，与国内研究者的认识基本接近；他对于“大跃进”特别是“文化大革命”进行了激烈的批评，尽管有些用语较为尖刻，甚至令人感到苦涩，但在总的方面是与我国学者的认识相近的。

施拉姆认为，新中国成立后，迫切的任务是迅速发展经济，推进整个社会的现代化。完成这个任务，应遵循客观经济规律，以科学的务实精神，进行细致的组织和管理工作。这样一来，战争年代许多成功的经验就不适用了。因此，他不赞成“大跃进”的急躁冒进和“文化大革命”在政治和思想领域的极端做法，认为这是不适当地照搬指导战争的某些方法，不利于社会经济的稳步发展。

应当看到，《毛泽东》一书的作者对毛泽东晚年的一些做法和观点虽然有一些偏颇之论，但他公允地指出，不是毛当前的活动，而是毛的政治和思想遗产及将来产生的影响才是判断毛历史地位的决定因素，并且对“文化大革命”的前途作了合乎中国历史发展进程的预测。一个西方学者早在1967年就能有这种认识，应当说是不容易的。

二

传记作品的学术价值，在很大程度上取决于书中的史实是否准确、资料是否翔实。

我们看到，在本书的前半部分，作者比较认真地进行了资料收集和考证工作。例如，他为了核实毛泽东抗战时期的一句话，曾多次同埃德加·斯诺书信往来，终于挖掘出斯诺及其夫人当年的一些笔记和文稿。

从书中可以看出，作者广泛利用了西方、苏联、日本和台港研究毛泽东和中共党史的著作和回忆录。其中比较重要的有斯诺的《西行漫记》和《中国的新西北》、陈志让的《毛泽东与中国革命》、艾伦·惠廷的《苏联对华政策：1917—1924 年》、康拉德·布兰特的《斯大林在中国的失败》、诺思与尤丁合著的《罗易赴华使命》、诺思的《莫斯科和中国共产党人》、鲍罗廷的秘书维什尼亚科娃-阿基莫娃的回忆录《中国大革命见闻（1925—1927）》、查默斯·约翰逊的《农民民族主义与共产党政权：革命中国的出现（1937—1945）》、萧祚良的《中国共产主义运动内部权力消长史料（1930—1934）》、邹谠的《美国在中国的失败（1941—1950）》，以及海伦·福斯特·斯诺和史沫特莱等人的几十部著作。其中许多著作在我们国内尚无正式译本，它们有的提供了具有相当价值的第一手材料，有的进行了独到的研究。作者以广泛的资料为基础，才得以对毛泽东前期的一些活动作出比较可靠的分析。

毛泽东的革命活动和思想发展是个复杂的过程，要准确地反映和分析这个过程，除了参考各种研究著作和回忆录外，最重要的当然是研究毛泽东本人的著作。我们看到，作者在这方面进行了比较扎实的工作。他除了研究新中国成立后出版的中文版和英文版《毛泽东选集》外，还参阅了毛泽东在《新青年》、《湘江评论》、《向导》周报、《红色中华》、《中央政治通讯》、《中央军事通讯》、延安《解放日报》等报刊上发表的文章，以及新中国成立前各解放区出版的不同版本的毛泽东著作和流传出去的国内尚未公开发表的毛泽东在党内的一些讲话。

对于收集到的文献资料，对于有关著作中的不同说法和观点，作者采取了较为审慎的态度，进行了比较、鉴别和考证。例如，对于张国焘在其回忆录中的某些说法，作者就力求利用各种旁证材料进行分析和批评。据粗略统计，书中对一些观点和史实加以比较和说明的脚注就有三百余条，对于澄清国内外的某些误会确实起了一定的积极作用。

虽然作者在史实考证和文献分析方面不无失误，但总的说来，比较丰富的资料和比较严谨的考证，是《毛泽东》一书前半部分的显著特点。

三

作者从历史的角度对毛泽东的思想理论和中共党史中的一些重大事件进行了较为深入的研究，提出了一些未必正确或完善但却有一定启发的见解。

例如，作者在书中实际上分四个阶段分析了毛泽东的思想理论形成和发展的历史过程。他认为，五四运动前的毛泽东，在思想上处于探索阶段，表现出强烈的民族使命感和政治责任心。那时，毛泽东接触到西方和中国的许多政治学说，其中也包括社会主义，但尚未树立明确的世界观。可是在这一时期，融中西学为一体的倾向在其思想中已出现。他拥护宣传“德先生”和“赛先生”的《新青年》杂志，参加了“船山学社”的活动，就是这种倾向的一个表现。五四运动在毛泽东的思想理论发展中是个分水岭，由此开始他思想发展的第二阶段。这时，毛泽东从瞩目西方转向学习俄国十月革命，确立了马克思主义世界观。作者认为，毛泽东此时虽然只能算是个马克思主义的初学者，但李大钊把马克思主义和民族主义结合起来的尝试给他以极大启发。创建“自修大学”，表明他在继续为后来的“马克思主义在中国具体化”作准备。毛泽东的思想理论的第三阶段始于大革命失败之后。作者认为，斯大林指导的错误，促使毛泽东“寻求一条新的、中国式的通向权力之路”。抗日战争时期，与中国情况相结合的马克思主义在理论上基本形成，其标志是毛泽东在延安整风前后的一系列著作。此后直至社会主义改造完成，中国共产党都在这个思想指导下摸索革命和建设的独立道路。毛泽东的思想理论的第四阶段大致始于1957年后。作者认为，在这一时期，毛泽东本人的思想中极端唯意志论和狭隘经验论的倾向开始露头，这种倾向到“文化大革命”发展到极端，放弃了中国化的马克思主义，代之以“无产阶级文化”，从而在一定程度上背离了自己长期以来一贯遵循的思想路线。

毛泽东的思想理论形成和发展是否经历了作者所说的这四个阶段，各个阶段的特征是什么，还可以进一步研究和提出不同的看法，甚至进行更科学的阐述；但作者以“马克思主义在中国具体化”为基本线索来分析这一过程，仅这一点也是可取的。

又如，作者认为，导致“文化大革命”这场公开冲突的党内矛盾起源于“大跃进”，其实质是关于如何进行经济建设的两种不同方针政策之争，也是党的领导层就如何正确理解马克思主义的一场大辩论。他不同意国外某些人把个人权力欲和虚荣心看作毛泽东发动“文化大革命”的动机。他认为毛泽东发动这场运动的直接目的是推行自己的政策，而更深刻的考虑是培养接班人，反对官僚主义和“修正主义”，试图建立一种天生能预防官僚主义的新型党组织。这样的分析，应当说，也显露出了作者深邃的见解。

作者认为，虽然不必过多指责毛泽东发动“文化大革命”的主观动机，但毛泽东发动“文化大革命”采取的实际做法却无助于实现其目标。作者指出，毛泽东号召造反，打碎全部现有的党组织，这在一个共产党已执政的国家中是令人费解的。这不仅使一大批党的重要干部被打倒，而且还“从根本上动摇了国家的整个政治制度”。因此，这场运动虽然是在马列主义旗帜下进行的，但它的实际做法必然与马克思主义的基本原理和理性主义精神相违背，也否定了毛泽东本人的一贯思想。作者举例说：毛泽东一贯反对个人崇拜，但“文化大革命”却使个人崇拜登峰造极；毛泽东一贯强调团结广大干部，“文化大革命”却怀疑并打倒了一大批所谓的“走资派”；毛泽东过去强调党的领导作用，“文化大革命”却号召红卫兵造各级党组织的反，使之陷于瘫痪。这些分析也与我们的看法相近。

作者认为，“文化大革命”的做法不符合中国社会现代化进程的历史趋势。他预言，中国的科技、管理人员和现代工人不可能无限期地接受“文化大革命”的原则和做法，某种适合于现代工业社会的讲求效率的、合理的政策终将取代“大跃进”和“文化大革命”，这种改变未必意味着中国将放弃独立自主的政策而重新仿效苏联模式。他还指出，否定对毛泽东的个人崇拜，也不一定就是否定他的历史功绩和丰富经验。这些看法也是很有见地的。

党的十一届三中全会以来，中国共产党在不断地从根本上纠正“文化大革命”的错误，并在《关于建国以来党的若干历史问题的决议》中对“文化大革命”这场大动乱作出了科学的分析和总结，获得了极为深刻的经验教训。现在看来，作者在书中对“文化大革命”所作的许多阐述和分析虽然很不全面、很不深刻，但是作为一个西方学者能在十一届三中全会前十年就对“文化大革命”提出上述一些独到见解，这也表现了作者的客观洞察力。

四

同西方许多传记作者一样，施拉姆教授对毛泽东的个性和品格很感兴趣，他试图揭示毛泽东的理论与实践活动同其性格结构的内在联系。

例如，作者认为，毛泽东之所以能把马克思主义在中国具体化并为中国革命战争制定高明的战略战术，同他青年时代的个人品格中形成的民族主义、重视“武德”和“好斗”精神不无联系。

不能否认，个人品格因素在历史中可能会以某种方式对历史进程发生影响，甚至在一定条件下会加速或延缓历史进程，但它毕竟属于历史偶然性范畴，夸大这种因素的作用，往往会造成对历史和历史人物不符合客观实际的分析。

作者虽然对毛泽东的个人品格发表了一些不太正确的见解，但总的说来，在这方面采取了比较明智的态度，对这种分析的局限性有比较清醒的认识。他明确表示不同意海外某些学者专从性格结构推演毛泽东政治品质和革命倾向的做法，主张把分析的重点放到毛泽东从事革命活动的社会政治背景上去。

施拉姆教授认为，中国革命是在极其复杂的国际国内关系格局中进行的。正是在处理各种关系的过程中，毛泽东形成了自己的理论学说，显示了非凡的政治才能。这本书基本上是在不同层次的各种关系结构中研究毛泽东的。

作者进行分析的第一个层次是中西两种文化相互作用的宏观结构。他力图在中西文化冲突和交流这一总背景下把握中国革命的时代特征和历史趋势，分析毛泽东活动的社会环境和历史性贡献。这样一来，本书就有了一种较新的观察角度和较为开阔的视野。作者进行分析的第二个层次是中国共产党同第三国际，特别是与苏联共产党的关系。中国革命是在俄国十月革命的影响下进行的，共产国际对中国共产党的指导既产生了积极作用，也由于种种原因带来一些消极后果，作者通过这种关系来分析毛泽东的政治活动和毛泽东的思想理论的形成过程。作者分析的第三个层次是国共两党的关系。由于中国革命的性质，在各个革命阶段中正确处理与国民党的关系，构成了毛泽东一生政治实践的重要内容，脱离这种关系就无法正确认识毛泽东各个时期立场和观点的内在逻辑。作者还看到，毛泽东的理论和路线的形成、贯彻，往往是通过党内斗争实现的，因此，他也把党内各种不同观点的斗争作为一个重要的分析层次。

作者的上述分析不一定完全正确，但他努力在各种关系中把握毛泽东理论和实践活动的动因和实质，注意比较妥善地处理历史人物和社会历史背景的关系，从而使本书的分析有一定的历史感和深度。

五

在肯定本书具有一定学术价值的同时，我们也看到，它存在一些明显的不足。从运用资料上来说，在说明和分析新中国成立后毛泽东的理论和实践活动方面，缺乏翔实的资料，与新中国成立前的部分相比，显得单薄得多。有些史实也说明得不够准确，甚至有明显的错误。

史实方面的错误，书中其他部分也有一些，例如对“富田事件”和周恩来在中央苏区的活动的叙述，都与事实有出入，但这方面的错误主要集中在对“文化大革命”的论述中。例如，作者根据某些流传出去的并不可靠的消息，认为红卫兵是由军队指导和创建的，彭真早在1966年4月就被捕了，江青在1966年夏已成为中央委员等。诸如此类的一些说法显然与事实有较大出入。当时，“文化大革命”刚刚开始，作者尚未掌握可靠的第一手材料，加之各种传说纷纭，真伪难辨，这也许是出现上述失误的客观原因之一。

由于掌握的材料不充分，或是由于意识形态方面的差异，作者还作出了一些不正确的分析，或者还存在一些偏见。

这首先表现在对马克思主义、毛泽东思想的评价方面。作者在书中根据欧美工人阶级生活状况有所改善、在一段时期内没有爆发无产阶级革命这一点断言，马克思主义“过时了”。我们知道，由于战后资本主义相对稳定的发展，工人群众生活水平确有提高，但从根本上说，这是工人阶级长期斗争的结果，它并没有改变资本主义社会的阶级结构，更没有解决社会化大生产与生产资料私人占有制之间的基本矛盾。因此，马克思主义存在的社会基础并未消失，更何况马克思主义是一个完整的科学体系，它所揭示的是社会运动发展的普遍规律，显然不能根据某些表面的暂时的现象就断言它“过时了”。

我们还看到，作者虽然对毛泽东的思想观点作出了基本肯定的评价，但同时又认为毛泽东并没有在理论上对马克思主义作出重大贡献。这显然也是不符合事实的。马克思主义是无产阶级认识和改造世界的科学世界观和方法论，但它没有也不可能解决各个国家进行革命的一切具体问题。中国革命首先是在一个半殖民地半封建社会中进行的新民主主义革命，它有特殊的性质和特殊的规律，从马克思主义经典中不可能找到现成的答案，必须运用马克思主义普遍原理分析中国社会和革命的实际，才可能得出指导中国革命的科学理论。在领导中国革命的具体实践中，毛泽东进行了大量创造性的理论活动，创立了完整的新民主主义革命理论，不仅指导中国革命走向胜利，而且在世界范围内产生了深远影响，这不能不说是对马克思主义的重大理论贡献。

作者在叙述和分析一些重大政治事件方面，也有许多明显的错误观点，甚至有使中国人民不愉快的言论。

例如，对于新中国成立初期的思想改造运动，作者一方面看到，它采用的是与“镇反”、“三反五反”不同的说服教育方法，其目的是帮助广大知识分子重新建立“自我意识”；另一方面，他又认为这个运动有压抑人性的方面，是以对共产党和毛泽东个人的新孝道填补知识分子头脑中由于摧毁了父权而留下的真空，等等。毫无疑问，思想改造运动存在着缺点，如对知识分子的进步和积极作用估计不足，对其缺点和消极面看得过重，对政治问题和学术问题没有加以严格区分，出现过简单粗暴的过火斗争，在感情上伤害了一些知识分子，等等。这是一个值得认真吸取的教训。但是，也应当看到，思想改造运动在宣传马克思列宁主义，帮助广大知识分子增强爱国主义和树立社会主义思想，以及与工农群众相结合、共同建设新中国等方面，起了一定的积极作用。作者对思想改造运动的批评并没有完全摆脱西方有些人所谓的“洗脑”的说法，有较强的片面性。对新中国成立初期政治运动的评述都有这种情况。

又如，作者在分析“文化大革命”时常常把毛泽东与林彪、江青相提并论，不加区别。这本书是在1967年修订再版的，出现这种说法可以理解。从“文化大革命”后来的发展来看，毛泽东和林、江是有本质区别的。“文化大革命”是毛泽东发动和领导的，是在他错误理论和思想的指导下进行的。在这一过程中，毛泽东确曾一度信任和重用过林彪、江青，而他们也利用毛泽东的失察推波助澜，煽风点火，起了极其恶劣的作用。但是，毛泽东发动“文化大革命”是一个革命家所犯的严重错误，而林彪和江青则是妄图利用毛泽东的失误夺取党和国家领导权的反革命集团头子，是人民凶恶的敌人。他们都有自己的帮派体系和准备阴谋叛乱的秘密武装力量。毛泽东对他们进行过批评和斗争。这样一些重要区别是不应当忽略的。分析“文化大革命”，显然不能根据表面现象把毛泽东与林彪、江青混为一谈。

我们还看到，书中的某些不正确的观点还同作者认识问题的方法有关。例如，作者认为，毛泽东晚年表现出的唯意志论倾向早在红军时期就存在了，其根据是毛泽东当时就强调思想工作的重要性，主张加强政治教育来改变红军中的非无产阶级成分的阶级属性。又如，作者认为“文化大革命”期间出现的个人崇拜狂热，其渊源可追溯到延安整风时期。理由是那时最终确立了毛泽东在全党的领导地位，规定毛泽东思想作为党的指导思想。诸如此类的分析，显然把复杂的社会历史现象简单化了。毛泽东在红军时期强调思想政治工作是正确的、必要的，不如此，一支新型的人民军队就不可能建立，也不可能取得革命战争的胜利。这与毛泽东晚年的错误是根本不同的。同样，延安时期确立毛泽东在全党的领导地位，与晚年的个人崇拜也是属于两种不同性质的问题。从表面看，这些现象似乎有某种相似之处；但是，科学的分析应是透过现象看本质，不能从一些蛛丝马迹的联系臆测某些现象的历史渊源。

在生物学研究中常有这种情况，低等动物身上表露的高等动物的征兆，只有在高等动物本身被认识之后才能被理解。对于社会历史现象的认识也常常如此。但在使用这种方法时，必须注意事物质的规定性，把不同质的事物区别开来；仅靠表面上的相似性，往往会混淆不同的事物，牵强地把不同事物联系在一起。以作者对个人崇拜的分析为例。个人崇拜是一种有其本质规定的社会现象。人民群众对领袖的热爱和尊敬与个人崇拜是两码事，前者未必一定会发展成后者。在新中国成立初期，毛泽东本人是反对个人崇拜的。1949年七届二中全会根据毛泽东的提议通过决议，禁止给党的领导者祝寿，禁止用党的领导人的名字做地名、街名和企业的名字。1956年，党的八大总结国际共产主义运动和我们党的历史经验，吸取斯大林后期犯错误的教训，肯定了马克思主义反对个人崇拜的原则。在这一段时期内，中国共产党虽然在理论上没有完全科学地解决领袖与党、领袖与群众的关系问题，在实践中也没有形成一整套相应的制度，但由于毛泽东在那时的作风是民主的，因此他享有崇高威望并没有直接导致个人崇拜。实际上，只是到1957年以后，随着社会主义改造的巨大成功，党的一些领导人滋长了骄傲自满情绪，夸大了个人主观意志的作用，同时，随着国际共产主义运动出现的曲折复杂现象，我们党对一些问题作出了错误的判断，在这种情况下，毛泽东对反对个人崇拜这一正确原则才产生了认识上的偏颇。再加上党内政治生活的不正常，毛泽东个人专断、个人决定重大问题的情况有所发展，进一步助长了个人崇拜现象的出现，直至“文化大革命”，对毛泽东的个人崇拜才发展到了狂热的地步。因此，根据延安时期确立了毛泽东思想的指导地位来推断个人崇拜起源于此，是不妥当的。

毛泽东作为伟大的无产阶级革命家，既是爱国主义者，又是无产阶级国际主义者。以毛泽东为代表的中国共产党人，考虑问题、制定政策，既从本民族利益出发，也要兼顾世界无产阶级的利益。因此，中国共产党的立场，同民族利己主义者有原则上的不同：作者在分析一些国际问题时，往往淡化毛泽东作为无产阶级革命家这一形象，过多地把他描绘成民族主义者。这种情况在书中比较明显，当然是一个较大的误解。

作者在书中还多次提到毛泽东的某些文稿的修改问题，并对此颇多非议。

我们知道，毛泽东对自己的文章历来持严谨态度。随着实践的发展和认识的深化，他发现自己的文章中有不妥当或不完善之处时，总是尽可能利用一切机会进行修改和补充，力求以最完美的形式把自己的著作奉献给读者。新中国成立后出版的《毛泽东选集》就是按照这种态度编辑的。选集中的有些地方由作者作了一些文字上的修正，也有个别文章作了一些内容上的补充和修改。选集中的各篇著作都由作者亲自校阅过。从当时出版《毛泽东选集》的要求来说，主要是为了给广大干部和群众学习毛泽东思想和学习用马列主义基本原理来解决中国实际问题的立场、观点、方法提供一个基础读物。因此，这样的编辑是有其必要性的。至于对研究毛泽东生平和思想的专业人员来说，仅仅依靠这个选集显然是不够的。不仅毛泽东的许多文稿没有被收入选集，收入的有些文章也与最初发表时的原始形态有所不同。这就需要研究者们去做专门的研究了。好在被收入选集或未被收入选集的毛泽东的不少文稿，在党内外的一些刊物上公开发表过，研究人员要找到这些文献不是太困难。因此，毛泽东修改文稿，从基本方面看，不存在要把自己打扮成“一贯正确”之类的问题，更谈不上要欺骗舆论、蒙蔽世人等等。当然，那时的编辑工作从技术处理方面说是有缺点的，再加上后来对毛泽东文献的管理逐渐严格起来，给研究工作也带来了很多不便。应当指出，在“左”的思想发展起来之后，对《毛泽东选集》的有些原稿或未被收入选集的文献采取的许多不正常做法，是与毛泽东修改文稿、出版选集时的初衷相违背的。毛泽东修改文稿造成的社会影响，是一个比较复杂的问题，应做具体分析，不能把他严谨的科学态度误作不纯动机加以指责。当然，现在看来，如果在《毛泽东选集》中给那些做过重大修改的文章作出较为详细的说明，并注上原文初次发表的时间和刊物，会使读者和研究者感到方便许多。这是编辑文献的一个重要的教训。此后出版的《毛泽东著作选读》已在这方面有了改进。

以上看法，是我们一些不太成熟的意见，有的可能不正确，欢迎广大读者指正。

《毛泽东》一书写在五十年前。五十年来，中国发生了巨大变化。中国人民正在为建设文明、民主现代化的社会主义强国而英勇奋斗着，理论界对毛泽东及其思想的研究也已经取得了很大进展。

石仲泉　张宁　杨德

作者致谢

每一部历史或传记著作，都多少有赖于对书中所述时期某个方面有专门研究的人给予评论或指点，而这部传记，由于其题材的性质，则较我的其他大部分著作，更多地归功于同事们的帮助。自从十五年前出版了诸如布兰特、史华慈、费正清合编的《中国共产主义历史文献》和史华慈著的《中国的共产主义与毛泽东的崛起》等开拓性著作以来，这方面已有不少论著，但仍有很多问题有待研究。近年已有几部重要的专著问世，本书已加以充分利用，但还有更大量的著作在撰写或出版中。其中几部书的作者还曾恳切地对本书原稿发表意见，促使我注意研究重要资料，有时还让我看他们的部分手稿。我特别要感谢以下学者：沃尔特·古尔利和罗易·霍夫海因茨，他们即将在哈佛大学完成专题研究，其专题分别是1921—1927年的国民党和中共1927—1945年的农村政策；唐纳德·L·克莱因正在哈佛东亚研究中心编纂中共人物辞典，他不仅指出了一些小的错误，而且提供了本书所述毛泽东之外其他大部分人物的简历材料；西德尼·刘（Sidney Liu）是一位研究中国共产主义军事史的专家，他对书中论述江西共和国的几段作了详尽的评论；埃兹拉·沃格尔也是一位研究中国共产主义军事史专家，在哈佛东亚研究中心工作，他提出了一些很有益的看法，尤其是关于书中论述1949年以后时期的那一部分。在巴黎的同事克劳德·卡达特和让·谢诺思也提出了一些建议，提供了一些材料。最后，我极其感激台北“国立政治大学”白余（Yu Beh的译音，下同）教授，他让我自由利用他同毛泽东相处时期的回忆录（自1916—1918年两人在长沙同班学习至1925—1926年国共合作时期）。

还应当感谢埃德加·斯诺和出版其无可代替的著作《西行漫记》的维克多·戈兰茨公司，他们同意我引用其中一些简短的引文。1936年毛泽东向斯诺先生讲述的本人经历，仍然是他迄至当时的基本生平史料。斯坦福大学出版社同意我转引尤丁和诺思所著《苏维埃俄国和远东》一书中一段引文，华盛顿大学出版社同意我引用博伊德·康普顿所编《毛泽东的中国》一书中一段文字，在此一并致谢。

我还应当在此说明，我大大得益于陈志让的著作《毛泽东与中国革命》（牛津大学出版社1965年版），这本书是第一部严肃的、有文件根据的毛泽东传。我在相当多的史实与观点上不同意陈先生（有几处例外，我觉得加以指出是多余的，对这个问题有研究的读者不难看出)。但是,毋庸置疑,如果我不能将我们两人的观点作一对比研究,并利用他在几个方面所广泛掌握的毛泽东生平背景材料,则现在这本书更会失之于专题性研究的不足。

关于引证毛泽东著作时所选用的版本,有两个问题也许应当作一说明。首先,如我在此书中所不时指出的,目前官方版本的原著,改写之处甚多,很不可靠,不能从中了解毛泽东一生各时期实在写的或他实在想的东西。有鉴于此,当需要注意某段文字的确切措辞或含义上的细微差别而该文又被收入我所著《毛泽东的政治思想》一书时,我就引用那本书上的译文,那上面的译文我尽量依据中国现行的文本。其次,有许多文章没被收入上述文集,我就用北京出版的英译本(四卷本,外文出版社 1960—1965 年版),而不用劳伦斯-威沙特公司和国际出版公司早先分别在伦敦和纽约出版的五卷本。后一种版本现在受到中国人的非议,所以看来最好是引用经认可的译本。本书在打清样阶段,北京版英译本才问世,似无必要将书中的伦敦版译文均换为北京版译文而给出版商增加困难。因此我只在注释中将引文出处改动了一下,想查北京英文版《毛泽东选集》的读者,会发现引文同书中译文不完全一致,但不难查出引文出处。

去年出版了几种毛泽东诗词的译文:陈志让在前已提到的他所著毛泽东传中翻译了现已发表的全部三十七首;波尔·德米热维尔翻译并分析了其中十首(《法国信使》,1965 年 4 月号);C.N. 泰伊发表了一篇题为《从〈雪〉到〈咏梅〉》的文章(《亚洲研究杂志》,1966 年 2 月号);1964 年 1 月官方发表了十首诗词的译文(《中国文学》,1966 年 5 月号)。这促使我对我以前自译或改译的某些诗词又加以推敲,并作了一些修改。这方面,巴黎的唐纳德·霍兹曼教授曾以其渊博的汉语和中国文学知识惠予指教,在此也表示感谢。

由于得到了上述学者的热情帮助,或利用了他们已出版的著作,我希望这本书能够做到大体上准确无误。我力求不带偏见,如果不无主观见解的话。书中无疑还会有错误,有些观点和说法可能缺乏说服力,这完全由我个人负责。

1966 年

序　言

1911年10月22日傍晚，还不满十八岁的毛泽东伫立在故乡湖南省首府长沙市内一个高地上。他度过了极其激动人心的一天。那天早上，十二天前在武汉首举义旗反对清王朝的革命在长沙也爆发了，几小时之内就推翻了旧的帝制政府。现在毛泽东看到，城内白旗林立，迎风招展，上写“大汉民国万岁”几个大字。

在一定意义上，这段话概括了当时中国的形势，以及毛泽东半个世纪以来为改造中国而奋斗的前进方向。“民国”一词，当时被用来翻译西方的“共和”这一概念，意即“人民的国家”。这在当时确实是一种非常革命的思想。按照传统的儒家观点，人民唯一的政治职能是服从其正统的统治者，直到19世纪最后十年，才有人提出，只要每个公民自觉地参加社会生活，就能激发出为使中国重新富强所必要的活力。最早形成这个观念的人是严复。严复是传播西方思想的先驱，他所翻译的穆勒、斯宾塞、孟德斯鸠等人的著作，不久之后就让毛泽东读起来如饥似渴。拥有这种观念的人有1898年的维新派，后来还有孙中山及其同盟会中的同志，不过他们采取了比较激进的形式。他们为了举行起义，推翻清王朝统治，建立共和国，已进行了一系列的尝试，但都失败了。现在，“人民的国家”终于宣告成立了。

但这个“人民的国家”，同时也就是“大汉民族的国家”。究竟大到何种程度，几天以后英王陛下驻长沙领事从一件事情上看出来了，在宣告新政权成立的文件上，“大汉民国”几个字，比在同一页上的“大英王国”高出两格。他不得不把文件退还长沙革命当局。

在其整个政治生涯中，毛泽东将彻底改造中国社会作为自己的目标，旨在将中国人民的力量解放出来。引导他进行这项事业的是起源于西方的思想，最初是19世纪的自由主义，后来是列宁主义的集体主义。但同时他决心使“新中国”、“人民的中国”在国际上恢复其应有的地位，即居于首位。

大约一个世纪以前，欧洲人开始巧妙地以炮舰、贸易、传教士相结合的办法来“教化”中华帝国。自那时起，中国人对本国文化的极其珍视，一直是欧洲人感到恼怒而又迷惑不解的一个问题。中国人把中国视为“中央之国”不足为奇。大多数强大的民族，至少在其上升时期，往往把自己看作世界的中心。更为值得注意也更加与众不同的是中国人的传统观念，即认为中国的文明是唯一真正的文明，中华帝国囊括了整个文明世界。

这种观念是中国在几千年历史发展过程中自然形成的。我们现在知道，中国在历史上时而统一，时而分裂，有时为异族所征服，但从未接触过与其同样发达的文化，更不用说比它更发达的文化了。13世纪的蒙古族征服者，同17世纪的满族征服者一样，不久就为汉人所同化。在受到西方冲击以前，只有在一千多年前佛教从印度传入中国之后，中国才受到外来思想的严重影响。虽然这种异域的信仰在少数人中间作为宗教而存在，并对儒家思想本身的发展产生了一定的影响，但不久就为中国固有的传统所淹没而发生很大变化。

除其发展主要是处于孤立状态外，中国的传统中有两个因素使中国在传统上和南亚、东南亚各国根本不同，这就是珍视历史和关心政治（把政治视为人类活动的基本内容之一）。诚然，传统的中国历史观，把历史看作朝代兴衰的循环过程，而不是逐步向前发展的，走向进步或作出补偿。按照儒家的观点，早有人指出，政治是等级制和极不民主的。所以中国同现代世界的接触势必从基础上动摇其传统。但是，这种传统引导中国人民重视民族生存的历史和政治发展这两个方面，从而又使中华民族异常杰出地屹立在现代的世界上。这种历史感和政治命运感，又使毛泽东及其同僚，易于而且必然保持今日中国同汉族帝国之间的连续性，尽管世界上最激进的一次社会革命引起了许多变革。

今日之中国是经过半个世纪之久的革命后诞生的，而这场革命的方向实质上是由既是理论家又是革命家的毛泽东决定的。如果说新中国看来趋向于在一定程度上将共产主义因素和传统因素融为一体，那么，这种走向融合的倾向是中西两种模式和思想长期在极其混乱的状态下相互斗争的结果。到19世纪末，显而易见，中国人必须向欧洲人学习，以增强国力，抵抗其入侵。但是这种必要性所引起的羞辱感，却不亚于中国人历来对夷人所怀抱的巨大优越感。中国人因忧虑国家的前途，也因犹疑不定究竟能够或应当从历史上批判地继承些什么而陷入极度的痛苦之中，正是在这样的时代背景下，毛泽东出世了。

目　录

第一章

毛泽东的少年时代

1893年12月26日，毛泽东诞生在湖南省湘潭县[①]韶山冲一个村子里。他父亲原是一个贫农，后来家境好转，生活达到小康水平。1936年毛泽东向埃德加·斯诺叙述自己的生平时说，他十岁时，父亲已经成为中农，并且做些小买卖来增加收入。再往后，据毛泽东说，他父亲成了富农，兼做米商。他在说明这种阶级成分时指出：他家成为中农时，有田地十五亩[②]，每年可收六十担谷[③]；成了富农时，有二十二亩地，可收谷八十四担。[④]

虽然中国农村非常贫穷，一个人生活稍有宽余即足以定为中农甚至富农，但毛泽东也可能稍微夸大了他家的阶级成分。这可能是因为他从前经常同父亲发生激烈冲突而对他不那么孝敬了；也许是他在1936年想借此说服学生中间的许多富农子弟，他们的阶级出身并不一定妨碍他们参加革命活动。无论如何，不管毛泽东的父亲后来拥有多少财产，他出身贫农这一点肯定对其家庭有深刻影响：不讲究体面，不追求生活舒适，也不注重衣着。除纯粹为了实用外，他父亲对学习完全不感兴趣。

毛泽东的父亲上过两年学，认识一些字，足够记账用。他母亲

---

① 县为地域区划，原为帝制时代最低一级行政单位，县以下由乡绅治理。这个词及其所代表的地域单位，在中华民国和中华人民共和国继续存在。

② 亩为传统的中国土地面积单位，一亩约相当于0.16英亩（1英亩约为4 047平方米。——译者注）。

③ 一担等于110磅（1磅约为0.45千克。——译者注）。

④ 参见［美］埃德加·斯诺：《西行漫记》，105～106页，北京，三联书店，1979。尽管在细节上有许多错误，其中一些我将在我这部书中加以指出，但毛泽东本人对斯诺先生的自述，仍然是关于他的身世的最重要资料。即使不完全准确，但因为它反映了毛泽东本人对自己过去的看法，所以也是极其令人感兴趣的。为避免不必要的重复作注，此后我只在同别的资料加以比较或引用一段特别长或重要的文字时，才注明这部著作。但应当讲明，除另有说明者外，凡毛泽东关于自己截至1936年生平的自述，均引自《西行漫记》。

完全不识字[①]，毛泽东对她怀有深厚的感情。他母亲是个虔诚的佛教徒，毛泽东早年也信佛，直到青年时代才破除迷信。此事对毛泽东后来的思想发展具有什么意义，还难以作出论断。佛教思想含有辩证法因素，这也许能说明毛泽东何以自学生时代起就往往以对立统一的观点分析问题。但民众信佛是出于虔诚而不是把它作为哲学。毛泽东的母亲一定就是这样的。

毛泽东常常同他父亲发生激烈冲突。有时人们从毛泽东同他父母的关系中去寻找他产生革命倾向的线索。其实，这种冲突是很普通的，尤其是在当时的中国，做父亲的常像毛泽东的父亲那样，以高压手段管教子女。而且，毛泽东对待他父亲的态度并不完全是一味痛恨，从他对斯诺的自述中可以清楚地看出这一点，从后来得到的其他材料来看就更加清楚。这并不是说，注意性格结构的观察家不能从我们所知道的毛泽东同他家庭的关系中进行有益的推论。从他在自述中所提到的对抗父亲权威的几件事情上，毛泽东可能体验到，一般说来，长者总是更加尊重敢于反对他的人。但是，从毛泽东同他周围一个更广阔的天地的接触中，可以更好地找到形成其政治品格的关键因素。

从八岁起，毛泽东在旧式小学念书。在这种学校中，学生只背诵儒家经书，不求甚解。毛泽东感到枯燥无味，就像他那一代的其他中国学童一样，又私自读一些几个世纪以前根据口头传说编写的通俗小说，教师走近时就用经书遮着。这些小说对他无疑有深刻的影响，尤其是历史小说《三国演义》和《水浒传》（赛珍珠的译本题名为《四海之内皆兄弟》）。《水浒传》是描写绿林豪杰造反，反对腐败的朝廷和贪官污吏的故事。尽管毛泽东说他“不喜欢”那些经书，但他倒学得很好，他在后来的著作中常常引经据典就足可证明。还应当指出，《三国演义》贯穿着儒家原则，其主题是将刘备和曹操两人作对比，把建立蜀汉的刘备描写成理想的儒家君主，曹操则是一个冷酷无情的现实主义者（实际上没有小说上写的那样坏）。就是《水浒传》这部伟大的描写农民造反的古典小说，也只

① 参见［美］埃德加·斯诺：《西行漫记》，108页。

反苛政而并不批判帝制本身。绿林好汉起义的目的是，在发生动乱而皇帝失察的年代，维护真正的儒家之道。因此，这些小说，不管学校的老师认为多么具有颠覆性，充其量也不过促使毛泽东成为一个脱离不了传统轨道的叛逆者。

毛泽东十三岁时，为父亲所迫，不再在韶山小学堂读经，开始整天在地里劳动，并帮助记账（他从六岁起就用部分时间在田里帮助劳动）。他继续不断地看各种书，不仅看他所喜爱的小说，还读《盛世危言》（买办郑观应著）之类的时论著作。《盛世危言》主要呼吁推进技术和经济现代化，实行君主立宪，但也谴责洋人在上海对待华人的态度。据毛泽东说，这本书进一步激起了他想恢复学业的愿望，于是他离开家庭，跑到一个失业的法科学生家里去学习，后来在村中一位老先生那里又读了一些经书。但是，这些零敲碎打的学习，满足不了他的要求，终于在十六岁那一年，他不顾父亲的反对，进了现代高等小学，即东山高等小学堂（设在附近他母亲娘家所在的湘乡县）。

毛泽东进了这个学校后，身临闹市，大开眼界，他在思想上和政治上的发展实际上是这时才开始的，但在本村度过其少年时代时已经打下了基础。1904 年，黄兴试图刺杀聚集在长沙为慈禧太后祝寿的朝廷官员，事败后逃离长沙。这一英勇行为传到韶山，使毛泽东思绪起伏。湘鄂边界的反清大起义，他在自传中虽未提及，但大概有所风闻。这些起义在 1906 年至 1907 年冬春之际爆发，由在当地农民中影响很大的秘密会社哥老会领导。三年以后，即 1910 年春，发生饥荒，民众起来造反，遭到镇压，许多人被处决。毛泽东和同学们就此事议论了许多天。毛泽东说，他觉得造反的人也是像他自己家里人那样的“老百姓”，“对于他们受到冤屈，我深感不平”。不久以后，韶山哥老会的人造反，反抗一个恶霸地主，在山里扎寨据守。毛泽东和同学们也“都同情这次起义”，认为最后被处决的起义首领是一个英雄。①

① 参见［美］埃德加·斯诺：《西行漫记》，110～111 页。这些事件的发生时间在毛泽东的自传中很含糊。我尽力根据历史背景加以澄清。

虽然如毛泽东所说，这些事件在他的心灵上留下了不可磨灭的印象，但他当时对待社会问题的态度仍然是比较含糊的。1910 年发生饥荒，韶山的贫穷村民要求邻近的富户接济，但毛泽东的父亲照样把粮食运到城里去。其中一批被饥民扣留了，他怒不可遏。毛泽东说："我不同情他，可是我又觉得村民们的方法也不对。"①

然而，尽管毛泽东对待社会问题的观点尚未形成，但他对中国同外部世界的关系的看法却是既明确而又积极的。在去湘乡前不久，他读了一本哀叹中国丧失台湾、朝鲜、印度支那、缅甸以及其他"领土和属国"的小册子，他认为从此自己有了"一定的政治觉悟"。1936 年，他还清楚地记得这本小册子开头的一句："呜呼，中国其将亡矣！"他告诉我们，读了这个小册子以后，对国家的前途"感到沮丧"，并"开始意识到，国家兴亡，匹夫有责"②。

毛泽东对中国同外部世界的关系问题比对国内问题看得清楚，这在当时的中国具有代表性。中国自 1840 年鸦片战争起，经过 1860 年英法远征军火烧圆明园，1895 年被日本人（一直被视为一个渺小而不开化的民族）打败，1900 年义和团起义被镇压——这里仅列举了几个最重要的事件——一再蒙受巨大屈辱，这使人越来越清楚地看到，必须采取大刀阔斧的措施，以使中国摆脱任人摆布和软弱无能的处境。最初一个时期，就是最有雄心的朝廷大臣也认为，只需采用夷人的技术，不必触动中国的社会和政治模式，就能做到这一点。到了毛泽东少年时代那个时候，人们日益清楚地认识到，西方国家的实力不仅来自机器，而且来自能够将全国人民的力量动员起来的思想和制度。这就是严复在他的论文和译著序言中鼓

① 毛泽东传的官方作者李锐对此事的记述典型地说明了他的写作方法。他说，毛泽东认为他父亲的行为"非常不人道"（斯诺的《西行漫记》中译本无这一描述，而这本书恰恰是他唯一的材料来源），而对毛泽东非难村民一事只字不提。参见李锐：《毛泽东同志的初期革命活动》，7～8 页，北京，中国青年出版社，1957。

② ［美］埃德加·斯诺：《西行漫记》，111～112 页。

吹了十余年的一种见解。[①] 后来人们普遍地认识到这一点，连反动的慈禧太后在死去前两年，也同意采取若干小心翼翼的步骤，实施更大程度的君主立宪，而她在 1898 年还曾因谭嗣同有维新思想而把他斩首。几年以后，歌颂民主和个人自由的呼声就高涨起来，影响很大。但在这时，在应当向西方学习什么这个问题上，人们还往往把议会、工厂、思想同等看待，认为都仅仅是达到自强救国目的之手段。有几个极端保守分子仍然认为，就是民族的存亡也不如保存中国的“儒家之道”重要，他们认为，只有“儒家之道”才能使生活有意义，能够维持尊严。但是，这种“文化主义”，虽然在几十年前还占支配地位，却很快让位于现代民族主义。现代民族主义以国家的生存为最高目标。[②] 各种不同的治国方略对国家命运会带来什么样的影响，对此意见分歧很大。1898 年维新运动的领袖康有为、梁启超是君主立宪派，孙中山和他的合作者汪精卫、胡汉民倡导共和。两个集团都片断地读了一些马克思的著作，并就“社会主义”展开论战。[③] 但在救国这一点上，他们的目标是一致的。

在东山高等小学堂，毛泽东第一次直接接触到这些思潮。他表兄送给他一份梁启超编的《新民丛报》和一本论述 1898 年维新运动的书。这两本书毛泽东读了又读，他非常钦佩康有为和梁启超。他又学习了一些历史和时事。也就是在那里，在 1910 年，他才听说光绪皇帝和慈禧太后已经死去，实际上他们已死了两年。他还从一位曾在日本留学的教员那里听说了一些日本如何强大以及 1905 年战胜俄国后如何引以为傲的故事。在一部叫作《世界英杰传》的书里，他读到了叶卡捷琳娜女皇、彼得大帝、惠灵顿、拿破仑、格莱斯顿、卢梭和林肯。他特别被叙述乔治·华盛顿的一章所打动，他概

---

① Benjamin Schwartz, *In Search of Wealth and Power*: *Yen Fu and the West* (Cambridge, Mass., Harvard University Press, 1964). 在这部研究严复生涯的光辉著作中，史华慈论述了严复如何本着使中国强盛的目的来阐述西方自由主义思想家的学说，并从而揭示出 19 世纪乌托邦的潜在倾向，尽管他的论述肤浅，歪曲了诸如亚当·斯密、斯宾塞、穆勒等人论自由主义经典著作的原意。关于毛泽东受严复影响的一些分析，见我对史华慈这本书的书评，见 *The Revue Francaise de Science Politique*, No. 1, 1965。

② Joseph Levenson, *Confucian China and Its Modern Fate*, Vol. 1 (London: Routledge&Kegan Paul, 1958). 该书对这个转变有出色的记述。

③ R. Scalapino and H. Schiffrin, Early Socialist Currents in the Chinese Revolutionary Movement, *Journal of Asian Studies*, Vol. 18, No. 3, May 1959, pp. 321 - 342.

括地向一个同学说："华盛顿经八年苦战始获胜利遂建国家。"他的结论是，中国也需要这样伟大的人物，以求富强，避免重蹈安南、朝鲜、印度的覆辙。①

在中国古代的统治者中，他特别向往传奇式的帝王尧、舜，向往秦皇、汉武的业绩，读了许多关于他们的书。可见，从日本到美国，从现代的西方到古代的中国，能够激起毛泽东的憧憬和热情的人物，既是勇士，也是开国元勋（毫无疑问，主要是因为这个缘故，他才钦佩公元前3世纪建立了统一大帝国的秦始皇和在同匈奴交战中扩大了帝国版图的汉武帝这位"英武之帝"，而不是因为前者焚书，后者实行强迫劳动，尽管近年对焚书一事又产生了若干疑问）。尚武，无疑是毛泽东个人性格中一个根本特征，这个特征我们在毛泽东一生每个转折关头都能看到。但是，还应当指出，中国主要因西方拥有军事优势而遭受屈辱，而日本在亚洲国家中却第一次取得了对欧洲人的胜利，在这种时候，一切有政治觉悟的中国人最关心的始终是军事实力问题。

毛泽东在东山高等小学堂念书的那一年，不仅更广泛地接触到世界上的问题，而且对中国社会上的阶层也有了新的体验。同学中大多是地主子弟，穿着讲究，行动文雅。毛泽东只有一套像样的衣服，通常是身着破旧的短衫和裤子。而且，由于他曾因父亲反对而辍学，是在比较不顺利的条件下念书的，他比别的学生大六岁，个子比大家都高。这个高个子、衣着寒酸的"新来的乡巴佬"受到大多数同学的嘲笑和敌视。就像毛泽东同他父亲的关系那样，他在东山的经历在他心理上所产生的影响，作为他日后思想发展的一个因素，不应当加以夸大，但这一年是不会使他对待地主阶级的态度较前温和一点的。②

① 参见［美］埃德加·斯诺：《西行漫记》，114页；萧三：《毛泽东同志的青少年时代》，28页，北京，人民出版社，1951。毛泽东是崇拜拿破仑的。1964年，毛泽东对法国议会代表团说，虽然罗伯斯庇尔是个伟大的革命家，但拿破仑给他的印象更深。

② 毛泽东此时和后来在长沙师范学校的同学和朋友萧子昇（萧瑜），对毛在东山高等小学堂的困难处境作过一次大事渲染的描述。他在回忆录中竭力把毛泽东的性格说成是融高傲、残忍、顽强于一体的，这肯定是漫画式的描写，虽然其中不无真实之处。关于毛泽东同其他同学的关系以及他这时的思想状况，萧则提供了有用的材料，对毛的自述是一个补充，见 Hsiao Hsü-tung (Siao Yü), *Mao Tse-tung and I Were Beggars* (Syracuse University Press, 1959)。

那年冬天，实际上是 1911 年年初，毛泽东"开始向往到长沙去"，他听说那是个"很繁华的地方"，想进那里的一所中学。他经一位高小教员介绍，乘轮船到了省城。他几乎不敢希望"真正能进这所有名的学堂"。实际上他没有遇到什么困难就入学了。他虽然在长沙待的时间很短，但却标志着他在政治上和思想上的发展进入了一个新的阶段。

在长沙，他第一次看到报纸——孙中山的机关报，得悉湖南同乡黄兴领导攻打广州衙门。黄兴是仅次于孙中山的同盟会主要领导人。这次广州起义，是在孙中山及其同志们的策划下所进行的最后一次不成功的尝试。下一次尝试就将是 10 月 10 日在武昌爆发的辛亥革命。在其间相隔的几个月中，长沙同全国一样，政治浪潮不断高涨。毛泽东读了报纸，又见此情景，非常激动，就写了一篇文章贴在学堂的墙上。这是他第一次发表政见，如他后来所承认的，当时思想上还"有些糊涂"。他试图把原来对康有为、梁启超的钦佩同新产生的对孙中山及同盟会革命分子的热情两方面结合起来，于是提出建立民国，请孙中山当总统，康有为任总理，梁启超任外交部长。①

毛泽东从发表政论发展到了采取政治行动。像当时中国其他许多青年一样，他和一个朋友剪掉了辫子（辫子是清朝统治者强加给中国人*的），又强行剪去了十几个同学的辫子，因为他们本来答应剪辫子后来却又食言了。

* 此处应为"汉人"。——译者注

武昌起义后不久，一个革命党人来到长沙毛泽东所在的那个学校，作了一次充满爱国热忱的激动人心的演讲。毛泽东深受感动，几天以后决定去武汉参加革命军。但是，他还未做好准备就因长沙也爆发革命而受阻。后来，如前所述，他站在城内一个高地上，亲眼看到了起义军取得胜利。当他凝视为欢呼"大汉民国"而树起的许多旗子时，怎么也想象不到，三十八年以后，几乎是在同一天，他会站在北京天安门城楼上宣布中华人民共和国的成立。

① 参见［美］埃德加·斯诺：《西行漫记》，115 页。

第二章

在长沙求学的日子

武昌起义后不到两周长沙爆发革命，绝非偶然，而是由于两个省内的同盟会领导人事前相约起事。要弄明白何以毛泽东的故乡湖南省站在革命的最前线，必须对当时湖南的形势和 19 世纪末 20 世纪初该省的政治传统有更多的了解。

湖南地处华南，属亚热带，境内多崇山峻岭，又有四大江河横贯其间，自古以来为土匪出没之地。湖南人喜食辣椒，以个性强悍并有政治才能著称（毛泽东甚至提出过辣椒和革命之间关系的一种理论）。谚云："若道中华国果亡，除非湖南人尽死。"[①] 其实，在过去一个世纪，出生于这个省的著名人物走着极其不同的道路。太平军最后主要为曾国藩的湘军所消灭，而曾国藩这个清朝官吏兼大学者就是湖南人。同这个旧秩序的著名维护者齐名的有诸如谭嗣同和黄兴这样的人物。谭是 1898 年维新运动中最有名的殉难者。黄不但是孙中山的副手和同盟会的最高军事领导人，而且他本身就是一个重要的革命人物，其革命经历可以追溯到 1902 年。他属留日学生，这类人在 20 世纪初几十年间在中国的政治生活中居于极其重要的地位。第一次世界大战后，中国人才真正大批地赴欧美留学。在这之前，主要是从日本吸收现代思想，因为日本近在咫尺，中国人学日语也比较容易。当时赴日留学生中湖南人最多，其中不仅有黄兴，还有陈天华。1905 年同盟会成立后，陈就是这个组织的主要理论家，直到他 1908 年* 自杀。

* 陈天华的自杀时间应为 1905 年 12 月。——译者注

① 1920 年，后任中共总书记的陈独秀写这句谚语并非夸大其词。见陈著《欢迎湖南人的精神》一文摘录，见 H. Carrère d'Encausse and S. Schram，*Le Marxisme et l'Asie*，*1853—1964*（Paris，Armand Colin，1965），p. 289 et seq。此作品的英译本不久将由 Penguin Books 出版。

孙中山和黄兴赖以组织起一支力量从而推翻清帝国的主要手段是秘密会党和“新军”。“新军”是清政府为应付现代战争而按西方建制编组的一支军事力量。这两种组织在湖南居于特别重要的地位。尤其是秘密会党，异常众多和活跃。

1903年12月华兴会在长沙成立，黄兴在成立会上致辞时宣称：

> 今就湘省而论，军学界革命思想日见发达……且同一排满宗旨之洪会党人，久已蔓延团结，惟相顾而莫先发，正如炸药既实，待吾辈引火线而后燃。①

四分之一个世纪以后，毛泽东点燃了火线，引爆了秘密会党的革命潜力。而在1904年那个时候，黄同湖南秘密会党头目马福益结成联盟，约定马配合城市，在农村举行起义，黄及其在军队学员中的同党则在城里以炸弹暗杀省府主要官员，并夺取城市。他们动员了几十万哥老会及其他秘密会党的成员来进行这项斗争。结果事情败露，马福益被捕处死，黄兴被迫逃亡日本。两年以后，即1906年12月，在秘密会党的策划下，湘赣边界举行了一次大的起义。

我们知道，这些起义的消息传到韶山，对毛泽东的思想产生了很大的影响。1906年的起义不是同盟会所策划的，事出孙中山和黄兴的意外。当时在东京的同盟会总部立即派人前往联络。起义军坚持了一个多月，尽管进行了英勇的抵抗，但是这次运动还是被镇压了下去。残酷的镇压使湖南的革命活动暂趋缓和，但也不过平静了两三年。

正是在这个短暂的重新组织力量时期，辛亥革命在长沙的未来领导人焦达峰、陈作新完成了学业，开始进行革命活动。焦主要在秘密会党中做工作，陈是新军中的一个尉官，两人都在辛亥革命前几年参加同盟会。1936年毛泽东没有把他们视为老练的革命者，而说他们是哥老会的代表人物，这说明毛很注意传统的造反势力②

---

① 薛君度：《黄兴与中国革命》，26页，长沙，湖南人民出版社，1980。1905年，华兴会同孙中山的兴中会合并建立同盟会。

② 参见［美］埃加德·斯诺：《西行漫记》，116页。

（诚然，他当时看得比较简单，可能并不了解他们的背景或身份[①]）。

当时湖南经济困难，有利于该省许多革命领导人开展革命工作。由于天灾，1910年发生米荒，米价上涨一倍多，但官府顽固地反对平粜。4月13日，一万多人聚集起来请愿，抚台表面上似乎听取了他们的申诉，实际上却派兵镇压，杀伤多人。群众怒不可遏，不顾士兵开枪射击，赤手空拳地冲进衙门，放火烧了官府。

诸如此类的事件，使农民因备遭困苦而产生的不满情绪达到了一个新的高潮。1911年春，黄兴攻打广州衙门虽然失败，但在湖南以及全国，人们感到即将发生决定性的事变。在这种情况下，焦达峰和同盟会在湖北省的领导人进行接触，约定一旦武汉（在湖北省）或长沙首先举行起义，另一省的革命党人要在十日内相继发难，予以支援。1911年10月10日革命爆发，焦达峰原拟按约行事。长沙以省谘议局议长谭延闿为首主张共和的温和派有所犹豫，使起义推迟了几天，但湖南还是在革命爆发十二天之内发难响应。

毛泽东在向埃德加·斯诺讲起自己的生平时，对1911年10月22日事变作了十分生动的叙述。他说，在长沙城外打了一个大仗，工人在城内攻占城门，支援拥护革命的军队攻城。[②] 实际上，谈不上打了“大仗”。革命党人攻打的两座城门，其中一座根本未遇抵抗；焦达峰率部攻打的另一座稍遇反抗，但晓以民族大义后守军迅即投向革命。在城里，焦达峰、陈作新两位领导人一度准备联合攻打抚台衙门，但抚台发现其卫队无斗志，已从事先准备的在后墙挖好的洞中逃跑。当时的各种材料也未提到曾发生工人或平民起义；整个战斗任务由新军担任，为时很短，实际上没有流血。很明显，毛泽东像许多年岁大、阅历多的人回顾革命往事一样，对自己曾身临其境的那些激动人心的场面仅仅留下了一个模糊的印象，在四分之一世纪以后，就想当然地用之来描述辛亥革命当时应有的情景。

---

① 毛泽东的生平事迹中还有许多情节模糊不清。对于涉及其革命生涯的所有重要论述，我都尽可能作出旁证。所以从第三章起，脚注甚多。为了避免注释过多，第一、三章所述关于毛泽东少年时代中国和湖南的一般情况，都未引证参考材料。关于焦达峰、陈作新和辛亥革命在湖南的发展情况，主要参考《辛亥革命》（《中国近代史资料丛刊》六），132～171页，上海，上海人民出版社，1957；李时岳：《辛亥革命时期两湖地区的革命运动》，北京，三联书店，1957；同时期发行的《华北先驱报》；薛君度：《黄兴与中国革命》。

② 参见［美］埃德加·斯诺：《西行漫记》，116页。

但是，如果说他关于革命起义本身的叙述多属想象，并如前所指出，他把焦达峰和陈作新误说为仅仅是秘密会党的领导人，那么，他对于后来的政治风云的描写则要准确得多。他说，焦、陈“不是坏人，而且有些革命要求。但他们很穷，代表被压迫者的利益。地主和商人都对他们不满”①。结果，毛泽东解释说，代表省内有产者利益的谭延闿，组织了一次叛乱，把他们杀死。一天毛在街上行走时，看到他们已经陈尸街头了。这的确是实情。士兵中的“暴乱分子”在焦、陈掌权后一周杀死了他们，极可能是谭延闿指使的，谭肯定得到地主和商人的支持。同时，应该承认，“心地善良的年轻人”在 1911 年那个时候的中国是没有什么地位的。甚至孙中山不久后也发现，面对掌握实权的军阀，自己也无能为力。直到他在苏联顾问和中国共产党创始人的帮助下建立了自己的军队，孙中山才在中国的政治舞台上发挥真正有效的作用。

毛泽东原来就想参军，既然革命已经发展到长沙，他就不必去武汉，在湖南就能够入伍。他参军后，成了赵恒惕上校的部属，最高上司是谭延闿。谭在消灭了对手后已经大权在握，成为最高军政领导人。这两人当时谁都不可能注意到毛泽东这个十八岁的列兵。不过后来他们对他就很熟悉了。赵恒惕成了毛泽东的敌手，而谭延闿，说来也怪，在他算作国民党左派时，成了毛的盟友。

毛泽东参军的目的，是“为完成革命尽力”。看来他从未参加过战斗。正当孙中山和袁世凯（原为朝中高官，后转而拥护共和）双方支持者之间的武装冲突似乎不可避免的时候，两人达成了和议，孙解散了他在南京的政府，就理论上说重新实现了统一和和解。其实，袁独揽一切权力，真正主张共和的革命党领导人，不是很快被抓、被杀，就是被放逐或被剥夺言论自由。但是，在 1912 年春，毛泽东认为革命已经结束，便决定退伍，继续求学。他一共当了半年兵。

如果说毛泽东实际上并未在很大程度上参加辛亥革命，那么，他在军队的六个月却标志着他在接受教育方面进入了一个新的阶

① ［美］埃德加·斯诺：《西行漫记》，117 页。

段。正如他的朋友埃弥·萧（Emi Hsiao，即萧三）所说，这段很短的军事生活是否就使他早在此时断定军队在中国是政权的关键因素，是值得怀疑的。实际上，只有经历了军阀时代长期的分裂和无政府状态之后，才能得出这种结论。但是，毛泽东的确扩大了他的接触面，特别是同一个矿工和一个铁匠交上了朋友。这时他还存在着浓厚的学生心理，要从每月七元的薪饷中拿出相当大一部分去向挑夫买水。士兵必须到城外挑水，但毛认为自己是个知识分子，干那种事有失尊严。①

他这样节省下来的时间用于读报。剩下的银饷，他都用来订报纸。有一种报纸登了论述社会主义的文章，他就是从那里第一次知道社会主义这个名词的。他还读了江亢虎写的几种小册子（江曾经留学日本，于1911年11月建立“中国社会党”）。他为这些著述所鼓舞，就同其他士兵讨论社会主义和社会改良主义，还同学生时代的几个朋友通信讨论这个问题，但响应者寥寥无几。

毛泽东说他在1912年就对社会主义抱有“热情”，我们肯定不能据此认为他这时已经支持社会革命。我们知道，五年以后他发表的第一篇文章中几乎没有丝毫激进思想。但当时第一次接触社会主义思潮所产生的想法，对他后来的思想发展不会毫无影响。

毛泽东退伍后决心继续求学，但是他不能确定究竟应该选择何种科目或专业。在这个问题上，他在当时的中国很有代表性。旧学在相当大程度上受到非议。虽然在最新式的学校里仍然读过去的历史和哲学著作，但只有少数极端保守分子才认为它们在现代还有用。而且，旧的科举制度，在帝制被推翻以前，就于1905年被废除了，只读经书的人从此不再有任何前途。但是另一方面，虽然人们认为必须采用现代西式的教育，也建立了一定数量的新式学校，可是还不知道，这些学校的毕业生在国家生活中将居于什么地位，哪些学校最适于有才华的年轻人就读，使之日后能成就一番事业。

因此，不是只有毛泽东一个人感到选择道路困难。当时他为报纸上的招生广告所吸引，先后到一所警察学校和一所肥皂制造专科

① 参见［美］埃德加·斯诺：《西行漫记》，117页。

学校报了名。一个法政学堂的朋友，又使毛泽东注意到他那个学堂的广告。广告许诺三年内教完全部法律课程，期满后马上可以当“官”。毛泽东对这种前途产生了兴趣，遂写信向家里要学费，并把将来“当法官”的光明前景向他们描述了一番。后来毛泽东又为另一则广告所说服，认为最好能学成一个商业专家，就进了一所高级商业学校。他在那里实际上只学了一个月就退学了，因为大部分课程用英语讲授，他听不懂。

他又在长沙省立第一中学进行了六个月的尝试，在那里读了更富有传统性的历史著作。之后，他决定还是自学为好。于是他又退学，每天去湖南省立图书馆看书，从早到晚待在那里，这样度过了半年。就是在这个期间，他读了严复翻译的反映西方自由主义传统的经典著作，如《原富》、《法意》，以及达尔文、穆勒、卢梭、斯宾塞等人著作的译本。他又第一次看到一幅世界地图，并学习了俄、美、英、法及其他国家的历史和地理。[①]

虽然这期间毛泽东极有收获，但他难以为继，因为家里不支持这种似乎漫无目的的学习。而且他认真地考虑了自己的“前途”，认定自己最适合当教员。一则招生广告又引起了他的注意，这次是长沙省立第四师范学校的广告。1913 年春毛泽东考进这所学校。次年秋，第四师范学校并入第一师范学校，毛和同学们遂转到第一师范学校。1918 年春，毛泽东在该校毕业。

这五年在毛泽东一生中的重要性怎么估计也不会过分。首先，他所受到的教育有很大一部分是在这五年里获得的，其内容既有古典的也有现代的，既有中国的也有西方的。但是，这五年的重要性还不止于此。这五年使毛泽东能够进入教育界，执教时间虽然不长，却是一个使他得以发挥更大作用的阶梯。更为重要的也许是，长沙第一师范和其他男女生学校的学生团体，思想活跃，有政治觉悟，给毛泽东提供了一个理想的使自己成为一名政治工作者的演练场。他在那里产生了后来付诸实践的思想和方法，在那里结交了朋友和同志，其中一些人追随他直到 1949 年革命取得胜利。

---

① 参见［美］埃德加·斯诺：《西行漫记》，120 页。

胜利之日，毛泽东在师范学校时的两个极亲密的朋友都不在他身边。其中一个是蔡和森，多年以前在革命斗争中牺牲；另一个是萧子昇，他选择了不同的政治方向，成了毛泽东的死敌。

蔡和森同毛泽东的母亲一样，是湘乡县人。他是六个孩子中最年长的一个。他父亲一度是上海江南兵工厂的一个小职员。蔡因其母而同曾国藩有远亲关系。蔡和森、毛泽东、萧旭东被认为是学校中最有才华的三个学生，他们也以此自负，喜欢自称三个豪杰。“豪杰”一词，是毛泽东爱读的小说《三国演义》的常用语，表示不仅有力量和勇气，而且智慧过人，品德高尚。

顺便提一句，在长沙的那些岁月里，毛泽东始终重视体育锻炼。他和朋友们有意识地通过长途跋涉和经受风吹、雨打、日晒来锻炼身体的抵抗力。

在师范学校时，毛泽东结交了另一个同代人，这就是在他日后的经历中有很大影响的李立三。有一天，毛泽东在报上登了一个广告，署名二十八画生（他名字的三个繁体字共二十八画），邀请关心国家前途的青年同他联系。用他自己的话说，他收到“三个半人的回答”。“半个回答”来自李立三，他听了毛泽东说的话以后，没有发表自己的意见就走了。1936 年，毛泽东稍带讽刺意味地说：“我们的友谊始终没有发展起来”。实际上，两人在十几年之后，在什么才是最能保证像中国这样的农业国取得革命胜利的战略这一问题上，发生了激烈的冲突。

第一师范是一个公认的中等而非高等教育机构。因此，在一定意义上，毛泽东从未受过大学教育。但是，这个学校的标准很高，就其所学而论，同进一个省立大学一样。特别是师范学校里有两位教员给毛泽东留下了深刻的影响。一位是绰号叫“袁大胡子”的国文教员，他嘲笑毛泽东模仿梁启超的文风，叫他以唐朝著名散文家韩愈为楷模。1936 年毛泽东说：“多亏袁大胡子，今天我在必要时仍然能够写出一篇过得去的文言文。”①

另一位是伦理学教员杨昌济。杨只教高年级，所以毛泽东直到

① ［美］埃德加·斯诺：《西行漫记》，121 页。

1915 年或 1916 年才成为他的学生。当时，中国知识界已在酝酿五四运动，跃跃欲试。从狭义上讲，“五四运动”指 1919 年 5 月 4 日在北京爆发的学生示威游行，其目的是反对巴黎和会决定将德国在山东的租借地转让日本而不归还中国。但是“五四运动”又泛指 1915 年至 1921 年这个时期，以及在此期间席卷中国的激进思想。辛亥革命前夕，中国几乎无人公开主张全盘模仿西方的习俗和思想为己所用，而是探讨如何使西方的某些东西适合中国需要的问题。1898 年维新运动期间主张“全盘西化”的谭嗣同是为数很少的几个例外中的一个，康有为、梁启超也未走这么远。但在 1911 年以后的几年里，形势发生了深刻变化，其标志就是《青年》评论杂志（不久改名为《新青年》）的创刊。《新青年》的灵魂是北京大学（国内知识分子中心）的陈独秀，陈后来成为中国共产党第一任总书记。陈主张完全彻底西化。他认为，只有“德先生”和“赛先生”能够救中国，它们将把过去的愚昧、迷信、野蛮一扫而光，并为一个新的、现代的、世俗的西方式国家奠定基础。

陈独秀对中国的过去，几乎是一切都厌恶，但这并不意味着他不关心国家的前途。恰恰相反，他说：“吾宁忍过去国粹之消亡，而不忍现在及将来之民族，不适世界之生存而归削* 灭也。”① 这句为人们经常引用的话表明，他将现实主义置于对过去的自豪之上，其目的正是救国。但是，毋庸置疑，陈在其 1915 年至 1918 年的著述中那样彻底地抛弃中国的历史遗产，的确在一定程度上有伤民族尊严，从长远的观点来看，是难以容忍的。再者，整个民族，而且大部分农民是文盲的一个民族，抛弃其整个历史遗产，代之以根本不同的传统，也是一个问题。在评价陈独秀的历史作用时，必须看到，在 20 世纪初叶，压在中国身上的传统和权威的负担多么沉重。如果没有陈独秀及其朋友们对过去率先发起猛烈的、摧毁性的有效进攻，就简直不可能在后来从传统中大量推陈出新而不再沦为传统

* 此系原文，疑为“消”字之误排。——译者注

① 转引自《青年》杂志第 1 期社论。此文的摘录见 Chow Tse-tsung, *The May Fourth Movement: Intellectual Revolution in Modern China* (Cambridge, Mass., Harvard University Press, 1960), pp. 45–47。周这本书对五四运动进行了必不可少的基础研究。关于陈独秀的思想，另见 Benjamin Schwartz, *Chinese Communism and the Rise of Mao* (Cambridge, Mass., Harvard University Press, 1951), pp. 12–27。

的奴隶。

毛泽东的伦理学教员杨昌济，差不多从《新青年》创刊之日起，就是这个刊物热情的读者和坚决的支持者。他还鼓励他的所有学生看《新青年》，正是通过他，毛泽东很快接触到中国知识界的主流。毛泽东还通过上课从杨那里受到融合中西思想为一体的教育，杨对此十分胜任，因他不但对中国古文有坚实的基础，而且曾在日、英、德留学十年。在那里他成了康德和托马斯·格林的信徒（也敬佩塞缪尔·斯迈尔斯），但并不放弃12世纪著名哲学家朱熹的理学。杨昌济在毛泽东进入他授课的班级以前，在长沙发表了一篇文章，其中有如下一段话，无疑概括了他的教学精神：

> 夫一国有一国之民族精神，犹一人有一人之个性也。一国之文明，不能全体移植于他国。国家为一有机体，犹人身之为一有机体也，非如机械然，可以拆卸之而更装置之也。拆卸之则死矣。①

因此，他虽然倡导学习西方的各种思想和制度，深入利用西方的科学和技术，但又要求学生不要忘记自己的民族遗产。在他看来，向西方学习的益处，不是以一种新的文化来整个地取代中国的文化，而是借以推动中国的文化恢复活力。

杨昌济对毛泽东的影响确实是很深的。毛泽东在1936年谈到杨时，还忘不掉他后来同杨的女儿结了婚。他很爱她，但她后来在1930年被国民党杀害。人们有一切理由相信，毛泽东说杨是“一个道德高尚的人”，“努力鼓励学生立志做有益于社会的正大光明的人”②，这不仅是出于对岳父的爱，而且表现出对老师的衷心敬佩。

杨昌济不仅指引毛泽东去接近《新青年》杂志社主张西方化和反对偶像崇拜的激进派，而且指引他接近另一个团体，其成员从17世纪初湖南大学者王夫之的著作中寻找鼓舞力量，以求在保持中国固有传统的前提下使国家达到复兴。这个团体就是船山学社，或称

---

① 杨昌济：《劝学篇》，载《公言》杂志，1914年10月第1卷第1期。

② ［美］埃德加·斯诺：《西行漫记》，121～122页。

王夫之研究学会①，是由长沙一批杰出的文人学士建立的，它几乎和《新青年》同时出现。清统治者征服中原后，有几个很有名的人物拒绝为异族统治者效劳，王夫之是其中最激进的一个。这些人批判朱熹和其他宋明理学家著作中的唯心主义学说。他们认为，宋明理学家使文人脱离实际，闭门修养，以玄想代替实践，导致民族丧失独立。他们还强调尚武精神，这种主张即使不是同经书直接对立，也是同传统观点格格不入的。船山学社的成员从他们身上找到了当代催人奋进的力量。在杨昌济的推动下，毛泽东曾出席船山学社的会议，接受了他们的观点（袁大胡子在这方面对他也有所鼓励）。

毛泽东的第二篇论著，是1917年4月发表在《新青年》杂志上的那篇文章。从这篇文章看，毛泽东那时主要是从这些新传统主义者那里而不是从刊载他文章的那种杂志上吸取新思想的。该文题为《体育之研究》，向同胞们推荐了一套毛泽东自己设计的锻炼方法，作为既增强体质又陶冶性情的手段。毛泽东过去是现在仍然是一个大力提倡体育运动的人，因而此文用这个题目并非毫无意义。但是更为引人注意的是，他认为体魄矫健、意志坚强的重要性乃在于能够使中国人顶得住外国的压力，挽救自己的民族。文章开头的几句极其明确地说明了这个目的：

> 国力恭弱，武风不振，民族之体质日趋轻细，此甚可忧之现象也。……长是不改，弱且加甚。夫命中致远，外部之事，结果之事也；体力充实，内部之事，原因之事也。体不坚实，则见兵而畏之，何有于命中，何有于致远?②

在论述体育的功效那一段，毛泽东说得很清楚：“夫体育之主旨，武勇也。”③

在这篇文章中，我们发现毛泽东的个性中已经充分形成极富有

---

① 王夫之，号船山。船山是山名，是他在清政府统治中原后的隐居地。
② 毛泽东：《体育之研究》，载《新青年》，1917年第3卷第2期。
③ 同上。

特征的两种品质：关心中国之命运；强调勇气、力量和尚武精神是救国之道。相比之下，对于“自觉”（这是1917年毛泽东自己的用语）的认识，则看来仅仅是初步的。毛泽东写道，“非动其主观促其对于体育之自觉不可”。他已经从赞赏19世纪欧洲自由主义传统的中国人（包括杨昌济）那里知道，促使国家富强的活力蕴藏在每个社会成员身上，只有激励个人的主动性才能迸发出来。但是他尚未得出这样的结论：为了发挥这种力量，必须打破束缚个人自主性的旧的思想和行为模式。相反，他还引用孔夫子《论语》上的话（“君子求己”）来论证自力更生的必要性，并把曾国藩视为性格坚强的楷模。但是，尽管1917年毛泽东在思想上看来仍然以中学和传统主义为主，但这并不意味着他读了《新青年》并接触到激进的欧化思想后未受影响。就是一个生活在北京或上海，懂得一种或几种西方语言的中国人，要在20世纪20年代理解同自己的传统迥异的各种概念也非易事。对于一个不懂外语、从未离开过本省的湖南年轻人来说，就更为困难。虽然如此，毛泽东还是在朝着这个方向前进。

毛泽东趋于采取更加进步的态度，无疑也是受了另一位教员的鼓励，这位教员后来成了他的忠实政治信徒。这就是徐特立。徐是湖南人，农民出身，曾在日本留学，并在那里参加孙中山的同盟会。徐特立不仅在言论上而且在行动上反对传统观念。他是因步行去学校而引人注意的两位教员中的一个（其他教员多坐人力车；几个富有的教员，包括杨昌济在内，还坐轿子）。

在长沙求学时期，毛泽东个人品格中追求新思想的一面，在他的各种活动中要比在那篇保存下来的文章里体现得更为明显。这是非常自然的，因为成立一个组织，探讨新的思想，要比用一种不为人们所熟悉的文体展开系统而充分的论证要容易一些。早在1915年，毛泽东在师范学校就当选学生会秘书，在这项工作以及其他活动中，毛泽东越来越积极地提倡研究新思想，并反对呆板地遵守校规的旧观念。其最初一个极富有特色的创举，就是建立“学生自治会”，主要是为了组织学生集体抵制校方的无理要求。

就是在最初采取这种步骤组织大家抵制陈规陋习时，毛泽东也表现出深受童年时代那种农民生活环境的影响。有一件事可以证明。1917年春，各派军队在湖南发生混战，不断进行抢掠，毛泽东指挥学生保护第一师范学校。他率领学生“志愿军”采取湖南农村中的老办法，将嫩竹削尖插在校园墙头，士兵翻墙就会被刺伤眼睛（谁也没敢翻墙）。

1917年中秋节，毛泽东又一次而且更为明显地流露出了头脑中的传统观念。一群学生聚集在第一师范后面的山上讨论救国之道。有些人提出进入政界。对此，毛泽东回答说需要有金钱和关系才能当选。又有人提出利用今后当教员的职位来影响后几代——但毛泽东表示反对，说这个办法需时太久。别人要他提出办法，他答道：“学梁山泊好汉”①。

梁山泊是一个山地要塞的名字，毛泽东所爱读的小说《水浒传》上的绿林好汉在那里安营扎寨，兴兵起事，除强暴以伸张正义，处乱世而求国泰民安。刚好十年以后，毛泽东上井冈山，开始走上了一条与此并非毫无相似之处的道路。但在此刻，1917年年底，他即将采取另一个步骤以吸收西方的新思想。这方面最重要的实际行动是他发起成立新民学会。学会于1917年年初开始活动，1918年春正式成立。这是当时中国最激进的学生会社之一，其成员最后都参加了共产党。

其他材料证明，正是在1917年至1918年冬春之际，毛泽东六年来接触各种形式的西方新思想后所积累起来的许多想法和印象，开始形成一种世界观，这种世界观要比数月前在《新青年》上发表的那篇文章的观点激进得多。这时，他在伦理学教科书上写了以下批语：

> 吾人应充分发达自己身体及精神之能力……凡有压抑个人、违背个性，罪莫大焉。故吾国之三纲在所必去，而与宗教、资本家、君主国四者，同为天下之恶魔也。②

① 此事及毛泽东早年其他各种事迹，是我访问台北“国立政治大学”白余教授时了解到的。白很友好，允许我在这里引用他的回忆录。白教授原是长沙第一师范的学生，比毛泽东晚两年进校。

② 转引自李锐：《毛泽东同志的初期革命活动》，42页。

这段批语不仅提到资本家，而且断然否定“三纲”（君为臣纲，父为子纲，夫为妻纲），而这正是儒家伦理道德的核心。但这时表现出来的新的个人品格，同毛泽东作为一个传统主义者时的思想有很大的连续性。对经书的尊崇，让位于进行革命和激进改革的热情，但民族主义和对武德的强调，仍然是毛泽东个人品格中的两个核心特征。

如果说毛泽东在1917年至1918年开始形成更新的观点，这无疑主要是由于他在自己的发展历程中达到了相应的阶段。但这也是同五四运动酝酿时期整个中国在社会和思想上的变化急剧加快分不开的。形势的发展决定了毛泽东的归宿。1918年他在第一师范毕业时，尽管有政治觉悟，但仍不过是一个来自乡间的学生。1919年夏，他在北京待了半年后回到湖南，并投身于五四学生示威以后的各种政治活动。这时，他已经走上了一条通向职业革命家生涯的道路。

★第三章

毛泽东在五四运动时期

当时中国知识界的激进分子，在为改造中国的习俗和思想而寻找一个模式时，均瞩目西欧。陈独秀等人羡慕法国的民主传统，另一些人则倾向英国。还有一些人，有感于第一次世界大战初期同盟国的实力，在《新青年》上著文称道“德国军国主义”。然而在毛泽东准备前往北京时，形势即将发生变化。俄国布尔什维克的革命在爆发一年后开始引起人们的重视。

毛泽东曾经写道，“十月革命一声炮响”，给中国送来了马克思主义。[①] 这是一种有些简单的看法，但在很大程度上是真理。十月革命以前，中国对马克思主义并非一无所知。早在 1906 年，就有《共产党宣言》节译本；前已谈到，20 世纪初就发生过关于“社会主义”的论战。但确实是在俄国革命之后，马克思主义才作为一种重要的政治力量传入中国的。它不是突如其来的。毛泽东反复断言，五四时期是中国政治思想领域中“资产阶级”领导和“无产阶级”领导的分水岭，就含有这个意思。[②] 但其影响增大如此之快，以至于在仅仅一两年内，关于中国前途的论战用语就完全变了。

李大钊在并未真正理解俄国革命的理论基础时，就对其历史和哲学意义大加称道，足以说明这种变化的特点。李大钊后来是中国共产党两位主要创始人之一，另一位是陈独秀。李大钊论述俄国革命的第一篇文章，登在 1918 年 7 月的《新青年》上，另一篇更加有名的论文《布尔什维主义的胜利》10 月份发表，几乎在毛泽东抵达北京的同时。他说，十月革命的胜利不仅关系到俄国人，而且是反

---

① 参见《毛泽东选集》，2 版，第 4 卷，北京，人民出版社，1991。
② 参见《毛泽东选集》，2 版，第 2 卷，北京，人民出版社，1991。

对军国主义和专制制度的斗争中“人类人人心中共同觉悟的新精神的胜利!”我们可以特别有把握地说，毛泽东很用心地读了这些文章，因为后来他经杨昌济（刚担任北京大学教授）介绍，在李大钊手下做图书馆助理员。李是北京大学图书馆主任，后任历史系教授。毛泽东每月有八块钱薪水，只能节俭度日——他同其他七名湖南学生共住一个房间，但是故都之美，用他自己的话说，是一种“丰富多彩、生动有趣的补偿”。他还经常应邀去杨昌济家中，并在那里结识了他未来的夫人杨开慧。

毛泽东在图书馆的职位特别低微，其职业不过是个谋生的手段，他很少有可能同人们或各种思想接触。他打算和去图书馆的知识分子头面人物攀谈，但多半是他们“没有时间听一个图书馆助理员说南方话”①。但他最后找到了别的办法去参加大学的文化生活。一方面，他参加哲学和新闻学会，获得了听课的权利（这并不意味着，在中国一个大学里等级观念仍然很重的环境中，能够容许他充分参加其活动。有一次，他听完讲课想向胡适提一个问题，胡得知他不是个大学生而仅仅是个图书馆助理员后，便拒绝同他交谈）。另一方面，更为重要的是，他参加了李大钊于前一年春建立的马克思主义研究小组，这既是一个结识人的途径，又是确立最终政治信仰的一个步骤。②

李大钊本人这时还远远没有接受马克思主义，甚至还没有达到充分的理解。1919 年 5 月他发表在《新青年》马克思主义研究专辑上的文章《我的马克思主义观》，对马克思主义历史观的论述是狭隘的宿命论，完全违背辩证法；并且说，这种社会哲学虽然有用，但还必须补充以更加强调人类精神创造作用的其他思想。毛泽东的上司尚且如此，难怪他在北京期间尚未以任何明确的方式信仰马克思主义，更不用说列宁主义了。恰恰相反，他在自述中承认，这时他虽然“越来越激进”，但“思想还是混乱的”，“正在找寻出路”，

---

① ［美］埃德加·斯诺：《西行漫记》，127 页。

② 此小组是否于 1919 年以前正式成立尚有一点疑问，但有可能于 1918 年至 1919 年冬春之际进行了非正式的活动，见 Chow Tse-tsung, *The May Fourth Movement: Intellectual Revolution in Modern China* (Cambridge, Mass., Harvard University Press, 1960), p. 244。

受无政府主义的影响很大。可是他又说，1918 年至 1919 年冬春之际，“在李大钊手下”，他“迅速地朝着马克思主义的方向发展”。为了消除这种说法上的混乱，他又说，在他第一次访问北京期间，陈独秀对他的影响“也许超过其他任何人”。① 而陈这时既不倾向于马克思主义，也不倾向于无政府主义，而是继续把议会民主和科学精神作为解决中国各种问题的答案。

上述不同说法之间的矛盾也许主要是表面上的。当时正是中国的政治思想舞台上发生极其猛烈的变革的时期，即使博学的、成熟的学者也往往在几个月内就改变观点。因此，一个初次接触首都生活的外地年轻人，在思想上同时朝着几个方向迅速发展，是不足为奇的。他为无政府主义所诱惑，是因为他像他那一代的所有人一样，要打碎旧社会加在每个人身上的枷锁。他受陈独秀的影响很深，因陈是他多年来在文学方面的崇拜对象，又因为陈不妥协地拥护一切不受束缚的、充满活力的新兴事物，能够满足他渴求解放的同一愿望。他在“李大钊手下”向着马克思主义方向发展，不仅因为李是马克思主义研究小组的创始人，毛泽东在这个小组里扩大了这方面的知识，还因为他同李非常相像，也是满怀热情地献身于使中国成为一个伟大国家的事业。

李大钊所具有的这种品质，其重要性是无论如何强调也不会过分的。直到 1918 年秋，他才加入《新青年》编辑部。在此以前，他之所以对“新文化”运动保持一定的距离，恰恰是因为他认为陈独秀在思想上对于民族价值观念重视不够。② 这时他跻身于文化革命领袖之列，应当说是象征着这个运动即将向两个方向转化，即不仅如前所述，趋向马克思主义，而且趋向民族主义。当然，正是由于列宁对马克思主义的阐发，强调民族解放运动在世界革命中的作用，才促使这两种趋向结合起来。但是李大钊和继李之后的毛泽东

---

① 参见［美］埃德加·斯诺：《西行漫记》，127～132 页。

② 早在 1914—1915 年，两人之间曾发生一次著名的论战，争论人民的自由与启蒙同国家的生存相比，哪个更重要。李大钊当时强烈地主张，即使在最专制的国家中受痛苦，也比无国家沦为“亡国奴”好。李、陈论战文章摘要以及从 1914 年至 1927 年李牺牲为止二人思想发展之对比，见 H. Carrère d'Encausse and S. Schram, *Le Marxisme et l'Asie, 1853—1964* (Paris, Armand Colin, 1965), pp. 72-82, 280-314。关于李大钊思想发展的详细研究，见莫里斯·迈斯纳写的李大钊传记，由 Harvard University Press 出版。

最后发展了马克思主义，他们对马克思主义的解释和列宁不同，他们不仅把中华民族的尊严和对世界的伟大贡献当作反帝宣传的旗帜，而且认为它们本身就值得重视。

然而，1919年春，在准备离开北京时，毛泽东尚未宣传过任何流派的马克思主义。在长沙师范学校毕业时，他的思想是“自由主义、民主改良主义、空想社会主义等思想的大杂烩”①。现在加进了一些马克思主义和无政府主义思想，但仍然是各种思想兼收并蓄，并未从中引出正确的观点。而且在这种思想混合体中，过去有，现在仍然存在着传统主义因素，尽管他不断吸收马克思主义。在李大钊领导的马克思主义研究会的会议上，毛泽东曾因将社会主义同形形色色的中国古代思想流派结合起来而引人注意。据说，他这时甚至敬佩曾国藩，竟视之为楷模。毛泽东所以要效法曾国藩，毋庸置疑，不是由于认为他具有特别保守的禀性，而是觉得他作为一个懂得如何运用政治和军事力量的政治家，为人们树立了一个榜样。当然，毛泽东对曾国藩是湖南老乡这一点也不会漠然视之。

1919年夏的政治运动，有助于毛泽东澄清自己的思想，终于开始使他具有了自己的明确的政治观点和政治风格。他于2月末或3月初离开北京，先去上海，给去法国的一些朋友送行。这些朋友将赴法“勤工俭学”。“勤工俭学”是由一批有影响的学者于1917年发起的，学生用一半时间工作，以支付学费和维持生活。1918年春夏，毛泽东在长沙成立的新民学会就关心此事，准备赴法而去北京的湖南学生特别多。到京城以后，毛泽东继续为这项活动积极奔走，并协助制定了赴法预备生在京期间的学习计划。②

参加勤工俭学的学生中有周恩来，还有毛泽东的密友蔡和森。毛泽东在自传中说，他本人从不想去法国，因为他对自己的国家还了解得不够。而当时知情的人说，他曾认真地考虑过去法国的问题，最后决定不去，是因为他没有学好外语，怕到外国后发生困难。总之，他最后决定留在国内，仅仅陪着他的一些朋友到上海，送他们上船，然后返回长沙。引人注意的是，十七年以后他在回忆

---

① ［美］埃德加·斯诺：《西行漫记》，125页。

② 参见李锐：《毛泽东同志的初期革命活动》，84～86页。

此行时，还特别记得他曾游历了中国历史上的里程碑：孔墓和《三国演义》上提过的筑有城墙的名城。

毛泽东回到湖南后，发现省内群情激愤。督军张敬尧特别残忍[①]，他是当时控制北京政府的实力派段祺瑞将军的亲日派安福系代表人物，因此人们对他的镇压政策更加痛恨。自1915年日本提出“二十一条”以后，中国国内对日本就日益愤慨，而中国代表团却逆来顺受地承认了巴黎和会关于山东问题的决议。消息传来，人们更加怒不可遏，因为正是东京从这次帝国主义瓜分中国的会议上捞到便宜。1919年5月4日，学生举行了大规模示威游行，同时提出反日口号，并放火烧了一个部长的住宅，因为这个部长同四年前中国政府接受“二十一条”特别有关系。

消息从北京传出，立即在湖南引起反响，尽管张敬尧采取措施镇压一切反日活动。在长沙如同在北京一样，运动第一阶段的动力是学生。在毛泽东的积极推动下，6月3日成立了湖南“学生联合会”，当日“学生联合会”代表宣言，要求将5月4日北京学生烧了其住宅的亲日政客斩首。[②]

6月3日，北京大规模逮捕学生，两天以后在上海，不久又在全国其他大城市，引起商人和工人抗议而进行罢市罢工。进步的知识分子在中国近代历史上第一次动员和组织了一个包括其他社会阶层的群众运动（然而运动仍局限于城市，农民未发动起来）。其后数周，各类组织纷纷建立。毛泽东在湖南继续发挥非常积极的作用，既发动成立新的团体，又发动示威游行以反对北京政府和张敬尧的亲日政策。当时两个最重要的团体是“国货维持联合会”（为抵制日货）和“湖南各界联合会”（包括社会各阶层）。后一团体借鉴了北京、天津、上海的先例，于7月9日由“学生联合会”发起成立，有工商界参加。“湖南各界联合会”的成立，作为当时中国社会各阶层广泛团结的标志，具有特别重大的意义。其重要性还表

① 他的继任者赵恒惕将军（毛泽东在1911—1912年的老军事长官，也是他在五四时期多次政治斗争中的对手），1963年6月在台北会见我时说，张“不是人，而是野兽”。

② 李锐引证的宣言最后这句话（见《毛泽东同志的初期革命活动》，95页），并未见诸当时发表的宣言（见《学生救国全事》，上海，1919年10月出版），但这本书是在段祺瑞统治下出版的，可能为谨慎起见而删掉。

现在它为五四时期毛泽东极有影响的一篇文章提供了社会背景，这篇文章就是《民众的大联合》，其第一部分于 7 月 21 日发表。①

该文发表在《湘江评论》第二、三、四期上。《湘江评论》是学生联合会主办的刊物，于 1919 年 7 月 14 日创刊，毛泽东任主编。李锐为了证明毛泽东日后的思想和实践中所形成的一切基本概念早在其学生时代即已产生，就竭力说这种“民众的大联合”，实际上相当于 1949 年毛泽东提出的“人民民主专政”*，谓在这种专政制度下，工农要起领导作用。② 这完全是一种非历史的看法。毛泽东的确提到农民（虽然他们根本未参加五四运动）、工人、学生、妇女及其他社会阶层都是这个“大联合”的参加者。他还举出俄国革命的胜利，并为“红旗军”在全世界的发展而欢呼。但是，他并未把布尔什维克的红旗和五四运动的红旗加以区分，而五四运动既打马克思的旗帜，也打杜威的旗帜。在他的分析中，丝毫没有运用马克思主义的范畴。诚然，在李锐提到的发表在《湘江评论》上的另一篇文章中，毛泽东曾宣称，陈独秀提倡的科学和民主正是中国所需要的。此文即使没有预示毛泽东将会在日后提出马克思主义的公式，但的确标志着他在思想上出现了可以称之为“民粹主义”倾向的极其重要的一面。

*作者此处引文有误，李锐的原文是“人民革命统一战线”而不是“人民民主专政”。——译者注

毛泽东的上司李大钊早已开始产生农民重要并具有精神上的优越性的思想，其见解与俄国民粹派并无不同。毛泽东的民粹主义还不是这个意义上的。他并不特别关心农民。但是，他曾经是，当时仍然是广义上的“民粹主义者”。他认为，整个中华民族，不仅是一个重要的历史统一体，而且是一个强大的进步力量。这个思想的确可以看作一个桥梁，引导他摆脱 1917 年比较保守和带有传统主义色彩的民族主义，而走向真正的马克思主义。我们看到，他已经开始关心中华民族的生存。他把这个浑然一体的民族划分为两部分：一部分是“人民大众”，另一部分是为数极少的同洋人站在一起的军阀和投机商。以后数十年间，毛泽东对于不同社会阶层的进步性或反动性的论断有许

① 此文摘录见 S. Schram，*The Political Thought of Mao Tse-tung*（London，Pall Mall Press，1964），pp. 239 - 241。

② 参见李锐：《毛泽东同志的初期革命活动》，103～104 页。

多变化，但他对中国“人民”革命使命的信念从未动摇过。

毛泽东主编《湘江评论》，其中大部分文章是他亲自撰写的。这不仅仅是一个知识分子为了别的知识分子而进行的学术练笔。他这个刊物的影响特别广：创刊号两千份一天之内就卖完，后来每期印五千份。[①] 虽然大多数中国人是文盲，尤其是在农村，但因刊物采用浅显易懂的文体（这是新文化运动早期阶段的重要收获之一），其潜在的读者大为增加。抛弃难懂和矫揉造作的文言文，代之以白话文，这个主张是胡适在1917年1月《新青年》的一篇文章中提出的。到1919年夏，大部分政治和文学著作，采用了比较接近中国口语的文体。[②] 这次由知识分子在其狭隘的天地里进行的“文学革命”，乃是促使他们走出象牙之塔为全体中国人民而写作的必要前提。

像在北京的老一辈比较有名的学者和知识分子那样，毛泽东打算最充分利用自己办的刊物来影响舆论。这种新的形势不可能不触动当局。不出所料，在《湘江评论》出了第五期以后，张敬尧就予以查封，同时取缔了“学生联合会”。毛泽东毫不畏惧，接着担任长沙另一个学生周刊《新湖南》的主编。张敬尧不久也加以查封，毛泽东就在长沙的主要日报《大公报》发表文章。其中几篇极引人注意，都是论述他一直很关心的一个问题，即妇女权利平等问题。当时长沙有一个年轻姑娘因父母违背其意志逼她出嫁而自杀，事后毛泽东在十三天内写了九篇文章，痛斥旧社会对于个人自由之束缚，并对“恋爱自由之伟大浪潮”加以称颂。[③]

毛泽东办刊物受阻，遂以更多的时间从事实际政治活动。1919年11月，他改组“学生联合会”，12月组织长沙所有中学和部分小学的学生进行罢课，反对张敬尧。[④] 这可不是开玩笑的事，张不会轻易放过反对他的人。几周前，他曾召集学生代表开会，毛泽东虽

---

① 参见李锐：《毛泽东同志的初期革命活动》，100页。

② 关于采用白话文问题，见 Chow Tse-tsung，*The May Fourth Movement：Intellectual Revolution in Modern China*（Cambridge，Mass.，Harvard University Press，1960），pp. 26－28，271－283。

③ 文章摘录见 S. Schram，*The Political Thought of Mao Tse-tung*（London，Pall Mall Press，1964），pp. 334－337。毛泽东未来的岳父杨昌济关于两性关系的观点特别激进。他在1915年发表的一篇文章中称赞英国人，因为他们和中国人不同，不介意寡妇的性行为。文章署名 CZY Sheng（化名），载《甲寅杂志》，第1卷第6期。

④ 参见李锐：《毛泽东同志的初期革命活动》，115～117页。

已不是学生，但也参加了。张在会上痛骂学生干涉政治，不把对日关系问题交给政府去处理，最后厉声向他们喝道：“你们若不听我的，就砍掉你们的脑袋！”此时一个女学生被吓哭了，但毛泽东告诉她，张不过如狗在狂叫，不要去理他。①

1919年12月的学生罢课取得了当局的一些让步，但对一些像毛泽东这样的人来说，湖南的形势不久又变得非常危险，他们因搞政治活动而引起了当局的注意。人们逐渐认识到，只有借助外界的力量，才能把张敬尧赶出湖南。于是他们派出一些代表分赴几个大城市活动，毛泽东再次去北京。

这时，毛泽东已经不像一年前那样是一个默默无闻的学生了。他发表在《湘江评论》、《新湖南》上的文章，博得了当时三家最重要的刊物的好评。这三家刊物即《新青年》、《新潮》和李大钊主办的《每周评论》。② 他在北京停留的时间虽然比较短，却是其政治发展上的一个重要阶段。当时几种马克思主义基本著作的全译本或摘译本刚开始问世。1919年11月出版了《共产党宣言》的第一章（全译本在1920年4月发表）和考茨基著的《卡尔·马克思的经济学说》一书的大部分内容。③ 毛泽东读了这两部著作的中译本* 和柯卡普著的《社会主义史》。他说，这三本书“特别深地铭刻在我的心中，建立起我对马克思主义的信仰。我一旦接受了马克思主义是对历史的正确解释以后，我对马克思主义的信仰就没有动摇过”④。毛泽东恰好此时去北京，也许还有个人方面的原因，杨昌济1月底去世，毛可能想去看望和安慰杨开慧。

*毛泽东与斯诺谈话时，曾说读的是考茨基著的《阶级斗争》。——译者注

毛泽东再次从北京去上海，并在那里见到陈独秀，同陈讨论了他读过的马克思主义著作。陈独秀曾因以文科学长身份支持五四学生示威而被扣留六个月，1919年12月获释后去上海避难。在关押

---

① 参见白余教授的回忆录。

② 罗家伦（现为台湾一高级人物）在《新潮》1920年5月4日一期上的热情赞扬，见 S. Schram, *The Political Thought of Mao Tse-tung* (London, Pall Mall Press, 1964), p. 34。又见《新青年》，第7卷第1期，104页；《每周评论》，第36期，4页。

③ 关于当时各种马克思主义著作的出版时间和方式，详见 Chow Tse-tsung, *The May Fourth Movement: Intellectual Revolution in Modern China* (Cambridge, Mass., Harvard University Press, 1960), p. 299。

④ ［美］埃德加·斯诺：《西行漫记》，131页。

期间，他越来越倾向于马克思主义。毛泽东在1936年说：“陈独秀谈他自己的信仰的那些话，在我一生中可能是关键性的这个时期，对我产生了深刻的印象。”①

毛泽东在上海以接洗衣服维持生活②，但不久之后就时来运转。当时国民党的重要成员易培基在谭延闿的保护下待在衡阳，易在驱逐张敬尧的运动中取得了谭的支持。易培基原是毛泽东在第一师范时的老师，毛在被迫流落外地时在衡阳遇见了他，增进了彼此之间的了解。1920年6月易培基随着谭延闿和赵恒惕的军队胜利地返回长沙后，身负重任，并兼任师范学校校长，遂任命毛泽东为第一师范附小主事。附小主事这一职位，使毛泽东在长沙有了相当的地位，有利于他在省内影响舆论；还使毛泽东第一次有了一定的物质基础，可以维持生计，甚至过上一定程度的舒适生活。既有地位，又有稳定的收入，这不仅关系到他的工作和政治活动，而且关系到他的个人生活，使他能够在那年冬天同杨开慧结婚。杨昌济是个很富有的人，其家庭不会让他的女儿嫁给一个不仅思想激进、不守古训、不修边幅，而且无明显生活技能的年轻人。

毛泽东在其自传中称：“到了1920年夏天，在理论上，而且在某种程度的行动上，我已成为一个马克思主义者了。”③ 确实如此，毛泽东既未放弃他在学生中间的政治工作，不久又进而比较明确地以马克思主义为指导进行组织工会之类的活动。毛泽东一生中的这个新阶段，也是同当时中国的整个形势发展进入一个新的时期分不开的。他在1920年冬至1921年春的活动，同中国共产党的建党准备工作紧密地联系在一起。1921年7月，中国共产党召开了第一次代表大会。

---

① ［美］埃德加·斯诺：《西行漫记》，133页。
② 参见李锐：《毛泽东同志的初期革命活动》，120页。
③ ［美］埃德加·斯诺：《西行漫记》，131页。

第四章

中国共产党的创立

中国共产党从一开始就是土生土长的，其组成人员在第三国际代表插手以前，就基本上相信苏联的理论和方法能够解决中国的问题。但是，他们在探索行之有效的革命公式的过程中，若无莫斯科的帮助，就不会那样快地或以同样的方式建立起一个组织。苏联人的干预为中国革命分子提供了某些有利的条件：有经验比较丰富的同志给予理论上和组织上的指导，还有物质援助。但也有两方面的消极作用。苏联领导人不仅要在全世界推翻资本主义的革命家，还要对苏联的命运负责。经验证明，当被迫作出抉择时，他们往往将后者的利益置于前者之上。而且，就大多数居于领导地位的布尔什维克而论，他们只有欧洲的经验，并具有欧洲人的心理，即使他们一心想向中国同志提供无私的援助，他们分析问题也往往严重脱离中国的实际，出不了什么好的主意。

这两个因素大体上结合在一起而朝着同一个方向发展。莫斯科过于强调城市工人阶级的重要性，因而认为，既然亚洲无产阶级力量薄弱而不成熟，当前就只能满足于在资产阶级领导下进行“民族革命”。这种革命，既反对西方帝国主义势力，又不会在一个邻国激起大的社会动荡，完全符合苏联外交政策的利益，因为苏联首先需要在东方建立起一个稳定和友好的缓冲地带，以防止外部进行新的干涉。这并不意味着苏联向中国共产党人提出的建议总是目光短浅和自私的。在初期，苏联人的确提出过非常有益的忠告，帮助他们克服宗派主义错误。但是从长期来看，由于苏联将对外政策的目标置于首位，斯大林又天真地认为他完全了解中国，一切都在他的控制之下，结果一再把中国引向灾难。这一点，中国领导人，尤其是毛泽东，是永远不会忘记的。

列宁在欧洲革命家中首先充分认识到殖民地解放运动的意义。自1905年日本战胜俄国而在整个东方激起新的民族觉醒和反抗浪潮以后，他便逐渐产生了将亚洲民族革命纳入世界革命大目标的正确策略思想。但直到1920年7月共产国际第二次代表大会，他在“民族和殖民地问题”上的各种观点才写成一个提纲，为共产国际所正式通过。

1920年，共产国际还没有像后来那样成为苏联政策的驯服工具，列宁不得不在非常激烈的讨论中为自己的结论辩护。他的主要对手是印度共产党人罗易。他们之间的辩论在许多方面反倒成了当前中苏论战的先兆。一方面，罗易如今天的中国人那样认为，苏联领导人在准备同资产阶级妥协方面走得太远，而没有在亚洲革命中充分地坚持无产阶级领导权。另一方面，他断言，世界革命的关键在亚洲，殖民地若不先发生大动荡，动摇资本主义秩序的基础，并为推翻资本主义创造条件，西欧无产阶级则将一事无成。欧洲社会民主党人，包括罗莎·卢森堡那样的激进分子，往往极度轻视非欧洲民族的革命性，认为他们仅仅是有待欧洲无产阶级去解救的消极力量。列宁长期同这种倾向作斗争，但他并不准备附和罗易而走到另一极端，而且严厉地告诉这位印度人说，他走得太远了。代表大会最后所采取的立场基本上是列宁的，而对罗易作了一些很有限的主要是文字上的让步。在策略上，代表大会规定，在殖民地国家，共产国际（和本国共产党，如果存在共产党的话）不应如列宁在其原提纲草案中所写的那样同“资产阶级民主”运动合作，而只能同“民族革命”运动合作。列宁在向代表大会所作的报告中十分清楚地指出，这种更改纯粹是形式上的，因为就其性质来说，殖民地的任何民族运动，都将是资产阶级民主性质的。代表大会断言，欧洲革命和亚洲革命存在着相互依存关系，但未明确说明何者更为重要。①

这种立场虽然在1920年7月就已经确定下来，但在1922年1月

① 关于共产国际第二次代表大会对此问题的讨论，见H. Carrère d'Encausse and S. Schram, *Le Marxisme et l'Asie*, *1853—1964*（Paris, Armand Colin, 1965）, pp. 40-48。

前没有在中国产生影响。中国共产党人当时刚开始接受马克思主义的基本原理，他们还不知道马克思主义的信徒和理论家中间存在着分歧。那时指导他们前进的还不是列宁的思想，而是正统的马克思主义概念。正统的马克思主义把革命的全部责任寄托在城市无产阶级身上，根本没有准备为争取民族独立的共同目标而同资产阶级结成联盟。

共产国际的上述立场之所以没有立即在中国产生影响，毫无疑问，主要是因为中国人一时难以接受如此陌生的一种思想，但也由于苏联领导人向中国传播他们的信仰时行动迟缓。早在 1918 年，列宁和契切林即开始致力于既同北京的保守政府也同孙中山建立关系①，但是直到 1920 年年初，共产国际的第一个代表维经斯基才到达中国。在当时苏联驻北京外交官的协助下，他同李大钊进行了接触，李又将他介绍给在上海的陈独秀。结果，首先于 3 月间在北京建立了马克思主义研究会，然后于 5 月间在上海、9 月间在北京建立了共产党的核心组织。②

9 月或 10 月间，即从北京接到上海已经建立共产主义小组的消息后不久，毛泽东也在长沙发起成立一个小组。同时他又着手建立社会主义青年团支部，这个组织于 1920 年 12 月末成立（青年团最早出现在上海，8 月间成立）。在湖南，这两个组织的很大一部分成员都来自新民学会。③

这两个组织，像他在 9 月间建立的马克思主义研究会一样，是毛泽东仿照其师长李大钊和陈独秀在别处的做法而建立起来的。他在同一时期办的其他某些事比较有创造性，其中之一是在 7 月底建立文化书社，目的是在湖南发行各种激进书刊，当时这类书刊在北京和上海越来越多。为办好这件事，毛泽东说服新任都督谭延闿为

---

① 关于这方面的情况，见 Allen S. Whiting，*Soviet Policies in China*（New York，Columbia University Press，1954），pp. 25 - 41。1919 年 7 月著名的加拉罕宣言允诺将中东铁路无偿归还中国，这本书对关于这个宣言的各种说法进行了详细的研究。

② 上海小组，仅仅是几个小组（1921 年年初共有七个）中的一个呢，还是中国共产党的雏形，从而建党时间是 1920 年 5 月呢，还是 1921 年 7 月召开第一次全国代表大会时，在这个问题上存在着某些争论，见 Chow Tse-tsung，*The May Fourth Movement：Intellectual Revolution in Modern China*（Cambridge，Mass.，Harvard University Press，1960），pp. 248 - 249。我倾向于第二个时间。但我认为，应当把那些小组都看作建党的具体步骤，而不宜把其中一个小组视为党的基础而给以特殊地位。

③ 参见李锐：《毛泽东同志的初期革命活动》，146～153 页。

书社写了招牌。[①] 谭原是清朝翰林，书法写得好。另一项也是更加非凡的活动是湖南自治运动。当时中国因内部争斗而陷入四分五裂，各种不同政治倾向的人都在宣传地方自治思想，谭延闿本人1920年夏返回长沙后也表示拥护。按照官方历史著作的说法，毛泽东举起自治的旗帜，其目的是想利用当时的形势，达到两个方面的目的。一方面，鉴于谭延闿的意图显然不是要建立真正的人民自治，而是在同北洋军阀对立的情况下巩固自己的势力范围。正如毛泽东已开始进行的，组织一个运动支持人民参与制定新的省宪法，就能够暴露谭延闿的民主的虚伪性。另一方面，只要未来的省宪法能够保障公民的自由，就可以为推进革命工作创造更有利的条件。上述看法无疑有一定的道理，但未必完全如此。赵恒惕于1920年11月取代其前任督军而成为湖南的统治者后，于1921年8月通过了省宪法，并规定自1922年1月1日起生效。第二年夏，毛泽东忘记了，即使是作为权宜之计，自己也还是支持过湖南自治的，却在一篇谴责赵恒惕政府实行压迫的文章中宣称，他“历来”反对湖南自治。[②] 他之所以改变了以前的态度，无疑在很大程度上是由于当时他暴露出的湖南独立主义受到了批评。

1920年冬至1921年年初，毛泽东开始了他作为一个工人运动组织者的生涯，但为时不长（这只是一种业余活动，他仍然任长沙小学主事）。在此过程中，他产生了我们前已指出的那样一种当时整个中国共产党所持有的“正统的马克思主义”观点。在致旅法友人蔡和森的信中，他说世界由三分之一的资本家、三分之二的无产阶级所组成，根本未从民族上加以区分。[③]

到1921年春，中国国内有六个共产主义小组（在上海、北京、长沙、武汉、广州、济南），巴黎中国留学生还成立了一个小组。

---

① 参见李锐：《毛泽东同志的初期革命活动》，137～141页；Chow Tse-tsung, *The May Fourth Movement: Intellectual Revolution in Modern China* (Cambridge, Mass., Harvard University Press, 1960), p. 249。

② 参见《向导》周报，1923年8月15日第36期，270～271页。关于毛泽东倡导自治的一般情况，见李锐：《毛泽东同志的初期革命活动》，121～131页。

③ S. Schram, *The Political Thought of Mao Tse-tung* (London, Pall Mall Press, 1964), p. 40, 296-298.

经过一些初步商议之后①，1921年7月在上海召开党的第一次全国代表大会。国内六个小组每组有两名代表，还有一名旅日华侨代表，总共十三人出席会议。会议代表中，日后最知名的除毛泽东外，还有张国焘（北京）、董必武（武汉）、陈公博（广州，1944年继汪精卫之后任亲日傀儡政府首脑），李大钊和陈独秀均未出席。李仍在北京，陈早在1920年12月应邀去广州，在孙中山依靠军阀陈炯明保护而刚建立起来的政府中任教育委员会委员长。代表大会还有两名共产国际的代表出席。不久前才有个荷兰人亨德里克·斯内夫列特同维经斯基一起工作。斯内夫列特化名"马林"，后来在决定中国革命的方向上起了重大作用。

人们常说，代表大会是在戏剧性的环境中召开的。② 第一次全国代表大会* 原在上海中国当局管不到的法国租界一所正在放假的女子学校举行。代表们进进出出，引起了警察局的注意，但一个可疑分子（显然是警察局的侦探）的闯入使他们提高了警觉，全体代表除二人外均及时逃脱（此二人经审问后不久也获释）。为了更能保证安全，遂决定离开上海，最后一次会议在浙江省嘉兴南湖的船上举行，伪装假日游览。

* 经我国学者研究确认，一大召开的准确日期为1921年7月23日。——译者注

第一次全国代表大会通过的文件特别突出地反映了"正统的马克思主义"思想。纲领中提出的目标是，"以无产阶级革命军队推翻资产阶级"，并"采取无产阶级专政"以消灭阶级。一项关于党的实际工作的决策，所谈几乎完全限于组织工会问题，根本没有提到列宁所主张的同资产阶级民族主义者的合作，连有别于阶级目标的民族目标也没有提。相反，决议规定："对现存各政党应采取独立、攻击和排斥的态度……本党应维护无产阶级的利益，不准与其他党派或团体发生关系。"③

① 鲍·舒米亚茨基在共产国际东方书记处机关刊物《远东人民》杂志1921年第1期上发表的文章中提到，最近在华中召开了一次会议，有各共产主义小组的代表出席。会议决定，必须建立"一个革命无产阶级的统一政党，即共产党"。舒米亚茨基又说，这项决议已经付诸实践，因为他写这篇文章时，中国共产党第一次全国代表大会已经闭幕。在华中召开的会议，可能是董必武所说1921年5月的那次会议，见 Nym Wales ed., *Red Dust*: *Autobiographies Chinese Communists* (Stanford University Press, 1952), p. 39。据他说，那次会议，李大钊和陈独秀都出席了。

② 参见陈公博：《共产主义运动在中国》，98～102页，北京，中国社会科学出版社，1982。

③ 同上书，129～130页。

决议还规定每月应向第三国际作报告，如有必要，应向第三国际设在伊尔库茨克的远东书记处派出一名代表。① 鉴于要同共产国际建立这样密切的联系，莫斯科又派代表出席了代表大会，而党所制定的路线并不接近列宁的路线，令人感到奇怪。但是，看来马林和维经斯基并未参加最后一次在南湖举行的会议，而正是在这次会议上通过了决议。不管出席与否，国际代表很可能感到，会议主要目的是建立党的组织，即使其组成人员具有各种各样甚至异己的思想倾向，以后总有机会加以处理。

代表大会显然曾就同其他政党的关系问题进行过某些讨论，即使未作全面研究，至少也探讨了同孙中山合作的问题。据说在这个问题上分歧很大，致使原为大会准备的一份“反对帝国主义、反对军阀”宣言始终未能公布，因为与会代表中许多人认为，孙中山并不比北洋军阀好。②*

*此事在中译本中未查到。——译者注

现在没有真凭实据证明，在这种辩论中毛泽东究竟站在哪一边。经认可的毛泽东传作者李锐说，毛泽东既反对那种认为无产阶级专政是党的直接目标的思想，又反对“拒绝知识分子入党的极左的错误观点”③。这似乎是说，他站在非宗派政策一边，暗示他支持同国民党合作，这很符合毛泽东在思想和行动上久已有之的倾向性，即致力于中国“民众的大联合”。但从他在前一年冬致蔡和森的信看来，更为可能的是，他此时在思想上正经历着一个宗派主义阶段，可能赞成集中全部力量在无产阶级中间进行工作，而这正是第一次全国代表大会文件的特点。

不管毛泽东在1921年夏的态度如何，他不久就同整个党一样改变了观点，表示接受甚至热心拥护同“资产阶级民族主义者”合作。但在按照这条路线制定出任何明确的政策以前，莫斯科必须决

① 有些材料断言，并没有明确决定要同第三国际联合。关于这个问题，我同意韦慕庭的看法，他在为前引陈公博书所写的导言中提出了根据，见陈公博：《共产主义运动在中国》，33～34页。

② 关于此问题，可参看韦慕庭为前引陈公博书所写的导言，见陈公博：《共产主义运动在中国》，30～31页和陈的文章。陈公博在1943年同日本人相勾结时所写的回忆录说，国际代表曾试图改变反对同其他政党合作的决定，见陈公博：《共产主义运动在中国》，53页。

③ 李锐：《毛泽东同志的初期革命活动》，150页。一大通过的纲领中有这一说法：党“完全与黄色知识分子阶级……断绝一切联系”。见陈公博：《共产主义运动在中国》，126页。

定它要支持哪一派民族主义者。1921 年 12 月，马林在前往广州会见孙中山的途中，不仅拜访了统治中原的亲英军阀吴佩孚，还访问了湖南督军赵恒惕。① 毋庸置疑，莫斯科之所以举棋不定，不仅是出于外交政策上的考虑和希望同中国的实权派打交道，而且是由于孙中山的政治行动步调紊乱并缺乏坚实的组织基础。经过 1921 年 12 月的会谈，双方确信在一些方面互有需要，才为苏联代表第二年同孙中山作进一步讨论奠定了基础。但莫斯科在孙中山和其军事庇护人陈炯明之间仍然犹豫不决。

这时，毛泽东已经回到长沙，任中共湖南省委书记。全国党员仅六七十人，因此要建立一个郑重的有实力的组织，需要做的事情很多。不过，除进行党务工作和工会工作外，毛泽东还在文化领域搞了几项创举，其中最具有特色的也许是 1921 年 8 月创办的“自修大学”，其宗旨是创造一种环境，时而听演讲，时而同教员和同学展开讨论，以推动学生像毛泽东本人曾经做过的那样，进行独立学习和独立思考。“自修大学”设在船山学社。这绝非一个偶然的枝节问题；恰恰相反，它可以被看作日后在毛泽东领导下所形成的中国革命道路的象征。因为“自修大学”虽然极其强调新思想尤其是马克思主义，但也非常重视中国的文化传统，其中特别包括像王夫之这样的持批判态度的唯物主义和民族主义思想家。中国共产党许多未来的干部，都是这个学校的学生，毛泽东在参加那里举行的各种讨论会的过程中，继续为“马克思主义的中国化”奠定基础，而“马克思主义中国化”正是他后来在理论上和实践上的最大成就。

毛泽东的另一项创举，像创办“文化书社”一样，证明他善于利用有社会地位的人士和机构来达到激进的目的，这就是 1922 年下半年他在湖南开展的“平民教育运动”。“平民教育运动”原是中国基督教青年会的领导人在美国的支持下于 1921 年大规模发动起来的。在毛泽东的指导下，湖南的“平民教育运动”同原来的运动一样，其目标也是教会每个文盲认识一千个常用字，但是不采用别处使用的课本，而采用毛泽东叫别人另编的一套教材。这套教材首先

① 参见 1921 年 12 月 19 日赵恒惕致谭延闿函，存台湾“中国研究院”近代史研究所。

讲社会上的所有财富都是农民和工人创造出来的，然后解释共产主义、俄国革命和工农联合等问题。毛泽东指示各地运动负责人在各个村子中同当地士绅联系，使有声望的人支持此事。[①]

尽管教育领域的这些创举饶有兴味和富有特色，但毛泽东当然主要还是致力于党务工作尤其是工会工作。1922 年全国到处发生罢工潮。1 月间，赵恒惕在长沙残杀两名无政府主义劳工领袖，毛泽东随即发动了一个反对赵的运动。他还和另外两个后来在中共历史上发挥了关键作用的湖南人即李立三和刘少奇一起，在全省领导了一系列罢工。毛泽东还在石匠、印刷工人和其他各行各业工人中间进行工作。[②]

在毛泽东从事这些活动时，他所处的政治环境即将发生根本变化。1922 年 1 月，一个包括国共两党代表的中国代表团，在莫斯科和彼得格勒出席了远东第一次劳动人民代表大会。会上，他们受到了季诺维也夫直截了当的斥责，他要他的中国同志不要轻视那些“老板和罪人”，即资产阶级民族主义者，而要同他们从事共同的事业。[③] 于是，中国共产党便在 1922 年 7 月召开的第二次全国代表大会上，开始抛弃前一年所采取的宗派主义态度，而通过了一项拥护同国民党联合的决议。毛泽东说，他曾去上海准备出席这次代表大会，但因忘记了地址，找不到任何同志，只得又返回长沙。[④]

此时中国发生了戏剧性的事件，苏联人必须决定他们在中国究竟支持哪一派“民族主义者”。陈炯明此时转而反对孙中山，孙幸免于被捕，再次到上海避难，不再有任何活动基地。共产国际代表达林和马林先后在上海访问了他。他虽然地位不稳，但却拒绝了他们提出的国共两党按通常方式结成统一战线的建议，显然是担心会难以控制他的新的同盟者。但他准备同意共产党员以个人身份加入国民党，这样两党之间就可以建立合作。

---

① 关于“自修大学”，见李锐：《毛泽东同志的初期革命活动》，153～159 页；关于湖南的平民教育运动，见李锐：《毛泽东同志的初期革命活动》，167～168、181～182 页。

② 参见李锐：《毛泽东同志的初期革命活动》，160～211 页。

③ Allen S. Whiting, *Soviet Policies in China* (New York, Columbia University Press, 1954), Chap. 5; H. Carrère d'Encausse and S. Schram, *Le Marxisme et l'Asie*, *1853—1964* (Paris, Armand Colin, 1965), pp. 79, 296 - 297.

④ 参见［美］埃德加·斯诺：《西行漫记》，134 页。

这项建议可能使大多数共产国际代表感到震惊，马林则不然，因为他在荷属东印度群岛参加过大体上与此相类似的“党内合作”，他在发展那里的社会民主运动中发挥过重大作用。那里的社会主义者曾同一个带有宗教色彩名为伊斯兰联盟的民族主义革命组织亲密合作，但合作在似乎即将取得成就时而告中断。现在有了一个再次运用这一策略的机会，马林迅即抓住时机，召开中共中央特别全体会议，否定了多数中国同志的反对意见，正式通过了合作的决议。[①]

于是中国共产党就冒着风险同国民党合作，在中国进行“民族革命”。这次冒险在似乎就要取得胜利的时候，却以失败和党在城市中的基地全部遭到破坏而告终。

① 此事是马林自行决定的，还是根据莫斯科的直接指示做出的，是一个还没有弄得很清楚的问题，见 Conrad Brandt，*Stalin's Failure in China*，*1924—1927*（Cambridge，Mass.，Harvard University Press，1958），pp. 30-32；E. H. Carr，*A History of Soviet Russia*：*Socialism in One Country*，Vol. Ⅲ，Part Ⅱ（Macmillan，1964），pp. 689-692。我在这里所表达的看法和布兰特、卡尔相同，即马林自行决定，事后才得到莫斯科批准。但根据不足，尚不能作为定论。

第五章

同国民党合作

马林赞成中国共产党同国民党建立合作的那个独特方式，不管事先是否经过苏联领导人的批准，但这一政策的实质符合莫斯科当时的意图，则是没有疑问的。几乎所有的布尔什维克领导人都不相信亚洲民族具有革命能力，这一态度在 1922 年 11 月的共产国际第四次大会上反映得尤为露骨。卡尔·拉狄克指责中国共产党人在工人中没有影响，嘲笑他们具有“孔夫子”思想，接着就教训他们，要他们明白，想在中国建设社会主义，或即使在民主共和体制下统一国家，都还不是议事日程上的事。[①] 也就是说，莫斯科的方针是要在南方把孙中山树起来，同时为了其自身的外交利益，又要同北京的吴佩孚和东北的张作霖打交道。

虽然所有的中共党员都不得不服从莫斯科的指示，但有些领导人则更乐于接受这条新路线。首先想从马克思主义学说中寻求更为有效地革新国家新方法的陈独秀，是对这一路线最持保留态度中的一个，他只是服从同资产阶级联合的需要而已。因为 1923 年 2 月 7 日吴佩孚对铁路工人的大屠杀[②]，使他深信无产阶级单枪匹马，是无法对付那些军阀的武力的。

李大钊从未放弃要使中国独立和取得崇高地位的信念，对于

① H. Carrère d'Encausse and S. Schram, *Le Marxisme et l'Asie*, *1853—1964* (Paris, Armand Colin, 1965), p. 65.

② 这次使 35 人死亡的镇压行动是一系列事件中的高潮，持续了将近一年。在这个过程中，中国共产党曾支持吴佩孚反对其军阀对手，以此换取在吴控制的地区放手组织工人的权力。这在后来被指责为机会主义的政策，看来是马林和李大钊两人出的主意。布兰特把责任完全归于马林及共产国际，见 Conrad Brandt, *Stalin's Failure in China*, *1924—1927* (Cambridge, Mass., Harvard University Press, 1958), pp. 24 - 25。而谢诺思则认为首先提出这一主张的是李大钊，见 Jean Chesneaux, *Le Mouvement ouvrier chinois de 1919à1927* (Paris, Mouton, 1962), p. 277。

同孙中山合作的政策充满热情。毛泽东也是如此。事实上，新政策肯定会得到毛的支持，因为同孙联合的反帝目标深深打动了他。

如果指责毛仅仅是憎恨外国人，那就过于简单化了，也是不公正的。但是他确实不能饶恕那些侵入他的国土并侮辱其国民的外国人。1924年稍后一些时间发生的一件事就可证明他在这方面的思想。他有一个在国外念了几年书的老同学有一天到上海去看他。毛当时穿一身中式破衣服，他看了一眼他朋友穿的西服，轻蔑地说："你还是换了你的衣服吧。"他朋友问："为什么?"毛回答说："我带你去看。"于是就把他带到上海市的一家公园门口，指给他看门口挂着的那块有名的招牌："华人与狗不准入内。"[①]

在毛于1923年写的文章中，对这种侮辱言语表示强烈不满的情绪反映得很充分。他以讽刺的语言谴责北京政府的媚外行为[②]，并训斥他的同胞没有像恨日本人那样来痛恨盎格鲁—撒克逊人。他以厌恶的口气说："难道国民只知恨日本不知恨美国?""难道他们不知英国帝国主义之侵略中国是比日本帝国主义更要厉害的?"[③] 至于美国，那是"最凶恶的刽子手"[④]。

毛在1923年7月提到商人也是国民革命的领导，这比他对妄自尊大的、反帝联盟所针对的"外国主子"所持的敌意，乍看起来更令人吃惊。他说：

> 中国现在的政治问题，不是别的问题，是简单一个国民革命问题；用国民的力打倒军阀并打倒和军阀狼狈为奸的外国帝国主义，这是中国国民历史的使命。这个革命是国民全体的任务，全国国民中商人、工人、农人、学生、教职员，都同样应

---

① 参见白余教授的回忆录。白教授还谈到了毛在长沙时代的另一件事也可证明他的强烈的民族主义。那是在第一师范学校同湘雅（湘雅是耶鲁在中国设立的一个预科学校，进这一学校的大多是与西方有密切关系的中国人的子女）举行足球赛时，在一大群观看球赛的人群中，突然出现了毛的高大身躯，他大声喊道："打败洋奴!""洋奴"一词是对那些过于屈从西方利益的人的鄙弃之称。

② 他在1923年8月写道："如果我们有一个外国主子放了屁，那也是非常香的。"见 S. Schram，*The Political Thought of Mao Tse-tung*（London，Pall Mall Press，1964），p. 210。

③ 《向导》周报，1923年8月29日第38期，286～287页。

④ S. Schram，*The Political Thought of Mao Tse-tung*（London，Pall Mall Press，1964），p. 389.

> 该挺身出来担负一部分革命的工作；但因历史的必然和目前事实的指示，商人在国民革命中应该担负的工作较之其他国民所担负的工作，尤为迫切而重要。[①]

如果说反帝斗争是符合毛的民族主义气质的话，那么，全体人民联合起来反对军阀的思想，则正投合了他在1919年已表明的民粹主义倾向。只是在用语上有所不同，他用“统一战线”代替了“民众的大联合”。[②] 如果他认为这种统一战线的领导必须属于资产阶级的话，那么他这种态度无疑是由信念与机会主义综合而成的。1923年6月召开的中共第三次全国代表大会制定了一条与这一思想类似的路线，大会通过的宣言说：“国民党应该是国民革命之中心势力，更应该立在国民革命之领袖地位。”第三次全国代表大会还决定共产党必须把工人运动的领导权交给国民党。[③]* 张国焘就此指出，毛泽东原来是支持工会独立的，可是当反对派的观点得胜时，他又改投了反对票，目的是能在党内得到提拔。[④]

*该宣言还指出，国民党必须“断然抛弃依赖外力及专力军事两个旧观念”，才能“树立国民革命之真正领袖地位”。其次，该宣言认为，国民党“应该立在国民革命之领袖地位”，而不是“必须把工人运动的领导权交给国民党”。——译者注

张国焘是很有资格的共产党见证人，他颇能歪曲事实，以适应他个人的目的[⑤]，而且他一直是反对毛的。可是我们没有理由完全无视他的证明。在中共三大上，毛确实是想提高他在党内的地位，正像他那篇承认商人是国民革命领导者的文章那样，是想讨好国民党（他这两个目的都达到了，在中共三大上，他被选入中央委员会，此后不久，他被任命为组织部长，代替了张国焘；在1924年1月的国民党一大上，他被选为中央执委会候补委员）。但是，毛之所以这样做可能也不只是想起重要的作用，而且是为坚强的信念所驱使，认为把绝大多数中国人团结起来保卫他们的共同利益，不仅是可能的，也是必需的。他一定也意识到中共的弱小，那时还仍然只有四百名左右的党员。

---

① S. Schram, *The Political Thought of Mao Tse-tung* (London, Pall Mall Press, 1964), pp. 206－207.

② Ibid., p. 208.

③ 参见《向导》周报，1923年6月20日第30期，228页。

④ Conrad Brandt, *Stalin's Failure in China, 1924—1927* (Cambridge, Mass., Harvard University Press, 1958), pp. 36－37. 显然在共产国际压力下作出的关于工会问题的决议，在两个月之后变了。

⑤ 参见上书第6章第118页上关于他对南昌起义所持看法的分析。

在斯大林的使者鲍罗廷指导下进行的国民党的改组是一件充满矛盾的事情（鲍于1923年10月抵广州）。这种“从内部”进行的合作，以前仅有过一例，即马林在印度尼西亚的经验。那里的伊斯兰教联盟是组织松散的群众运动，很容易被坚定的少数派所控制。同样，1924年以前的国民党，正像鲍罗廷常说的那样①，还很难说它是一个党，鲍的任务是要从中建立一个党。

可现在却提出要按列宁主义民主集中制的原则把国民党本身改造成一个非常有效率的组织，而且还为孙中山提供了一支由苏联顾问训练的现代化军队。② 孙在1923年年底虽然得出结论，除了依靠苏联，别无其他选择，但他完全不想成为莫斯科的傀儡。从苏联对外政策的目的来看，加强国民党的组织完全是值得的，因为莫斯科由此可以得到一个更为有力的支持者。但是对中国革命的前途和莫斯科的两个伙伴来说，都充满着危险。要是共产党能成功地控制住国民党的中下层组织，那么他们就可以为达到自己的目的而操纵整个国民党。如果做不到这点，那么就会被由他们自己帮助建立起来的机器所摧毁。

毛泽东立即投入到同国民党合作的组织工作中去。他是如此热心，以致遭到自己党内同志的怀疑。自从1923年6月他被选入中央委员会以后，他移居中共中央所在地上海。1924年1月和2月，他曾去广州作短暂逗留，参加国民党一大。那时他刚过三十岁生日，就是在这里，他第一次作为一个引人注目的政治人物出现在演讲台上，这是一次有来自全国各地的国民党领导人参加的会议。他已经为自己在中国共产党领导层内赢得一席之地，从下面一件事可以得到证明，他是审查国民党新党章的十九个委员*中的三个共产党代表之一。③ 他还经常参加讨论，强调共产党对孙中

*在《革命文献》第8辑1978年影印版第144页上刊载这一史料，谓组织章程审查委员会成员十九人是：谢持、何世桢、谭平山、丁惟汾、廖仲恺、茅祖权、孙科、朱济青、李守常、萧佛成、汪精卫、张知本、戴季陶、居正、于右任、毛泽东、石瑛、邓泽如、谢英伯。其中李守常即为李大钊。——译者注

① 这是根据维什尼亚科娃-阿基莫娃的回忆录，她在鲍罗廷使华后期曾任他的秘书和译员一年多，见Vishnyakova-Akimova，*Dva Goda v Vosstavshem Kitae*（*1925—1927*）（Moscow，Izdatel'stvo ‘Nauka’，1965），p. 179。她的书对苏联使团在20年代中国的那段历史有特别重要的价值，特别是对某些军事顾问的情况，提供了全新的资料，我们在下面还要提到。

② 黄埔军校非正式成立于1924年5月1日，6月16日由孙中山主持举行隆重开学典礼，蒋介石任校长，周恩来主管政治部。

③ 参见《革命文献》（第8辑），1152页，台北，1955。这一关于毛的材料要感谢哥伦比亚大学的韦慕庭教授对我的提醒。另外两位共产党代表是李大钊和谭平山。

山主义的坚定支持。

正如已经指出的，国民党第一次全国代表大会选举毛为国民党中央执行委员会候补委员。他以这一身份参加了国民党中央党部的会议，直到他于2月7日或8日启程去上海。他留下了四份决议，它们非常清楚地体现了他那时的政治思想。国民党中央在1924年2月9日的第四次会议上曾对此进行过讨论，他没有参加这次会议。

这些决议全力抓住了组织方面的问题。在毛的全部政治生涯中，这是他的最大资本之一。他一方面反对广东省高层干部的过剩。他说，中央及省的国民党机构是“空洞的组织”。他认为，那些在“指导党员行动方面起决定性作用”的“实际的组织”，是设在城市中的一些局或农村中层一级的机构（县或区的机关）。但与此同时，毛又强调，国民党在人力和财力上不应过于分散。他建议在会后几年内，国民党应以其70％的财力用于运动已得到很好开展的八九个主要城市，其余30％给那些真有发展前途的十一个或十二个地区。其他地方则暂时可以不管，“以免分散我们的力量”。

毛想使国民党分权的想法并不反映农民的利益。他建议国民党要花力量的那些地方主要是大城市。长沙也未列入。对这一点最可能的解释是毛想避免给人以这种印象：他偏爱自己的故乡。毛在有关决议草案中只提到了1924年积极进行工作的二十个城市中的九个，其他都以“等等”概括了。在毛的思想中，长沙可能已被包括在那些未指名的城市中了。从下列事实可以证明，他对湖南革命的进展并不是漠不关心的：1924年4月，他派他的朋友、以前在学生时代组织的新民学会会员夏曦去长沙，在那里建立了一个国民党组织。[①]

毛在提出这些决议草案后不久便回上海，他在中国共产党内身居要职，同时又兼任国民党上海执行部的委员。他在上海时的国民党同事是汪精卫和胡汉民，他俩不久就分别成了国民党左派和右派

---

① 关于毛的四个决议的正文见国民党中央党部第四次会议的报告，载《中国国民党周刊》，1924年2月24日第9期，11页。关于夏曦的任务，见夏的信，由上海执行部4月21日向中央执行委员会第二十三次会议传达，载《中国国民党周刊》，1924年5月18日第31期，5页。感谢罗易·霍夫海因茨先生为我提供了这些材料以及一套缩微胶片。他所写的关于中国共产党的农村政策的著作在“作者致谢”中已经提到。霍夫海因茨先生在谈到这些文件时，对于毛不在其1924年的工作计划中提到长沙的问题也提出了上述解释，这对我说明毛在1924年时的立场有很大帮助。

的领导人。根据毛的自传所说，在这一年年底时他病了，不得不回湖南休养。[①] 事实上他可能是由于工作过度而劳累，但他的生病起码有一部分是出于策略原因，这也是无疑的。因为他受到中共党内那些反对因过分强调同国民党合作而丧失自己党的独立性的人的严厉攻击；他的湖南同乡李立三嘲笑他是“胡汉民的秘书”。[②] 繁重的工作和怀有敌意的批评这双重的压力太厉害了，于是毛就回故乡韶山冲躲了起来。

他一回到故乡就发现农村的形势已完全不像过去那样平静了。在五四动乱时期实际上没起什么作用的农民，最后终于觉醒，参与了政治活动。到那时为止，国民党比中共更加注意到了这一发展，虽然国民党机构中的共产党员在其中起了重要作用。早在 1922 年，出身地主家庭、加入了共产党的彭湃，在他家乡广东省开始组织海丰和陆丰的农民。[③] 1924 年 2 月，国民党中央执行委员会设农民部，彭湃是农民部的第一任部长，并主持 1924 年 7 月成立的农民运动讲习所。彭湃很快就离开广州，继续在广东农民中进行工作，而其他共产党员继续在国民党农民部中发挥决定性的影响。[④] 可是共产党的领导人对农民不感兴趣。陈独秀于 1923 年 8 月说，在像中国这样的小农国家里，“自耕农居半数以上，这种小资产阶级他们私有权的观念异常坚固，如何能做共产主义的运动?”1924 年 12 月时他还认为，无产阶级不仅是“资本帝国主义国家的社会革命”的“主力军”，而且“被资本帝国主义压迫的国家之国民革命”中，也须“做一个督战者”。至于农民，只不过是无产阶级的几个同盟军之一，所有的农民都“带有妥协性”。[⑤]

在这一阶段，共产国际并不鄙弃农民。相反，1923 年成立了农民国际，并于 1924 年召开了第一次代表大会。共产国际于 1923 年 5 月给中共的一个指示中还强调农民“是我们全部政策的中心问题”[⑥]。莫斯科与中共在关于农民革命性问题上的分歧，也是他们在

---

① 参见［美］埃德加·斯诺：《西行漫记》，135 页。

② Conrad Brandt, *Stalin's Failure in China*, *1924—1927* (Cambridge, Mass., Harvard University Press, 1958), p. 37.

③ 海丰和陆丰（统称为海陆丰），位于广州东北部海岸。

④ 关于彭湃在农民部以及在海陆丰等地农民中的活动情况，请见江渡辰吉写的两篇文章，载《中国季刊》，1961 年 10—12 月以及 1962 年 1—3 月第 8、9 期，160～183、149～181 页。

⑤ 参见《向导》周报，1923 年 8 月 1 日第 34 期，258 页；《新青年》，1924 年第 4 期，22 页。

⑥ 《共产国际在民族殖民地革命问题上的战略与策略（以中国为例）》，114～116 页，莫斯科，1934。

同其他阶级或政党合作问题上一般继续存在的不同看法的表现。中共不得不接受莫斯科关于同孙中山联合的意见，但很多人对孙仍抱怀疑态度。他们的这种担心不能说全无根据。孙的性格古怪，而且反复无常。在他要求鲍罗廷为国民党一大写了一个宣言，号召进行反帝的“国民革命”之际，他又担心党内保守派的反对，所以在讨论中，他又向苏联顾问建议，放弃这一文件，代之以由他自己组建国民政府的计划。这后一个文件被鲍罗廷称作 1924 年前的国民党的“空话”。这使鲍罗廷花了几个小时来说服孙，让他放弃这一突然产生的念头，采纳那个被一致认为是以中苏合作为思想基础的文件。[①]

1924 年年末，孙接受亲日的安福系领袖段祺瑞的邀请，去北方讨论和平统一国家的条件。途中他在日本停留，发表了盛赞中日友好的讲话。面对这样一种手腕，中共机关刊物在 1925 年 1 月初发表文章说，孙中山已经“有失群众的信仰”，说他的态度已有碍于“国民革命之进行”[②]。

当然，所有这些指责随着孙中山于 1925 年 3 月在北京逝世而被人忘却，他的名字成了同共产党合作的坚定政策的象征。但是斯大林和中共之间的紧张关系依然存在。对斯大林来说，国民党只是一个抽象的实体，是一个对他有利的伙伴。可是对共产党来说，则不得不与国民党这个同盟者共存下去，并且以不安的心情看着它在政治和军事方面力量的不断发展。

在 1925 年至 1927 年这段决定性的时期里，毛泽东在莫斯科、国民党及共产党这三角关系中的立场，总的来说，是更接近于国民党，而不是靠拢斯大林或陈独秀。这一事实显然使毛本人及现在的北京史学家感到难堪，下面我们就谈到北京史学家歪曲毛在这段时期活动的一些情况。实际上这丝毫不是什么不光彩的事，除非人们出于个人的考虑，认为一个亚洲革命者关心自己国家的命运甚于关心社会革命是不光彩的。只要中国的民族利益同苏联的利益一致，毛就同意斯大林的意见；如果不一致，毛就采取独立路线。早在斯大林同意

---

① 参见鲍罗廷自己当时记下的 1924 年 1 月 23 日同孙中山谈话的笔记，见 A. I. Cherepanov，*Zapiski Voeunogo Sovetnika v Kitae. 1z Istorii Pervoj Grazhdanskoj Revoljutsionnoj Vojuy*（1924—1927），Vol. I（Moscow，Izdatel'stvo 'Nauka'，1964），pp. 67－72。

② 这篇文章为陈独秀的好友彭述之所写，载《向导》周报，1925 年 1 月 7 日第 98 期，818 页。

之前，他就赞成蒋介石统一国家的北伐计划了。因为对他来说，国家的统一是至关重要的事。后来他建议同国民党破裂，依靠由共产党领导的激进的土地革命，也是在斯大林听任这一破裂发生之前，因为毛最终关心的不是苏联西伯利亚边界的安全，而是拯救中国的革命。

毛发现农民具有革命力量的时间，正如已指出的，从他 1924 年至 1925 年冬春回韶山冲休养之时已经开始。那时广东的农民运动已发展到相当的规模。在 1925 年 2 月至 3 月蒋介石为反对陈炯明而进行第一次东征期间，海陆丰的农民不仅热烈欢迎他的军队，并且还为他们提供侦察、放哨等帮助。湖南是在得到这种有关“农民协会”的报道后，那里的农民才开始自发地把自己组织起来的。

1925 年“五卅”惨案后发生的事件有力地推动了湖南初期的农民运动，“五卅”运动本身是中国革命的巨大转折点之一。那天下午，一批为抗议日本资本家杀害中国工人而游行的工人和学生，在英国巡捕房一个警官的指令下，遭到上海租界巡捕的开枪射击。十个示威者被杀，五十人受伤。次日下午在商会举行的会议决定，所有学生和店员，以及在外国资本家工厂工作的所有工人，举行总罢工。巡捕在后来几天内的进一步枪杀只是加强了群众的决心，到 6 月中，运动扩展到了广州。6 月 23 日，英国和法国巡警又一次开枪射击群众，打死五十二人。结果使广州与香港之间的交通全部停顿达十六个月之久。[①]

六年前，横扫沿海城市的大规模反日运动并未把农民唤醒。现在，他们对中国人所受的外来侮辱很快就表现出敌对态度，这种政治觉悟的提高，反映在农协的发展上。毛对埃德加·斯诺说：“以前我没有充分认识到农民中间的阶级斗争的程度，但是，在（1925 年）‘五卅’惨案以后，以及在继之而起的政治活动的巨浪中，湖南农民变得非常富有战斗性。我离开了我在休养的家，发动了一个把农村组织起来的运动。”[②]

那时在中国工作的一个苏联顾问曾在他的回忆录中说，1924 年

① 关于这一时期的材料，见 Jean Chesneaux，*Le Mouvement ouvrier chinois de 1919à1927*（Paris，Mouton，1962），pp. 371－444。“五卅”的示威游行触发了一系列事件，其中大部分是由中国共产党组织的。在这方面最活跃的人物之一是蔡和森，他是毛泽东在长沙的密友。

② ［美］埃德加·斯诺：《西行漫记》，135 页。

年初，毛曾到鲍罗廷住处去，“在他回湖南准备组织农民协会前向鲍罗廷请教一些问题”[①]。这一说法是想强调苏联在中国革命中的作用，但事实并不像其所说的那样。毛直到1924年年末才回湖南，也并没有要回去组织农协的想法。不过毛从鲍罗廷那里接受了某些观点倒是可能的，鲍在1925年给国民党员讲课时曾说过，中国革命的胜利将完全取决于把农民组织起来解决土地问题。[②]

不管这种灵感来自何处，1925年夏，毛一旦开始工作，就以他特有的才能提出适应当时农民情绪的口号。“打倒军阀!”这一口号非常明确有力，因为中国农民深受各色牌号军阀的掠夺，对理解这一口号并不困难。至于“打倒帝国主义!”则有些不大好懂，对第一次听说“帝国主义”（按字面来说是“皇帝国家主义”）的农民来说，没有什么意义。于是，毛就把它解释为“打倒洋财东!”[③]。

毛组织农协的活动最后引起他的老熟人赵恒惕的注意，于是他又一次被迫逃往广州。他到达广州显然是在10月或11月的某个时候，是他离开那里将近一年以后。[④]

毛在广州看到的是紧张而又复杂的局势。1925年1月召开的中共第四次全国代表大会（他因病未参加），在同国民党关系上通过了一条比较带有宗派色彩的路线，这显然反映了对于孙中山临死前不久产生的怀疑。“五卅”事件暂时改善了中国各社会集团和政治派别之间的关系，并且把反对外国暴行的群众团结了起来，但其后果是分裂性的。由于受中国对手支持的罢工的影响而关闭的那些外

---

① A. I. Cherepanov, *Zapiski Voeunogo Sovetnika v Kitae. 1z Istorii Pervoj Grazhdanskoj Revoljutsion-nojVojuy* (1924—1927), Vol. I (Moscow, Izdatel'stvo 'Nauka', 1964), p. 84.

② 参见鲍罗廷：《国际政治及中国革命的根本问题》（第3版），广州，1927。

③ 参见李锐在“中国现代史资料丛刊”《第一次国内革命战争时期的农民运动》中的一篇文章，264页，北京，人民出版社，1953。

④ 官方编史工作者为了掩饰毛同蒋介石国民党的合作时间长于任何其他主要的共产党领导人，便严重歪曲毛的生平活动年表，在被歪曲叙述的一年多的活动时间里，就是以毛抵广州的日期开始的。这种改写历史的情况发端于毛本人在1936年向埃德加·斯诺谈他自己经历之时。但是毛比起现在北京写历史的许多人来说，则又要诚实得多。就这个有争议的问题来说，毛在自传中是这样说的，他组织湖南农民的活动在赵恒惕中止它以前曾持续了“几个月”，见［美］埃德加·斯诺：《西行漫记》，135页。（《西行漫记》中的记载可能有误。——译者注）可是，我们在上面已经看到，他真正认真组织农民也是在“五卅”之后，这同上面所说他回广州的日子是相符的。其次，毛的《长沙》一诗，显然写于秋季，在最新出版的他的诗集中注明的写作日期是1925年。这就说明，他在湖南起码待到9月。最后还有一个材料来源，虽然不很明确，但却常有一些有用的资料。这一材料指出，毛抵达广州的时间是在11月，见《现代史料》，第4卷第3部分，343页，上海，1934，转引自陈志让：《毛泽东与中国革命》，100页。

国人开的工厂（中国商人和实业家甚至出钱来维持罢工者及其家属的生活）很快就看到那些中国人开的工厂也不得不关闭，因为资本家在没有收入的情况下还要补助工人。更普遍的是，有钱的中国人日子也不好过，因为他们看到，他们与外国同事以及各国的外交和军事代表的矛盾都十分尖锐；同时，工会和中国共产党的影响又明显而迅速地扩大。后果之一，就是在 1925 年夏秋时，在国民党内部出现了反对共产党而进行分裂活动的“新右派”。他们提出把共产党从国民党内驱逐出去，在两党之间建立一种不受束缚的和更少危险的合作形式。1925 年 8 月，国民党左派中最强有力的领导人廖仲恺被暗杀。“新右派”领导人之一胡汉民受到怀疑，以致必须被送出国，到苏联去。① 后来根据他自己的说法，当时形势十分严重，以至于陈独秀在 1925 年 10 月召开的中国共产党全体会议上提议，要共产党退出国民党，但被共产国际的代表否决。总之这次全会对国民党持完全敌对态度是可以肯定的。②

毛泽东回到广州，所有这些紧张的形势看来并没使他感到很大不安。相反，正是在这个时候，他开始在国民党的机构中真正起到了主要作用。在这点上，他忠实反映了斯大林的立场，即决不同意陈独秀及中共其他许多领导人对蒋介石及国民党中出现的倾向持反对和怀疑态度。无疑他也在寻找一种合适的组织以便应用他关于发挥农民革命潜在力量的新观点，而国民党仍然比中共中央委员会更多地表现出对农民的兴趣。

为毛提供影响土地革命进程重要机会的是创立于 1924 年的农民运动讲习所。当讲习所于 1925 年 10 月 1 日开办第五届时，湖南学生的人数突然上升到占学员总数的百分之四十。他们中很多人都是湖南省党组织吸收的共产党员③，毛在这一发展中可能是起了作用的。下

① 关于胡汉民和“新右派”的问题，见 Conrad Brandt，*Stalin's Failure in China*，*1924—1927*（Cambridge，Mass.，Harvard University Press，1958），pp. 55－61；C. Martin Wilbur and Julie How，*Documents on Communism*，*Nationalism*，*and Soviet Advisers in China*，*1918—1927*（New York，Columbia University Press，1956），pp. 206－212。称他们为“新右派”是同顽固的“老右派”相比而言的，这些右派在 1923 年从一开始就反对共产党员参加国民党。虽然胡汉民确实怀疑共产党，但指责他合谋刺杀廖仲恺事实上是不公平的。

② C. Martin Wilbur and Julie How，*Documents on Communism*，*Nationalism*，*and Soviet Advisers in China*，*1918—1927*（New York，Columbia University Press，1956），pp. 92，234－236；Conrad Brandt，*Stalin's Failure in China*，*1924—1927*（Cambridge，Mass.，Harvard University Press，1958），p. 60.

③ 参见《第一次国内革命战争时期的农民运动》，265 页。

列情况有力地证实了这一推测，他的兄弟、后来成为他在政治上的密切合作者的毛泽民，就是讲习所湖南学生中的一个。[①] 毛可能没有主管这一届的工作，但他完全可能讲过课并对此很感兴趣。他确实主持过于次年 5 月开始的第六届讲习所的工作，但那时候，在莫斯科、蒋介石以及中共的三角关系中已发生了一些决定性的事件。

这场复杂的戏的第一幕是 1926 年 1 月召开的国民党第二次全国代表大会。毛在回广州时，除了关心农民运动外，还担任国民党中央执行委员会宣传部的领导职务。最初是秘书，后来是副部长*。但由于名义上的部长汪精卫集中精力于政府主席的工作，毛实际上主持宣传部。[②] 因此他在国民党二大上提出了一个关于宣传问题的报告。

*据有关文件记载，毛泽东此时的正式职务应为“代理部长”。——译者注

在大会通过的概括了毛报告主要思想的关于宣传问题的决议中有下列论述：

> 一个政党的成功必须取决于这样一点，即一定要有重心。国民党的重心蕴藏在无数受剥削农民群众之中。宣传部必须不断地把党员的注意力引到这个问题上来，并指导他们依靠这一重心。[③]

这时毛对农民问题的关心尽管无可否认，但他在大会所争论的问题中显得最关心的是组织与纪律方面的问题，这是后来几个月中事态发展的根本问题。在这方面，大会遇到的严重问题是如何处理所谓的“西山会议派”，因为他们曾于 11 月底和 12 月初在北京西山的孙中山墓前聚会，通过了一项把共产党员驱逐出国民党的决议。毛以宽大的态度向大会建议要宽大为怀，他说，不能因为西山会议本身而处罚右派，而只能看他们是否违反了纪律。他还向大会提出了一项修正案（被大会接受了），再次推迟对错误最严重的三个人的处理，以便让他们改过自新，并说：“因为我们仍然希望他们回

---

① 第五届农讲所的 113 名学员的全部名单中有毛泽民的名字，载《中国农民》，1926 年第 2 期。

② 他在自传中的说法是“任国民党宣传部长”，见［美］埃德加·斯诺：《西行漫记》，135 页。虽然文字上有误，但内容确切。毛的地位同在黄埔军校主持政治部的周恩来是类似的，尽管名义上周是副主任。

③ 国民党中央执行委员会：《中国国民党第二次全国代表大会会议记录》，136 页，1926。

到革命道路上来。”[1]

不管毛是反映他个人的意见，还是代表中共党内起码有相当一部分人的观点，他对这一问题的意见是重要而引人注意的。尽管这些人是保守分子，但毛强调与这些人保持同志式的团结，认为他们是真诚投身于中国的统一和独立的斗争的。毛明确表示，就国民革命和社会革命而言，他更多地重视前者（至少就目前来说）。

同样值得注意的是关于讨论整理党务案的问题。在讨论中，蒋介石在黄埔军校的一个同事提出了一个三点计划，旨在减少共产党员参加国民党究竟有何意图这一问题给他们造成的不安：要求所有加入国民党的共产党员必须讲明他们在共产党内的身份；必须完全公开他们在国民党内的活动；未经当地国民党组织的许可，任何国民党员不得加入共产党。对这几点意见，先是张国焘，接着是毛泽东，代表共产党员作了回答。也就是这一次，他俩的观点完全相同。这些内容从理论上说是好主意，但是在中国大多数地区的现有条件下，公开声明共产党员身份而不遭逮捕或处决是不可能的。毛说，迫使部分革命力量经受这样的打击，“于国民革命前途是不利的”[2]。

大会最后通过了由陈公博提出的一个妥协方案，就是由两党的中央执委会召开一次会议，寻求一些办法使右派对共产党员的活动感到放心。毛曾因为没有参加中共第四次全国代表大会而失掉了在中共中央委员会里的位置，但现在他却又一次被选为国民党中央执行委员会候补委员。同得最多选票（248 张）的汪精卫、谭延闿、胡汉民及蒋介石相比，他所得选票为 173 票，李大钊得 192 票。[3]大会后不久，他被任命为国民党的一份新机关刊物《政治周报》的主编，这份刊物在 3 月初开始发行。

虽然国民党领导机关中的共产党影响问题在蒋介石与莫斯科的较量中起一部分作用，但决定性的问题是北伐。进行军事讨伐以推翻北京的军阀，同时建立一个统一的国民政府，这是孙中山最后几年最迫切的愿望。他接受了苏联的很多援助，因为他深信，这是要建立一支能承担这一任务而又属于他自己的强大军事力量的唯一道

① 国民党中央执行委员会：《中国国民党第二次全国代表大会会议记录》，179 页。
② 同上。
③ 参见上书，165～167 页。

路。而现在蒋介石不仅是出于他个人的野心，也是考虑到国家的前途，来实现孙中山的愿望的。

苏联的看法则完全不同。1926 年 3 月，就在这一决定性较量即将出现的时候，苏共政治局在莫斯科开会，讨论由托洛茨基主持的特别委员会准备的一份关于远东政策的报告。在这位“继续革命论”鼓吹者的思想指导下，准备了一份几乎完全是讲是否可能使用外交手腕的文件。新近发生的中东铁路事件使莫斯科感到惊慌。苏联人现在提议，承认亲日派张作霖在中国东北事实上已拥有的自主权，以此向日本求得苏联自身的安全，而不惜牺牲中国的民族利益。他们不管吴佩孚在三年前对铁路工人的大屠杀，还抱有同吴佩孚恢复谈判的想法。至于对广州革命政府，苏联人派其驻法国大使拉科夫斯基去试探，承认他们自主的可能性，想以此来抵消张作霖的势力。在一份谈到与广东关系的报告中，下面的话是斯大林亲自提出并加进去的：

> 广州政府在现阶段必须坚决反对进行具有进攻性军事讨伐的思想，一般来说，任何这种做法都可能怂恿帝国主义采取军事行动。①

这些话是 3 月 25 日说的，也即蒋介石在 3 月 20 日发动事变五天之后，当时莫斯科尚未得到这一消息。对蒋在军队政治委员中逮捕大批共产党员以及软禁苏联顾问的行动，毛显然是不会同意的。但蒋的动机就某种程度说是向莫斯科施加压力以便得到苏联对其计划中的北伐的支持。就这点说，蒋与毛在实质上是一致的。在蒋发动事变后十天，即 1926 年 3 月 30 日，毛参加了国民党农民运动委员会的一次会议——他是这个委员会的委员——在会上提出了一个动议，根据会议记录概述如下：

> 民众运动与政治有密切关系，目前各省农民运动应以全力

---

① E. H. Carr, *A History of Soviet Russia: Socialism in One Country, 1924—1926* (Macmillan, 1964), pp. 769 - 772.

注意将来革命军北伐时经过之区域如赣鄂直鲁豫诸省。[1]

毛在这一问题上的立场有两个方面值得注意：一方面是证明他有先见之明，预见到北伐实际上会起促进农民运动的作用；另一方面，又证实了他独立于莫斯科的立场，因为莫斯科就是在这同一天表示坚决反对广州发动任何类似这种性质的进攻行动的。因此，只要蒋同苏联人讲和，除免去他特别厌恶的两三个顾问外[2]，重新恢复所有军事顾问的职务，同时对国民党右派进行象征性的批判以平衡他向左派发动的政变，毛同蒋继续合作就不足为奇了。令人奇怪的倒是这样一件事，就是他从1926年5月到10月，仍然担任着农讲所所长这一如此重要的职务。蒋同莫斯科恢复关系是有条件的，除了要斯大林支持北伐外，再就是“整顿”国民党，目的是要限制共产党员在国民党内的影响。在任何领导机关任职的共产党员人数规定只能占三分之一，并且不准他们担任各部部长那样高级的职务。在这一规定下，谭平山被迫辞去组织部长职务，林祖涵辞去了农民部长职务。毛本人也失掉了宣传部副部长职务，但他还保留了农讲所所长职务。不管怎么来解释这一情况，说他是出于机会主义的考虑也好，或者说主要的因素是由于他和蒋都具有民族主义思想也好，但事实毕竟是事实。[3]

毛在农讲所的活动对蒋和国民党并无好处，这是确实的。毛把他们作为农村鼓动者来培训的那些年轻人，在短期内保证了中共控

---

① 《中国农民》，1926年第5期。

② 在蒋厌恶的顾问中有尼古拉·弗拉基米洛维奇·库伊贝舍夫（他是苏联著名领导人、当时苏联经济事务部人民委员万拉林·弗拉基米洛维奇的兄弟），他以季山嘉的名字前往广州（西方材料中一般都错拼为季山科）。库伊贝舍夫于1925年夏接替化名加仑的布留赫尔，作为苏联军事顾问团团长赴广州。在蒋的要求下，他被召回莫斯科，他的工作又为加仑接替，因为蒋更信任加仑。可能是因为库伊贝舍夫坚持要对全部国民军实施集中管理而遭到蒋的厌恶，显然这一政策是想最大限度地扩大苏联影响。也有一种说法是，汪精卫曾提出一个计划，要组织一个旨在逼蒋不向国民党中反共派的要求屈服的反蒋联盟，库伊贝舍夫也参加了这一计划的制订。同时，蒋在日记中还抗议季山嘉对他的“嘲弄”。从这里也可看出，他们关系的破裂可能既有个人原因，也有政治方面的原因，见 C. Martin Wilbur and Julie How，*Documents on Communism*，*Nationalism*，*and Soviet Advisers in China*，*1918—1927*（New York，Columbia University Press，1956），pp. 212 - 217，267 - 268；Vishnyakova-Akimova，*Dva Goda v Vosstavshem Kitae*（*1925—1927*）（Moscow，Izdatel'stvo 'Nauka'，1965），pp. 190，207，236 - 237等。布留赫尔后来成了斯大林1938年大清洗中的牺牲者。

③ 1953年在北京出版的一个材料可以证明这一点，见《第一次国内革命战争时期的农民运动》，20～32页。但就是在这本书的一篇文章中，李锐仍然掩饰第六届农讲所的开办日期。毛是在农民运动委员会于3月16日举行的一次会议上被任命为农讲所所长的，见《中国农民》，1926年第4期。

制基层的革命发展；1927 年国共分裂后，当毛领导第一支小小的游击队上山时，他们中有很多人跟随毛上了山。但毛是否预见到了这些效果呢？有一个从长沙时代以来就很了解毛的人回忆说，毛在 1926 年春天曾对他说，他“有一个办法”来补救共产党同蒋介石打交道时的弱点，他说这个办法也包括在农讲所为将来的游击战准备干部。三月事变后，毛已完全不相信蒋的最终目的了，他确实想为中共建立一个有自主权的基地，以此同蒋的军事力量相抗衡，这作为他的目标之一是有可能的。但还有一个情况也是可能的，即在 1926 年夏，毛仍然期待着一种长期的合作，如果不是同蒋介石，那么就同国民党的其他人合作。

第六届农讲所的课程，大体上和以前几届是一样的，这一届的时间从 1926 年 5 月 3 日持续到 10 月 5 日。毛同前几任农讲所所长一样，仍把重点放在军事训练上（在 380 个小时的总学时中，军事训练为 128 个小时），这既符合当时形势的需要，也符合他个人的基本爱好。他除了担负其他工作外，还有授课任务，讲中国的农民问题（23 个小时），并讲 9 个小时关于农村教育的问题。他还亲自执行由他首次采用的很有特色的教学计划，由学生自己阅读书和文章，然后对教师提出的问题交出书面答卷，由毛及另一位教师批改。①

第六届农讲所的开学时间与第二次全国劳工大会以及 5 月 1 日召开的第二次省农民大会几乎是同一个时间。蒋介石在 5 月 2 日对这两个大会的联合会议发表了讲话，题目是“工农兵大联合报告”。他回顾了在 1925 年东征期间彭湃领导的农民为他的军队提供的帮助。他肯定地说：“武装的工农，在革命中的关系比军队更重要”②。他的说法可能比刘少奇的话更使与会农民产生好感。刘在三天后说，工人必须“提携农民”，并领导他们前进。③

同中共中央委员会的观点一致的刘的观点，有助于说明为什么在某

---

① 关于农讲所的报道，见《中国农民》，1926 年第 9 期。李锐在《第一次国内革命战争时期的农民运动》一书中又引用了这一报道，见该书 20～32 页。

② 《中国农民》，1926 年第 6、7 期合刊。

③ 他用的“提携”这个词，也有“像拉小孩一样拉着”这个意思。我估计发表在 1926 年 6 月 5 日第 14 期《政治周报》上的文章，实际上同刘在大会上的报告是一致的。我已从《新青年》第 5 期第 778 页上记下了这一报告的日期。

些方面，毛在国民党内比在他自己党内更为自在。可是，与国民党员共事的共产党员中也有一定数量的人，和他一样，对农民抱有信心。蔡和森的姐夫李富春，是国民党政治训练班的负责人，就曾邀请毛给他的学生讲授农民问题。[①] 同时，毛在 9 月曾带领农讲所全体学员到海丰参观两周，听了彭湃的讲课，并看到了正在进行的土地革命。[②]

尽管毛同国民党的关系仍很密切，但他并未完全失宠于中国共产党。夏天，陈独秀及其同事们对蒋的“整顿”所作出的反应导致毛在党的领导层中得到了新的职务。1926 年 7 月的二中全会通过了一项决议，规定放宽两党之间的关系而不采取取消“党内合作”或双重党籍原则的过头做法。[③] 这一政策的必然结果就是加强了中国共产党本身在农民中的工作（因为到那时为止，中国共产党一直把农民看作最好留给国民党的小资产阶级），建立了一个在中共领导下的农民部，任命毛为领导。[④] 但决议中要求国民党给予更多独立性的规定很快就被莫斯科取消了。斯大林政策的基石仍然是相信蒋介石。中共这一独立的农民部除见诸文字外，是否确实存在过，还不清楚。不管怎么说，到 1927 年 7 月为止，毛在农民方面做的重要工作都是在国民党主持下进行的。

1926 年夏，当毛在广州训练农民鼓动员时，蒋介石的北伐取得了巨大胜利。8 月，湖南已完全被革命军占领，蒋在长沙发表讲话说：

中国只有在推翻帝国主义之后才能得到自由……第三国际

---

① 李锐在《毛泽东同志的初期革命活动》第 249 页上说，在第六届农讲所期间的合作，时间是 1925 年秋天。这一说法同他系统地歪曲毛的活动年表是一致的。（李锐在《毛泽东同志的初期革命活动》第 249 页上的原文为：“1925 年，毛泽东同志到广州后，主持第六届农民运动讲习所。”在 1980 年出版的《毛泽东的早期革命活动》第 446 页上，李锐修正了上述说法，改为“1925 年和 1926 年，毛泽东在广东主持有名的全国农民运动讲习所”；第 459 页上说“1926 年春，毛泽东主持了第六届农民运动讲习所”。——译者注）我们已经解释过，这两个日期是对不上的；我们所谈及的事情要么发生在 1925 年秋天第五届农讲所期间，要么在第六届农讲所期间。如果是第六届的话，那么，应是 1926 年夏天。后一个假设的时间似乎更有可能。如果这正确的话，那么，在国民党于 1926 年 5 月“整顿”以后，李在国民党内也仍继续担任要职。（原文如此，疑有误。——译者注）

② 参见《第一次国内革命战争时期的农民运动》，23 页。

③ Conrad Brandt，*Stalin's Failure in China*，*1924—1927*（Cambridge，Mass.，Harvard University Press，1958），pp. 82 - 83；C. Martin Wilbur and Julie How，*Documents on Communism*，*Nationalism*，*and Soviet Advisers in China*，*1818—1927*（New York，Columbia University Press，1956），pp. 278 - 281.

④ 参见［美］埃德加·斯诺：《西行漫记》，136 页。

在当前世界革命中堪称为革命的总参谋部……如果我们要使革命取得成功，我们必须联合苏联来推翻帝国主义……苏联帮助中国革命是否就是要把共产主义用于中国呢？不，她要我们完成国民革命。共产党员参加国民党是不是要运用共产主义原则呢？不，他们也不是要这样做，他们是要应用三民主义。我相信参加我党的共产党员现在并不是要搞共产主义，而是要实现国民革命……中国革命是世界革命的一部分。我们要团结坚决支持世界革命的人来推翻帝国主义……①

对毛这样一个以支持北伐来表明他投身国民革命的共产党员来说，对蒋的这种语言所产生的好感要比大多数同志强烈，这是很易理解的。顺便可以提一下，上面所引蒋介石的讲话同毛在 1926 年 3 月*所写文章，有惊人的相似之处。毛这篇文章已被列为现在公认的经典《毛泽东选集》的第一篇。毛也谈到了国民党应如何领导国民革命的问题。同时，在反对第三国际还是反对反革命的“两面大旗”的问题上，他没有采取不妥协的阶级路线，也没有肯定无产阶级或中国共产党应该领导革命②，而只是同蒋本人在六个月以后不加犹豫提出的那些口号不谋而合。当然，这仍然未能阻止北京史学家把毛的 1926 年的文章说成“中国最早的和最明确的马克思列宁主义的纲领文献”，说它“正确地解决了”中国革命的所有“基本问题”。③ 实际上，在研究马列主义方面，毛还只不过是个初学者，而且在经过修改前的这篇文章中还有很多理论错误。④ 他充分掌握马克思主义理论是在大约十年以后，是他的掌权方式已在实践中定型之时。

*原文第一次发表在《革命》半月刊 1925 年 12 月 1 日第 4 期第 1～15 页上。——译者注

在形成毛后来的理论观点的实践经验中，有几件事要比 1926 年至 1927 年冬春发生的几件事更为重要。在 10 月结束这一届农讲

① 《蒋介石全书》，1927 年版。这本书的序言，是“东亚无我主”（笔名）所写，日期是 1927 年 1 月 15 日。

② 唯一提到“无产阶级领导”的话是 1951 年加进去的，有关这种改写历史的例子，见 S. Schram，*The Political Thought of Mao Tse-tung* （London，Pall Mall Press，1964），p. 247。

③ 参见何幹之：《中国现代革命史》（上册），75 页，北京，高等教育出版社，1957。

④ S. Schram，*The Political Thought of Mao Tse-tung* （London，Pall Mall Press，1964），pp. 46－47，210－214.

所时，毛显然在上海作过短期逗留去担任共产党的农民部长。[①] 他立刻就开始行动了。11月，他调查了靠近上海南面和北面一些省的农民运动。[②] 12月，他在长沙，对湖南省第一次农民代表大会发表讲话。[③] 然后他就对这个省的农民运动进行全面调查，形成了他那篇著名的报告的主题。

关于这一报告的思想正统性问题，已经有很多争论[④]，可简单作一概括。毛重视农民问题这件事本身并不是什么异端，因为列宁在共产国际第二次代表大会上已谈到农民苏维埃问题和东方国家以农民为基础的革命问题。[⑤] 从正统的标准来看，他的错误在于没有提到无产阶级的领导作用。[⑥] 而由于这个报告是向国民党做的，要是这样说就很不得体。总之，这篇报告的重要性并不在于马克思主义的思想内容，而在于使这篇报告具有生气的革命激情，以及它所记录的重要历史时刻。

毛泽东在五四运动时写下了并以极好的口才谈到了进行文化革命的必要性，认为这是激发人民热情以达到中国的民族目标的唯一方法。可是在后来几年时间里，他在国民党的机构中，是如此全神贯注于国民革命的工作，以至于对改造中国社会性质的必要性的兴趣大为减少。突然，在湖南农村，他发现了自己面对着农民爆发出来的那种他从未想到过的革命热情，他写道：

很短的时间内，将有几万万农民从中国中部、南部和北部

① 参见［美］埃德加·斯诺：《西行漫记》，135～136页。毛的年表是如此含糊不清，以致很难知道毛是否去过上海，是什么时候去的。

② 《江苏和浙江农民的悲惨生活与他们的反抗运动》这篇文章，发表于11月25日《向导》周报上，可能是根据个人观察也可能是根据在上海得到的报告写成的。第一种假设的可能性似更大，因为它的叙述具有第一手印象的生动性，见 S. Schram, *The Political Thought of Mao Tse-tung* (London, Pall Mall Press, 1964), pp. 248－249。

③ 参见李锐：《毛泽东同志的初期革命活动》，259～261页。

④ 特别是魏特夫（Karl August Wittfogel）和史华慈（Benjamin Schwartz）就这一问题所交换的意见，载《中国季刊》，1960年第1、2期。

⑤ 在最近出版的一份记录中，他甚至提出，共产党本身的组成应该适应农民国家的情况。关于这个问题，以及列宁关于以农民为基础的革命的思想，见 H. Carrère d'Encausse and S. Schram, *Le Marxisme et l'Asie, 1853—1964* (Paris, Armand Colin, 1965), pp. 45－46。

⑥ 毛1926年这篇文章中提到的无产阶级和共产党方面的问题是1951年加进去的，见 S. Schram, *The Political Thought of Mao Tse-tung* (London, Pall Mall Press, 1964), pp. 150, 247。

> 各省起来，其势如暴风骤雨，迅猛异常，无论什么大的力量都将压抑不住。他们将冲决一切束缚他们的罗网，朝着解放的路上迅跑。[①]*

* 此段引文见《毛泽东选集》，2版，第1卷，13页。——译者注

毛认为求得解放之路有两条：文化的和社会的。第一种主要是推翻迷信习俗——从反对尊祖到取消夫权——这对国民党的大多数人来说是可以接受的。第二种解放的办法显然就不会被他们接受了。毛在他的报告中确实常常只攻击“土豪劣绅”，而不针对地主。但在别的地方，他说得又很明确，他写道：“革命……是一个阶级推翻一个阶级的暴烈的行动。农村革命是农民阶级推翻封建地主阶级的权力的革命。”[②]

如果国民党不仅像斯大林，而且也像托洛茨基所认为的那样是一个“农民党”的话[③]，那么它的领导人一定会欢迎他们的阶级反对剥削者所取得的胜利。遗憾的是，革命军的大多数军官不是出身于地主阶级就是出身于同地主阶级有血缘关系的城市富裕家庭。国民党在1924年至1926年对农民运动的异常同情很大一部分原因是因为那些受农民威胁的地主都是支持广东的陈炯明的。但是现在北伐的革命风暴冲击了这个地区，大多数军官被吸收到了革命军中。一场冲突是不可避免的了——除非培训了很多农民鼓动员的共产党同意取消土地革命——即使他们以国民党的名义这样做。

这就是斯大林命令他们做的事。早在1926年10月，当问题刚开始变得尖锐时，他就发了一份电报，强迫中共约束农民运动。[④]两个月以后，他在共产国际执委会第七次全会上想找出一个两全其美的方案来。

斯大林在这一问题上的立场，其核心是信任蒋介石的“革命军”。

---

① S. Schram, *The Political Thought of Mao Tse-tung* (London, Pall Mall Press, 1964), p. 250.

② 《毛泽东选集》，2版，第1卷，17页，北京，人民出版社，1991。

③ 托洛茨基在1926年9月写的一篇文章中把国民党说成是“农民自己的党”，类似俄国的社会革命党人，见 Conrad Brandt, *Stalin's Failure in China, 1924—1927* (Cambridge, Mass., Harvard University Press, 1958), p. 217。

④ 他本人在很久以后承认这一说法。参见斯大林：《国际形势和保卫苏联》（八月一日的演说），见《斯大林全集》，中文1版，第10卷，17页，北京，人民出版社，1954。

斯大林对国民党军队的本质和意图，从北伐开始前所持的过分怀疑态度转为过分乐观的态度。对有些人说的在那些由革命军自己开创的地区普遍出现“某种失望情绪”的说法，斯大林回答说，苏联在国内战争期间也有过“同样的情形”。这样就显然把蒋的军队和1919年时的红军画上了等号。这个前提一成立，那么要一举解决下面两方面的问题就不难了，既要得到农民的同情，又不急于用过激的土地政策把国民党吓跑。那么，通过革命军队和“人民革命政权”（共产党员被邀参加这政权，并使之“左”倾）的机构，就足以“满足”农民群众的“迫切要求”了。总之，没有别的实际可能，因为“几万”中国革命者（中国共产党现已发展到这样一个规模）若不通过国民党的政府和军事机构，就不可能把“广大农民”组织起来。①

对国民党军队本质的认识以及对共产党应付国民党军队的能力所持的这种极其错误的看法，主要是出于无知，还是以保卫苏联自身利益为前提而对中国革命的命运完全抱怀疑和悲观态度？无疑，这两种情况兼而有之。斯大林政策的根子非常明显地反映在1925年1月他所作的讲话中。他在这篇讲话中分析了能“给我们的政权，给我们的国家”做出贡献的四个“苏维埃政权的同盟者”。第一个最重要的同盟者是各发达资本主义国家的无产阶级，但遗憾的是欧洲“革命运动的状况”眼前还不能提供很多希望。第二个同盟者是“不大发达国家的被压迫人民”，是“我国革命的一支极巨大的后备力量”，但“他们行动得太慢了”。因此，必须依靠第三个“同盟者”，这就是资本主义国家间的矛盾（即靠外交手腕）；而首先要依靠第四个同盟者，即苏联农民的支持。②

这种利己主义，再加上一个人的过分自信，就足以说明为什么苏联这段时期的中国政策以彻底失败而告终。这个人自以为他是马克思主义正统的卫士和提倡者，就已然对一个完全不同于他自己国家的大而复杂的国家的情况完全了解。但这并不是说，如果有更为现实的政策，就能轻易地，甚至有可能夺走蒋介石的胜利果实，从而建立共产党的统治。国民党左派中那些人本身的教训也是一个证

① 参见《斯大林全集》，中文1版，第8卷，329～332页，北京，人民出版社，1954。

② 参见《斯大林全集》，中文1版，第7卷，25～28页，北京，人民出版社，1958。

明（他们竭力想通过党和政府来控制蒋及其军队），证明要想夺蒋介石的权是何其不易。

1926年3月20日的事变为国民党分化为左派和右派提供了新的动力。在1926年的最后几个月，当国民党和政府机关正跟随军队北去，并计划要在华中成立革命政府时，蒋同左派的紧张关系就不断加剧。这种加剧无疑是由那些不同意斯大林对蒋介石抱信任态度的共产党员促成的，但它也是由蒋同左派领导人个人之间的敌对造成的，同时也是政府领导人看到大权在握的军事领导人在作出战略决策时不同他们商量而自然产生的一种不安心理。到1927年1月，武汉的国民党左派同南昌的蒋介石一些人之间的关系已经达到公开破裂的程度。再加上鲍罗廷和其他苏联顾问已经改变策略，公开动员人们起来反对蒋，因为蒋明确宣布他的意图是东向上海，而不是立即前往北京。1927年3月中旬，国民党三中全会在武汉召开，想通过改组党、政府和军队的办法使蒋服从于党的领导，任命了从1926年春以来就逃亡法国的汪精卫为党和政府的领导人，在他未回国前，由谭延闿担任领导职务。

除这些组织措施外，三中全会终于采取具体步骤把斯大林在1926年11月关于要吸收少数共产党员参加政府的意见付诸实施。新成立了五个部，有两个部派共产党员领导，谭平山负责农民部，苏兆征负责工人部。刚从湖南调查回来的毛泽东，以国民党中央执行委员会候补委员的资格参加了会议。[①]

虽然毛并不是那些被任命的部长中的一个，但他在三中全会上讨论农民问题时起了积极作用。3月15日，他提出了一份“惩治土豪劣绅暂行条例”，规定对那些搞反革命活动的人处以死刑或关押。他说：在革命形势下，用“和平方法是不能推倒土豪劣绅的”，必须对他们实行革命制裁，“最好，由农民直接行动”[②]。

很明显，毛被他在湖南目睹的革命风暴所吸引，而且在后来几

---

① 参见魏夫特在《中国季刊》1960年第2期第17页一文引自《人民论坛》1927年3月18日的内容。

② 蒋永敬：《鲍罗廷与武汉政权》，259页，台北，传记文学出版社，1972。这本书当然是极为反共的，但蒋先生得到了国民党的档案，包括三中全会以及毛在1927年4月参加的其他会议的原始文件。因此，他的书对毛在这时期的立场提出了全新的看法。

周中，这一经历对他在土地问题上的立场仍然产生影响。1927 年 4 月 2 日，武汉国民党中央执委会成立由五人组成的“中央土地委员会”，包括毛和谭平山。[①] 这个委员会开了几次会，在一次会上，毛归纳了他从湖南认识到的重要问题，他说：

> 所谓土地没收，就是不纳租，并无须别的办法。现在湘鄂农民运动已经到了一个高潮，他们已经自动的不纳租了，自动的夺取政权了。中国土地问题的解决，应先有事实，然后再用法律去承认他就得了。[②]

土地问题委员会一系列扩大会议的第一次会议于 4 月 19 日召开，参加者是积极从事农民运动的许多政治工作人员，还有武汉政府的一些领导人。毛在这次会上根据国民革命的要求来论证没收地主土地是正确的。他说，只有当“生产大军”供应革命军粮食时，他们才能前进，土地改革是使农民在这方面提供支持的最好办法。[③]*

*毛泽东的这段原话为：“革命势力，目前虽见发展；但亦到了一个危机，此后非有一支生力军必归失败。要增加生力军保护革命，非解决土地问题不可。……兵士能否永久参加革命，亦即在土地问题解决。”——译者注

为了制定土地改革的明确政策，土地问题委员会决定成立五人小组，毛为组长，来起草一个“土地问题决议草案”。这一文件规定没收“土豪劣绅贪官污吏军阀及一切反革命分子”在乡村的土地。[④] 这个标准本身尽管不很明确，但还是比较温和的。而毛及其五人小组通过的一个“土地调查”，其内容则要激进得多。它规定：“有地三十亩以上的富农、小中地主及大地主占百分之十三，均是反革命的。”[⑤] 大家还记得，毛自己的父亲占有二十二亩土地，因此，他为反革命所定的标准实在是非常低的。

毛就是以这样的态度向委员会解释决议草案的，他的话表明他对革命行动的态度，既包含国民革命又含有社会革命的目标，他说：

---

① 参见蒋永敬：《鲍罗廷与武汉政权》，278 页。
② 同上书，282 页。
③ 参见上书，284 页。
④ 参见上书，286 页。
⑤ 同上书，289 页。

> 现在所决定为政治的没收，如土豪劣绅军阀等等的土地，此为第一步。进一步再论凡自己不耕种而出租于他人的田皆行没收，此为经济的。① 经济没收在湖南已不成问题，农民已自行分配。……军阀在湖南，是剥削农民的。国民（即武汉）政府到湖南后，仍未能完全免除剥削……

毛作了详细的解释，说明为了进行战争的需要，从农民那里取得资源是必要的，说如果没收了土地，人民得到的就会更多。因为那时农民已不用交地租，他们就能不那么困难地缴纳大量的税。他把“土地调查”材料中已暗示的，但在“土地问题决议草案”中未公开提到的结论明确提了出来，那就是，应该像没收地主土地一样没收富农的土地。最后他大力强调各地区的不同条件，因此需要有个灵活的政策。他说，在农民已经开始平分土地的湖南，“政治没收”就不够了；反之，在其他农民运动发展较慢的省，搞“经济没收”的条件又尚未成熟。②

4 月 22 日，毛在土地问题委员会扩大会议上提出了他的决议提案，汪精卫对这个文件表示担心，因为它“名以政治的没收，而实行经济的没收”。* 按他的看法，政治没收只能扩大到大地主。汪精卫的批评倒不使毛感到意外。更为严厉的一击是夏曦的批评。** 他不仅是个共产党员，而且从毛在长沙学生时代组织新民学会及其他组织以来一直是毛的密友和政治合作者。夏说，这个决议提案有“很多矛盾”，会使“……贫农与富农立即斗争”，总的说来是完全行不通的。③

另一个共产党员彭泽湘，则批评这一决议提案的提法还不够，他要求立即“无条件没收”一切土地。有些人埋怨毛走得太远了，有些人又说他走得还不够远。毛在回答这些批评时说，只要有四个或五个像湖南这样的省，那就有可能立即彻底解决土地问题。但在

* 蒋永敬的《鲍罗廷与武汉政权》一书中关于汪精卫的发言有如下记载：“如汪之批驳云：‘关于决议草案第一项，是政治的没收，似嫌笼统，因为由此可以变为经济的没收。我们现在要问所谓耕者有其田，是否今日即需做到？如不有明确决定，即可用政治的没收其名，而做经济的没收其实，因为一切大中小地主都可加以反革命的头衔，而没收其土地也。”——译者注

** 蒋永敬在同本书中关于夏曦的发言有如下记载：“共党分子夏曦亦认为前项草案有‘很多矛盾’，他认为：‘草案是一部分没收的，其未被没收的部分仍有地权，如此有两种佃农：耕国家的，耕私人的。……两种所纳田税不同，则农民立即分化，贫农与富农立即斗争，革命必致破坏。所以这个草案是否能行，甚属疑问。”——译者注

① 关于“经济没收”和“政治没收”这个提法在当时有两个不同的含义，既指没收的方法，又指没收的目的，就是说，“经济没收”既指通过“经济”手段进行没收，诸如拒交地租，同时又带有改变土地结构这一经济目标，这是同巩固革命军队的政治目标相对而言的。毛在此是以第二种含义来用这一提法的。

② 参见蒋永敬：《鲍罗廷与武汉政权》，289～290 页。

③ 参见上书，291～292 页。

目前形势下，这样做条件还不成熟。接着就重申他的基本思想，他认为，事实要比合法的条例重要得多，“不过人民不缴租给地主，制度是为解决土地问题的，法律是在事实之后加以承认的”。一旦“经济没收”在全国的条件成熟，就可以准备另一个彻底解决土地问题的决议了。①

*据蒋永敬书中说，此次会议是1924年4月24日召开的。——译者注

1927年4月20日*，在土地问题委员会的第四次扩大会议上，通过了一份“革命军人土地保障条例”，规定最大的地主的土地也可不没收，只要他们有亲属在军队服役。至于其他问题，大家一致认为，毛的“经济没收”的办法，即由农民直接采取行动拒绝交租，不是一个好方法；而“政治没收”，即在小范围内同意不没收军人的土地，是最好的解决办法。会议还决定邀请陈独秀、瞿秋白和张国焘参加会议。②

**蒋永敬《鲍罗廷与武汉政权》一书称，“中央首领陈独秀大致赞同鲍罗廷的意见，但亦有不同之处”。——译者注

4月26日，鲍罗廷也参加了会议，并建议要实行有区别的政策。在武汉政府控制的地区，只应实行有秩序的、有限制的没收；而在其他地区则要用大量激进的口号来发动农民。陈独秀表示完全同意鲍罗廷的意见。** 关于解决土地问题的决议终于在5月6日通过，规定只没收大地主的土地；小地主和“革命”军人的土地都不在没收之列。根据毛和鲍罗廷的要求，还规定农民可在当地组织自治。③***

这就是4月讨论的情况。毛在其自传中说，这时候讨论了他在提纲中提出的意见（可能是指在他领导下所写的决议草案）。他“建议——广泛地重新分配土地”④。同时，他又给人这样一个印象，似乎通过的决议是完全符合他的立场的，但就我们所见事实并非如此。⑤

***《解决土地问题决议草案》规定：“国民政府应从速颁布乡区县自治机关组织条例，并选派农政人员前往各乡区县指导并扶助其组织。”——译者注

这个问题又由于有下面这一情况而更为复杂。就是在4月份，毛还被任命为全国农协临时执行委员会的五个常务委员之一。五个常务委员中的三人也是土地委员会的三个委员：毛本人、武汉政府

① 参见蒋永敬：《鲍罗廷与武汉政权》，293页。
② 参见上书，297～298页。
③ 参见上书，298～304页。
④ ［美］埃德加·斯诺：《西行漫记》，136页。
⑤ 关于4月讨论的其他说法，见 Robert C. North and Xenia J. Eudin，*M. N. Roy's Mission to China*：*The Communist-Kuomintang Split of 1927*（Berkeley，University of California Press，1963），p. 74；Vishnyakova-Akimova，*Dva Goda v Vosstavshem Kitae*（*1925—1927*）（Moscow，Izdatel'stvo 'Nauka'，1965），pp. 349－350。

农民部长谭平山，以及国民党左派的重要领导人邓演达。但是农协常务委员会是由谭延闿领导的，他是汪精卫在政治上的亲密合作者。他和汪本人一样，在那时一直被看作国民党左派。可是在农民的革命行动面前，他变得越来越沉默了。毛自己的说法是，这个组织是由中国共产党主办的。可是问题很明显，就算名义上是由国民党的重要人物领导，这样一个机构也很难说是共产党建立的。[①] 不管怎么说，它的作用主要是约束农民，目的是不使共产党同国民党左派的联盟破裂。这一任务更为紧迫，因为武汉政府需要得到湖南军阀唐生智的武力支持。唐是在北伐时投入到国民党事业中去的，表现得很开明，并早在 1926 年 10 月就同共产党建立了良好关系。[②] 但这并不能改变以下事实，即他军官团中的大多数人出身于湖南地主家庭，因此受毛在几个星期前以巨大热情考察的事件的影响也最为直接。受唐生智领导的第三十五军军长何键，在 4 月进行的关于土地问题的讨论过程中，公开而坦率地宣布：相当多的官兵，特别他自己军队中的官兵拥有土地，因此，在决定土地政策时必须把这一情况考虑进去。[③]

莫斯科不管这些警告的信号，仍坚持不仅要同武汉的国民党左派合作，而且还要同蒋介石合作。上海工人在起义后把这个城市交给了蒋，但蒋很快就在 1927 年 4 月对上海工人用闻名的大屠杀解决了问题。中国共产党在这一灾难的阴影笼罩下于月底在武汉召开了第五次全国代表大会，并竭力想执行一项既能得到唐生智的兵力保护，又能继续进行土地革命的政策。这个打算失败了，他们既未得到安全，也未能推进革命，这并不奇怪。但他们倒确实得到了经验教训，有些人从这一教训中还得出了结论：他们可以自己管自己的事，起码也能做到像斯大林那样。

---

① 上面所引领导人名单是根据一个原始文件末尾的署名，这一文件存放在胡佛研究所的艾萨克斯收藏的材料中（任命日期为 1927 年 6 月 13 日）。江渡辰吉引用了一个日本的材料，也证明谭延闿是主席，见《中国季刊》，1962 年第 9 期。毛的说法见前引斯诺所著书第 137 页。蒋永敬并未提及这个机构，但它仍可能是在 4 月讨论过程中建立的，也许是作为一种手段，以保证在实际贯彻所通过的决议时不致为激进思想所歪曲。

② C. Martin Wilbur and Julie How, *Documents on Communism, Nationalism, and Soviet Advisers in China, 1918—1927* (New York, Columbia University Press, *1953*), pp. 417, 394 et seq.

③ 参见蒋永敬：《鲍罗廷与武汉政权》，294 页。

第六章

艰难的岁月

蒋介石与共产党决裂并无情地镇压了上海的工人运动，从而彻底地结束了国共两党合作的政策。但是过了五个多月，斯大林才同意放弃这个合作的原则，而中国共产党内某些人却过了更久才与过去的政策决裂。斯大林这样做的主要动机是想要保住他无所不知的神话。1927 年春，苏联党内与托洛茨基和季诺维也夫反对派作殊死斗争的路线正在形成。如果能证明斯大林应对中国革命的失败负责，那么对他的威信就会是个沉重的打击。因此，从来没有将中国作为主要问题的反对派这时对斯大林发起了全面的攻击。斯大林的辩护是：他早就料到蒋介石会叛变，但这并没有什么了不起，因为现在证明，他的政策在与武汉当局打交道时仍然是起作用的。

但中国共产党对此却有不同而且更为复杂的看法。他们对武汉的“国民党左派”不像斯大林抱有那么大的幻想，尽管他们之中仍有人抱有不切实际的乐观态度。但是，如果他们当时就与国民党决裂，他们就会遭到极为严厉的镇压。一些像毛这样的仍然有幸能在汪精卫和唐生智统治下和平地生活的人，从同志们在上海和其他地方的遭遇中完全清楚地看到，如果进行一场实力的较量，他们会有什么样的命运。几乎与蒋介石在上海镇压的同时，张作霖在北京袭击了苏联大使馆，包括李大钊在内的许多共产党员被捕，不久即被处以绞刑。广东也开始了镇压。在这种情况下，很自然地有两种考虑，或者不惜任何代价，不论需要作出多少妥协，坚持与武汉的国民党联合；或者断然与任何形式的资产阶级民族主义决裂，竭尽全力举行革命起义，推翻国民党政权，为倒下的同志们报仇。这两个政策，党逐一试行过，但都失败了，以后毛泽东经过长期和痛苦的努力，创造并应用了把革命暴力与战术灵活性相结合的工作方法，终于开辟了通向胜利的道路。

国共联合的破裂分为三个阶段：第一个阶段，在斯大林确定下一步该如何办以前，处于停顿状态，与此同时，共产党尽最大努力与武汉的国民党领导人和好；第二个阶段，力图与汪精卫和唐生智合作，但同时建立共产党对基层的控制，这种做法终于导致7月与武汉方面的决裂；第三个阶段，竭尽人事地利用“国民党的旗帜”和少数仍愿与共产党合作的国民党左派领导人保持一致。

蒋介石在上海发动政变后两个星期，中国共产党在武汉召开了第五次全国代表大会。这次大会的特点是讨论相当混乱。这不仅由于斯大林的政策本身就是矛盾的，还由于参加会议的两名苏联代表对莫斯科的路线作了截然不同的解释。一位是鲍罗廷，他的正式头衔是国民党政府顾问，他还是莫斯科驻中国的最高特使。但共产国际不久前又派来了一名正式代表，印度人M. N. 罗易。罗易表面上捍卫当时正统的观点，实际上却歪曲它，使之更带有宗派主义倾向，对共产党的资产阶级盟友采取不妥协的态度。自从1920年共产国际第二次代表大会以来，他一贯就是如此的。鲍罗廷在与国民党左派领导人和好的问题上甚至比斯大林走得还要远，他得到了陈独秀的支持。

这两人之间有一个最奇怪和有趣的分歧，这就是鲍罗廷提出了“西北理论”，而罗易却驳斥这个理论。这个理论号召共产党暂时退到反动力量比沿海大城市弱小的内地去。初看起来，这似乎与毛后来的做法一样，但实际上，它们的意义却完全不同。因为它不是要建立一支在共产党领导下的独立武装，而是寻求一个军事庇护者来代替另一个军事庇护者。当时，唐生智的态度越来越令人感到忧虑，因此，共产党应该离开他的辖区，转而依靠基督将军的庇护。鲍罗廷和陈独秀提出的这一理论的必然结论就是共产党应该支持武汉国民党夺取北京的计划，从而可以打开通向冯在北方势力范围的道路。

罗易的意见与此相反。共产党人不应以这种方式来“扩大”革命（实际上只能是削弱革命），而应该回到革命热情高涨的原基地广东去“深化”革命并进行土地革命。[①]

显然，土地改革对武汉政权的前进方向是个试金石，因为只有进行土地改革才能改变农村的阶级关系，最终为“无产阶级的领导权”提供坚实的基础。代表大会在这个问题上，就像在所有问题上一样，决定执行1926年11月至12月召开的共产国际第七次全体会议的指示，虽然在全体会议以后，形势已起了根本性的变化。共产国际在土地问题上的指示并不是很明确的。斯大林建议中国共产党继续进行土地改革，但是只能在国民党能接受的范围内进行。共产国际第七次全体会议具体的规定为只应没收反国民党政权的反动军阀、地主的土地。对这一问题，中国共产党第五次全国代表大会在讨论过程中，出现了三种意见：

其一，代表大会只应全面执行第七次全体会议的指示，规定只没收“反革命”拥有的土地。

其二，代表大会应继续坚持“政治没收”的原则，但必须改写全体会议的规定，即地主们有责任提出证据，不仅仅没收“反革命”的土地，而且应当没收一切大地主的土地，但凡能证明是革命军队军官家属的“革命”大地主，则其土地不在没收之列。

其三，立即没收一切土地。[②]

毛在这次讨论中起了什么作用呢？毛在他的自传中说他在湖南农民运动考察报告中所提出的“在农民运动中采取新的路线”的主张，在第五次全国代表大会上由于陈独秀的机会主义，根本未能讨论。[③]* 事实上，毛的报告的最初文本并没有就土地改革[④]提出过具体的建议，但正如前一章所述，毛根据他在湖南的经验确实提出过显然是激进的主张，这个主张他在共产党代表大会召开前不久曾向国民党的土地委员会提出过。他那时提出凡土地超过三十亩的即是

* 此处与斯诺原文不符。——译者注

① 参见［美］罗伯特·诺思、津尼亚·尤丁：《罗易赴华使命》，北京，中国人民大学出版社，1981。另见 Conrad Brandt, *Stalin's Failure in China*, *1924—1927* (Cambridge, Mass., Harvard University Press, 1958), pp. 121-122。莫斯科在接到询问对中国革命意见的电报后，冷漠地回答说中国同志应同时执行这两个政策。

② 参见《中国季刊》1962年第9期第162页上江渡辰吉的文章。

③ 参见［美］埃德加·斯诺：《西行漫记》，136页。

④ 但有一处提及土地改革，见 S. Schram, *The Political Thought of Mao Tse-tung* (London, Pall Mall Press, 1964), pp. 55-58。

反革命，所以他的主张不是接近于上述第二种意见，而是接近于第三种意见（代表大会最后通过的是第二种意见，该意见大致相当于国民党所执行的“政治没收”的政策）。

因此，在1927年4月，毛是属于中国共产党的左翼，虽然不是极左翼，因为他在国民党土地委员会的四月会议上，由于不够激进而遭到其他共产党员的批评。但是如果我们想要了解他那时立场的独创性和对今后的意义，我们要考虑的不仅是他要没收什么人的土地，而且是他所提出的没收方法。在土地委员会四月会议上，他建议由农民自己采取直接行动，或者以“经济没收”的形式——简单地拒绝缴租，或者由当地农民协会组织实际重分土地。他可能在共产党代表大会上也提出过类似的路线，但他发现陈独秀和大部分党的领导人同汪精卫和谭延闿一样，并不准备依靠农民的“暴乱”行动来决定他们的命运。他相当现实，没有继续为这一既为中央委员会又为共产国际代表所谴责的政策辩护（甚至罗易也赞成妥协解决办法，不没收小地主和革命军官的土地）。因此，毛暂时放弃了由农民采取直接行动的意见。但是，由基层群众采取行动来进行社会和经济改革，始终是他一贯的主张。

过了几天，毛对代表大会的气氛感到失望，而不再去参加大会，借口是生病。北京的历史学家们说这是因为陈独秀不让他发表意见①，也可能是毛由于瞿秋白代替他成了中国共产党农民部长而愤愤不平。②

共产党人和国民党领导人之间表面上的和睦，是中共第五次全国代表大会的一个特点。事实上，由于共产国际的代表罗易笨拙地、不讲策略地将共产党人的目标明确地讲了出来，人们有理由怀疑国民党领导人是否在当时、当地就已经明确分裂是不可避免的了。5月4日罗易就共产国际第七次全体会议关于中国革命的道路问题向代表大会作报告，武汉政府主席汪精卫专程莅会听他的报告。在包括汪和其他国民党名流在内的听众面前，罗易作了如下的讲话：

---

① 参见何幹之：《中国现代革命史》（上册），106页。

② Conrad Brandt, *Stalin's Failure in China*, *1924—1927* (Cambridge, Mass., Harvard University Press, 1958), p. 158.

> 共产党正参加这个政府，因为这是一个要革命的政府。在革命的现阶段，斗争的领导权属于无产阶级，参加这个国民革命政府是为了利用这个政权机构作为实现领导权的工具。[①]

这番话用明确语言来说就是："我们现在参加你们的政府就是为了接管政府。"在罗易讲话后，汪精卫站起来说，他完全同意罗易的意见，小资产阶级（据认为国民党领导就是其代表）的确必须与无产阶级一起走向社会主义。[②] 但是人们有理由怀疑他说这话是否真有诚意。

虽然罗易对汪和国民党的其他"小资产阶级"领导人这样讲是很不讲策略的，但他的立场与载入 5 月 30 日共产国际第八次全体会议的决议中的斯大林的意见十分相像。为了将当时的"三个阶级联盟"[③] 转变为工人与农民的专政，并在武汉政府中取得无产阶级的（即共产党的）领导权，共产国际号召中国共产党促进国民党的改组，以便将它变成一个易于操纵的群众组织的松散联盟。应该同时从上（由政府）和从下（由群众）进行土地革命和改组军队。

这个意见确实太令人吃惊了。因为它实际上是要求国民党的政治家和将军们自掘坟墓，然后由他们的盟友共产党将他们推入坟墓。但是如果将这个意见与斯大林当时给中国共产党的具体指示比较起来，却又显得几乎是很谨慎的了。

> 没有土地革命，就不可能胜利。没有土地革命，国民党中央委员会就会变成不可靠的将军们的可怜的玩物。必须反对过火行为，但不能用军队，而要通过农民协会。……
>
> 国民党中央委员会的某些老领袖害怕事变，正在动摇和妥

① ［美］罗伯特·诺思、津尼亚·尤丁：《罗易赴华使命》，223 页。罗易还有类似上述的议论，例如，在 4 月 30 日他解释说，应该在国民党的一切党政机关中建立共产党的派别，从而实际控制一切，这样就可以取得共产党的领导权（203～204 页）。

② 参见罗易总结代表大会工作的文章，见［美］罗伯特·诺思、津尼亚·尤丁：《罗易赴华使命》，285～286 页。

③ 按照斯大林的意见，在蒋介石和民族资产阶级叛变以前的"四个阶级的联盟"（工农、小资产阶级和民族资产阶级）已变成三个阶级的联盟。参见斯大林：《和中山大学学生的谈话》，见《斯大林全集》，中文 1 版，第 9 卷，219～226 页，北京，人民出版社，1954。

协。必须从下面吸收更多的新的工农领袖到国民党中央委员会里去。这些新的工农领袖的大胆的呼声会使老头们坚定起来，或者使他们变成废物。……

必须根除对不可靠的将军们的依赖性。动员两万左右的共产党员，加上湖南、湖北约五万的革命工农，编成几个新军，用军官学校的学生来充当指挥人员，组织（目前还不迟）一支可靠的军队……。这个工作是困难的，但是没有别的办法。[1]

只有联系到当时中国的具体情况才能感到这一文件的荒谬。虽然唐生智本人还继续装出“革命军人”的样子，但他的下属中有些人已经开始以行动表示他们担心农村骚扰所带来的后果了。何键在四月会议上就已表达了这种心情。5 月中旬，驻鄂西宜昌第十四独立师师长夏斗寅接到南京蒋介石的命令，要他开赴武汉。虽然他原是唐生智的部下，但在 5 月 18 日却起而反抗武汉政府了。幸而有共产党员叶挺将军率领的、匆忙集结起来的军事干部（团）及其他部队，才将局势稳住。叶挺将军率领的部队在离武汉 25 英里处挡住了夏的部队。主要由国民党官员（同时又是共产党员）领导的工农组织与当地军队的关系越来越紧张。5 月 21 日，何键下属驻长沙的三十五军第三十三团团长许克祥上校奉何将军的直接命令突然袭击了共产党员及其支持者。数百名农民民兵在长沙被机枪杀死，共产党的负责人被捕，省工会与农民协会均被解散。此事与夏斗寅的活动有直接联系，因为夏的进军切断了武汉与长沙之间的铁路，他们还用散布各种谣言的办法，加速了这次事变。许和何都背叛了唐生智和国民党左派投向蒋介石，蒋则提升许上校为师长作为奖赏。

在共产党员和他们所执行的政策遭到公开攻击时，鲍罗廷经过长时间的交涉，结果只是指定了一个调查委员会，成员有他本人、唐生智和陈公博，另有唐的两名官员。但他们在赴长沙的途中就被许克祥挡了回来，许威胁说要处决他们，只让陈公博赴长沙。唐生智的确谴责了——以温和的语气——他原部下在湖南的反共行径，

---

① 《斯大林全集》，中文1版，第10卷，31页。

但这种抗议只是道义上的。[①]

怎么能执行斯大林的命令呢？在收到电报时，中国共产党中央委员会委员一致认为与国民党谈土地改革无异“对牛弹琴”。因此，他们决定只执行这命令的另一半，即制止农民的“过火行动”。这任务落到毛的头上，因为他是全国农民协会执行委员会中最积极的共产党委员，他忠实地执行了这个命令，但思想上肯定是很苦恼的。[②] 在收到上述斯大林著名的电报前几天，农民协会号召对5月21日的屠杀保持克制。整个6月，毛及其同事继续在制止农民的过火行动，虽然他也驳斥了地主散布的对农民协会的污蔑，他说：不消灭农村的“反动封建势力”，武汉的“国民政府”就不可能巩固。[③]*

*原文如此。——译者注

毛泽东只是为了执行中国共产党的政策才继续参加由国民党发起的这个组织并指导农民运动讲习所（在武汉有个分所[④]）的。6月4日中央委员会发出布告要求湖北的农民不要“侵犯”军人的家属。中央委员会说，“所有这种幼稚的行动”“会给反动军阀和官僚以口实，煽动军人反对农民运动。[⑤] 禁止这种幼稚的行动是农民协会的一项重要任务”。因此，农民应该“帮助国民政府重建长沙的政权”[⑥]。不幸的是，与斯大林的幻想相反，“国民政府”丝毫无意制裁“反革命”军阀。汪精卫反而接近冯玉祥，商谈与蒋介石和解的问题。[⑦] 促使汪作出这一决定的直接原因是罗易向他通报了斯大林5

① 夏斗寅和许克祥对共产党员的袭击的最详尽的叙述，见蒋永敬：《鲍罗廷与武汉政权》，311～354页。该书是使用了他所能得到的档案材料和在台北出版的许克祥与何键的回忆录写成的。上两段的细节均取自该书。另见［美］罗伯特·诺思、津尼亚·尤丁：《罗易赴华使命》，276～282页。恰巧就在这时，国民党的领导人终于将两个月前就已通过的把两个部交给共产党员的决议付诸实行，任命谭平山为农民部长——其目的无疑是要提高他的声望以镇压农民。另见 Vishnyakova-Akimova，*Dva Goda vVosstavshem Kitae*（*1925—1927*）(Moscow，Izdatel'stvo 'Nauka'，1965)，pp. 354-355。

② 毛的朋友蔡和森后来说，1927年5月下旬和6月上旬，毛公开宣传联合一切真正的左派力量反对武汉的国民党领导，见［美］罗伯特·诺思、津尼亚·尤丁：《罗易赴华使命》，284页。但毛在这时就公开反对国民党的说法是很值得怀疑的，他只是在8月下旬才真正向“左”转的。

③ 上述1927年6月13日的指示。

④ 参见胡华：《中国新民主主义革命史》，98页，北京，人民出版社，1953。

⑤ 换句话说，许克祥的屠杀是农民自找的。

⑥ 《向导》周报，1927年6月8日第197期，2150～2151页。

⑦ Conrad Brandt，*Stalin's Failure in China*，*1924—1927*（Cambridge，Mass.，Harvard University Press，1958)，pp. 138-139.

月 30 日的电报。罗易与鲍罗廷和中国共产党领导人不同，他真心诚意地想执行斯大林关于同时从上和从下进行革命的命令。他在中央委员会里遭到否决后，想就斯大林的由共产党控制国民党的计划获得汪精卫同意，从而迫使他的同志们去执行这一计划。这当然不是一个很有理智的举动，但是，如果过分估计这一举动的后果却是荒谬的。罗易的行动可能使共产党与武汉的决裂提前一周或两周，但无论如何，决裂已是不可避免的了。

7 月 15 日，关系终于决裂。尽管共产党作了一些最后的努力，如 6 月谭平山辞去农民部长的职务并就他未能使“农民走上正确轨道”而表示遗憾，也未能避免事态的发展。

毛泽东在九年以后总结 1927 年事件时，认为对此陈独秀应负主要责任，但是，他也严厉谴责了共产国际的两名代表。他认为“罗易是个蠢货，鲍罗廷是个冒失鬼，陈独秀是个不自觉的叛徒”[①]。他没有提斯大林，但他肯定会想到这位苏联领袖在这场灾难中所起的作用。二十五年以后，中国人与赫鲁晓夫辩论时说，“我们为斯大林辩护，但并不是为他的错辩护。对于斯大林的一些错误，中国共产党人是早有切身体会的”[②]。肯定是这个“体验”促使毛后来努力寻找一条新的、有中国特色的通向权力之路。

与武汉决裂后，国共合作的破裂就从第二阶段——同时从上和从下采取行动——进入了第三个和最后的阶段：试图利用“国民党旗帜”的阶段，虽然掌实权的国民党领导人中没有一个人准备与共产党合作。这个阶段只维持了两个多月，从 7 月中旬到 9 月底，但这个阶段在毛的事业中，却有着决定性的重要意义。因为就在这几个月里，毛受中央委员会的派遣到湖南，在秋收时组织武装起义。这一行动虽以失败告终，但是，在一定程度上，其反响至今犹在。因为，毛将起义的幸存者集合起来组成一支小小的游击队，由他率领上了井冈山，这正是通向北京道路上的第一站。

中国共产党在 7 月后半月制订了一个战略计划，湖南的秋收起义是其中的一部分。陈独秀在部分由他制定但主要由斯大林制定的

---

① ［美］埃德加·斯诺：《西行漫记》，139 页。

② 《关于斯大林问题》，载《北京周报》，1963 年第 38 期，10 页。

政策失败后灰心丧气地撤回上海去了。但是，大多数中央委员仍留在武汉地区。警察的镇压显然并不十分有力，他们还有相当大的自由可以活动和开会。在这样的紧急形势下，他们连续开了三个星期的会。在共产国际的新代表罗明纳兹于 7 月 20 日左右到达时（鲍罗廷和罗易在这场灾难后均已离去），中央委员会已决定秋季在农村进行减租运动。罗明纳兹同意了这个决定，但补充说，这运动应以没收土地为中心，虽然只限于没收大、中地主的土地（这样，1926 年 11 月通过的土地政策实际未能执行）。

与此同时，包括李立三、谭平山和瞿秋白在内的一部分共产党领导人在九江附近开会，决定向中央委员会提出建议，由驻南昌的国民党军队举行起义。[①] 中央委员会与罗明纳兹在了解这一建议后都同意了。几经讨论，决定一旦起义成功，最好是返回广东与澎湃领导的农民起义会合。设立了指导起义的前敌委员会，周恩来被任命为书记，并于 7 月 25 日派往南昌。

7 月 26 日周恩来途经九江，这时包括李立三、邓中夏和谭平山在内的共产党领导人正在开会讨论起义的目标。遵照那时的斯大林路线，决定打着国民党的旗帜，以国民党中央执行委员会的名义发布宣言。但是，与会人员在土地政策上意见有分歧。谭平山仍对他作为农民部长未能“使农民走正确道路”感到遗憾。他建议起义之后，再也不要没收土地了，以免在部队中引起分裂。周说服全体人员执行第五次全国代表大会的决议，即只没收大地主的土地（占地五百亩以上者为大地主，在中国的那个地区，五百亩是笔很大的财产）。

起义的军事领导人决定由叶挺和贺龙担任。[②] 叶挺当时已是共产党员，贺龙则是国民党极左翼的一位代表，但他在起义后不久入了党。贺龙在其下属中威信极高，党希望依靠他的威信能使大部分人倒向起义方面。而他的比较保守的同僚们也认为他是个重要人物，曾多次试图争取他倒向他们一边。

---

① 除另注有出处外，南昌起义的情况均是根据韦慕庭在《中国季刊》1964 年第 18 期上发表的中国共产党党内机密文件叙述的。

② 北京出版物中说朱德是起义的主要领导人，但现有资料只附带地提及朱德。

贺龙指挥第二十军，叶挺指挥第十一军的第二十四师。他们的上级是第二方面军司令张发奎，他似乎不坚决支持蒋介石与汪精卫的反共立场。这至少促使中国共产党某些领导人，尤其是苏联军事顾问加仑对他抱有幻想。7月26日，在中央委员会的一次会议上，加仑报告了他与张发奎最近进行的一次讨论。加仑说张同意回到起义的目的地广东。因此，加仑认为应与张协同举行起义，在抵广东后再与他决裂。他认为，这样起义部队就会有三万人，如果没有张发奎的支持，贺龙与叶挺只能集结起五千至八千人。到会的人一致同意这一结论。

罗明纳兹此时仍是赞成举行起义的。但他拿出莫斯科来的一份电报，电报说如果起义没有成功的希望，可以放弃这计划而将同志们派到农民中去工作，张国焘受命将这一情况通知南昌的起义部队。在途中，他发了一份电报，命令他们在他到达以前不要行动，但他在7月30日抵南昌时发现，不论他怎样说，起义领导人已决心举行起义了。为争取他们同意他自己十分谨慎的立场，他歪曲地传达了莫斯科的电报，他没有传达如果没有成功的希望，可以不举行起义，却传达说命令是：只在有成功的把握时才举行起义。

这种说法，毫无效果。周恩来威胁说如果不按计划执行，他就要辞去前敌委员会书记的职务。第二天早晨，张国焘终于服从大多数的意志，但他仍要求再推迟两三天，看看是否能与张发奎达成协议。据了解，张发奎当时正在附近的庐山与汪精卫会晤商谈镇压共产党的措施，因此其他人反对这个意见，起义于8月1日凌晨举行。

中国现在将南昌起义的日子定为建军节。有一种说法，认为南昌起义是在违背斯大林命令的情况下举行的。这一说法的来源是张国焘本人，他在几次与西方历史学家[①]谈话时都是这样说的，其目的是想掩盖他当时没有忠实执行共产国际的指示。虽然张的说法是虚构的，但它反映了一种很重要的心理状态，由于斯大林的政策惨遭失败，一部分中国共产党领导人对莫斯科竟然丧失信心到准备违抗他们认为是斯大林下的命令。

① Conrad Brandt, *Stalin's Failure in China*, *1924—1927* (Cambridge, Mass., Harvard University Press, 1958), pp. 143-145.

南昌起义后犯了一连串的错误。集结起来举行起义的一万或一万二千名部队于 8 月 4 日、5 日两天向南开拔，但在向广东撤退的整个过程中，并没有作任何努力去发动农民或进行土地改革，甚至连最大的地主的土地也没有没收。在 9 月底占领汕头时，他们又急于维护法律与秩序（原封不动地使用原警察并枪毙了几名犯有抢劫罪的人），以致当地老百姓说："这支部队与蒋介石的军队一模一样!"这次起义从头到尾完全是一场军事冒险。

"军事冒险主义"也是对毛泽东领导的湖南秋收起义的指责，但那是另外一种冒险，虽然毛对军事行动的爱好也肯定起了一定的作用。在中央委员会看来，湖南、湖北、江西和广东的起义都是执行它的基本计划，南昌军队起义只是后来的一次次要的行动。虽然在当时的文件中未提到毛的名字，但是如果毛没有全部参加 7 月末 8 月初制定这政策的中央委员会会议的话，至少也参加过几次。

最有决定意义的会议是 8 月 7 日的会议，历史上称之为"八七紧急会议"，之所以称它为紧急会议，是因为按规定开中央全会的法定人数不足，但是，出席的人仍然选出了新的中央委员会，会上毛被选入中央委员会，而缺席的陈独秀则从中央委员会被开除出去。"机会主义"受到严厉批判，但是没有指出它来自莫斯科。党的新决策人是对俄国文学有很深造诣的知识分子瞿秋白。不久他就发展了极左倾向，并使党执行了一条现在官方的史书所说的"第一次左倾机会主义路线"。但是，八七会议当时所确定的政策是完全符合共产国际路线的，是相当温和的。再次使用了国民党（"真正革命的国民党"）的旗帜；只没收大地主的土地；尚不组织苏维埃，因为这样做就等于宣布与国民党进行公开的斗争。

会议后不久，毛泽东被派至湖南任特派员，领导该地的起义并纠正湖南同志当中出现的错误倾向。他们的主要错误倾向是"军事冒险主义"，即只信赖各种有组织武装部队（从由工人组成的民兵一直到土匪）的介入，而不相信农民群众自发的起义。不久，中央委员会得出结论，认为毛自己的军事冒险主义比要他去纠正的同志还要严重。除了这个在共产党的词汇中可称为右的错误外，毛还表现出其他可称为"左"的错误。其中主要的是他要求立即建立苏维埃。他抵湖南后一周或十天，在 8 月 20 日给中央委员会的信中写道：

> 某同志来湘道及共产国际新训令主张在中国立即实行工农兵苏维埃，闻之距跃三百。中国客观上早已到了 1917 年，但以前总以为这是在 1905 年。这是以前极大的错误……①

毛认为共产国际已改变政策的印象，可能是由于他误解了斯大林 7 月底对其观点的修改。斯大林并未承认建立苏维埃的时机已成熟——这就会证明反对派的批评是正确的，反对派从 3 月份以来就一直提出应建立苏维埃——他说中国共产党应通过宣传使群众对苏维埃的概念有所了解。这样在中国革命高潮再次到来时，就有了实际建立苏维埃的基础了。但斯大林估计在六个月或一年内这种高潮是不会来的。同时，除了可以谈论苏维埃外，绝对不准组织苏维埃。

毛除了热诚维护他认为已作出修改的共产国际路线外，在其他两个基本问题上也参与了“左”的运动。他到湖南以后，在一封信中宣称，他终于明白了国民党不是号召群众的有效工具。他写道：“国民党的旗子真不能打了，再打则必会再失败。从前我们没有积极的取得国民党领导权而让汪蒋唐领导去，现在即应把这面旗子交给他们，这已经完全是一面黑旗。我们则应立刻坚决的树起红旗。”其次，毛坚决主张“土地问题一定要全般解决”，无例外地没收一切土地予以重新分配。

毛在 5 月 20 日的信中提出的意见，根本没给中央委员会留下什么印象。中央委员会严厉地命令他必须遵守党正式规定的路线，即不得组织苏维埃，应打国民党的旗帜，只没收大地主的土地。在他们谴责毛的“左”的错误的同时，瞿秋白及其同伴却执行着另一种“左”倾冒险主义。8 月 20 日通过的一系列决议明显是一条盲动路线，这条路线在 1927 年 11 月的全会上进一步发展了并获得通过。

① 这封信和本章中有关 1927 年至 1928 年 3 月党内通讯及指示均引自机密的《中央通讯》（后改为《中央政治通讯》）。我在《1927 年毛泽东的“异端”的性质》（载《中国季刊》，1964 年第 2 期，55～56 页）一文中对毛 8 月 20 日的信有较长的引文。

这条路线具体表现在湖南、湖北的起义计划上，这是由中央委员会详细制定并在8月底传达给毛的。这些指示的中心是以暴力和恐怖作为革命鼓动的工具。在起义前，要共产党人暗杀农村中罪大恶极的地主，以鼓舞农民的革命精神。在起义过程中，他们应全部消灭掉农村中的土豪劣绅和反革命分子以及城市中的所有官员，只有这样才能建立起“平民政权”。暴动应开始在城市中举行，为夺取城市，可以使用土匪、各种军队的散兵游勇和工农民兵本身，但这些人只能作为辅助力量。城乡的起义，主要是武装起来的人民自己的任务。

这种把革命当作连续不断的、自发的群众暴力活动的看法与毛当时开始形成的战略思想是有冲突的，他认为有组织的军事力量是起决定作用的。当然，那时他还没有形成在敌对环境下长期建立巩固革命根据地的思想。当时他与中央委员会的分歧还只是何者才是夺取全国革命起义首次胜利的最好办法。很快，形势就使毛认为他领导的军事力量是代表革命打击敌人最有效的工具。

在秋收起义时，总共有四个团可供毛使用。从战斗力来说，由原武汉国民党政府的警卫团组成的第一团是主力。该团的军官基本上是共产党员。他们在7月15日决裂后离开武汉，准备参加南昌起义，但在途中听说叶挺和贺龙的部队已经自南昌南下，他们即进入湖南。

从正统的马克思主义观点看，第二团最可靠，因为它是由一千多名安源矿工和萍乡、醴陵的农民组成的。第三团是由萍乡、浏阳的农民和湖北的农民民兵组成。第四团则由原属5月份反叛武汉政府的夏斗寅将军的部队改组而成。

毛的计划是以第一、四团为右翼，自东北向长沙进军，第二团为左翼，自长沙东南的安源攻萍乡及醴陵，然后集中攻浏阳。第三团为中路，攻长沙以东稍偏北的东门市，在9月12日与第二团合取浏阳。然后，四个团向长沙集中，于9月15日开始攻打省会长沙。“数百名武装同志”和数千名工人将配合部队行动，里应外合占领该城。

中央委员会得知这计划后，在8月23日的信（该信同时驳斥了毛关于苏维埃、土地改革和国民党旗帜的意见）中说，将占领长沙作为起义的起点在“原则上是正确的”，但毛执行这计划的方法是完全错误的。首先，中央委员会批评他对于武装部队看得过重，对群众的革命力量却缺乏信心，因而，将起义变成一次“纯粹的军事冒险”。中央委员会于是为他制订了在长沙东、南、西南方向三个地区群众起义的计划。

对此，毛在回信中相当严厉地说，中央委员会执行的是“一项矛盾的政策，它一方面不重视军事，但同时又希望举行群众性的武装起义”。他还说，他把他领导的有组织的军事部队只看作一种“辅助力量”，用以“补充工农力量的不足”。

无疑，毛比中央委员会更了解群众的“力量不足”。湖南在春、夏季的镇压中所受的损失比其他省都大。党内文件的统计透露，全国死伤和失踪的人数共十三万人（显然，这数字不包括上海的数字），其中有一半是湖南的。在 5 月 21 日长沙屠杀前，全省有两万多名共产党员，其中有三千多名在长沙。现在，一共不到五千人，在省会的只有一千人。肯定就是由于这个原因，他尽管受到中央委员会的批评，说他没有同时在湘南作好起义准备，但仍然把注意力集中在长沙地区。他的部队人数有限，他认为将部队分得太散是不慎重的。

9 月 9 日，起义开始。通向长沙的主要铁路因组织罢工而被切断，在以后的一周内，没有火车通往长沙。10 日，第二团按计划在安源起义，攻打萍乡。12 日在醴陵成立了“革命委员会”，宣布没收土地，恢复工会与农民协会。第二团由于受到优势敌军的攻击，不得不从醴陵撤退，但又于 15 日攻浏阳，结果大败，该团人员损失三分之二。在第一、四团合攻平江时，由国民党部队改编的第四团叛变，从后面攻击第一团，形势进一步恶化。第一团（原警卫团）在损失了一百人后撤走。第三团按计划占领了东门市，进而攻打浏阳，但第二团未能抵约定地点，因此，第三团在无援军的情况下未能占领该城。

面对这一形势，毛在 9 月 15 日决定放弃攻打长沙，因为无获胜的希望。[1] 他收集第一、三团的残部总共一千人，率领他们从省会走向农村。[2]

这一形势是由一个“马同志”[3] 向中央委员会汇报的，他亲自到中央委员会斥责湖南党组织的贪生怕死的背叛，声称如果起义部队转而攻击长沙，肯定是能胜利的。中央委员会根据这一汇报，在9月19日向湖南省委发出强制性命令，要求立即进攻长沙。很难说毛是否收到了这个命令，但他没有执行这个命令。他改组了部队并在每支部队内建立了党代表制度，然后率领部队进入湖南、江西交界的井冈山，于10月建立了第一个根据地。

就在中央委员会的委员严厉斥责毛在长沙“背叛”的那一天(9月19日)，他们通过了一个决议，决议中包括了毛在8月底争论中在三个至关重要的基本政策问题上的所有观点，即立即组织苏维埃、放弃国民党的旗帜、无例外地没收一切土地。这简直是一种奇妙的巧合。虽然很快就证明毛在这些问题上是正确的，但是，他在11月的中央全会上仍然受到了严厉的处分，他在中央委员会和湖南省委里的职务被撤销了，因为他未能坚持土地革命的要求，并有“军事机会主义”的错误。

几个月后，毛才知道他受到了处分。他也不知道11月全会通过的政治路线，即把“不停”或“继续”革命的思想作为总的理论原则——如果它的政策失败了，斯大林就可以因此将中国共产党的领导人说成托洛茨基分子。对这一原则的实施办法就是不断地举行一系列武装起义，直至最后胜利。目前，这种起义只能在农村中举行，但其目的不是要像毛当时正在做的那样建立巩固根据地，而是要使群众经常处于革命激情之中。虽然只有以后在日常的经济斗争削弱了统治阶级的时候才能举行城市起义，但是城市无产阶级的起

① 按当时的文献，这一决定是由中共湖南省委作出的。对此，省委书记彭公达应负相当责任。但毛是特派员和中央委员（毛泽东当时是中央政治局候补委员。——译者注），在党内职务高于彭。据说他在起义时是省（他也是省委成员）的“核心”，因此，我简单地将这决定归于他。

② 上述关于秋收起义的情况主要来源有二：一是当时的党内刊物《中央通讯》，该刊记载了当时的情况，因此比较可靠，但该刊对毛和其他在湖南起义的领导人有明显的不满倾向。二是《湖南省志：湖南近百年大事纪述》，538～540页，长沙，湖南人民出版社，1959。

③ 显然是一个外国人的化名，可能是个俄国人。

义最终将有决定性的作用。与此同时，应对工人进行秘密的军事训练，以便将来能发挥作用，在最近的将来，这些准军事组织应用于刺杀“黄色”工人领袖，抢劫银行，攻打警察局，等等。

1927 年 12 月初给湖南、湖北共产党员的一份指示中明确了毛应确切执行的战术。这些战术是：“封锁”各县（未解释如何做到这点），建立革命政府，尽可能多地处死土豪劣绅、反革命分子和大地主，进行彻底的社会革命。① 在城市，除去上述恐怖与暗杀政策外，还要动员群众“打外国人”。

这一指示和 11 月全会的决议一样，如果传达到毛那里的话，那也已是 1928 年春季了。当时，他正以完全不同的战术在井冈山忙于构筑阵地。他根本没有按照中央委员会 11 月的命令使党和军队的干部工人化，反倒联合了两名盘踞在此偏僻和人迹罕至地区的土匪头子袁文才和王佐。* 这样，他的一千名残部就增加了六百人，他少得可怜的装备还补充了一百二十支步枪。袁与王都被任命为团长（毛自己任军长），据毛自己说，他在井冈山时，他们两人都是“忠实的共产党人”。后来在他们独自留守时，又恢复了土匪的习气，终为农民所杀。②**

* 根据《毛泽东一九三六年同斯诺的谈话》第 55 页的说法，此处不是“土匪头子”，而应为“地方武装首领”。——译者注

** 此说有误，袁、王二人实为误杀。——译者注

王与袁的这一事件事实上意义非常重大。它反映了毛式马克思主义的特点，即人的意志与客观因素二者相比，他更重视人的意志。不久后，他在谈到他的部队中游民成分比例很高的时候说，唯一可补救的办法就是加强政治教育“来改变这些人的素质”③。这种认为经过一定的教育，农村游民可以变为无产阶级先锋队的认识某种程度上是令人吃惊的。④

毛的部队中有经过教育而得到一定改造的非无产阶级分子，这不仅反映了他难以招到阶级出身好的官兵（毛自然是这样向上级党报告的），但这也与他自己气质和理想的基本倾向相一致。他自幼

① 彭湃 1927 年建立的海陆丰苏维埃政权被认为是这方面的楷模。该政权因为执行极端的与恐怖的政策，军事力量又不足，于 1928 年 2 月被摧毁。见江渡辰吉在《中国季刊》1961 年第 8 期和 1962 年第 9 期上发表的文章。

② 参见［美］埃德加·斯诺：《西行漫记》，143 页。

③ S. Schram, *The Political Thought of Mao Tse-tung* (London, Pall Mall Press, 1964), p. 274.

④ 参见本书第十章。

就崇拜中国通俗小说中的草莽英雄，虽然他的世界观并不仅仅处在农民起义的水平，但是他对马克思主义的信仰并没有否定他少年时代的热情。他在 1926 年写的关于中国社会各阶级的文章就是明证。他在文章中对五种游民——士兵、土匪、强盗、乞丐和妓女——都有生动的描述，并称赞他们有资格成为革命战士。在此文中并没有现在官方版本里加进去的批评的语言。他在谈到在“政治和经济斗争的互助团体”的秘密组织时也是充满同情的。[①]* 无疑，他在井冈山时期肯定一直是持这种态度的。对土匪和其他社会渣滓，他不是勉强而是很愿意收容的。袁和王与中国历史上其他亡命之徒一样，都是秘密组织的首领。他们的组织与哥老会有联系。毛认为哥老会在湖南的 1911 年革命中是起了主要的作用的，可能这使得他对这两人深为信任。[②]

*毛泽东著作的现行版本中并未作实质性的修改。——译者注

躲在上海的中央委员会对这些旧式造反者并不像毛那样有好感。相反，他们在收到关于毛的情况报告后深感不安。他们写信给朱德，要他与毛会合，以便纠正毛的错误。毛的主要错误就是他只像《水浒传》中梁山泊的草莽英雄那样为民除害，而没有唤起民众自发地进行武装起义。[③]

虽然中央委员会认为那时朱德要比毛更为可靠，但信中也批评他犯了另一种错误，这就是恢复与国民党合作的政策。南昌起义的部队 9 月底在汕头失败后，朱德集结余部两千人左右在广东和邻省到处流窜。最后，为保存这支小部队，他同意将部队“改编”为云南将领范石生下属的国民党某部，范则给予朱部相当的给养。中央委员会听到这个联盟的消息后很为恼火，命令朱立即与范决裂，并尽可能地拉走范的部队。朱收到这命令后，即在 1928 年 1 月与范决

① S. Schram, *The Political Thought of Mao Tse-tung* (London, Pall Mall Press, 1964), p. 246.

② 关于袁与王是历史上与哥老会有联系的三合会的首领一事，见 1929 年 9 月 1 日有关朱毛军队的报告。该报告载于 1930 年 1 月出版的中国共产党中央委员会军事部的军事通报《关于朱毛红军的历史及其状况的报告》，刊于《中央军事通讯》1930 年 1 月 15 日第 1 期。该报告可以证实一些在他的自传中及给中央委员会的报告中所说他经历的事，可以纠正一些错误说法并增加了一些细节。另见解放军通俗读物编辑部：《回忆井冈山区的斗争》，1～23 页，北京，工人出版社，1955。

③ 参见 1927 年 12 月 21 日给朱德的信，载《中央政治通讯》，第 16 期，96～104 页。

裂开赴湘南。[1]

朱德所做的事并不像初看起来那样离经叛道。在中国的六七个省份里，许多共产党小组仍然竭力通过国民党工作。这一现象很普遍，以至于中央委员会不得不在 12 月 31 日发出通报，命令所有党组织立即停止这类行动，并开除任何拒绝脱离国民党的党员。[2]

中央委员会只是在 12 月中旬所谓“广州起义”失败后，才公开批评与国民党的合作。“广州起义”是一个无效的冒险行动，它是在斯大林命令下（全然不顾中国革命的后果）举行的，因为他在与本国反对派的持续斗争中需要一次胜利来证明他的正确。起初，这一冒险行动使“继续革命”的政策得到更坚决的执行。但不出两个月，莫斯科从这一事件中得出了另一个结论。共产国际第九次全体会议在 1927 年夏曾谴责陈独秀的机会主义路线，而在 1928 年 2 月的决议中又严厉谴责瞿秋白的“盲动主义”路线。而在这两条路线完全失败以前，斯大林一直对这些偏差视若无睹，也不承认自己对此负有责任。为此，瞿秋白被召到莫斯科去，并不准回国，他在 1930 年以前一直留在莫斯科，化名为“斯特拉柯夫”。

共产国际 1928 年 2 月的决议在 6 月初才传到上海的中央委员会，毛则在 11 月 2 日才收到这决议。[3] 在此期间，井冈山的部队在这近一年内经历了一个艰难阶段，主要是受到执行各种形式的“盲动主义”的代表们的干扰，而这种“盲动主义”都已由莫斯科谴责过了。

事实上，毛自己的政策并不像他现在希望我们相信的那样与瞿

---

① 在上述 12 月 21 日的信后，又于 12 月 27 日发出一封更为直率的信，见《中央政治通讯》，第 16 期，105～106 页。上述 1930 年 1 月 15 日《中央军事通讯》所说报告承认了联盟的事实并提供了细节。朱德在对史沫特莱讲述的自传中提到了他与范石生的联系，但只说联盟是范主动提出的，内容只是在朱德的要求下，范提供了几百套制服及一些弹药，而朱德则未承担任何责任。见［美］艾格妮丝·史沫特莱：《伟大的道路》，246 页，北京，三联书店，1979。但这种说法与当时的材料不符。［当时的事实是，朱德于 11 月 21 日在汝城与范部第四十七师师长曾曰唯经过两天谈判，在以下条件下达成协议：朱德所部是共产党的部队，一切行动听共产党的调动；补充的物资完全由朱德支配；部队内部如何组织，训练工作如何进行，完全由朱德决定，别人不得干涉。朱德所部改称国民革命军第十六军第四十七师第一四〇团。朱德（仍化名王楷）任第十六军总参议、第四十七师副师长兼第一四〇团团长。谈判结束后，范石生赴汝城和朱德会面，并迅速提供一批现款和军用物资。——译者注］

② 参见《中央政治通讯》，第 16 期，4～7 页。

③ 参见《毛泽东选集》续编，53～54 页，中共晋察冀中央局，1947。

秋白的政策有什么根本不同。11月全会所号召的恐怖方法在井冈山根据地也在一定程度上得到贯彻。第一个冬天，举行了多次游击队起义。据毛说，初期所建立的一些政治形式，包括地方苏维埃，是他“闭门造车自己做的”，但其他的组织形式是毛和他的同志们根据从报纸上了解到“广州公社”的做法和名称后建立起来的。[①]

在土地政策上，毛认为只有无地的农民是可靠的，所有自耕农（不只是像现在选集版本中所说的富农）都可能是敌人。此外，他认为处决（不只是处罚）几个这样的农民是解决他们反抗土地改革的必要措施。[②]

虽然在1928年，他并不像他现在所说的那样温和，但在湖南省委看来他还是太温和了。理论上，在与中央委员会断绝一切联系的情况下，他是要向省委负责的。在对待城市小资产阶级的政策上，尤其如此。在这方面，他有一段以相当苦中作乐的幽默口气写的话：

> 三月湘南特委的代表到宁冈，批评我们太右，烧杀太少，没有执行所谓“使小资产变成无产，然后强迫他们革命”的政策，于是改变原来前委的领导人，政策一变。四月全军到边界后，烧杀虽仍不多，但对城市中等商人的没收和乡村小地主富农的派款，是做得十分厉害的。湘南特委提出的“一切工厂归工人”的口号，也宣传得很普遍。这种打击小资产阶级的过左的政策，把小资产阶级大部驱到豪绅一边，使他们挂起白带子反对我们。[③]

---

① 参见《毛泽东选集》续编，55页。[毛泽东当时说：政权机关是“工农兵代表会”及“人民委员会”两种名字，简单称为工农兵政府，没有苏维埃的称呼……这些简单的做法，一部分是闭门造车自己做的，一部分是报纸传来广东12月11日暴动的消息照着这一广告做的（如人民委员会）。——译者注］在现行版本中，广州公社的影响以及从它抄袭来的“人民委员会”都删掉了。这是根据斯大林的想入非非而牺牲了中国人生命的一个臭名昭著的例子，但中国共产党似乎愿意忘记它。（1966年的《毛泽东选集》中，作了一些改动，只说了：“这个时期，土地革命还没有深入，政权称为工农兵政府。”——译者注）

② 参见上书，71～72页。另见《毛泽东选集》，2版，第1卷，69页。在现行版本中，毛在本文中增加了“中农”和“富农”两类，在他以后有关土地政策的文章与指示中经常使用这两个名词。当时，他便用“自耕农”这个名词，1926年他也是使用这个名词的，见 S. Schram，*The Political Thought of Mao Tse-tung* (London，Pall Mall Press，1964)，pp. 242-244。

③ 《毛泽东选集》，2版，第1卷，78页。

毛所说的“改变”不仅是改变了政策，还使他失去了在边区党内的领导地位。到该时为止，中央委员会任命毛为书记的领导湖南秋收起义的“前委”是井冈山地区党的最高领导。这时，它改为“师委”，由湖南特委的一名代表任书记。新任书记为显示他的权威，命令毛在湘南采取军事行动。其结果，不但毛的部队受到挫折，而且在他的部队离开根据地时，根据地本身为国民党部队所占。①

幸而，在这次远征途中，毛与朱德会师了，并在湘南又征了八千名农民入伍。士气又振奋起来的红军回到井冈山，收复了根据地。

1928 年 5 月 20 日，“边区第一次党代表大会”在宁冈附近的茅坪举行，选举了由 23 名委员组成的“特委”，毛为书记。这样毛又恢复了对当地党组织的控制，部队则组成“红四军”，朱德为军长，毛为党代表。② 该军由六个团组成，番号分别为第二十八至第三十三团，共有一万多人。但只有两个团配有步枪。其他的团只有长矛。此外，这些外表雄壮的部队是由思乡的湘南人组成的，最后第三十团和第三十三团都开了小差，回到农村去了。③*

*《毛泽东选集》上是这样说的：“第二十九团官兵即因政治动摇，欲回湘南家乡……第二十九团随即自由行动，跑向宜章家乡……”——译者注

在以后的几个星期内，这时被称为“朱毛军队”中剩下的四个团多次打退了敌军八至十八个团的进攻。毛与朱德这时已掌握了游击战的一条基本原则：集中兵力，“以免逐个被歼”。但上级党组织仍认为红军基本上是进行突然革命的催化剂，而不是相当长时期中中国政治形势的一个持久特点。因此，他们发布了只从政治而不从军事考虑的命令。6 月底，湖南省委的两名代表杜修经和杨开明抵达边区，命令毛与朱立即开赴湘南。他们拿出一封信以证明他们的观点是正确的。④

从杜和杨所说的政策性质看，这封信可能是 3 月底中央委员会致湖南省委的命令或其大意。这些命令说湘南是湘、鄂、赣三省起义的中心，而这三个省又是全国起义运动的中心。中央委员会认为

① 参见《毛泽东选集》，2 版，第 1 卷，59 页。

② “红四军”这番号是精心挑选的，以便表明它与有“铁军”之称的国民党第四军是有连续性的，南昌起义时朱德的部队就是来自该军的。（原文如此。——译者注）

③ 参见《毛泽东选集》，2 版，第 1 卷，61 页；《中央军事通讯》，1930 年 1 月 15 日第 1 期。

④ 参见《毛泽东选集》续编，附录第 84 页。

当前政治形势的特点是各军阀派系混战，因而为消灭地主的政权和军权和准备在全国总起义提供了有利的时机。该信驳斥了“客观上放弃、主观上轻视”城市的观点，因为这不仅会影响到党的成分，而且还“提出了是否由无产阶级领导土地革命这样一个根本性质的问题”。为纠正这一偏向，中央委员会要求“立即改组”湖南的党。至于边区，应任命一“特别委员会”，对政治与组织事宜全面负责。①

当杨开明知道当时已有了一个“特别委员会”时，他只罢免了毛的书记职务，而由他自己任书记。毛是否先已风闻有成立“特委”的命令，所以在5月份抢先成立了自己的“特委”，这可能是个有趣的猜想。但可以肯定，虽然上级党组织大力支持杨和杜的政策，但是毛在距离宁冈30英里的小镇——永新召集了同志开会，通过决议，反对省委向南进军的命令。而杨和杜乘毛不在之机和湘南士兵思乡之情，鼓动湘南士兵发动这次战役。很难说朱德是自觉还是不自觉，但他是这次战役的红军司令。这次战役由第二十八与二十九团参加，第三十二团是后卫部队，只给毛留下了有两百支步枪的第三十一团来守卫边区。

国民党第三军的五个团和第六军的六个团乘此机会联合向永新进攻。毛率领装备很差的一个团以游击战抗击了二十五天，但最终永新和宁冈在8月中都失守了。这时，国民党第三军与第六军之间发生了内讧，然而红军力量太弱了，未能利用这个机会。因此毛赴湘南劝说朱领导下的主力返回。这时朱在7月27日与他的老朋友范石生的恶战中，第二十九团丧失殆尽。但战斗力较强的第二十八团仍未受损失，于8月18日占领桂东。8月23日毛在该地与朱德会合，两人决定同返井冈山。

他们返回井冈山时，发现情况很糟糕。红军只占有几个“土匪”出没的山头。② 平原与所有的城镇都在敌人手里。但到10月，大部分——虽不是全部——失土均已收复。局势稳定后，毛与他的

① 参见《中央政治通讯》，1928年7月3日第30期。

② 参见《毛泽东选集》续编，85页。这是毛泽东用来形容如果再犯战术错误就可能发生的情况的说法，但它也可以用来形容9月份的实际情况。这个词在现行版本中已删去。

同志们就在10月14日至16日召开了边区第二次党代表大会，并选出新的特别委员会，书记是拥护毛的。①

这时毛收到了中央委员会6月4日的信，信中附有共产国际二月决议，该决议批判了“继续革命”的理论和“不断起义”的战术。信中还有颇得人心的命令，即重建以毛泽东为书记的五人前委。11月6日的会议决定总的同意并执行共产国际的指示，组织了前委，但有关军队组织的一两个具体问题则不予执行。② 11月14日，红军第六次党代表大会任命了由23人组成的军事委员会，朱德任五人常委会的书记。由于特委和军委都属毛的前委领导，并且这两个委员会的成员的观点都与他一致，因而毛牢牢地控制了边区的党组织。

由于莫斯科与上海的中央委员会、上海与宁冈之间的通信很差，他执行的是已过时的决议。1928年8月及9月，共产国际第六次代表大会和中国共产党第六次全国代表大会同时在莫斯科举行，1928年至1929年冬，中国共产党第六次全国代表大会的决议才传到井冈山。据毛说，他和朱德对六大制定的路线是“完全同意的”。他说：“从那时起，党的领导人和农村地区苏维埃运动的领导人之间的分歧消除了，党恢复了一致。”③

众所周知，我们在后面还将多次提到，这一说法几乎是完全错误的。当然，这个说法有一点正确的地方，即六大至少还承认在农村根据地建立苏维埃，并以根据地为依托进行游击战，而不按瞿秋白所建议的那样四面出击，是有益的。但是，这些战术基本上被视为在全国新的革命高潮到来并可能进行群众起义和推翻国民党政府以前的临时办法。虽然也承认农村的农民当时要比城市工人更为积极，但这被认为是不正常的事，是上海等地大屠杀带来的不幸结

---

① 关于这次战役及1928年7月至10月的情况，见《毛泽东选集》，2版，第1卷，76页。

② 参见《毛泽东选集》续编，53～54、80～81页。毛特别反对中央委员会关于取消军内党代表的意见，他的理由见S. Schram，*The Political Thought of Mao Tse-tung*（London，Pall Mall Press，1964），pp.196－197。同时，他鼓励通过士兵委员会进行广泛的政治工作，而不是按中央委员会所提出的建立单独的政治部门，见John Rue，*Mao Tse-tung in Opposition*，*1927—1935*（Stanford University Press，1966），pp.93，96，108。

③ ［美］埃德加·斯诺：《西行漫记》，144页。

果，应尽快纠正。“无产阶级领导权”仍然是无可怀疑的教条。党的工作应特别重视在工业企业中建立核心和“改善党的社会组成情况”。在农村，基本上应从雇农和贫农中吸收党员。党不应该是整个农民的代表，更不应该是游民的代表。[①]

所有这三点——城市无产阶级的领导作用，中共在农村的阶级基础狭窄，或者准备在近期内进行全面斗争，或者根本就不进行斗争的战术，而不是逐步扩大红区，直至解放全中国——都与毛在实践中发展起来的战术有明显的矛盾。这时，毛已深信根据地是不可或缺的。1928 年秋，毛在对士兵讲话时解释说，根据地之于部队，就像臀部之于人一样。没有根据地或没有臀部，人就不能休息。只得到处奔跑，直到累死。[②] 与此同时，必须指出，毛当时对用什么办法才能取得最后胜利，还没有明确的思想。1928 年 11 月，他几乎绝望地写道：“红军每到一地，群众冷冷清清，经过宣传之后，才慢慢地起来。和敌军打仗，不论哪一军都要硬打，没有什么敌军内部的倒戈或暴动。……我们深深感觉寂寞，我们时刻盼望这种寂寞生活的终了。”[③]

在毛的报告原本中，他解释这种寂寞之感的语气表明他也深深受到当时盛行的思想的影响：

> 这不算暴动，这只是打江山[④]，这种打江山的办法是不能成功的。所以如此，是因为完全没有了全国的革命高潮，全国受着残酷的豪绅阶级的封建统治，广大力量的被压迫阶级还没有发动，所以变成冷冷清清的打江山。[⑤]

---

① 这政策的主要各点在共产国际 1928 年 2 月决议中都已作了具体规定，并写进中共六大的政治决议中。中共的决议和共产国际的决议对此均有所发挥，但实质都是一样的。见解放社编译：《战略与策略》，尤其是 86～87、207～211 页，新华日报馆，1939；Conrad Brandt，Benjamin Schwartz，and John K. Fairbank，*A Documentary History of Chinese Communism*（Cambridge，Mass.，Harvard University Press，1952），pp. 127－165。关于六大路线与毛后来发展的革命模式的关系的精确分析，见 Benjamin Schwartz，*Chinese Communism and the Rise of Mao*（Cambridge，Mass.，Harvard University Press，1951），pp. 115－126。

② 参见解放军通俗读物编辑部：《回忆井冈山区的斗争》，11 页。

③ 《毛泽东选集》，2 版，第 1 卷，78 页。

④ “打江山”这个词的意思是用老式方法征服全国，以前争夺皇位的人是从很小的地盘起步的。

⑤ 《毛泽东选集》续编，82 页。

显然，这时在他脑子里，还没有形成国民党政权在全国还很稳固的情况下有可能在小片地区内创造革命气候的思想。他没能发现这种可能性的一个原因就是他执行的是教条主义的和不现实的土地政策。在井冈山初期执行的政策是按照毛在 1927 年 8 月 20 日给中央委员会的信提议的那样，先没收全部土地，然后在农民中分田。这个政策没有认识到甚至只有一小块土地的农民也把他的土地看作命根子，将他的土地没收充公，即使令他以后分到的土地比他原先的面积更大更肥沃，他也不愿意。1929 年 4 月，这个错误得到了纠正，执行了最初只没收地主土地的政策。在冬季收到了六大的决议，可能是纠正这一错误的部分原因。该决议批判了分田中的“小资产阶级平均主义”。①

1929 年春，毛转到较大而富庶的地区活动，该地区的社会结构也较复杂。可能因此才在 1929 年春制定了新土地政策。1928 年 11 月彭德怀率领红军第五军抵井冈山。多山的边区无力供养这支联合部队，那年冬季的气候异常恶劣，使情况更为严重。国民党军队又向根据地发起新的进攻。因此，决定向东南进入赣南，让彭德怀和王佐留守井冈山的老根据地。

彭德怀从这时起直到 1959 年受到屈辱以前，在建立和指挥红军中都起着重要作用。彭于 1900 年左右出生于毛的故乡湖南湘潭县的一个农民家庭。在十岁时，即离家出走，当过牛倌、煤矿工人和鞋匠学徒。1916 年，他在湖南参加了军队，逐渐晋升，但不参与政治活动。1926 年北伐时，任唐生智部下何键的第三十五军第五师第一团的团长。国共分裂后，在何清除所属部队中的左翼分子时，他仍能留职。1928 年年初，他任何部第一旅旅长。1928 年 7 月他率部在平江起义，几个月后，幸存者随他上了井冈山。②

朱与毛于 1929 年 1 月 14 日离开根据地，大柏地一场恶战使部

---

① 参见布兰特书中有关农民运动的决议，见 Conrad Brandt，Benjamin Schwartz，and John K. Fairbank，*A Documentary History of Chinese Communism*（Cambridge，Mass.，Harvard University Press，1952）。毛可能就是从这个文件中学到“中农”和“富农”这两个名词的。他以后就用这两个词而不用“自耕农”这个词了。

② 关于平江起义，见湖南省志编纂委员会：《湖南省志：湖南近百年大事纪述》，576～579 页。

队损失一半[①]，后来在铜鼓与兴国地区站稳脚跟。他们在那里建立了根据地，以后成立中华苏维埃共和国，建都瑞金。与此同时，井冈山的部队遭到国民党部队的三面围攻。王佐及其少数随从留在荒山僻岭，又恢复了土匪行径。彭德怀率领第五军残部与毛泽东和朱德在赣南会合。1929 年 4 月这两支部队会合时，毛与朱只剩下两千人，彭只剩下八百人。[②]

在这种情况下，毛泽东收到了 2 月 9 日中央委员会的信，对他的整个事业表示毫无信心。信中说，为保存红军并发动群众，要他将部队化为小股分散到农村去，并要求朱德与毛本人离开军队，以隐藏大的目标。对此，毛在 4 月 5 日的信中回答说："愈是恶劣环境，队伍愈须集中，领导者愈须坚决奋斗……"[③]

但争论的不仅是战术问题。中央委员会（李立三虽然没有担任书记的职务[④]，却是中央委员会的核心人物）对江西的做法极为关心，认为它不符合正统的马克思主义。它尤其对缺乏无产阶级领导感到关心。1928 年 11 月，李在通报中埋怨由于"农村斗争的特殊情况"，"农民意识"在党内有了反映，并说只有无产阶级的领导才能克服农民意识带来的危险，因为农民意识可能导致"革命和党的彻底毁灭"[⑤]。

对这种说法，毛在 4 月 5 日的信中以十分独特的方式回答说，只要允许他在实际中自行其是，他就接受中央委员会的全部理论。他承认目前党在组织方面的重要任务是"党的无产阶级基础的建立，中心区域产业支部的创造"，并说虽然在农村小片地区内建立苏维埃有助于加速革命高潮，但放弃城市斗争，"沉溺于农村游击主义"是错误的。但他还说：

---

① 史沫特莱对于下井冈山和大柏地战斗有经典性的叙述，见［美］艾格妮丝·史沫特莱：《伟大的道路》，272～275 页。

② 参见《中央军事通讯》，1930 年 1 月 15 日第 1 期。

③ 《毛泽东选集》，2 版，第 1 卷，103 页。

④ 自 1928 年六大到 1931 年，总书记是船员向忠发，他于 1931 年被捕并被处决。他基本上是形式上的领导人，受其他有力人士的操纵。

⑤ Benjamin Schwartz, *Chinese Communism and the Rise of Mao* (Cambridge, Mass., Harvard University Press, 1951), p. 137.

> 但是畏惧农民势力的发展，以为将超过工人的势力而不利于革命，如果任何党员有这种意见，我们以为也是错误的。因为半殖民地中国的革命，只有农民斗争得不到工人的领导而失败，没有农民斗争的发展超过工人的势力而不利于革命本身的。①*

* 原文见《毛泽东选集》，2版，第1卷，102～103页。文中"党员"前并无"任何"二字，应为"党员中"。——译者注

他含糊地提到持有这种意见的"任何党员"，只能是有意地讽刺。事实上，不仅是李立三和他在上海的同事们，而且莫斯科本身对在中国六七个省份中分散的根据地中使用农民游击战术是否有用也是非常怀疑的。在6月7日致中国共产党关于农民问题的信中，共产国际比李走得更远，实际上建议放弃整个农民斗争：

> 农民群众的斗争必须与城市无产阶级的革命斗争紧密地配合。此外，我们在农村中的战术应该与党的工作协调起来，即在日常经济斗争中争取城市无产阶级。完全不需要立即开始农民运动和号召以游击战和起义进行土地革命。相反，中国目前的形势，要求党必须利用具体的、次要的冲突在农民基本群众中发动并扩大日常斗争，反对各种形式的剥削，从而最后将他们提到更高的政治水平上去。②

所谓的"日常"斗争包括抗捐、减租或抗租运动。但这封信并未说明，这类基本上根据西欧议会民主国家的情况制定的策略如何在有残酷镇压现象的中国农村中应用。共产国际6月的信对土地政策，尤其是苏区的土地政策有些奇特的提法。中国共产党中央委员会曾有信给毛泽东，要他"与富农结成联盟"，共产国际引了这段话③并斥之为严重的机会主义倾向。它认为斗争不仅应指向地主，也应指向富农，不论富农对反帝民族解放斗争的态度

① S. Schram, *The Political Thought of Mao Tse-tung* (London, Pall Mall Press, 1964), pp. 259－260.

② 解放社编译：《战略与策略》，242页。

③ 这段话可能引自中央委员会1929年2月9日的信。对此信，毛在4月5日作了答复。但是，人们只是从毛对该信的驳斥中才知道有该信，因此，不可能对该信的内容有确切的了解。

如何。[1]

这一文件可以证实，初期，毛在土地问题上的路线比中央委员会的路线还要激烈，而以前人们认为毛的路线比中央委员会的要温和些。这一态度与毛当时持续的革命激情和急躁情绪是一致的。毛在4月给中央委员会的信中提出了在一年内争取包括省会南昌在内的整个江西省的计划，而当时他的部队只有两千八百人。1930年1月，他仍然觉得一年为期虽然时间短了些，又有些“机械”，但那些怀疑有可能很快地争取全省的人是犯了“过高估计客观力量和过低估计主观力量”的错误。[2]

毛后来指出这种乐观的估计是建立在“革命高潮”即将到来的基础上的。在他形成这一思想时，共产国际在这问题上已采取了相对谨慎的态度。但是在1929年秋，莫斯科突然改变了立场。这部分是由于当时美国发生了经济危机，莫斯科认为资本主义即将崩溃；部分是由于中国内部发生的事态，即蒋介石与敌对的将军们进行了一系列的混战。在1929年10月26日给中国共产党的信中，莫斯科说新的起义正在开始，必须采取措施，在高潮到来时“推翻地主资产阶级的政权，建立苏维埃式的工农专政”[3]。

从那时起，毛和李立三就在等待着近期内革命高潮的到来，但是他们为高潮作准备的方法却是截然不同的。在1929年12月第四军党的古田会议上，毛公开承认，红军的大部分士兵是游民。他认为这是部队中产生“流寇思想”的原因，但他仍然认为“加强教育”是可以改造他们的。就是要依靠由这些不可靠的阶级成分组成的红军来“组织群众、武装群众、建立政权、消灭反动军队、将革命高潮推向前进……”[4]

李立三不但对一支由游民组成的军队不感兴趣，而且对农村的

---

① 参见解放社编译：《战略与策略》，240～242页。

② 参见《毛泽东选集》，1版，第1卷，103页；《毛泽东选集》续编，98～99页。

③ Benjamin Schwartz, *Chinese Communism and the Rise of Mao* (Cambridge, Mass., Harvard University Press, 1951), p. 134; Robert C. North, *Moscow and Chinese Communists* (Stanford, Stanford University Press, 1953), p. 131.

④ 《毛泽东选集》只以阉割的形式摘录了古田会议的一段决议。决议原文的摘要见 S. Schram, *The Political Thought of Mao Tse-tung* (London, Pall Mall Press, 1964), pp. 268-270。此处最后一句话引自《第九次代表大会决议案》，26页，香港，新民主出版社，1949。

一切事情都不感兴趣。他在1930年3月写道："农村是统治阶级的肢体，城市是头脑和心脏。如果头脑和心脏死了，人就一定会死，但如果肢体断了，人却未必会死。"他的这些话只不过是重复共产国际的意见罢了。共产国际在前一年10月的信中说："苏区能站稳，最近甚至能扩大并巩固他们的活动成果……这些农民活动都是革命潮流的重要支流，它们将发展壮大，汇入全国革命运动中去。"①*

* 此段引文在1969年修订版中未查到。——译者注

直到1930年1月，毛本人也认为他们的活动只是"支流"，如果全国没有革命高潮，这支流就会消失在沙土中，虽然他认为这支流的重要性远比莫斯科和李立三所认为的要大得多。但是1929年年末至1930年年初，红军取得了一连串的辉煌胜利，对苏区的评价突然提高了。到1930年6月，李立三本人得出结论说，虽然城市工人的斗争仍然是未来革命的决定性因素，但"红军的强有力的进攻"对胜利是不可缺少的贡献。因此他命令对中南地区的大城市发动一连串的进攻。

首先，彭德怀的第三军团于7月28日攻陷长沙，守城约十日，同时，朱德的第一军团（毛为政委）向南昌进军，贺龙的第二军团向武汉移动。经过24小时激战，朱和毛放弃了占领南昌的打算，向西撤走。在途中，他们与彭德怀相遇。彭德怀此时收到李立三的命令，要他再次攻打长沙。因此，第一、三军团共两万人，再次向湖南省会进军。在与装备精良的蒋介石部队打了十三天后，毛"劝说"同志们放弃这一毫无希望的战斗，返回江西南部的根据地。②两年前，毛拒绝执行湖南省委向湖南南部进军的命令，这次，他在认为上级党的命令可能危及他的部队和革命根据地的生存时，又有意识地违背了上级党的命令。

---

① S. Schram, *The Political Thought of Mao Tse-tung* (London, Pall Mall Press, 1964), pp. 135 - 138.

② 关于这些事件的军事方面的情况，在陈志让著的《毛泽东与中国革命》一书第156～159页上有明确而详尽的报道。《湖南省志：湖南近百年大事纪述》上的说法有些不同（594～600页），该书说第二次攻打长沙的联合部队共有三万两千多支枪。

第七章

从江西到延安

在着手为中国革命制定出新的方针以前，共产国际像往常一样，感到必须弄清楚谁应对过去的错误负责。此事最初是交给 1930 年 9 月召开的中共中央全会去处理的。但是，尽管共产国际代表米夫和曾在莫斯科参加讨论李立三政策的瞿秋白、周恩来都出席了会议，但是会议结果却远不能令人满意。瞿和周主持通过了一项非常宽容的决议，认为李只在客观形势的判断上有小的失误，并未在政治路线上犯大错误，这表面上是为了维护中共领导的威信，其实是因为他们同李立三的许多看法相一致。共产国际因而不得不亲自出面追查李立三的错误，李立三和瞿秋白都被召到了莫斯科。

这段历史同毛泽东本人的革命生涯有直接关系，理由有二：一方面，近年有人称，毛泽东在 1930 年的路线实际上就是共产国际的路线，共产国际在其 1930 年 6 月的决议中为中国革命规定了未来的整个方向。另一方面，李立三同斯大林之间产生分歧的真正根源在于李的中国中心主义，而这种中国中心主义同今天成为毛泽东的特征的中国中心主义却异常相像。

"立三路线"的权威表述见于 1930 年 6 月 11 日中共中央政治局的决议，决议规定了不久就要命令红军攻打长沙、南昌、武汉的基本原则。这个文件于 6 月底以前送到莫斯科，共产国际讨论以后通过的一项决议并未明确批评李立三的观点，而是以较温和的措辞制定了一项类似的方针。[①] 莫斯科和李立三一致认为，红军在迅即到

① 6 月 11 日决议的英文本见 Conrad Brandt，Benjamin Schwartz，and John K. Fairbank，*A Documentary History of Chinese Communism* (Cambridge，Mass.，Harvard University Press，1952)，pp. 184 - 200。我认为共产国际通过决议的时间如俄文本［见解放社编译：《战略与策略》，272～281 页。译文见《共产国际有关中国革命的文献资料（1929—1936）》，103～112 页，北京，中国社会科学出版社，1982。——译者注］所记是 6 月下旬，而不是中文出处中的 7 月 23 日（或笼统的 7 月份）。

来的危机中可以发挥极有效的辅助作用，但须有一个条件，即无产阶级要加强对军队的领导，而且城市无产阶级要通过总罢工及其他此类传统的斗争方式直接参加战斗。双方都谈到一省或几省的首先胜利，都预料决战很快就要发生。李立三无疑更加乐观自信，对他来说，"很快"就意味着"立即"；而莫斯科提出必须先加强红军。更重要的是，李认为地区性或省一级的苏维埃不会存在很长时间，一省或数省的胜利会立即在全国城乡引起起义，导致对国民党政权的最后决战。[①] 而且中国的这种事态发展，将会引起帝国主义的干涉，导致世界范围内的革命战争，最后推翻资本主义。[②]

鉴于共产国际十分强调城市中的工人运动，号召"在所有或一系列工业中心进行政治总罢工"，还预言最近的将来就要发生"决战"，故不能说莫斯科早已为毛泽东的最后胜利绘出了蓝图。[③] 诚然，在战术问题上，毛泽东的主张接近莫斯科，而和李立三的看法不同，因为李严厉地将"顽固地坚持游击战的军事概念"斥为"一种严重的右倾错误"，要求"完全改变过去的游击战术"，而"对敌人的主力进行坚决进攻"。但在另一个也是比较深刻的关于中国在世界革命中的作用和认为苏联不了解中国情况的问题上，李立三和毛泽东的看法则显然是一致的。

李立三的中国中心主义走到了极端。他在 6 月 11 日的决议中写道：

> 中国是帝国主义统治世界的锁链中最薄弱的一环，就是世界革命的火花最易爆发的地方。所以在现在全世界革命危机都已严重化的时候，中国革命有首先爆发，掀起全世界的大革

① 这并不妨碍他在彭德怀占领长沙期间，以"湖南省工农兵苏维埃政府主席"的名义署名发表公告。公告全文见《湖南省志：湖南近百年大事纪述》第 599 页。[作者所注出处可能有误，该书中没有李立三以"湖南省工农兵苏维埃政府主席"名义签署的公告；李立三此时不在湖南，省苏维埃主席由王一芬（即王首道）代理。——译者注]

② 鉴于李立三有这种思想，毛泽东当时以及后来一再责备他为"半托洛茨基主义"并非毫无道理，见 S. Schram, *The Political Thought of Mao Tse-tung* (London, Pall Mall Press, 1964), pp. 227－228。

③ 这是萧祚良一书中的主要论点，见 Hsiao Tso-liang, *Power Relations within the Chinese Communist Movement, 1930—1934* (Seattle, University of Washington Press, 1961)。

命，全世界最后的阶级决战到来的可能。[1]

从这里可以看出，自罗易在共产国际第二次代表大会上提出世界以亚洲为中心的见解直到1963年以来北京所捍卫的立场，在这个发展过程中，李立三起了承前启后的作用。他不仅认为中国在世界革命中具有决定性的影响，而且毫不掩饰他主要忠于中国而不是忠于莫斯科。据称他在9月3日政治局会议上曾说，忠实于共产国际是一回事，忠实于中国革命是另一回事，又说打下汉口以后再同莫斯科讲话就不同了。[2]*

*译文见《共产国际有关中国革命的文献资料(1929—1936)》，112页。——译者注

这种态度当然不会得到莫斯科的赏识，但共产国际对李自称比苏联人更了解自己的国家一事几乎同样感到恼怒。此事在追究李立三和瞿秋白错误的会议上成了主要议题之一。贝拉·库恩抨击这两个人就像以前的陈独秀和谭平山那样谈论中国“民族的特殊性”。苏联的中国问题专家L. 马迪亚尔强调指出，这不仅仅是一个个别人特有的问题。他说“大多数不在这里的中共中央委员也深信莫斯科不了解中国情况”，又说这是自鲁思·费希尔以来所有共产国际叛徒惯用的口头禅。共产国际另一个审查人员曾援引李立三的话，指出他说过：“中国许多特点，国际很难了解，差不多不能了解，因此也就不能够实际上领导中国的共产党。”马努伊斯基概括地指出，李立三竟敢责备苏联人有“狭隘的民族成见”，其实是他自己犯了“很厉害的地方主义”的错误。[3]

当然，共产国际当局绝不是贬低中国的重要地位。马努伊斯基甚至宣称：“中国党对于殖民地各国共产党应该起到像苏联党对于整个共产国际那样的作用。”[4] 但他同时强调指出，中共还没有“自己的列宁和斯大林”，只有接受苏联的具体指导，才能顺利地展开

---

① 《中共党史教学参考资料》(一)，276页，北京，人民出版社，1957。

② 参见解放社编译：《战略与策略》，290页。

③ 对李立三的审查是在1930年12月，其主要文件发表在《布尔什维克》杂志第4卷第3期(1931年5月10日)第16～41页上。前引萧祚良一书有概要介绍，见Hsiao Tso-liang, *Power Relations within the Chinese Communist Movement, 1930—1934* (Seattle, University of Washington Press, 1961), pp. 77-92。上述许多细节为萧书所无，系笔者摘自这份期刊。

④ 萧祚良对此问题的概括叙述略有出入，见Hsiao Tso-liang, *Power Relations within the Chinese Communist Movement, 1930—1934* (Seattle, University of Washington Press, 1961), p. 86。

工作。

苏联人自称比中国人更了解中国情况则更加引人注意，因为莫斯科对当时中国发生的事情无知到令人吃惊的地步。一个有名的例子是，他们竟在 1930 年 3 月为“中国无产阶级的先驱”、“大地主和资产阶级望而生畏的敌人”毛泽东发讣告。[①] 另一个例子是 1930 年 6 月斯大林说：“中国的工人和农民已经用建立苏维埃和红军来回答了他们。据说那里已经成立了苏维埃政府。我认为，如果这是事实，那是毫不奇怪的。”[②] 其实，毛泽东早在 1930 年 2 月就建立了赣西南苏维埃政府（当时建立的还只是地方苏维埃）。斯大林不仅对这种形势发展不太了解，而且对其详细情况似乎也不大感兴趣。

如果说斯大林远离中国，那他早在 1930 年春就派手下人去中国了。新派出的共产国际代表米夫从莫斯科带回了一批他在中山大学时的学生，这些人后来被讽刺为“二十八个半布尔什维克”。这批年轻人没有革命经验，脑子里装满了莫斯科流行的观点，认为有一个良好的列宁主义理论基础要重要得多。尽管得到米夫的支持，但是他们还是未能夺得对中共党组织的控制权，因为当时的党还牢牢地掌握在李立三手中，而这成了李立三在莫斯科受审查期间的一条罪状。我们“费了很多力量和钱才能够把他们派回中国去”，共产国际的一位官员抱怨说，“（秋白和立三）不要他们做党的工作”[③]。随着李退出历史舞台（他被留在莫斯科，直到 1945 年方回国），只有以何孟雄为首的工人运动派和态度灵活的周恩来同这批以陈绍禹（王明）、秦邦宪（博古）为首的留苏归国留学生相对抗。斗争双方的力量极不相称，在 1931 年 1 月的四中全会上归国留苏学生派终于牢牢地夺得了对党的控制权。

在“二十八个半布尔什维克”中的两个领导人物王明和秦邦宪[④]，在几个方面都非常相像。他们两人均出生于 1907 年，回国时仅二十三岁，二十四岁取得了党的领导权。两人都是中国社会特权

---

① 参见《国际新闻通讯》，第 10 卷第 14 期（1930 年 3 月 20 日）。

② 《斯大林全集》，中文 1 版，第 12 卷，220 页，北京，人民出版社，1955。

③ “皮（Pí）同志（显然是个苏联人）的发言”，见《布尔什维克》，第 4 卷第 3 期，54～61 页。

④ 陈绍禹因其 20 世纪 30 年代在共产国际的地位，在西方也以化名广为人知，下文均称呼他王明。秦邦宪化名博古，多数读者可能不熟悉，还用其真名。

阶层的代表，王是一个大地主的少爷，秦是清朝一个县太爷的儿子。两人都在上海念书，后来去莫斯科（王在 1925 年，秦在 1926 年），当时都是十几岁的青年人。秦 1925 年在上海加入中国共产党，王 1927 年才在莫斯科入党。因此，他们作为上海这个沿海大城市的青年人，都不会有关于农民的第一手知识或任何政治经验。

这些人的政策现在称之为“第三次‘左’倾机会主义路线”，毛泽东同他们进行了历时四年的激烈斗争，他第一次成了党内最高权力的直接竞争者。自 1927 年秋上井冈山以来，他一直只是观察党中央内部的派别斗争，尽力避免执行在他看来是灾难性的指示。现在苏区规模和红军实力如此之大，毛泽东和他的所谓“实权派”成了他们争夺党内领导权的直接对手。

毛泽东同归国留苏学生之间的斗争，仍然围绕着 1927 年以来他一直同党中央有争论的两个基本问题：土地政策问题和游击战术同城市革命的关系问题。在土地问题上，毛泽东原来在井冈山制定的政策极其激进。但到 1930 年 2 月，在建立江西省苏维埃的会议上通过新土地法时，他已经大大地向右转，他的“富农倾向”甚至超过了李立三。[①] 他不仅容许自耕农保留自己的全部或部分土地，而且还允许富农保留他们的良田，不要求他们用良田和贫农换瘠田。他把自己的政策归结为两个原则：“抽多补少”、“抽肥补瘦”。[②]

李立三在莫斯科受审查期间，各种“富农倾向”都受到谴责，据说这些错误还受到斯大林本人的责备。可是一个审查人员还抱怨说，莫斯科不断收到苏区来信，反映富农比以前更得势了。[③] 1931 年 9 月 1 日的指示，标志着居于领导地位的归国留学生开始夺取苏区的控制权，指示中对“富农倾向”的批评是特别针对毛泽东的政策的。[④]

1930 年年底至 1931 年年初，毛泽东开始同归国留学生发生对

---

① 倒台前夕，李立三在共产国际的心目中是既右倾又“左”倾的：右倾，因为他对富农宽容；“左”倾，因为他要立即实行集体化。这种双重错误倾向，是他在莫斯科受审查期间的另一桩罪状。

② Hsiao Tso-liang, *Power Relations within the Chinese Communist Movement*, *1930—1934* (Seattle, University of Washington Press, 1961), p. 7.

③ 《布尔什维克》第 4 卷第 3 期上到处可见，尤其是马迪亚尔的发言（21～27 页）。

④ Hsiao Tso-liang, *Power Relations within the Chinese Communist Movement*, *1930—1934* (Seattle, University of Washington Press, 1961), pp. 159 - 162.

抗。要正确地分析这时军事战略问题是如何出现在毛泽东面前的，必须先从被称为“富田事件”的一件模糊不清和令人不愉快的事情说起。此事引起毛泽东同赣南红二十军领导人的冲突。根据多方面的材料可以清楚地看出，其中既涉及原则问题，也有纯粹而露骨的权力上的考虑。红二十军领导人同赣西南特委站在一起，赣西南特委是李立三在苏区的一个堡垒，曾在 1930 年 7 月召开一次会议，反对毛泽东在同年 2 月采取的土地政策。1930 年 12 月他们起来反对毛泽东时所主张的政策，在土地问题和军事策略上同李立三的政策相类似。此时很明显，毛泽东所关切的，不仅是要维护他视为正确的政策，而且要消除对他的权力进行挑战的可能性。

不管其动机如何，他处理得很果断。12 月初，他以“AB 团”（国民党建立的反共秘密组织）特务的罪名逮捕了赣西南特委的几个领导人，这些人被关押在赣南富田镇。12 月 8 日或 9 日，驻扎在附近东固的红二十军一位营政治教导员起兵反叛，率部至富田解救被关押的人员。反叛分子逃至赣江对面的一个镇上，他们在那里因不易受到毛泽东的反击，坚持了两个多月，在此期间，双方在宣传上互相攻击，背地里又玩弄手腕；形势错综复杂。在争斗过程中，毛泽东的总前委透露，在那些领导人被关押在富田而触发事件以前，红军中已有四千四百余名“AB 团”分子被捕。在平息反叛时，约有两千或三千名官兵死于镇压。①

某些怀有极大敌意的批评家认为，整个事件完全是毛泽东借以消灭其对手的阴谋，这无疑言过其实。现在并无根据证明，毛泽东像许多握有绝对权力的人（尤其是斯大林）那样，以杀戮或折磨革命的敌人或自己的政敌为乐事。但是，只要他认为必要，还是会考虑使用暴力的。可是也应立即补充一句：若不如此，他就绝难生存。几十万人在 1927 年国民党的镇压中牺牲，“富田事件”及其后果又造成了几千人的死亡，但这还仅仅是序幕，在亘古未有的最大也是最残酷的革命风暴中，双方后来所造成的杀戮其规模都要比这

① 以上关于此事件的记述，主要根据以下两本书中的最新资料：Hsiao Tso-liang，*Power Relations within the Chinese Communist Movement*，*1930—1934*（Seattle，University of Washington Press，1961），pp. 98 - 113；J. Ch'ên，*Mao and the Chinese Revolution*（Oxford University Press，1955），pp. 164 - 165。

*这里的妹妹是毛堂妹毛泽建，她于1929年被杀害于衡山县。——译者注

大得多。1930年7月红军暂时占领长沙。从长沙撤离后，毛泽东的夫人和妹妹*就在长沙被国民党杀害了。尽管人们对此深感悲痛，但她们的牺牲也不过是在毛前三年殉难的亲友和同志们长长的名单中增加两个而已，毫无疑问，毛泽东认为这都是革命斗争中难于避免的。他决不发慈悲，也不要求别人的慈悲。

1931年年初，毛泽东的处境似乎对其极为有利。经过"富田事件"，江西党组织中反对毛泽东其人或其政策的人被有效地消灭了。莫斯科和中共中央越来越重视他所开创的苏区工作。实际上，他的成功反而使他倒霉。因为既然党的最高当局和共产国际开始重视苏区，他们自然会拿出大部分时间和精力去制定苏区的政策，并要求贯彻执行。留苏学生所维护的政策，虽然不同于瞿秋白和李立三的政策，但同样是和毛泽东的政策根本对立的，因此毛泽东同他们之间便发生了冲突。因为这场斗争更直接、更集中地关系到整个党的生命，因而更加严酷和激烈。

1931年夏或初秋，中央为摆脱困境，脱离秘密状态，遂决定离开上海迁往相对安全一些的江西中央苏区。① 斗争因而更加尖锐了。现在的局面不再是一个远在外地的机构偶尔发来书面指示，毛泽东可用拖延战术来顶住，而是党的最高当局就在身边直接发布命令，并且就地监督命令的执行。

周恩来和他的同志们抵达江西后，随即采取措施，限制毛泽东在党和政府中的权力。在限制其政府权力方面，11月成立了中华苏维埃共和国临时中央政府。共产国际1930年6月的指示曾提到建立这种政府的必要性，李立三也坚决支持采取这一步骤——不过他想把政府建立在大城市而不是农村地区。1930年夏秋之际，已为建立

① 迁往江西的时间说法不一，如说1931年、1932年，甚至1933年。笔者倾向于同意萧祚良的看法，他根据现有材料，认为大约开始于1931年8月，见 Hsiao Tso-liang, *Power Relations within the Chinese Communist Movement, 1930—1934* (Seattle, University of Washington Press, 1961), pp. 161-162。但肯定还有探讨的余地，况且还可能不是一次迁去的。几乎可以肯定，周恩来是在1931年夏末秋初去江西的。向忠发被处决后，秦邦宪任总书记，他大概是在1932年年初去江西。当时王明回莫斯科，在共产国际任殖民地问题专家数年。他回莫斯科的时间是1931年6月。中央某些领导人未去赣西南中央苏区，而去其他根据地，如张国焘去了鄂豫皖苏区。

全国苏维埃政府采取若干预备步骤，但因李立三倒台而停顿下来。[①] 共产国际在其 1931 年 8 月 26 日关于中国共产党任务的决议中，以更加确切而急迫的措辞再次提出这个意见，决议明确指出："应当在最短期间内，在最可靠的地区成立中央苏维埃政府。"[②]

中华苏维埃第一次全国代表大会于具有象征性的日子 11 月 7 日在瑞金召开，宣布成立中华苏维埃共和国，选举出六十三人的中央执行委员会。中央执行委员会又选举出人民委员会，由毛泽东任主席，项英、张国焘任副主席。[③] 这样，毛泽东在政府中的权力就受到削弱和限制，但并未被剥夺。

毛泽东在党内领导层中的处境甚至更为不利，1931 年 11 月召开的苏区第一次党代表大会，实际上对他在各个方面的政策都加以谴责，尤其是着重指出了其军事问题上的错误，即坚持游击战术，并顽固地拒绝将中央苏区与邻近各省的根据地联结起来以扩大和巩固中央苏区。翌年 8 月党召开的宁都会议上，毛泽东不仅受到批评，而且丧失了军权，红军指挥权落入周恩来手中。* 这种不利的形势到 1933 年 5 月发展到顶点，当时周恩来被任命为整个红军的政委，周是强烈支持"二十八个半布尔什维克"的军事路线的。[④]**

毛泽东丧失军权一事具有双重的严重性，因为当时红军面临蒋介石的"围剿"，正在为挽救江西苏区而斗争；毛丧失军权的确给最终导致失败的僵硬战术开了方便之门。1930 年夏秋之际，红军攻打长沙和南昌引起了国民党各派领导人的注意，他们发现共产党力量不断壮大，便暂时停止了他们之间的内讧，以便对付这一威胁。1930 年 12 月至 1931 年 1 月的第一次"围剿"、1931 年春的第二次"围剿"和 1931 年夏的第三次"围剿"，所动用的兵力大不相同，但红军的基本战术原则却始终如一。这些原则是毛泽东和朱德上井冈

* 宁都会议是在 1932 年 10 月上旬召开的。周恩来在会上不同意中央局提出的毛泽东离开红军的意见，提出要把毛泽东继续留在红军中指挥作战。但中央局没有同意，随后，毛泽东离开了红军。在此后一段时间内，周恩来暂代红一方面军总政委的职务。周恩来在制定作战计划时，仍征求毛泽东的意见。1932 年 10 月 26 日，中央和中央局才正式任命周恩来为红一方面军总政委。关于周恩来限制毛泽东在党和政府中的权力的说法是不确实的。——译者注

** 在第四次反"围剿"开始时，周恩来等同志在前线指挥作战。他们在实践中认识到中央和苏区中央局要求红军先发制人、攻占敌人重兵驻防的坚城南丰和南城的命令是错误的。周恩来向中央和苏区中央局提出了集中兵力在运动战中各个歼灭敌人的方针。在周恩来等同志的指挥下，第四次反"围剿"取得了胜利。——译者注

① Hsiao Tso-liang, *Power Relations within the Chinese Communist Movement, 1930—1934* (Seattle, University of Washington Press, 1961), pp. 39 - 49.

② 解放社编译:《战略与策略》，306 页。［译文可见《共产国际有关中国革命的文献资料（1929—1936)》，159 页。——译者注］

③ Hsiao Tso-liang, *Power Relations within the Chinese Communist Movement, 1930—1934* (Seattle, University of Washington Press, 1961), p. 173.

④ Ibid., pp. 165, 210 - 211, 220 - 221.

山以后逐步制定出来的，现在已经成为一种系统的军事理论的一部分。

在毛泽东的游击战思想中，军事和政治这两个方面当然是不可分割地联系在一起的，但为了研究起见，也可以被分开。两个方面看来都融合了古今的思想，既有传统性，又具创造性。在军事方面，传统的烙印最为明显，这没什么可奇怪的。几个世纪以来，地面部队的作战策略，较之成功地取得人民政治支持的条件，其变化要小得多。实际上，毛泽东的一切战术原则，在中国古代军事著作尤其是公元前500年左右崛起的著名军事家孙子的学说中，都可以找到。

首先，其根本思想为每战必集中兵力、以己之相对优势对敌之相对劣势，方能取得胜利。如20世纪30年代红军那样，在同数量上占极大优势的敌人作战时，显然必须采用这种战术，而孙子早就把它视为一切战争的基本原则：

> 故形人而我无形，则我专而敌分。我专为一，敌分为十，是以十攻其一也，则我众而敌寡；能以众击寡者，则吾之所与战者，约矣。①

毛泽东将这一基本思想用于红军在江西反“围剿”的特殊条件，对它作了如下的阐述：

> 处于战略上内线作战的军队，特别是处于被“围剿”环境的红军，蒙受着许多的不利。但我们可以而且完全应该在战役或战斗上，把它改变过来。将敌军对我军的一个大“围剿”，改为我军对敌军的许多各别的小围剿。……将敌军对我军的战略上的优势，改为我军对敌军的战役或战斗上的优势。……这即是所谓内线作战中的外线作战，“围剿”中的围剿，封锁中的封锁，防御中的进攻，劣势中的优势，弱者中的强者，不利

① 《十一家注孙子》，139页，上海，上海古籍出版社，1978。

中的有利，被动中的主动。从战略防御中争取胜利，基本上靠了集中兵力的一着。

…………

中国红军以弱小者的姿态出现于内战的战场，其迭挫强敌震惊世界的战绩，依赖于兵力集中使用者甚大。无论哪一个大胜仗，都可以证明这一点。“以一当十，以十当百”，是战略的说法，是对整个战争整个敌我对比而言的；在这个意义上，我们确实是如此。不是对战役和战术而言的；在这个意义上，我们决不应如此。无论在反攻或进攻，我们总是集结大力打敌一部。……我们的战略是“以一当十”，我们的战术是“以十当一”，这是我们制胜敌人的根本法则之一。

…………

我们是以少胜多的——我们向整个中国统治者这样说。我们又是以多胜少的——我们向战场上作战的各个局部的敌人这样说。这件事情已经不是什么秘密，敌人一般地都摸熟我们的脾气了。然而敌人不能取消我们的胜利，也不能避免他们的损失，因为何时何地我们这样做，他们不晓得。这一点我们是保守秘密的。红军的作战一般是奇袭。①

上述孙子引文中的第一句和毛引文中的最末一句，清楚地表明了“以十当一”必不可少的一个条件，便是对自己一方部队的行动必须保密。这是孙子全部学说的基本思想：

兵者，诡道也。故能而示之不能，用而示之不用，近而示之远，远而示之近。利而诱之，乱而取之，实而备之，强而避

---

① 《毛泽东选集》，2版，第1卷，224～228页。《中国革命战争的战略问题》写于1936年，总结了毛泽东在江西反“围剿”的经验。毛泽东断言（同上书第204页），在第三次反“围剿”过程中，即1931年夏，他的军事思想超越了“朴素性”，成为“全部红军作战的原则”（毛泽东的原文为：“等到战胜敌人的第三次‘围剿’，于是全部红军作战的原则就形成了。这时是军事原则的新发展阶段，内容大大丰富起来，形式也有了许多改变，主要是超越了从前的朴素性，然而基本的原则，仍然是那个十六字诀。”——译者注）。既然实情如此，笔者的见解就同陈志让的看法（见前引陈志让：《毛泽东与中国革命》，163～164页）相反，笔者认为，并非不可以用1936年写的这篇文章来说明在其以前五年毛泽东思想的本质特征，即使他的思想在那时以后自然有所发展。关于毛泽东的游击战术在抗日战争中的发展，见本书第八章。

> 之，怒而挠之，卑而骄之，佚而劳之，亲而离之。攻其无备，出其不意。此兵家之胜，不可先传也。
>
> 善守者，藏于九地之下，善攻者，动于九天之上……
>
> 故善攻者，敌不知其所守；善守者，敌不知其所攻。微乎微乎，至于无形，神乎神乎，至于无声，故能为敌之司命。进而不可御者，冲其虚也；退而不可追者，速而不可及也。①

毛泽东并未充分发挥这个论点，主要是由于他认为保守红军秘密（以及有关敌人的补充情报）实质上主要是个政治问题。毛援引国民党将官陈铭枢的话说：“国军处处黑暗，红军处处明亮。”② 毛的解释，当然是说由于农民群众喜欢红军而仇恨国民党。但同时，从纯粹军事方面说，他绝不忽视欺诈。毫不奇怪，他直截了当地援引了孙子的论点：“……我们可以人工地造成敌军的过失，例如孙子所谓‘示形’之类（示形于东而击于西，即所谓声东击西）。”③ 毛还从他喜爱的小说《三国演义》和《水浒传》里学到许多战事中欺诈的做法。

这些都是毛的主要战术原则，它们没有得到归国留苏学生的赞同，与此同时，这些留苏学生无疑并不厌恶党的领导，而是厌恶毛的高度灵活的战略概念。后来，在此基础上，形成了在井冈山发明的有名四行字诀：

> 敌进我退，
> 敌驻我扰，
> 敌疲我打，
> 敌退我追。

毛和朱在第一次“围剿”期间，为了指导敌人包围中的弱小部队，在这些基本是防御原则的基础上，研究形成了“诱敌深入”苏

---

① 《十一家注孙子》，18、80、397～398 页。

② 转引自《毛泽东选集》，2 版，第 1 卷，208 页。

③ 同上书，209 页。

区的原则，以达到在最有利情况下一口一口吃掉敌人的目的。无须说明，毛并未想过无限期地处于劣势地位；但是与他自己早期的乐观主义相反，他越来越感到斗争的长期性，红军在可预见的将来还不能开始战略进攻。从 1931 年 9 月开始，支持归国留苏学生领导的秦邦宪和周恩来，批判毛的思想为"游击主义"，认为在已发展成一支几十万红军以及国共之间斗争很像两个国家之间战争的情况下，"游击主义"已经过时。因此，他们坚决主张以"全线出击"、"夺取中心城市"以及"不打烂坛坛罐罐"[①] 这种新口号来代替那些旧口号。

这种战术方针改变之意义和后果，我们只要比较五次"围剿"，就可以非常明白。1930 年 12 月和 1931 年 1 月第一次"围剿"时，由于富田事件，情况变得很复杂，当时富田和东固的群众不相信红军并且和红军对立。但由于当时的国民党军队不是精锐部队，在数量上也只具有相对的优越性——十万对四万，所以困难并不突出。

> ……（我们）先想打谭道源，仅因敌不脱离源头那个居高临下的阵地，我军两度开进，却两度忍耐撤回，过了几天找到了好打的张辉瓒。[②]

红军第一仗便打败了张辉瓒的两个旅和他的师部，连师长、张辉瓒本人在内九千人全部被俘获。这次战争的胜利，吓得另外两师逃跑；共产党追击其中一师，并将其一半消灭。[③] 于是第一次"围剿"以国民党军队全部失败告终。张辉瓒后来在当地农民审讯后被处决了。

第二次"围剿"作为毛战术例子来说，要更加艰苦和有趣得多。对立双方部队，敌军从数量上说处于两倍以上的优势；进攻部队约达二十万人，而红军只有三万余人。这样，首先打击敌军中最弱之部就显得更为重要。红军于 4 月底 5 月初不顾有被发现的危险，

---

① 《毛泽东选集》，2 版，第 1 卷，205、206 页。

② 同上书，220 页。

③ 参见上书，217 页。

驻扎在东固二十五天[①]以等待王金钰撤离富田的战术据点。最后时机成熟，红军同时打王金钰师和公秉藩师总共十一个团，并诱其在富田附近和红军打了一仗。打这一仗的地方，东北距国民党另一师仅三四英里，西南距蔡廷锴精锐的第十九路军仅十多英里；但他们竟未觉察，因而也未出来干预，真是国民党军“处处黑暗”，而红军“处处光明”。红军在第一仗打赢后，十五日之内行军七百里[②]，又与敌军弱部打五次仗，缴枪两万余支。这样结束了第二次“围剿”。[③]

毛在此后不久写的一首词中，表达了他的得意心情：

白云山头云欲立，
白云山下呼声急，
枯木朽株齐努力。
枪林逼，
飞将军自重霄入。

七百里驱十五日，
赣水苍茫闽山碧，
横扫千军如卷席。
有人泣，
为营步步嗟何及！

白云山位于福建省边境，接近红军长驱七百里的终点。按照北京发表的注释，直立之云代表红军战士对国民党军队在“围剿”期间红军暂时放弃的根据地里胡作非为的愤怒；“枯木朽株”代表敌人，他们虽然还直立着，但已注定要腐朽灭亡。诗的最后两行，反映第二次“围剿”总司令何应钦对几个孤立纵队缓慢推进的失败战术非常气恼。[④]

① 此时对富田事件的反应已大部消除，红军不必像第一次“围剿”时那样避开这个地区。
② 一里约等于三分之一英里（1英里约为1.6千米。——译者注）。
③ 参见《毛泽东选集》，2版，第1卷，218页。
④ 译文系作者所译。说明摘自《毛主席诗词浅释》（上海，上海文艺出版社，1962）。（见《毛泽东诗词选》，36页，北京，人民文学出版社，1986。——译者注）

第三次“围剿”时，国民党努力在战争规模和战术上作出重大改变。蒋介石现在积极起来，亲自到南昌指挥这次作战。在这次战斗中，他还投入了他的十万嫡系精锐部队。在这种新的情况下，红军的日子更不好过，他们未能像上两次“围剿”时那样预见和制定全部战役的步骤。下面是毛本人对这次“围剿”的叙述，他自己还画了一个地形图。图中标示了第三次“围剿”时敌我双方的力量部署。

第三次“围剿”时的情况是：（一）蒋介石亲身出马任总司令，下分左右中三路总司令。中路何应钦，与蒋同驻南昌；右路陈铭枢，驻吉安；左路朱绍良，驻南丰。（二）“进剿”军三十万人。主力军是蒋嫡系之陈诚、罗卓英、赵观涛、卫立煌、蒋鼎文等五个师，每师九团，共约十万人。次是蒋光鼐、蔡廷锴、韩德勤三师，四万人。次是孙连仲军，二万人。余均非蒋嫡系，较弱。（三）“进剿”战略是“长驱直入”，大不同于第二次“围剿”之“步步为营”，企图压迫红军于赣江而消灭之。（四）第二次“围剿”结束至第三次“围剿”开始，为时仅一个月。红军苦战后未休息，也未补充（三万人左右），又绕道千里回到赣南根据地西部之兴国集中，时敌已分路直迫面前。在上述情况下，我们决定的第一个方针，是由兴国经万安突破富田一点，然后由西而东，向敌之后方联络线上横扫过去，让敌主力深入赣南根据地置于无用之地，定此为作战之第一阶段。及敌回头北向，必甚疲劳，乘隙打其可打者，为第二阶段。此方针之中心是避敌主力，打其虚弱。但我军向富田开进之际，被敌发觉，陈诚、罗卓英两师赶至。我不得不改变计划，回到兴国西部之高兴圩，此时仅剩此一个圩场及其附近地区几十个方里[①]容许我军集中。集中一天后，乃决计向东面兴国县东部之莲塘、永丰县南部之良村、宁都县北部之黄陂方向突进。第一天乘夜通过了蒋鼎文师和蒋、蔡、韩军间之四十华里空

① 毛泽东在《毛泽东选集》第2版第1卷中，加上了“几十个方里”几个字，即不到10平方英里。

> 隙地带，转到莲塘。第二天和上官云相军（上官指挥他自己的一个师及郝梦龄师）前哨接触。第三天打上官师为第一仗，第四天打郝梦龄师为第二仗，尔后以三天行程到黄陂打毛炳文师为第三仗。三战皆胜，缴枪逾万。此时所有向西向南之敌军主力，皆转旗向东，集中视线于黄坡，猛力并进，找我作战，取密集的大包围姿势接近了我军。我军乃于蒋、蔡、韩军和陈、罗军之间一个二十华里间隙的大山中偷越过去，由东面回到西面之兴国境内集中。及至敌发觉再向西进时，我已休息了半个月，敌则饥疲沮丧，无能为力，下决心退却了。我又乘其退却打了蒋光鼐、蔡廷锴、蒋鼎文、韩德勤，消灭蒋鼎文一个旅、韩德勤一个师。对蒋光鼐、蔡廷锴两师，则打成对峙，让其逃去了。①

毛对此次“围剿”的叙述极其有趣，它阐述了如何运用其作战思想——着重隐蔽自己和打击敌军薄弱之处——以及“诱敌深入”根据地之战略。这次讲话中的事实无疑许多都是准确的，但是还不能把这当作对这次“围剿”完整的和客观的报道。虽然红军如毛所述采取了计谋，但是蒋的最强部队基本上仍完整无损，要不是在 9 月 18 日“沈阳事件”的关键时刻及时得到了消息，蒋的精锐部队本会进攻苏维埃共和国的首都瑞金的。蒋介石面对日本的威胁，无法分心于反共的“围剿”，因而延迟了进攻。事实上，蒋认为在 1931 年 10 月辞去总统职位是有利可图的，这样可以以另一种姿态在下一年的 1 月重新上台。②

从长远来看，也许会证明日本的长期侵略是毛上台最重要的一个因素。但是在当时，日本侵略对苏区的影响相对来说十分有限。共产党的领导人和共产国际一样坚持下列观点，即在推翻“反动和卖国的”国民党政府以前，无法采取任何行动抵御日本的进攻。因此当时根本没有考虑到与国民党阵营中不同政见力量达成任何一种“统一战线”的想法，更不用说与蒋本人建立“统一战线”了。

如上所述，正是在第三次“围剿”结束和中日冲突开始以后几

---

① 《毛泽东选集》，2 版，第 1 卷，218～220 页。

② 参见陈志让：《毛泽东与中国革命》，168～170 页。

个月内，毛逐渐被剥夺了他在党内和军内所拥有的权力。

此时，他保留了中华苏维埃共和国中央执行委员会主席的职位。他以这种资格继续作为这个政权的主要发言人，但是他发表意见的自由受到了严格限制。因此，当我们要追溯毛在1932年至1934年间的政策时，我们发现情况与其他任何阶段都不同。在一般正常情况下，在我们阅读一篇毛的讲话或文章时，我们可以认为这准确地代表了他当时的观点。但是另一方面，拿江西苏维埃共和国阶段来说，把毛真正说过或写过的东西串联起来只是第一步，我们还必须根据可得到的贫乏证据，判定他是当真那样认为还是并不当真那样想的。

总的来说，由于1932年至1934年并不是毛一生中最有趣和最有特点的时期，因此费许多笔墨来猜测他在每个问题上可能持有的论点，是毫无意义的。一般地说，他似乎在经济政策方面比在军事战略问题方面享有更多的权力和独立。秦邦宪、周恩来以及其他人可能认为，毛的游击战术虽然已经过时，但他和农民关系密切而且能动员农民支持红军，他仍是有用之才。

中华苏维埃共和国经济社会政策的一个方面应该予以特别的重视，因为它非常紧密地符合毛性格的基本倾向，看来很可能他不仅同意这个做法，而且实际上这一做法是由他发起的。这就是所谓的“查田运动”。1931年11月所通过的土改法，是一个相当温和的土改法。诚然，富农分坏田[①]——前提是他们不采取反革命的态度——地主则根本不分地。中农可以保留自己的土地，置身于土改整个过程之外，除非他们自愿参加。[②] 1933年6月毛发起的大规模“查田运动”，正如运动的名称所示，目的在于检查土地再分配是否合理。但是在毛的思想中，推进阶级斗争的政治目的要比运动的经济目的更为重要。

毛在当时发表的一篇文章中解释说，农村革命改造有三个阶

---

① 毛在1930年2月制定的政策与之前完全不同，但他很可能在这个问题上改变了他的观点，而不是屈从于压力。如前所见，他在井冈山时期采用的是激进得多的土地政策。

② Conrad Brandt, Benjamin Schwartz, and John K. Fairbank, *A Documentary History of Chinese Communism* (Cambridge, Mass., Harvard University Press, 1952), pp. 224 - 226; Hsiao Tso-liang, *Power Relations within the Chinese Communist Movement, 1930—1934* (Seattle, University of Washington Press, 1961), pp. 178 - 179.

段：土地改革、检查运动和发展农业。换句话说，他认为只有经过社会关系的彻底改革，才能发展农业生产（在国民党封锁的条件下，这个任务尤为紧迫）。

他之所以如此考虑，可能不是由于对革命的抽象信奉，而是由于他对中国农村社会本质之认识。毛解释说，由于过去的地主富农具有祖传的名望和文化上的优越性（“他们知道怎么说，他们知道怎么写”），他们常常能夺得像农民协会那样的群众组织的领导权，他们用这种办法伪装并重新取得了许多他们祖先的特权。为了反对这一种倾向，需要发动贫农反对过去剥削者的阶级斗争，唤醒贫农对他们切身利益的觉悟。毛写道：“革命群众与地主富农之间是严重的斗争着，但这里的斗争，不是象第一时期（土改阶段）里红旗子同白旗子的公开斗争了，而是革命农民群众同戴假面具的地主富农分子的斗争。”①

毛认为，“查田运动”在使农民看清隐蔽敌人的真正阶级本质过程中起着重大的作用。几个月以后，毛在叙述苏区首都附近一个模范区所发生的情况时，说明了查田运动在实践中的意义：

> 五十五天中发动了全区的群众，彻底消灭了封建残余，查出了地主富农二百余家，枪决了群众所谓“大老虎”的十二个反革命分子，镇压了反革命活动。②

在此背景下，你必须理解毛于1933年6月写的有关决定农村阶级成分的指示，指示中写着：“地主阶级是革命的主要敌人。苏维埃对地主的政策是剥夺他们全部财产，消灭地主阶级。”③ 但是我们从毛举的例子中的事实可以看到，二百户地主富农中，也只有十二个“大老虎”被枪毙，而且毛在1933年至1934年倡导的“消灭”地主阶级，并不是指肉体上统统消灭这些地主分子，而是全部剥夺地主的财产，摧毁地主作为一个阶级存在的基础；动员农民群众同

---

① 《红色中华》，1933年6月10日第86期，3页；《红旗》，1933年8月31日第59期，32页。

② 《斗争》，1933年8月29日第24期，4页；《红旗》，1933年10月30日第61期，46页。

③ 《怎样分析农村阶级》，载《红色中华》，1933年6月29日，89页。此件当时并非毛签字，但是一直认为是他所写的；另见《毛泽东选集》，2版，第1卷，127～129页，文中观点比他大多数的著作修改得更多。

他们作斗争，目的在于摧毁地主传统上和习惯上所拥有地位的根子。

“查田运动”之所以值得注意，不仅由于它是江西苏维埃政府政策的一个重要方面，而且由于它是1949年以后类似政策和急务的先兆。另外，查田运动反映了毛的一个信念，他认为土地改革是经济的，也同样是政治的措施，同时又是对农民进行教育的一个过程。就像中华人民共和国建立初期时那样，江西常常开会以便把群众和当局的决定结合起来，从而同意严惩敌对阶级的处置办法。毛于1934年1月总结“查田运动”工作的时候，声称“只通过少数几个苏维埃机构来进行这些工作，就会有降低群众斗争情绪的危险”①。

这种把注意发动群众作为改革中国农村的关键，以及认为应当经常检查现状发现问题以便防止从前的剥削阶级重新抬头的思想，直至20世纪60年代仍以反复不断的“阶级斗争”运动的形式存在。更一般的来说，毛关于革命首先是一种心理过程的想法，在过去的四分之一世纪里影响了“思想改造”和“整风”等一系列政策，而在“伟大的无产阶级文化大革命”时期，则达到了顶点。

如果毛能用这个办法在很大程度上把他的特征施加于中华苏维埃共和国经济和社会政策方面，那么他对处理军事问题的影响看来实际上等于零。但正是这方面的情况具有决定性的意义，因为当时中央委员会采用的呆板战略，导致了灾难性的失败，从而结束了江西共和国。

所谓“全线出击”的战略方针是由王明、秦邦宪和周恩来发明的，最初于1931年秋季采用过，由于1932年9月第十二次共产国际全体会议所采取的立场，这种战略方针在1932年年底和1933年年初得到了频繁的应用。在这种时候，常常说由于“资本主义总危机的加剧”而形成的“革命高潮”，给予共产党员在革命危机成熟前的短时间内发动群众参加即将来临的为权力而斗争的重任。中国共产党的迫切任务正如共产国际所详细列出的，不仅包括动员群众

---

①　在1934年1月24日第二次全国苏维埃代表大会上的报告，转引自Conrad Brandt，Benjamin Schwartz，and John K. Fairbank，*A Documentary History of Chinese Communism*（Cambridge，Mass.，Harvard University Press，1952）一书中的节译文。

“参加反对日本和其他帝国主义者的全国性斗争”，发展和统一苏区领土和加强红军，而且还要直接为“推翻国民党政权”而斗争。

这样就使他们相信全世界的革命即将成功，中央委员会大多数成员则更为大胆地鼓吹正面攻击蒋介石的军队，因此他们比以前更不能接受毛的灵活的游击战术。应当承认，这些城里人对毛的“农民方式”很轻视。从军事上来说，头三次“围剿”已证明“诱敌深入”苏区，使战斗得以在对红军有利的环境下进行的战术方针是成功的，但是政治上这些战术方针具有的不利之处，使苏区人民经常承受战争危险和痛苦。声称是这个国家唯一的合法政府却又不能更好地保护自己的公民，那么中华苏维埃共和国是一种什么样的政治实体呢？

即使到后来分析江西根据地瓦解的原因时，毛对这些反对意见也只能给出否定的答复。他指出，竭力想维持苏区的稳定状态，反而导致了危机的到来；不过他并未认为，如果奉行他的战术方针，就会在全国范围内取得胜利：

> 作战线的不固定，影响到根据地领土的不固定。时大时小时缩时伸是经常的，此起彼落也往往发生。……
>
> 战争和领土的流动性，影响到根据地各种建设工作也发生流动性。若干年月的建设计划是不能设想的。计划改变的频繁，是我们家常便饭的事情。
>
> 承认这种特点，对于我们是有利益的。从这个特点出发，规定我们的日程，不要幻想有进无退的战争，不要震惊于领土……的暂时的流动……只有在现在的流动生活中努力，才能争取将来的比较地不流动，才能争取最后的稳定。
>
> ……“正规战争”的战略方针，否认这种流动性，反对所谓“游击主义”。反对流动的同志们要装作一个大国家的统治者来办事，结果是得到了一个异乎寻常的大流动——二万五千华里的长征。[1]

[1] 《毛泽东选集》，2版，第1卷，229页。

如果毛在1936年（即他写这些评论之时）没有迅速取胜的行动计划，那么在1933年至1934年进行决定性的战略争论的时候，他就更加不可能提出一个速胜的行动计划了。从他的态度来看，共产党的上策是维持现状，等待他们能扩大领土和影响的新情况的出现。但是这个时期，他再也不能公开地为他自己的观点辩护了，甚至还不得不赞同对他本人的一场若隐若现的攻击，然而这是在反对"罗明路线"运动的幌子下进行的。

在第四次"围剿"中，福建省委代理书记罗明用的是灵活的游击战术。现在总是把这一战术与毛联系在一起。官方史书上把共产党对1932年至1933年[①]第四次反"围剿"的胜利完全归功于毛的这一战术。[②] 事实上，从他自己对这次战役的极为简略的叙述中显然可以看出当时红军所用的战术与以前的战术是不同的，其中包括由周恩来、秦邦宪等人提出的御敌于远离苏区中心地方的战术。[③] 但是，倒霉的罗明不同意用他指挥下的弱小的游击队去正面攻击国民党军队，因而从1933年2月就被归国留苏学生们谴责为犯有"悲观主义"、"取消主义"、"逃跑主义"和其他"右倾机会主义"的错误。虽然毛本人并没有公开地谴责罗明，但他还是按照上级的旨意谴责了一切与"罗明主义"有关的异端，并说第四次反"围剿"的胜利完全是由于中央委员会的"出击"路线。但是他自己的兄弟毛泽覃却是"罗明路线"的追随者。党的领导特别指出"罗明路线"的恶劣影响，因为它是清算这一错误倾向的障碍。[④]

---

① 关于这次战役的日期，是有意见分歧的。斯诺根据毛的口述认为该战役发生于1933年4—10月（《西行漫记》，155页）。陈志让（《毛泽东与中国革命》，176页）却认为是在1932年6月至1933年3月。萧祚良在大事记中把战役开始的日期定为两个，即1932年6月和1933年春，但未加任何说明［Hsiao Tso-liang, *Power Relations within the Chinese Communist Movement*, *1930—1934* (Seattle, University of Washington Press, 1961), pp. 310-311］，这是独一无二的做法。事实上，1932年6月是开始"围剿"次要的苏区的日期，而1933年春是对中央苏区的主要战役的开始日期。

② 参见《毛泽东选集》，2版，第3卷，967页，北京，人民出版社，1991。(第3卷原文为："但是因为毛泽东同志的正确战略方针在红军中有深刻影响，在临时中央的错误路线尚未完全贯彻到红军中去以前，一九三三年春的第四次反'围剿'战争仍然得到了胜利。"——译者注)

③ 虽然没有采纳他的意见，但这次战役还是打胜了，可能就是出于这个原因，毛才只简单地谈到这次战役（《毛泽东选集》，2版，第1卷，220页）。

④ 关于"罗明路线"的主要文件，见 Hsiao Tso-liang, *Power Relations within the Chinese Communist Movement*, *1930—1934* (Seattle, University of Washington Press, 1961), pp. 230-247。

在1945年关于党的若干历史问题的决议中，罗明被说成一个优秀的指挥员，他的政策基本上是正确的，但受到当时控制党的“左”倾分子的不公正的攻击。虽然我们在几处都已看到，毛派的官方史书与事实有所出入，但是在这一具体事件中，我们完全有理由相信1945年的决议确实反映了毛当时的观点。当时他的地位岌岌可危，不但不能为他的兄弟辩护，反而不得不赞扬中央委员会的“布尔什维克路线”。

我们已说过，在第四次反“围剿”过程中，执行这条“出击”路线的结果是取得了胜利。从短期看，这确是值得庆幸的；但从长远看，其结果却不幸地证明了那种认为红军可以与国民党军队相抗衡、能够把他们挡在根据地以外的意见是正确的。在后来的一次“围剿”中，蒋介石采取了建立碉堡并逐步紧缩对江西根据地包围圈的新战略，上述的乐观和主动出击精神带来了十分不同的结果。

但是在第五次也是决定性的战役开始之前，由于蔡廷锴第十九路军的反叛，抗日统一战线的问题在斗争中显得突出起来了。中国共产党对日本在1931年9月侵略的反应，是严格遵循当时共产国际“从下而上统一战线”的路线的。它承认在广大群众中，甚至在国民党部队中都有真正想抗日的人，但只有在共产党的领导下，抗日才能奏效。这是1932年9月共产国际第十二次全体会议和1933年12月第十三次全体会议的观点。① 这也是中华苏维埃共和国在1932年4月抗日宣言中的立场。② 但是，中国共产党在1933年1月提出了一条较灵活的路线。他们准备在三个条件下（停止对苏区的进攻、给予民主权利和武装抗日群众）与“任何部队”——与任何政见不同的指挥员签订协议。③ 虽然他们没有表示愿意和国民党上层领导人（更不用说蒋介石了）打交道，但是，这已比当时的共产国际要走得远了。莫斯科并没有明确表示不同意这一主张，因为共产

① 参见解放社编译：《战略与策略》，316～370页。［译文见《共产国际有关中国革命的文献资料（1929—1936）》，170～277页。——译者注］

② 参见《苏维埃中国》（第1集），44～48页，中国现代史资料编辑委员会翻印，1957。［该书系根据苏联外国工人出版社的版本（原书第1集系1933年印的，第2集系1935年印的）翻印的。——译者注］

③ 参见上书，60～61页。

国际的报纸也登载了1933年1月的这份宣言。[1] 即使在1933年12月共产国际第十三次全体会议上，王明也只提出了共产党应该争取国民党军队中少尉以下的士官或少数低级军官支持抗日。他没有要求与国民党军队（有组织）的单位合作。他把1933年1月提出的与“任何部队”联合的提法看成纯粹的宣传策略。[2]

但在他发言前一个月，即1933年10月26日，中国苏维埃政府真的与得到蔡廷锴在军事上支持的福建“人民革命政府”达成了初步“抗日反蒋”协议。[3] 蔡从来就不同意蒋介石对日让步的政策，他领导的第十九路军于1932年1月在上海英勇抗日。事实上，蔡是与共产党达成协议后才开始行动的。但是在蒋镇压福建政府时，红军却袖手旁观。

毛在这些事件中起了什么作用呢？早在1936年他在接见斯诺时就批评说没有和福建的叛乱联合是个极为严重的错误[4]，以后他也是一直这样批评这些事的。但当时他表明的立场却完全是另一种样子。1934年1月，在蒋对福建的叛乱者进行决定性的进攻后不久，毛在中华苏维埃第二次全国代表大会上的讲话中谈到他们时是极不友好的。他在结束讲话时说：“至于福建的所谓人民革命政府，一位同志说它有一点革命的性质、不完全是反动的。这种观点是错误的。”他说，“人民革命政府”只不过是部分统治阶级以在共产主义和反动政治之间有“第三条道路”的虚伪口号来欺骗人民的鬼把戏而已。[5]

很难说毛斥责福建叛乱者的这番话是由于他已失去了一切权力而不得不违心说的话。事实上，虽然毛对作为社会范畴的资产阶级的态度是比较宽容的，但是在要与资产阶级国民党人（不管这些资

---

① 参见《国际新闻通讯》，1933年1月26日，91～92页。

② 参见解放社编译：《战略与策略》，362页。［译文见《共产国际有关中国革命的文献资料（1929—1936）》，220～222页。——译者注］

③ 参见《红色中华》，1934年2月14日第149期，4页；萧祚良对此有简述，见 Hsiao Tso-liang, *Power Relations within the Chinese Communist Movement, 1930—1934* (Seattle, University of Washington Press, 1961), pp. 248-249。

④ 参见［美］埃德加·斯诺：《西行漫记》，156页。

⑤ 参见《红色中华》，1934年8月1日第221期；萧祚良对此有简述，见 Hsiao Tso-liang, *Power Relations within the Chinese Communist Movement, 1930—1934* (Seattle, University of Washington Press, 1961), p. 296.

产阶级如何爱国）共掌政权时，他常常是极其保守的。江西时期红军的参谋长龚楚——他有时难免出错，但他不是一贯敌视毛的人——说，在中央委员会辩论蔡廷锴提出的联合建议时，毛是“游击派”的主要发言人。他们不愿在这样的事件中拿红军来冒险（因此，他称毛为“保存派”，意思是说他们是只关心保存自己力量的人）。[①] 毛本人在 1935 年 12 月的报告中虽然认为蔡廷锴的叛乱“不能不说是有益于革命的行为”，但是仍像当年那样批评福建政府“守着老一套不去发动民众斗争”[②] 的做法。

因此，完全有可能，毛对与蔡廷锴合作的态度比他现在要我们相信的远为保守。另外，当时他的影响很有限，如果中央委员会其他委员坚持要支持蔡的话，他一个人是无法阻止的。此外，上面所引王明 1933 年 12 月在共产国际第十三次全体会议上的讲话也说明“二十八个半布尔什维克”对福建的叛乱者并不热情。可能在国内战斗的秦邦宪比在莫斯科的王明的态度要现实些。也许像龚楚说的那样，周恩来是支持蔡廷锴的那些人的领袖。如果情况确是这样，那么，为什么秦和周未能推行与福建政府结盟的政策呢？还必须指出，认为蔡廷锴是共产主义与反动政治之间“第三条道路”的代表的那种不友好的态度是与当时莫斯科的路线完全一致的。莫斯科的路线认为主要打击对象应该是“中间力量”（这个路线的一个例子就是对待社会民主主义的目光短浅的政策。它把社会民主主义当作比法西斯还要危险的敌人，这一政策对希特勒上台起了作用）。总的说来，1933 年至 1934 年，中央委员会的大多数都拥护这一敌视“中间力量”的政策，那么在蔡廷锴的问题上，他们为什么要违背这个政策呢？

中华苏维埃共和国对待福建叛乱者的政策，在中国共产党的历史上始终是个最让人弄不清楚的问题。但是不管谁应该对拒绝支持

---

① 参见龚楚：《我与红军》，362～367、395～400 页，香港，南风出版社，1954。龚甚至说由于毛在这个问题上持反对意见而受到了留党察看的处分。

② 《毛泽东选集》，2 版，第 1 卷，146 页。1933 年 12 月毛对福建政府作了类似的但尖锐得多的批评，要求福建政府改正这些错误，作为共产党支持的条件。他与朱德共同签名的致“人民革命政府”的电报摘要，见 Hsiao Tso-liang，*Power Relations within the Chinese Communist Movement*，*1930—1934*（Seattle，University of Washington Press，1961），p. 253。

“人民革命政府”负责，由于这个错误，结果是共产党不久就发现，在越来越困难的情况下，他们的战斗是孤立无援的。

这些困难主要是由于蒋的军队在他的德国军事顾问冯·赛克特和冯·法肯豪森的指导下采用新的、极为有效的战术造成的。前面说过，这些战术是在江西中央苏区周围建立一圈由铁丝网和其他工事连接起来的碉堡。一方面，这种阵地战使红军很难像蒋过去运用运动战时那样歼灭孤立的国民党部队。另一方面，它使国民党部队有可能实行严格的经济封锁。这种封锁对苏区产生了很严重的后果，到 1934 年夏，那里的居民甚至得不到足够的盐，粮食价格大幅度上涨。

在军事方面，按照毛的说法，除去开始时打了一次胜仗外，红军“辗转寻战于敌之主力和堡垒之间，完全陷入被动地位”。他还说这“真是最蠢最坏的打法”①。但是，当时毛本人认为应该怎样打，仍然是搞不清楚的问题。1936 年，他很明确地说明了应该采取的打法。红军应乘福建叛乱的机会，掌握主动，向北向东，向南京和汉口方向大举出击，这样可将国民党包围苏区的军队调开，打破蒋的堡垒战术。一方面，这一战略与毛一贯的（至少是前几年的）谨慎做法不一致。另一方面，1933 年年底至 1934 年年初，毛发表的意见与中央委员会大多数人的意见几乎是一模一样的，即国民党已处于军事与政治崩溃的边缘，红军已成为“无敌的铁军”，完全能够与蒋介石的军队正面作战。② 换句话说，他在言辞上是太乐观了，而在行动上可能又是太谨慎了，这与他后来所说应该采用的战术是不一致的。

即使战略是完全正确的，也不能肯定共产党就能战胜冯·赛克特的堡垒战术。但是，可能性至少要大些。到 1934 年夏初，已经基本上作出了从江西撤退的决定。

新政策的第一个具体表现就是 1934 年 7 月 15 日发表的声明，

---

① 《毛泽东选集》，2 版，第 1 卷，220～221 页。

② 毛在 1936 年 12 月所作的分析见《毛泽东选集》，2 版，第 1 卷，235～236 页。他在第五次“围剿”时发表的不妥协的言论，见 1933 年 8 月 12 日的发言（《红旗》，1933 年 11 月 20 日第 62 期，10～23 页）以及他向中华苏维埃第二次全国代表大会作的报告（《只有苏维埃能够救中国》，80～89 页）。

这份由毛和朱德签署的文件称已派出“抗日先遣队”北上抗击侵略者，如果先遣队遇到有部队准备接受1933年提出的联合的三个条件，那么“我们工农红军的主力即将象先遣队那样与中国的所有武装部队联合，共同奋斗”。这支由方志敏率领的先遣队不久即被国民党部队消灭，只有一小部分留在浙江与福建边界打游击。①

毛泽东于1934年8月1日在接受访问时宣布全国的红军部队，包括江西和其他华中地区根据地的红军，已受命准备北上。② 从这时起，即开始积极准备后来称之为长征的工作。毛在这些事件中的作用仍然是不清楚的。他当时的影响肯定是有限的，很可能毫无影响。甚至有人说他被开除出中央委员会，并实际被软禁在瑞金以西五十多英里的小镇于都。8月和9月，他得了疟疾，病得很重。③

早在8月，负责井冈山老根据地的萧克奉命与在湘黔边界根据地的贺龙会合。这一任务胜利地完成了，10月，这支联合部队改组为第二方面军，贺龙任司令，任弼时任政委。④

10月15日或16日，红军主力终于开始向西南方向移动。在新丰的速战得胜后，红军打破了包围圈，穿过广东最北端和湖南的南端，然后跨过广西以北的湘江。

他们共有十万人，其中战士八万五千人，党政干部一万五千人。他们没有明确的意图和目的地，而这二者是有联系的。如果他们真的想打日本，他们就该还向北走。如果他们的目的只是想在失去江西根据地后寻找一个安全地区，他们就完全可以在四川停下

① 1934年7月15日的宣言的摘要，见 S. Schram, *The Political Thought of Mao Tse-tung* (London, Pall Mall Press, 1964), p. 220。显然，派出“抗日先遣队”北上的决定是4月份在重要战略中心广昌落入陈诚指挥的国民党部队手中的前夕作出的。关于这事和先遣队的意义，见 Hsiao Tso-liang, *Power Relations within the Chinese Communist Movement, 1930—1934* (Seattle, University of Washington Press, 1961), pp. 286, 293-295；陈志让：《毛泽东与中国革命》，182页。

② 参见《红色中华》，1934年8月1日第221期。对此，萧祚良一书有简述，见 Hsiao Tso-liang, *Power Relations within the Chinese Communist Movement, 1930—1934* (Seattle, University of Washington Press, 1961) p. 296。

③ 关于毛蒙受屈辱的最明确的说法见龚楚：《我与红军》，395～400页。张国焘在接见萧祚良［Hsiao Tso-liang, *Power Relations within the Chinese Communist Movement, 1930—1934* (Seattle, University of Washington Press, 1961), pp. 296-297］时虽不能证实龚楚所说的细节，但也说在1933年年末，毛实际上被剥夺了一切实权。龚楚在上述的段落中提到了毛的病。毛的医生傅连暲也在《红旗飘飘》第10卷第3～12页中提到毛的病。陈志让在《毛泽东与中国革命》第183页上也有简述。

④ 参见陈志让：《毛泽东与中国革命》，183页。

来，张国焘在第四次“围剿”中被逐出鄂豫皖根据地后在四川站住了脚。我们可以假定毛泽东本人是真心诚意想打日本的，这一方面是为了有一个能号召群众的新目标，另一方面是因为他深切关心着中国的命运。但是毛那时仍然不能左右局势。部队是由朱德和周恩来领导的，朱为总司令，周为政委，共产国际派了一位名叫奥托·布劳恩、化名李德的德国军事专家来协助。① 李德要对阵地战的战术负责，这一战术使红军在第五次“围剿”中损失惨重。这时他又鼓吹走最短的路线抵达目的地，即使这样走意味着与强大得多的敌军正面战斗。②

合乎逻辑的第一步似乎应与在湖南西北角活动的贺龙的第二和第六军团会合。因此，红军在敌军密集的火力下，经过一个星期的苦战，强渡了广西以北的湘江。红军渡河后集合时，人员已损失了一半。在遭到了这样惨重损失的情况下，大家终于同意毛的主张，不在湖南中部孤注一掷地硬拼，而向西进入敌人力量较弱的贵州省。③

年底，红军渡过贵州中部的乌江。这一战役只是由于少数精心挑选出来的人员的大无畏精神才取得了胜利。他们在敌人猛烈的炮火下用筏子渡过了宽阔的江面，爬上光秃秃的石壁，突然夺取了扼守渡口的国民党碉堡。红军采用了从《三国演义》中学来的战略，包括使用缴获的国民党制服和旗子，实际上未发一枪一弹就占领了遵义。1935 年 1 月第一个星期，政治局在那里举行了著名的遵义会议，终于使毛成为中国共产党的领导。

---

① 李德在 60 年代因在东柏林报纸（《新德国》1964 年 5 月 27 日）上发表了一篇充满敌意的、名为《毛泽东是以谁的名义说话的?》的文章，从而知名于世。他 20 世纪初生于慕尼黑附近，1928 年在德国越狱逃跑（由于他进行共产主义活动，以叛国罪被判刑），在被派往中国以前一直住在莫斯科。按他在《新德国》上发表的文章，他不像人们估计的那样是个职业军人，而是个中学教员，后来成为共产党的工作人员。他的那一点军事素养显然是在赴中国前在苏联获得的。

② 关于长征的第一本最有说服力的叙述是斯诺的书（《西行漫记》，158～181 页）。另见陈志让著《毛泽东与中国革命》第 185～200 页及《红色风暴》中的几篇文章。关于这个问题，中国发表了大量的回忆录和历史研究文章，并以英语出了一本选集。特别有价值的是毛的警卫员陈昌奉的《跟随毛主席长征》（天津，天津人民出版社，1973）和《长征：目击者的叙述》（北京，外文出版社，1963）。上文所说八万五千名士兵和一万五千名干部这两个数字就是取自陈昌奉的书第 88 页。

③ 以上根据当时红军参谋长刘伯承在《长征》（上海，上海人民出版社，1976）一书中《回顾长征》一文。刘曾参加南昌起义，在战斗中失去一只眼，因而得名“独眼龙”。

红军在长征初期受挫不仅是由于正面攻打集中的强敌，还由于将整个国家的坛坛罐罐（机器、金银、印刷机等）全都带着上路。在遵义，这一整套政策，由于均未成功而被放弃了。执行这一路线的总书记秦邦宪被撤职，由另一个归国留学生张闻天取代。但从此以后，实权是在新设的政治局主席毛的手中。①

毛就像其他伟大的军政领导人在不同但同样危急情况下那样，对于最终“有权指挥全局时”显然感到高兴。但当他一想到滞留在后方打阻击战的同志们时，不论他在长征中多么疲劳和危险，始终高涨的热情也受到影响。在这些同志中，有他的兄弟毛泽覃和生肺病的瞿秋白。1935 年上半年，毛泽覃战死，瞿秋白被俘后最终被处决。

这时，红军已抵达四川边界附近的地方，合理的方针应该是像以前准备与湖南的贺龙部队会合一样，与在四川北部的张国焘部会合。但是这种打算，和前次想与贺龙部会合的打算一样，蒋介石看得非常清楚。他迅速采取行动，阻止他们会合。但是，他要在四川做到这点比在第五次“围剿”的地区要困难得多，因为四川当时不受国民政府直接管辖，蒋不得不与当地军阀合作。在毛和他的同志们于 1 月中旬北上时，他们和张国焘的四方面军都遭到国民党和当地军阀部队的联合进攻。

在这种情况下，毛断然采用了他很久以前在李立三时期就提倡的战术：“强敌跟追，用盘旋式的打圈子政策。”② 其结果可在本书所附地图上看到。* 在贵州北部作打圈子运动时，红军一方面军在关键的娄山关一役中取得对该省军阀省长王家烈的重大胜利。当地雄伟的风光和新获得的权力与肩负的责任，促使毛写下了长征途中的第一首词：

* 本书中译本已将地图省略。——译者注

西风烈，
长空雁叫霜晨月。
霜晨月，

① 毛在 1938 年前只是事实上的主席，而不是正式的主席。
② 摘自他 1929 年 4 月 8 日给中央委员会的信，见《毛泽东选集》，2 版，第 1 卷，104 页。

马蹄声碎，
喇叭声咽。

雄关漫道真如铁，
而今迈步从头越。
从头越，
苍山如海，
残阳如血。[1]

虽然取得了这次胜利，但毛仍谨慎地决定不强行通过四川中部敌军坚固的阵地，而在遵义重渡乌江，绕道云南和西康赴四川。这时蒋介石亲自坐镇贵阳指挥对红军作战。毛渡过乌江后，直指贵阳，似乎要攻贵阳。他在制订计划时说："只要能将滇军调出来，就是胜利。"[2] 蒋的确由于红军的这次佯攻而从邻省调了增援部队，但红军却突然向西，横穿云南。在对省会昆明又作了一次佯攻后，红军向北赴云南、四川交界处的金沙江。少数战士又一次乘小船渡过湍急的河流——这次伪装成国民党的侦察部队、警察和纳税人——进入渡口对岸村子里的据点。然后，以九天时间，小船往返将红军全部运过河去。

红军在经西康北上时，蒋介石确信命运已使敌人落入他的手中了。他们或者被迫向西进入西康即四川边界处难以通行的地区，或者穿过峡口渡过波涛汹涌的大渡河。太平军的石达开将军就是于1863年在这个地区被清军围困全军覆没的。显然，蒋介石在心里是将这二者作了类比的，他认为共产党与太平军一样都是农村中的"痞子"，尽管孙中山盛赞太平军发起的是伟大的革命运动。国民党空军甚至投下传单说毛泽东将成为另一个石达开[3]，蒋则亲自飞到重庆指挥战斗。

---

① S. Schram, *The Political Thought of Mao Tse-tung* (London, Pall Mall Press, 1964), p. 283.（见《毛泽东诗词选》，48页。——译者注）

② 转引自刘伯承在《长征》一书中写的一篇文章。

③ 参见刘伯承：《长征》，12页。

抢渡大渡河是长征史中传奇式的业绩。开始时，它与横渡乌江差不多——对守卫安顺场的小股敌军进行奇袭，缴获一艘小船，由十八名精心挑选出来的勇士向对岸峭壁顶上碉堡内的敌军阵地发起攻击。但是这次强占渡口只是战役的开始而不是结束，因为要靠小船将全军渡过去是旷日持久的，这样，强大的敌增援部队就会有时间赶到。此外，部队易受空袭，而河流又湍急，不可能架起临时便桥，唯一的办法就是抢占大渡河西北上游三百五十多里的泸定吊桥。在作出此决定前，已乘小船渡河的第一师必须在河的对岸前进，以支援主力部队的行动。

两岸的部队在咆哮的河水声中在石壁上攀援狭窄陡峭的小路前进。他们在泥泞中艰难地行军，在阻挡前进的支流上架便桥，偶尔与小股敌军战斗。开始时，军团司令部给左岸的先头部队三天时间行军三百五十多里赶到泸定桥。但是在第二天早上还剩二百四十里时，该部突然接到通知要他们在二十四小时内赶到。政委们甚至连召集会议的时间也没有，只得边行军，边解释。临近黄昏时，他们发现对岸有敌军的队伍，正以强行军的速度奔赴泸定桥。夜色降临后，对岸的敌军点着火把。如果红军要沿着崎岖的小路行进，也必须点火把。为避免遭到河对岸敌军的射击，指挥员们命令四川籍的战士在敌军询问时大声答话。假称是日间被击败的三营敌军。5 月 25 日清晨，红军按时抵达，轻而易举地占领了敌哨所。

对岸是泸定城，有坚固的工事防护，并配有机枪和迫击炮。两岸之间，横跨着十三根铁索，铁索嵌入巨石中。四根铁索当栏杆，另九条上原来铺着木板，但已被敌军抽去。这时又组织了志愿队。下午四时，二十二名人员，带着机枪、大刀和手榴弹，开始沿着摇摆不定的铁索爬行，后面跟着一个连，带着木板铺桥面。有些突击队员坠入河中牺牲了，但其他的人继续缓慢前进。靠近对岸的地方，桥上还有些木板，在最后关头，敌人纵火烧木板企图阻止红军前进。但先头部队中剩下的人一面掷手榴弹一面冲过火焰，架桥连及该团余部随后跟着前进。到黄昏时，泸定的敌军两个团均被击散，红军完全控制了该城。不久，第一师沿左岸赶到，途中击退了遭遇的敌军。红军就这样渡过大渡河，避免了重蹈石达开的命运。

从此以后，毛泽东指挥的部队在抵陕西以前就再也没有什么大的战斗了，但他们却遇到了极为巨大的自然困难，这使他们的征途成为军事史上的一次伟大的业绩。毛还必须进行政治斗争，这就是与张国焘的冲突。在艰难地翻过高耸的、冰雪封住的夹金山山口后，一方面军与四方面军在懋功会合了，然后共同向北行进到毛儿盖。在这里，两人的分歧终于达到了严重的程度。

毛泽东继续宣传北上到高岗、刘志丹已建立了苏维埃的陕甘边区，以便充分鼓舞中国人民抗日的情绪。张国焘认为这政策不现实，建议撤到西康甚至西藏去。现在将这种主张贬为“逃跑主义”与“军阀主义”。它的确是“逃跑主义”，因为它将使红军远离国民党追兵。在一定意义上说，它也是“军阀主义”，因为它要在少数民族聚居的地区建立军队，而在这个地区是很难对群众进行政治动员的。但是这个说法的主要意思无疑只是指张以他自己的威望和权力与毛对抗。在党内，他曾多年是毛的上级，这时他不愿成为毛的下级。

双方力量较量的结果，最终形成了僵局。部队一分为二，张国焘与毛各指挥一支部队。张率领他的那一半走向他一直想去的西康，毛和他的部队则向北行进。

这一事件中唯一真正的难解之谜是朱德为什么陪着张国焘向西走而没有与毛共命运。以前所作的解释是由于自然障碍或者由于国民党部队的行动造成了两支部队和（或）朱毛的分开。但是这些解释都不能令人信服。* 唯一明确提到朱德这样做的动机的是他对史沫特莱口述的自传。他说是张国焘以枪逼他一起到西康的。[①] 他可能被逼或受到压力，但这不可能是全部原因。家乡观念可能也是个因素。张国焘在进入四川后招收了一支新的军队，参加军队的大部分是四川人（这也是他不愿按毛的愿望北上的原因）。朱德和刘伯承都是四川人，刘伯承也将命运与张连在一起。他们可能与张一样想留在家乡附近。总之，似乎有理由认为当时朱并不完全同意毛的意见（他在 1933 年与 1934 年曾与秦邦宪、周恩来、李德合作执行了

* 朱德去红四方面军系中央决定。——译者注

① 参见［美］艾格妮丝·史沫特莱：《伟大的道路》，379 页。

一条毛坚决反对的路线)。总之，这两个从1928年年初起一直合作(如果不是在思想上)的人这时分手，毛独自率领他的部队北上了。

毛泽东和他的同伴们还要经历整个长征途中最艰苦的一段，即越过令人生畏的草地。草地是一大片沼泽地，任何人走错一步，就会陷入沼泽，除非幸而附近有同志用棍子将他拉出来，否则很快就会没顶。更为糟糕的是非汉族居住区的少数民族比红军经过的其他地区的少数民族更仇视汉人，不论这些汉人是红军还是白军。在云南*，刘伯承与一个彝族部落的首领歃血结盟。[①] 红军在云南和其他地区都使少数民族相信，他们与少数民族以前所见到过的中国军队和政府不一样。但草地上的部族干脆把他们的牲畜赶走，将粮食藏起来或运走，消失在笼罩沼泽的茫茫大雾中。只有当他们从山上将巨大的石头推向在大片沼泽中少数在山口行进的红军或伏击掉队的人员时，红军才知道他们仍然留在当地。这样，完全没有可能从当地居民中筹集粮食，甚至用红军在长征途中买东西的银元也换不来粮食。红军带的粮食很快就吃完了。以后他们就吃马肉，再以后就煮或者烤皮靴、皮带或其他可能有营养的东西吃。他们采集或挖得的野菜中有许多是有毒的，吃了就恶心、腹泻甚至突然死去。除此之外，整天有雨，夜间极冷。他们的双腿经常泡在有毒的泥浆中，十分疼痛，只有开水而没有药物可用来治疗。

*原文如此。应为四川。——译者注

只有七八千人经受住了这场考验，向东到达腊子口，然后向北翻越岷山，在甘肃南部又遇强敌。但是毛和他的同志们在佯攻天水后，迅速向东北方通过穆斯林聚居的地区，突破了会宁和清宁之间的封锁。

在他们抵达陕西以前翻越最后一道天然障碍六盘山时，毛在另一首词中抒发了他的感情：

天高云淡，
望断南飞雁。
不到长城非好汉，

① 参见刘伯承：《长征》，11页。

屈指行程二万。

六盘山上高峰，
红旗漫卷西风。
今日长缨在手，
何时缚住苍龙？[①]

“苍龙”是东方星座的名称。这里指来自东方的日本侵略者。如果“缚”苍龙是指最后战胜日本，那么，这还是十年以后的事。如果这句问话只是指“什么时候抗日才开始成为我们的事业”，那么回答是“很快”[②]。

① S. Schram, *The Political Thought of Mao Tse-tung* (London, Pall Mall Press, 1964), p. 283. （见《毛泽东诗词选》，59页。——译者注）

② 本章结束时，毛并没有像本章标题所说那样在延安安顿下来。他到1936年年末才到达延安。但在中国共产党党史中，“延安时期”一般是从红军到达北方时算起的。

★第八章

在两条战线上的斗争

1935年秋，当毛泽东率领残部快要抵达在陕西省的终点时，他终于取得了对本党的控制权——虽然他的权威在其后数年内绝非不受挑战。现在到了这样的地区，又有了这样的政治地位，他就能够以最坚定的抗日派的姿态出现，利用日本继续侵略而在中国国内所激起的巨大社会动员力量，达到民族主义的目的。但是，为了达到自己的目标，他不得不时刻在两条战线上作斗争——既反对国民党，也反对莫斯科的支配。

国共之间初期发生的一些争吵无须赘述。虽然共产党和国民党不久都认为还是以合作抗日为有利，而不要再继续对抗，但双方都不认为这是一个永久性的解决办法。毛泽东和蒋介石都自信负有领导整个中华民族的使命，谁都丝毫不打算同对方无限期地分享权力。即使在他们合作最热诚、最有成效之时，也经常在算计对方，企图在必然分裂之前加强自己的地位。

同苏联的关系问题更为复杂，因为两国共产党之间既有斗争，又真心实意求团结。同时斯大林有两个既有区别又有联系的目标，这两个目标都是毛泽东所完全不能接受的。第一个是，如果有可能危及莫斯科的外交地位的话，不要过于猛烈地推进中国革命；第二个是，确保中国共产主义运动在苏联的指导和控制之下。虽然后来这些问题的表现形式有很大不同，但在1935年至1949年期间，双方在这两点上始终存在具有根本性质的紧张关系。诚然，毛泽东任何时候都不能公开藐视斯大林的权威，尽管偶尔大胆暗示莫斯科在中国的权力和影响是有其限度的。但是，人们有理由相信，究竟谁最终掌握中国革命的命运，是他们两人始终没有忘怀的一个问题。

1935年9月，在毛泽东率领的“中央红军”抵达前不久，徐海东所辖原在湖南东南部活动的二十五军团结束行军*，在陕甘根据地同刘志丹会合。两支部队合并成立一新单位，即十五军团，总兵力约七千人，打退了国民党的一次进攻，尔后继续前进。10月，参加长征的毛泽东及其八千名老战士同他们会师，粉碎了国民党的又一次“围剿”。至此，毛泽东指挥下的总兵力约达一万五千人。1936年，兵力又有增加，因为贺龙的部队已从在湖南的根据地来到陕西，张国焘和朱德的部队远征到西藏边界后也终于回来了。但不论是同周围的国民党部队，还是同1934年在江西提出的组建“一百万红军”的目标相比，总兵力仍然是很小的。①

*原文如此。应为河南东南部、湖北东北部。——译者注

在这种情况下，既高举所有爱国同胞联合抗日的旗帜，又不投降国民党而丧失任何一点主动性或独立性，是很不容易的。毛泽东则具有解决这种问题的卓越才能，因为他一直（乃至一生）既是一个人人信服的革命家，又是一个满怀激情的中国民族主义者。

作为一个革命家，他终于掌握了马列主义基本原理，并且学会按照意识形态的要求正确地制定政策。《论反对日本帝国主义的策略》的报告就明显地反映出这一点。在这个报告中，毛泽东对1935年12月底政治局召开的瓦窑堡重要会议作了一个总结，他不仅如1933年以来所一贯主张的那样提出联合“任何武装力量”，而且对当时中国存在的各种力量及其政治态度，进行了比较透彻的阶级分析。不仅小资产阶级和民族资产阶级，甚至一部分买办和地主也被认为是抗日统一战线潜在的同盟军，因为他们的利益是同英美等国的利益联系在一起的，而这些国家是同日本有矛盾的。此外，他还提出建立一个能够得到所有这些力量支持的单一的“国防政府”。②

---

① 关于1935—1936年红军各部抵达北方的情况及其兵力，见刘伯承：《长征》，166～175页；《毛泽东选集》，2版，第1卷，149页。毛泽东的湖南同乡任弼时，第一师范学校的毕业生，后来成了他极为忠实的副手，在劝说张国焘东返一事上显然发挥了重大作用。

② 现在能够找到的毛泽东1935年12月27日讲话的唯一文本，见于官方出版的《毛泽东选集》第2版第1卷，142～169页。此文无疑经过改写，几乎其中每一点都像是现在的观点。但总的说来，我认为它是同毛泽东当时讲话的主旨相一致的，见S. Schram, *The Political Thought of Mao Tse-tung* (London, Pall Mall Press, 1964) 关于此问题的论述。不过，我将“人民共和国”改为“国防政府”，“国防政府”是当时的提法。参见1935年12月25日政治局决议当时的说法，见《目前形势的分析》，32～47页，理论与实践社，1936。[见《六大以来》（上），735～737页，北京，人民出版社，1980。——译者注]“国防政府”的口号是1935年8月1日在毛儿盖发出的告全国人民书中第一次提出的。[见《六大以来》（上），681页。——译者注]

同时应当指出，这种成立正式联合政府的主张，仅仅是对国民党作出的很有限的让步。因为它虽然如早先的八一宣言一样，提出“国防政府”应经各党派和各社会团体的代表协商产生，但显而易见，共产党将在这种协商中起领导作用，陕北现存的苏维埃政府将构成新的抗日政权的核心。无论如何，不容许蒋介石和国民党起主导作用。这种立场同当时共产国际的路线完全一致。共产国际的路线是在1935年夏第七次代表大会上通过的，它号召在殖民地、半殖民地国家建立“反帝统一战线”，但又强调指出，在中国，“苏维埃应成为联合全中国人民进行解放斗争的中心”①。

1936年2月毛泽东所填的词《沁园春·雪》，形象地流露出了他这时候的整个观点，这种观点比1935年12月会议讲话那种政治性文章所提出的看法更加引人瞩目，调子也更加和谐：

北国风光，
千里冰封，
万里雪飘。
望长城内外，
惟余莽莽；
大河上下，
顿失滔滔。
山舞银蛇，
原驰蜡象，
欲与天公试比高。
须晴日，
看红装素裹，
分外妖娆。

江山如此多娇，
引无数英雄竞折腰。

① 《共产国际第七次代表大会决议》，莫斯科，1935。(见《共产国际第七次代表大会决议》，449页，北京，中国社会科学出版社，1982。——译者注）在这次代表大会上，王明已经号召成立“国防政府”。

惜秦皇汉武，
略输文采；
唐宗宋祖，
稍逊风骚。
一代天骄，
成吉思汗，
只识弯弓射大雕。
俱往矣，
数风流人物，
还看今朝。①

这首词断言，中国历史上的伟业还有所不足，今日的革命家才是中国历史上最伟大的英雄人物。但是我们的历史又是光辉灿烂的。中国的壮丽山河，到今日更加妖娆多姿，而两千年来历代帝王励精图治的英雄业绩到今日则相形见绌，但这些业绩也还是值得钦佩的。

特别引人注意的是提到成吉思汗，因为毛泽东几乎与此同时在他拟定的 1935 年 12 月对内蒙古人民宣言中再一次提到这位蒙古族征服者：

我们认为只有我们同内蒙古民族共同奋斗，才能很快的打倒我们共同的敌人，日本帝国主义及其走狗蒋介石；同时相信，内蒙古民族只有与我们共同战斗，才能保存成吉思汗时代的光荣，避免民族的灭亡，走上民族复兴的道路，而获得如土耳其、波兰、乌克兰、高加索等民族一样的独立与自由。②

宣言中说蒋介石是帝国主义的“走狗”，反映出当时毛泽东还

① 《毛泽东诗词选》，61～62 页。

② 《目前形势的分析》，52～53 页。[《中华苏维埃中央政府对内蒙古人民宣言》，见《六大以来》(上)，732 页。同施拉姆的引文稍有出入，蒋介石前无“其走狗”三字。——译者注] 鉴于《沁园春·雪》的意境同毛泽东此时的思想大体上相吻合，特别是这里又提到成吉思汗，笔者认为无理由像陈志让那样对中国在毛泽东诗词最新版本中更改这首词的写作时间持异议，见 J. Ch'ên, *Mao and the Chinese Revolution* (Oxford University Press, 1955), p. 341。

处在准备倡议同国民党合作而尚未认为必须把他的老对手包括在内的过渡阶段。痛斥国民党反动性的言辞实际上不见了，而对它最大的谴责也只是说它不保卫中华民族的生存。1936 年上半年最常见的对蒋介石的攻击是骂他为“卖国贼”。

对蒋介石的这种攻击，当然从反面反映出当时的政策（以苏维埃政府为抵抗侵略的主要中心来动员一切可以想象得到的民族集团或社会团体），是这种政策符合逻辑的必然结果。毛泽东在这方面进行了各种努力，工作很有生气。除内蒙古以外，他还在 1936 年 5 月向中国西北部的少数民族回族发出呼吁，向他们提出，把土耳其回族复兴的“荣誉”作为指导整个回族的“指南针”。[①] 在国内，他又对哥老会说，他认为哥老会是有名的秘密会党，他在湖南和其他地方都常常碰到，创建陕西根据地的刘志丹就属于哥老会。他甚至试图使哥老会的会员相信，他们的想法实际上是和中国共产党一致的，因为彼此都打富济贫，都反对外国压迫者而爱护本国同胞。[②]

这种呼吁反映了毛泽东的思想和当时的形势，自然是极有意义的；但是从政治上看，起决定作用的显然还是同国民党及其领袖蒋介石的关系问题。为形势所迫，两人在同自己的宿敌打交道时，都不得不逐渐克服本能的仇恨。1936 年 5 月，阎锡山军队拦击共军[③]，得到陈诚所辖蒋军两个师和少帅张学良（被日本人赶出中国东北）东北军的支援。在这种情况下，共产党最后决定直接向南京国民政府发通电。毛泽东后来说，他在 5 月 5 日发出的通电，标志着“放弃‘反蒋’口号”[④]。虽然此后仍然有几次以敌对的口吻谈论蒋介石，但是九年以来共产党报刊上对他的辱骂却很快消失了。

1936 年夏，在同斯诺长谈的过程中，毛泽东明确地表示他愿意同其宿敌合作：

---

① 见由毛泽东单独签署的《中华苏维埃中央政府对回族人民的宣言》（1936 年 5 月 25 日）。［见《六大以来》（上），764 页。——译者注］

② S. Schram, *The Political Thought of Mao Tse-tung* (London, Pall Mall Press, 1964), p. 261. ［见《中华苏维埃中央政府对哥老会宣言》（1936 年 7 月 15 日），见《六大以来》（上），766 页。——译者注］

③ 这次拦击，是由本书前述“抗日”东征引起的。

④ 《毛泽东选集》，2 版，第 1 卷，253 页。5 月 5 日通电全文，见该书第 267 页。

> 必定有一天需要作出抉择，要么抗日，要么被他的部下所打倒，他的部下决不愿作日本的奴隶。他的许多将领现在很难控制，都要求采取抗日的政策……
>
> 这种越来越大的来自他自己的将领和抗日群众运动的压力，可能迫使蒋介石认识到自己的错误，并答应人民的要求。如果他停止内战，开始抗日，重新建立国共两党之间的联合，我们将欢迎这种变化，并全心全意地同他合作。但这只能由蒋介石来作决定。这种决定不能再拖延很久了。[①]

此时蒋介石本人无意同共产党合作。但是有人比较愿意响应毛泽东及其同志们关于民族团结抗日的呼吁。其中为首的一个是张学良，他的部队在同共军作战被俘而经过教育释放后，都怀念在中国东北的家乡。张便通过各种途径同共产党接触。[②] 10月间，毛泽东的确愿意宣布，除非受到攻击，红军不再同张学良的“人民革命军”作战。

毛泽东就此向报界发表声明时说，他和他的同志们不仅准备同人民革命军，而且准备同南京政府“携手合作”抗日。他宣称：“我们极其希望同南京政府合作。”[③]

蒋介石为这种形势所困扰，又急于发动一次攻势，想把共产党彻底消灭，遂匆匆赶赴张学良在西安的司令部。但他在那里却被扣留，成了张学良的阶下囚。张劝他必须先抗日后反共，而不是“攘外必先安内”。这就是著名的“西安事变”。众所周知，结果达成了表面上有利于蒋介石的妥协，实际上他作出了重大的让步。从表面上看，张学良承认自己完全错了，并谦卑地请求蒋介石给予适当的处分（委员长乐于照办；“事变”后将近三十年了，张学良还被软禁在台湾）。但是与此同时，理论上出于个人的意志，蒋介石改变了以前的态度，很快同意和共产党及所有其他爱国力量合

---

① ［美］埃德加·斯诺：《西行漫记》，33～36页，英国，戈兰茨公司，1938。（中文本未查到。——译者注）

② 参见《中国的新西北》，74～75页，上海，平凡出版社，1937。

③ 《毛泽东关于停战抗日之谈话》（油印小册子），延安，1936。

作抗日。[①]

共产党尤其是毛泽东在这次危机期间所起的作用，是一个相当有争议的问题。对于同蒋介石合作，毛泽东和他的同志们无疑远比莫斯科有保留。在斯大林看来，蒋介石是唯一可能成为民族领袖的人，他的确一心想让中国在蒋领导下保持某种形式的政治团结，因此苏联的报刊一听到西安事变的消息，就痛斥之为日本人的阴谋。[②]张学良很快找共产党商议如何处置蒋介石，共产党是不愿放过这个同其宿敌算账的时机的。据斯诺说，在陕西的红色首都发出了要求对委员长公审的呼声。[③] 但是最后毛泽东和他的同志们显然认为，他们的力量还不够强大，不能自行发起建立联合政府，蒋介石较之那些更反动的领导人还算好一点，如果把他杀了，那些人就可能在南京得势。

下面是毛泽东在当时的一项声明中所作出的解释：

> 共产党在西安事变中主张和平解决，并为此而作了种种努力，全系由民族生存的观点出发。设使内战扩大，张杨长期禁锢蒋氏，则事变的进展徒然有利于日本帝国主义和中国讨伐派。[④]

1937 年上半年，双方在达成新时期国共合作的协议方面进展很快。1937 年 2 月 10 日，中共中央致国民党三中全会电为达成妥协打下了基础。共产党在此电中作出四项让步：

（1）停止推翻国民政府之武装暴动方针；

（2）陕西苏维埃政府改组为中华民国“特区”政府，红军改编为国军的一支部队，分别受南京政府及其军事委员会之指导；

---

① 关于“西安事变”的记述甚多，可参看蒋的自述，这一自述是他夫人的回忆录《西安事变》（上海，1937）的附录；另见 J. M. Bertram，*Crisis in China*：*The Only Story of the Sian Mutiny*（Macmillan，1937）。

② Charles B. MacLane，*Soviet Policy and the Chinese Communists 1931—1936*（New York，Columbia University Press，1958），pp. 79 - 91.

③ 参见［美］埃德加·斯诺：《红色中国杂记》（*Random Notes on Red China*），10 页，北京，群众出版社，1983。这种说法可能过分，同毛泽东随后在 1937—1938 年所采取的态度不协调，下面还要谈到。

④ 《毛泽东选集》，2 版，第 1 卷，247 页。

（3）在普选的基础上，在“特区”建立民主制度；

（4）停止没收地主的土地。

这些让步的条件，是国民党将电报中所提以下五点定为国策：

（1）停止内战；

（2）保障民主自由，释放一切政治犯；

（3）召集各党各派的代表会议，集中全力救国；

（4）迅速完成抗日之准备工作；

（5）改善人民的生活。[①]

1937 年 9 月 22 日，即日本制造卢沟桥事变并开始大规模入侵中国两个月后，国共双方达成了最后协议，其条件和共产党在 2 月间提出的要求相类似。其主要区别是增加了一条，即保证共产党的活动有利于孙中山的三民主义。三民主义是适合中国现阶段的纲领，这一思想实际上是共产党在 1936 年 8 月 25 日致国民党的一封信中提出来的。那封信要求国民党“恢复孙中山先生革命的三民主义精神”，并“重振孙中山先生的联俄联共和扶助农工的三大政策”[②]。

这样诉诸国民党所信仰的主义，引起人们怀疑中国共产党是否放弃了自己的主张，不再是“真正的”共产党。这种错觉最后传播得相当广（尽管没有后来所说的那样广），其实是毫无根据的，因为毛泽东在开始出现这个问题时就尽力作了澄清。1937 年 3 月 1 日在同美国记者史沫特莱（1 月间到延安[③]）谈话时，他相当详细地论述了共产党是否向国民党投降以及短期目标和长远目标之间的关系之类的问题。

在谈话过程中，史沫特莱女士直截了当地问毛泽东，统一战线政策是否意味着中共放弃了阶级斗争而变成单纯的民族主义者。毛泽东回答说：

---

① 参见《毛泽东选集》，2 版，第 1 卷，268 页。

② 《毛泽东选集》，2 版，第 1 卷，250 页。

③ 史沫特莱女士关于西安事变发生时她在西安的经历及延安之行的记述，见 Agnes Smedley，*Battle Hymn of China*（London，Gollancz，1944），pp. 96 - 143。

> 共产党人绝不将眼光局限于一个阶级的一时利益，而是极为热忱地关注中华民族的命运，而且是永远以民族命运为怀……中国共产党人是国际主义者，他们支持世界共产主义运动。[①] 但同时他们又是保卫祖国的爱国者……爱国主义和国际主义决不矛盾，因为中国只有获得了独立和自由，才可能参加共产主义运动。

由此可见，在中国以及在全世界，其最终目标仍然是共产主义，但只有首先拯救民族免于灭亡才能进行社会革命。在结束谈话时，毛泽东回顾说，1925 年至 1927 年期间，他和很多同志曾在国民党及其军队内工作，他们之所以能够这样做，是因为他们信仰三民主义，而三民主义也适合中国现在的需要。[②]

1937 年 5 月，中国共产党在延安召开全国代表会议，讨论同国民党合作的新政策，因为这项政策在许多党员中间引起了一些担心。[③] 在向会议所作的报告中，毛泽东再次断言，在目前阶段，共产党的纲领虽比三民主义激进，但同三民主义并没有根本冲突。在争取"民族独立、民权自由、民生幸福这三大目标"[④] 的共同斗争中，共产党和国民党可以找到合作的基础。

虽然将社会革命暂时从属于反对帝国主义的民族革命并相应地采取同"资产阶级民族主义者"结成联盟的政策是同列宁的理论和斯大林的实践完全一致的，但毛泽东对问题的看法仍然同苏联领导人有重大区别。在毛泽东看来，一切中国人联合起来救国，不仅仅是一个灵活的策略，而且本身就很重要。至于重要到何等程度，看他贯彻这项政策的热情就知道了。他不仅预言国民党会有"光明的前途"，并赞扬其"伟大的领袖"蒋介石[⑤]，而且在其向中共六中全

---

① 此处，唯一的中文本用了一个古老的字眼"大同"或者说"大和谐"来表达共产主义思想。

② 参见《时论选集》，359～372 页，上海，1937。

③ 在前述同史沫特莱的谈话中，毛泽东特别提到，有一批人（显然是在共产党内）害了"左倾幼稚病"，反对在西安事变中释放蒋介石，并反对同国民党合作的整个政策。

④ 《毛泽东选集》，2 版，第 1 卷，259 页。

⑤ S. Schram, *The Political Thought of Mao Tse-tung* (London, Pall Mall Press, 1964), p. 228；另见毛泽东：《论新阶段》，第 4 节第 2 点。

会所作的报告中谈到联合的组织形式时，明确而有力地表示支持1924年至1927年曾经采用过的“党内合作”方式。他甚至预先表示接受同蒋介石在1926年防范国民党内共产党员活动的办法相类似的两项限制措施：向国民党提交参加国民党的全部共产党员的名单，不吸收国民党员加入共产党。[①]

当这些建议被提供给蒋介石时，他自然认为无非是像1924年至1927年那样，企图“大规模渗透本党（国民党）”[②]。而且，这时毛泽东的一切言行，包括1938年10月那次报告*中的一段话在内，表明他决不打算牺牲自己独立权力的根基。[③] 但是，在建立“第二次统一战线”期间，如同第一次统一战线那时，毛泽东对长期（虽不是无限期）同国民党合作的可能性，似乎比他的许多同志乐观。

*指毛泽东在六届六中全会上作的《中国共产党在民族战争中的地位》的报告。——译者注

看来似乎荒谬，毛泽东诚心诚意（至少有一部分是诚心诚意）地提出同国民党合作，反倒使他成了一个更危险的对手。因为其诚意是出于对中国命运的深切关注，这就在当时被彻底发动起来的农民群众的心目中，大大提高了他作为领袖的威望，并且最后在既是民族主义又是社会革命的浪潮中，由农民群众把他推向了权力的宝座。

长期以来，研究这个问题的大部分学者认为，毛泽东之所以能够取得政权，在很大程度上归功于他在日本侵略的形势下，远比蒋介石更成功地激发起了群众的爱国心。20世纪60年代有一部根据日军大量档案材料写成的著作，以可靠的史料证明了这种看法。[④]

---

① 参见毛泽东：《论新阶段》，第3节第18点，第5节第5点。

② 蒋介石：《苏俄在中国——中国与俄共三十年经历纪要》（第30版），88～89页，台北，“中央”文物供应社，1981。

③ S. Schram, *The Political Thought of Mao Tse-tung* (London, Pall Mall Press, 1964), pp. 218-219, 247.

④ Chalmers A. Johnson, *Peasant Nationalism and Communist Power: The Emergence of Revolutionary China 1937—1945* (Stanford, Stanford University Press, 1962). 作者在书中又夸大了自己的论点，提出了一个基本上缺乏说服力的理论体系。两千年来中国人的一个特点，就是对中国作为一个历史和政治实体而具有强烈的民族意识。自鸦片战争起，中国社会各阶层的当务之急，莫不是挽救中国免于夷人入侵。但是作者却要我们相信，这两点同现代中国的民族主义很少或毫无关系，而这种民族主义在1937年就莫明其妙地凭空产生了。另一方面，他认为，农民因受到地主和收税官压榨而引起的不满情绪，对于他们决心拥护共产党，只起了无足轻重和微不足道的作用。但是，尽管有这种片面的看法，这本书仍不失为一部有价值的历史研究著作。

中国共产党所以能够以全国抗日的化身出现，游击根据地起了决定性的作用。可以回想一下，长征在很大程度上被说成是为了北上抗日。1936 年 1 月至 2 月，毛泽东和他的同志们的确曾进行过一次他们称之为“抗日远征”的行动。在毛泽东、刘志丹、徐海东的指挥下，红军主力部队渡过黄河，只遇到阎锡山微弱的抵抗，很快在山西省占领了十八个县。就在此时，蒋介石的嫡系部队参战；到 1936 年 5 月，大部分红军被赶过黄河，刘志丹牺牲。[①] 共产党于是展开了一个前面已提到的争取同南京结成统一战线的运动，终于在 1937 年 9 月 22 日双方达成协议。协议中关于军事问题一项全文如下：

> 取消红军名义及番号，改编为国民革命军，受国民政府军事委员会之统辖，并待命出动，担任抗日前线之职责。[②]

按照这项规定，延安地区的红军（已改名为第八路军）于 1937 年 9 月再次渡过黄河，几乎立即投入抗日。[③] 这样，共产党终于能够经蒋介石认可，去干他们自 1934 年以来早已宣布他们希望干的事情。

但是，共军的抗日斗争以及后来他们在同国民党的冲突中增强自己的地位，不是靠正规军打阵地战，新编八路军被南京政府限制在四万五千人，无论如何也招架不住强大日军的正面进攻。不过，他们却能够以游击战术极有效地打击侵略者，因为他们在这方面既有理论，又训练有素，尤其是因为日军不能占领广大农村，只能占据交通线，沿交通线向前推进。共军的这种军事行动，国民政府也最难以控制。他们在敌后化整为零，分成许多一两千人的小部队，连了解他们的发展情况都不可能。到 1945 年，共产党控制的部队竟

---

① Chalmers A. Johnson，*Peasant Nationalism and Communist Power：The Emergence of Revolutionary China 1937—1945*（Stanford，Stanford University Press，1962），p. 99.

② 《中国共产党抗战文献》，香港，1946。此宣言于 1937 年 7 月 15 日由中共中央交付国民党，至 9 月 22 日由国民党发表。[见《六大以来》（上），844～845 页。——译者注]

③ Chalmers A. Johnson，*Peasant Nationalism and Communist Power：The Emergence of Revolutionary China 1937—1945*（Stanford，Stanford University Press，1962），p. 99.

增加了十倍，由五万发展到五十万人。[1]

在军事上，共军既直接征兵，又对在日本入侵后不堪忍受虐待而自发成立起来的各种自卫队和抗日游击队予以支持、改造和收编，因而扩充了实力。在政治上，共产党实行“三三制”，即游击区地方政府的组成，共产党员、其他组织的成员和无党派人士各占三分之一。这样成立的政府，当然还达不到多数人统治意义上的民主，在那种条件下这是不可能的，但它大体上是廉洁正直的政府，得到很大一部分人民的爱戴——日本人也无可奈何地看到了这一点。[2] 1937 年实行减租而不没收土地的温和经济政策，增强了团结抗日的号召力。地主所收地租较前少了，但他们准能收到，因为延安政府及其所发出的各种指示保证他们有权收租。农民则以不超过其收成三分之一的部分交租而得到不少实惠，因为以往的地租通常要占收成的一半以上。“苏维埃”，这个名称被抛弃了，西北的根据地改称“边区”。

新四军在华中采取了同华北八路军相类似的战术。新四军是 1937 年 9 月建立的，由各根据地在长征后留下来的残余部队组成。当时，流亡在中国香港的南昌起义领导人叶挺（由于在流亡期间丧失了党籍，他被认为是一个不像某些共产党员将领那样会引起惊慌的人物）被召回任军长。副军长是项英，他曾是江西时期中华苏维埃共和国两位副主席之一（另一位是张国焘）。此外，还有陈毅，他也许是当时项英的部下中最能干的一个。1938 年春，这支军队改编完毕，开始仿效八路军在华北的做法，以游击方式袭击日本人的交通线。[3]

毛泽东的抗日主张显而易见是真诚的，共产党对侵略者发动的游击战又卓有成效，因而沿海城市大批学生和其他知识分子日益被吸引到延安来，延安成了全国最有生气的政治中心之一。学

① Chalmers A. Johnson, *Peasant Nationalism and Communist Power: The Emergence of Revolutionary China 1937—1945* (Stanford, Stanford University Press, 1962), p. 73. 约翰逊认为这两个数字是极可能的，但他指出那个时期之初和最后实有总兵力也许比这两个数字高得多。

② Chalmers A. Johnson, *Peasant Nationalism and Communist Power: The Emergence of Revolutionary China 1937—1945* (Stanford, Stanford University Press, 1962) 一书中处处可见，尤其是第 93 页。

③ Ibid., pp. 74 - 76, 123 - 132.

生参加抗日救国的斗争始于1935年12月9日，当时有数千名学生在北京示威，高呼“抗日救国”口号。这次示威很快波及国内其他地方，激起了全国学生和教员乃至其他社会阶层的同情。示威一开始就在共产党的强大影响之下[①]，国民党领导人自然不赞成，因为他们一般不喜欢群众运动，而且运动所引起的冲动，可能威胁到避免同日本发生公开冲突的官方政策。于是，越来越多的学生为了寻求一个比较友好的环境而开始持续不断地前往陕西红色根据地。

毛泽东及其同事很快采取措施接纳这些人。1936年2月，毛泽东和周恩来、彭德怀共同签署公告，宣布建立“西北抗日红军大学”，定于4月1日开学。据说学校的宗旨是训练“抗日民族革命战争”干部，以拯救中华民族免遭灭亡，因为日本帝国主义和“卖国贼头子蒋介石”已经造成亡国的威胁。教学内容分为四类，分别培养官员（一千名学员）、政治工作者（一千二百名学员）、游击队领导人（三百名学员）和骑兵、炮兵、工程兵军官之类的专门人材（二百名学员）。前三类课程为六个月，第四类为一年。学员不论其政治背景、阶级出身或性别，只要决心抗日，一概受到欢迎。要求最低学历为高小毕业或具有同等学力，自然欢迎中学生或大学生。[②]

1936年夏斯诺访问苏区时，这个大学已经开学。[③] 1937年国共正式达成协议，抗日战争也开始了，学生们去延安容易了一些，也使他们增加了去那里的动力。结果大批人涌入内地，使毛泽东和他的同志们得到了非常多的宝贵的新干部，其中许多人在新中国建立后还在党政机构任职。

边区政府的教育人民委员是毛泽东在长沙时的老教员徐特立。徐学识渊博，知道如何教育不同年龄和背景的人，因为他在1919年四十多岁时，曾作为工读生去巴黎进修，1928年又进莫斯科中山大

---

① 北京的官方史书现在说整个运动都是在“共产党的领导下”，见何幹之：《中国现代革命史》（上册），128页。约翰·伊斯莱尔指出，虽然共产党最后控制了这次运动，但并不是他们发动的，见 John Israel, *Student Nationalism in China, 1927—1937* (Stanford University Press, 1966)。

② 参见《目前形势的分析》，62～64页。

③ 参见［美］埃德加·斯诺：《西行漫记》，88～93页。

学学习。1930 年回国，在瞿秋白手下任江西苏维埃政府副教育人民委员。1935 年瞿被国民党杀害后，他接替瞿任教育人民委员。[①]

大批学生、知识分子和艺术家奔赴延安，给毛泽东的个人生活带来了重要的影响。

1928 年毛泽东三十五岁时，开始同一个十八岁的姑娘贺子珍一起生活。她虽然在 1930 年杨开慧在长沙被杀害以前可能还没有正式成为他的夫人，但在以后九年中为他生了五个孩子，其中一个生在长征途中。贺是寥寥无几的参加长征的妇女之一，尽管她当时已经怀孕。1937 年，她去苏联就医。在她出国期间，一个自上海来的著名电影女演员蓝苹到了延安，在那里的一个剧院工作。毛泽东对蓝苹似乎一见钟情，便同贺子珍离婚，和这个新来的富有魅力的人结了婚。[②]

毛泽东虽然对此感到欣慰，但并未忘却青年时代的伴侣杨开慧。1937 年夏在见到蓝苹以前，他曾问史沫特莱：是否爱过男人？为什么爱？爱情对她意味着什么？还有一次，他向史沫特莱吟诵了一首怀念其第一个夫人的诗。这首诗和毛泽东平生所写其他诗词中的大部分从未发表过。[③] 但二十年以后，他又填写了一首怀念开慧的词，这次公开发表了（这首词即《蝶恋花·答李淑一》）。

毛泽东有了新夫人的时候却同他唯一幸存的弟弟毛泽民分别了。1925 年，毛泽民曾应毛泽东的要求进国民党农民运动讲习所学习，此后一直忠实地追随着他，两人在政治上共命运。1938 年，泽民在延安辞去主管边区经济工作的职务去新疆工作，任当地军阀盛世才的财政部长，盛当时还在同苏联合作。当盛脱离莫斯科归顺重庆时，毛泽民在 1942 年 9 月被捕，1943 年被杀害。毛泽东的妹妹

---

① 徐特立的自述，见 Nym Wales ed.，*Red Dust*：*Autobiographies Chinese Communists*（Stanford University Press，1952），pp. 44 - 45。

② 1937 年 11 月：上海黎明书局曾出版贺子珍传，作为毛泽东对埃德加·斯诺口述自传中译本的附录，并由毛泽东手书作序。据这本传记记载，她是地主的女儿，1927 年参加共产党，南昌起义期间她曾率领一个女兵团。不管最后一点是否确切，她显然是个性格刚强的人物。又见陈志让：《毛泽东与中国革命》，150 页；梦秋（Meng Chiu 译音）：《随军西行见闻录》，94～96 页，上海，1938。

③ Agnes Smedley，*Battle Hymn of China*（London，Gollancz，1944），pp. 122 - 123；Robert Payne，*Portrait of a Revolutionary*：*Mao Tse-tung*（London，Abelard-Schuman，1961），p. 233. 据佩恩说，毛泽东在延安时曾将其诗词的七十首汇集付印，题名《风沙诗词》，但印数很少，只送给亲密的朋友。

*应为毛泽东的堂妹，名叫毛泽建。她的去世时间为1929年，早于杨开慧。——译者注

泽红（Tse-hung 译音）* 早在 1930 年和他的第一个夫人同时遇难。毛泽东的弟弟泽覃在 1935 年牺牲。现在，毛泽东一家就剩他一个人了。①

毛泽东在西北时期成了国内外的知名人物。前十年报刊上虽然经常提到他，但只知其名：对一些人说来是"匪首"，对另一些人说来是革命英雄，但都是抽象的概念。现在，继 1936 年夏斯诺的开拓性采访之后，接连不断有人设法去边区访问，对生活在边区的人作了第一手报道。

他们对毛泽东有各种不同的描绘，但有一点是共同的：无不对他深感兴趣。第一个采访他的外国记者斯诺说，毛泽东的特征是将知识分子的深邃和农民的机敏结合了起来。虽然在其后的五年内并未产生严重的对领袖的崇拜，但斯诺当时已经注意到毛泽东"个人自尊心极强"，并有"当机立断的魄力"。史沫特莱这位热情奔放而极其敏感的女士，曾对毛泽东的个性作过极深刻的描述。初次见面，她觉得他像个女性，有点难以接近。"不管他还可能有什么别的特点，"她写道，"他总是一个文弱之人。"后来，她发现他神采奕奕，举止文雅而意志坚强，仪态威严、沉默之中饱含热情和纯朴。但是，尽管他能够同几个好友畅谈，但总的说来，他还是沉默寡言、态度冷淡的。史沫特莱接着说："我最初所强烈感到的他那种令人捉摸不透的气质原来是不喜与人交流思想。朱德受爱戴，而毛泽东受尊敬。最了解他的少数几个人热爱他，但是他性格内向，一般人敬而远之。"

在那几年见到毛泽东的西方人都深感他热诚，甘愿为了实现一种理想而牺牲个人的舒适生活，这同国民党大部分政客的贪污受贿和纵欲无度形成了尖锐的对比。他们对毛泽东质朴的农民作风和不在乎个人外表，一般都看不惯。斯诺特别吃惊，他看到毛泽东"心不在焉地松下了裤带，搜寻着什么寄生物"，或者在热天当着来访者的面脱下裤子（陈志让说得对，人们对此感到惊愕，有些是由于不熟悉中国人的习惯）。另一个见到过毛泽东的人说，他有一个古

① Allen Whiting and General Sheng Shih-ts'ai, *Sinkiang: Pawn or Pivot?* (East Lansing, Michigan, Michigan State University Press, 1958)；陈志让：《毛泽东与中国革命》，204、210 页。

怪的习惯，抽烟时发出一种令人不愉快的声音，这是中国某些地方的农民所特有的。①

由于外国人通过国民党封锁线进入共产党控制区和在访问后发表印象纪要容易得多，因此中国人在很大程度上是通过西方记者的报道，才知道国内还有一支大的政治力量（《西行漫记》完整地记录了斯诺对毛泽东的采访，立即被译成中文）。这些著述为毛泽东和他的同志们树立了怀有崇高目标的爱国者的形象，对中国国内舆论产生了相当大的影响（但是也引起了一定的幻灭感，尤其是在学生中间，因为他们得悉毛泽东为了一个富有魅力的蓝苹而抛弃了一道参加长征的忠实伴侣，他们原来把他视为严格的革命清教主义的化身）。

到 1938 年夏，尽管中国在上海奋力抵抗，并获得台儿庄大捷，但日军还是占领了中国沿海一些大城市，武汉于 10 月间陷落。日军攻占南京后进行的大屠杀，是当代最野蛮的大规模恐怖活动，进一步激起了中国抵抗侵略者的情绪。国民党大本营迁往重庆，在日军战线后面，共产党领导的游击队实际上成了唯一强有力的政治力量。在这种条件下，毛泽东撰写了一系列重要著作，开始形成其抗日战争的理论。

在毛泽东的写作生涯中，延安时期，尤其是 1938 年年初至 1940 年年初，是一个异乎寻常的时期。他不仅写作质量很高，而且长篇、系统的著作多，报告、讲话、指示之类的东西少，这是他一生任何时期所不及的。其原因不难理解。一方面，同国民党达成协议后根据地局势稳定，他又不亲自参加对日作战，使他有比较多的余暇，这是他自学生时代以来所不曾有过的，在江西苏维埃共和国全盛时期也许有一两年例外。另一方面，他终于掌握了马克思主义理论，具有了自信心和从世界角度处理中国革命问题所必需的远大眼光。

他在 1938 年至 1940 年的著作分两类，第一类主要讲抗日战争

① 参见［美］埃德加·斯诺：《西行漫记》，69 页；Agnes Smedley，*Battle Hymn of China*（London，Gollancz，1944），pp. 121－122；G. Stein，*The Challenge of Red China*（London，Pilot Press），p. 82；陈志让：《毛泽东与中国革命》，211 页。

军事方面的问题，第二类讲政治问题。他于 1938 年上半年写的几篇军事著作，构成了一个三部曲，从不同层次对战争进行了分析。毛泽东先是出了一本叫作《基础战术》的小册子[①]*，具体地论述游击战的日常活动。然后他开始探讨游击战在抗日战争中的地位[②]，最后才研究整个战争的战略问题[③]。

*《基础战术》并非毛泽东所著。——译者注

毛泽东为抗日战争制定的游击战术，同反对国民党的内战中所采用并于 1936 年加以系统阐述的战术基本相同。这些战术要求“避实攻虚”[④]，集中兵力各个歼灭敌人，重在消灭敌人有生力量而不是夺取地方或据点。毛泽东说：“杀敌一千，自杀八百，那是不合算的。”[⑤]

在毛泽东看来，抗战和内战的主要区别，不仅在于动员群众的口号不同，还在于抗日战争的战略问题要着眼于世界形势。在军队内部和人民群众中间，政治工作的主要内容是，倡导民族复兴，激发民族意识，揭露日本人的残暴，以增强“誓死杀敌之决心”[⑥]。

毛泽东强调，大无畏是取得成功的关键，这特别能说明毛泽东的个性及使他获得最后胜利的勇士气质：

> 我们看见敌人的时候，就不要以为敌人手上拿着兵器，就如老鼠见猫一样，怕得不得了，不敢接近他，混入其中，去作破坏的工作。我们是人，敌人也是人，均是人，那么怕什么呢？怕他有兵器吗？兵器我们可用方法夺取过来的，所怕的，不过是怕给敌人打死。可是受敌人压迫到这步田地，难道还有

---

① 参见《基础战术》，汉口，自强出版社，1938。这一著作由在抗日军政大学的几次演讲组成，未收入《毛泽东选集》。英译本已于 1967 年初由 Pall Mall Press 出版，内有笔者的导言和 S. B. 格里菲斯将军的序言。

② 参见《抗日游击战争的战略问题》。在现行毛泽东著作正本中，此文写作时间是 1938 年 5 月。这一著作原是《抗日游击战争的一般问题》（1938 年 7 月 7 日抗战一周年时发表）的第 7 章。关于此文同 S. B. 格里菲斯将军译文《毛泽东论游击战争》的关系，见 S. Schram，*The Political Thought of Mao Tse-tung*（London，Pall Mall Press，1964），pp. 285 - 288。

③ 参见《论持久战》。《论持久战》是 1938 年 5 月 26 日至 6 月 3 日在抗日战争研究会上的讲演，1938 年 7 月在《解放》杂志第 43 卷第 4 期发表。

④ 毛泽东这一说法（见《基础战术》，4 页）显然出自《孙子兵法》（*The Art of War*）第 5 篇第 4 段和第 6 篇，尤其是该篇第 6、10 两段，实际上概括了古代战略家军事学说的精华。

⑤ 《基础战术》，6 页。

⑥ 同上书，85 页。

> 谁怕死？死还不怕，还有什么敌人可怕呢？所以我们看见敌人的时候，无论他是多少，要当他是可以充饥的面包，马上就可以将他吞下去。[①]

前面已多次着重指出，这种民族主义的号召，尽管绝不能概括毛泽东的整个目标，然而是极其真诚的。在国难当头的时刻，这种真诚的感情极大地提高了他的威望。毛泽东宣称：中国的抗战是“战争史上的奇观，中华民族的壮举，惊天动地的伟业”。他又说，这场战争在将来不但影响到中日两国的命运，而且将“推动各国首先是印度等被压迫民族的进步”[②]。

毛泽东完全有理由为中国人民的英雄主义而自豪，稍举一二中国人民所受到的苦难和表现出的勇敢就足能证明。[③] 他还正确地预言，中国革命最终将对所有殖民地和附属国产生巨大影响，虽然这种影响的确切性质和范围还不完全清楚。在 1938 年，一个比较现实的问题则是世界形势将对中国的斗争产生何种影响。

据毛泽东分析，整个抗日战争分三个阶段。第一阶段，当时已接近结束，即日本发动攻势，中国处于守势。第二阶段，也是最长的一个阶段，双方处于一定的均势，中国在日军后方开展游击战。第三阶段，也是最后一个阶段，游击队经过前两阶段的发展和锻炼，将转入攻势，放弃游击战术，进行大规模运动战。但是只有在国民党正规部队和反对日本帝国主义的民主国家的支援下，才能取得最后胜利。[④]

第二次世界大战前夕，国际形势变幻莫测，毛泽东或其他任何人都难以确切知道中国能够得到哪一个国家的支持。直至 1939 年年初，他认为，尽管张伯伦实行绥靖政策，“对于日本也至今还保存

---

① 《基础战术》，3 页。看了这一段话立刻使人想起毛泽东在二十年以前五四运动时期的一段话：“什么力量最强？民众联合的力量最强。什么不要怕？天不要怕，鬼不要怕，死人不要怕，官僚不要怕，军阀不要怕，资本家不要怕。”见 S. Schram，*The Political Thought of Mao Tse-tung*（London，Pall Mall Press，1964），pp. 162 - 163。（见《湘江评论》创刊号，1919 年 7 月 14 日。——译者注）

② 《毛泽东选集》，2 版，第 2 卷，474 页；《解放》杂志，第 43～44 期，20 页。

③ 史沫特莱的记述饱含热情而带有倾向性，但极其动人，见 Agnes Smedley，*Battle Hymn of China*（London，Gollancz，1944）。

④ 参见《论持久战》第 35～54 段，见《毛泽东选集》，2 版，第 2 卷，462～473 页。

着怯懦心理”，但“广大民众，包括各个阶层的一切进步人们，都在同情中国抗战”，最终会使英、法、美各国政府相信，反对日本侵略是符合他们各国利益的。[①] 1939年9月，在苏德条约签订之后，他谴责所有“帝国主义国家”都像“疯狗”一样凶恶，除了“向他们的敌人，向世界的墙壁，乱撞乱碰”以外，不会干别的什么。他甚至认为，“世界上最反动的国家”的领导人张伯伦比希特勒还坏。[②]

中国可以指望从苏联得到什么援助是一个比较复杂的问题。作为一个列宁主义者和无产阶级国际主义的忠实信徒，毛泽东不会怀疑唯一的社会主义大国将会援助被压迫民族反对帝国主义侵略的斗争。而且，1939年8月的条约，暂时解除了斯大林对苏联西部边境的担心，使他可以在东方有行动自由——日本人深知这一点，曾在柏林强烈反对这个条约。这就是毛泽东在当时的声明中所强调的一个方面。但是，这个条约又是如此明目张胆地将原则服从于苏联的民族利益，不管当前所引起的实际反响如何，势必也在中国造成对苏联意图的怀疑。除此之外，在中国共产党和国民党在抗日统一战线中的作用问题上，毛泽东和斯大林之间早已出现紧张（或者不如说紧张关系从未完全消除）。

这时，双方之间的争论是通过王明间接进行的。王明在莫斯科待了六年，地位提高了，成了斯大林在殖民地问题上的主要专家，并任共产国际执委会委员，于1937年下半年回国。回国后不久，他就向一名美国记者宣布，他回国是为了同蒋介石进行协商，通过协商，共产党可能参加南京政府。[③] 1938年至1939年期间，他全力从事统战工作，所执行的路线看来是承认抗战的领导权属于国民党。

这就是王在1951年遭到指责的错误偏向。[④] 像所有对于对手的

---

① S. Schram，*The Political Thought of Mao Tse-tung*（London，Pall Mall Press，1964），p. 393. 见1939年1月20日毛泽东给《论持久战》英译文写的序言，见《八路军军政杂志》（1939年2月），8～10页。

② 1939年9月14日毛泽东在延安干部大会上的讲演，载《解放》杂志，1939年9月30日第85期，1～6页。

③ Charles B. MacLane，*Soviet Policy and the Chinese Communists 1931—1936*（New York，Columbia University Press，1958），p. 113.

④ 参见胡乔木：《中国共产党的三十年》，39页，北京，人民出版社，1980。

责难一样（他回国后看来是毛泽东的两个主要对手之一，另一个是张国焘），这个指责无疑过于简单化。我们知道，毛泽东本人在其1938年10月的讲话中，曾预言国民党有“光荣的前途”，虽然他也强调共产党要发挥独立的作用。但是在第二年，尤其是在世界形势因苏德条约而发生变化之后，毛泽东趋向于执行一条更加坚定的路线。在1939年12月所写《中国革命和中国共产党》这一主要用作党员课本的著作中，他明确断言，中国革命必须由无产阶级和共产党领导。① 而一个月以后在为大范围读者所写的《新民主主义论》中，他则比较审慎，甚至有一句表明承认领导权将继续属于国民党（如果国民党证明有此能力的话），这句话在现行版本中被删掉了。但就是在这第二种版本中，他也明确指出，共产党已经分享革命领导权，如果（像他们所期望的那样）国民党在全国人民面前被证明不配担负领导，他们就准备肩负起全部领导责任。②

列宁主义认为，在未进入资本主义的国家中，革命必须分为两个阶段，“资产阶级民主”阶段和社会主义阶段。毛泽东根据这个已为大家所接受的原则宣布，在中国，这两个阶段中的第一个阶段将采取他所谓“新民主主义”的形式。这新民主主义同“旧的”资产阶级民主革命的区别在于，新民主主义不是由资产阶级一个阶级来领导，而是“各个革命阶级联合起来对于帝国主义者和汉奸反动派的革命民主专政”③*。

* 在现行版本中，“专政”前没有“革命民主”一词。——译者注

提出这个论点，反映出以适合中国的特殊需要为方向的共产党的正统理论已经形成。列宁曾经谈到“工农革命民主专政”。他还提出在某种条件下可同资产阶级民族主义者建立统一战线。但是，毛泽东将行使专政的阶级扩大为“各个革命阶级”，其中之一即以国民党为代表的资产阶级，说明他已经在探索后来他在1949年宣布的“人民的专政”。这个理论上的新发展，带有强调全体中国人民

① 有两个版本，文字上有出入，其摘录见 S. Schram, *The Political Thought of Mao Tse-tung* (London, Pall Mall Press, 1964), p. 247。

② 这一句的外文翻译，见 H. Carrère d'Encausse and S. Schram, *Le Marxisme et l'Asie, 1853—1964* (Paris, Armand Colin, 1965), pp. 350 - 360。

③ S. Schram, *The Political Thought of Mao Tse-tung* (London, Pall Mall Press, 1964), pp. 230 - 231;《毛泽东选集》，第2卷，85页，中共晋察冀中央局，1947。

的革命性的倾向。另外，尽管毛泽东追随斯大林，认为中国反对帝国主义的革命是“世界无产阶级社会主义革命的一部分”，而且是“伟大的一部分”，但他并没有像60年代这样提出亚洲是世界革命的中心，而是以比较正统的调子断言，资本主义国家的无产阶级是主力军，被压迫的殖民地半殖民地国家的人民仅仅是其同盟军。

到1939年冬至1940年年初发表这两篇非常明确而重要的著作之时，毛泽东终于做到将中国共产党的政策和指导思想完全置于自己的控制之下。他的两个主要对手均被清除。张国焘同王明一样，主张对蒋介石采取更加和解的路线，于1938年年初由延安逃往国民党控制区，同年4月被开除出党。王明被降级从事次要工作，到1939年年底，不再能发挥任何实际作用。①

毛泽东宣布，共产党此后要在领导国家方面发挥重大的可能是支配的作用，并宣布随之而来的必然是社会主义革命，这当然不会使蒋介石高兴。但毛泽东的行动也许比其言论更加使蒋介石不安。到1940年春，八路军的正规部队和脱产游击队约达四十万人。新四军则发展慢，未达到数月前党中央规定的十万人的指标。原因之一无疑是单纯搞军事，妨碍了政治工作，新四军领导人当时曾为此受到批评。② 1940年5月4日，毛泽东以中共中央的名义作出指示，命令项英、陈毅迅速扩充部队至上述数字，并“西起南京，东至海边……将一切可能控制的区域控制在我们手中”③。

诚然，扩展游击根据地是毛泽东和他的同志们最有效的抗日方式。但蒋介石不可能看不到共产党的力量因此而得到巨大发展，并将在赶走侵略者以后加强同国民党讨价还价的地位。如约翰逊所说：“虽然共军确实是在抗日，但其方式只容许中国有一个抗日战争的胜利者。”④

---

① Charles B. MacLane, *Soviet Policy and the Chinese Communists 1931—1936* (New York, Columbia University Press, 1958), pp. 118 - 123.

② Chalmers A. Johnson, *Peasant Nationalism and Communist Power: The Emergence of Revolutionary China1937—1945* (Stanford, Stanford University Press, 1962), p. 136.

③ 《毛泽东选集》，2版，第2卷，754页。

④ Chalmers A. Johnson, *Peasant Nationalism and Communist Power: The Emergence of Revolutionary China1937—1945* (Stanford, Stanford University Press, 1962), p. 136.

共产党对国民党统治地位的这种挑战所引起的紧张局面，由于1940年的国际形势而进一步加剧。蒋介石赖以取得支援的欧洲民主国家在军事上的惨败，加重了重庆的悲观情绪，谣传要妥协媾和。3月间，汪精卫在南京成立的亲日傀儡政府，甚至表现出更为危险的倾向。在这种形势下，毛泽东和他的同志们在8月20日对日军发动“百团大战”，以表示战争在激烈进行，并减少谈判媾和的可能性。①

在这场攻势中，八路军四十万人同时在华北五省对日军进行袭击。敌军遭受重创。铁路和其他交通线被破坏，还有一座重要的煤矿被毁。战斗一直持续到12月初，打破了日本最高司令部的计划。

当时，华中新四军同该地区各国民党部队之间产生了磨擦。陈毅因苏南重庆代表采取敌对行动，于1940年夏派出所属很大一部分部队渡过长江进入苏北。他们在该地袭击和打垮了国民党韩德勤部，将其残余部队驱至该省西北部②，导致国民党进一步采取强硬态度。1940年6月国共双方代表达成谅解：新四军撤出华中，交换条件是共产党可以在黄河以北地区（山西南部除外）自由行动。但是，如约翰逊所指出的，重庆要求共军北移，并不意味着容许他们消灭面前的一切国民党部队。③ 由于苏北发生战斗，重庆政府于1940年12月9日命令新四军所有部队在12月31日前移至长江以北（另给他们一个月时间去同黄河以北地区的八路军会师）。部队主力按规定日期渡江，但由于一些迄今还含糊不清而有争论的理由，军部直属部队约九千仍留在长江以南。1941年1月4日，这支部队被国民党军队包围，经过十天战斗，实际上被消灭。项英被杀，叶挺军长被俘，一直关押到1946年。④

---

① 关于百团大战，见 Chalmers A. Johnson，*Peasant Nationalism and Communist Power：The Emergence of Revolutionary China1937—1945*（Stanford，Stanford University Press，1962），pp. 56 - 59。

② Chalmers A. Johnson，*Peasant Nationalism and Communist Power：The Emergence of Revolutionary China 1937—1945*（Stanford，Stanford University Press，1962），pp. 132 - 136。

③ Ibid.，pp. 138 - 139.

④ 以上关于新四军事件的记述，主要根据 Chalmers A. Johnson，*Peasant Nationalism and Communist Power：The Emergence of Revolutionary China1937—1945*（Stanford，Stanford University Press，1962），pp. 136 - 140。据约翰逊援引一位日本人的记载，该地区的国民党长官命令叶挺在安徽某地渡江，这样会使他处于一个强烈反共将军的支配之下，因此他改向西南方向移动。根据现在共产党的说法，新四军原准备在指定地点渡江，但为日军所阻，并且缺少弹药。见约翰逊书第229页注40。

此事件标志着国共两党在抗日战争期间不再有任何真正的合作。[1] 重庆政府极力谴责新四军不服从命令，并令其解散。共产党不仅拒绝解散，而且迅即着手重建，并予以扩充。任命陈毅为代理军长，并派刘少奇这样的人物任政委。这支部队的游击活动很快扩展到刘少奇于1941年春划定的七个军区。这些地区在战争结束时都变成根据地，而且成立了能够行使权力的地方政府。[2]

正如约翰逊所指出的，从长远看，新四军事件对共产党极为有益，因为经过这次事件，已经享有民族勇士荣誉的共产党，又获得了民族义士这一更加可贵的称号。“只要共产党表现出比政府更加抗日，他们就可以若无其事地违背国民党的军事指示，他们也懂得这一点。”[3] 这个论断实际上概括了此后整个抗日战争过程中的情况：毛泽东和他的同志们，干脆不再服从国民党的指示，连表面文章也不做了，然而他们作为民族利益最坚决捍卫者的声望却越来越高。

共产党同国民党的关系因而恶化，与此同时，他们还受到日军日益猛烈的进攻。日军早已构筑堡垒来分割和孤立游击根据地，这时更加强化这种政策，以防止再发生百团大战。1941年7月，日军在华北推行臭名昭著的“三光”（烧光、杀光、抢光）政策。结果八路军兵力由四十万减至三十万，华北共产党地区人口由四千四百万减至二千五百万。[4]

从总体上看，“三光”政策造成的大规模烧杀反而增强了农民抗战的意志，有助于共产党的事业。但日军以构筑堡垒、障壁、铁丝网相包围，此后国民党又对共产党地区全部实行经济封锁，这的确给毛泽东和他的同志们造成了越来越困难的经济和政治问题。对于经济上的难题，他们在根据地发动一次成功的大生产运动来应

---

① 毛泽东关于30年代初期内战的长篇专题论文写于1936年，到1941年2月才发表，绝非偶然。

② Chalmers A. Johnson, *Peasant Nationalism and Communist Power: The Emergence of Revolutionary China1937—1945* (Stanford, Stanford University Press, 1962), pp. 144 - 145.

③ Ibid., p. 139.

④ Ibid., p. 58.

对，包括鼓励农民成立互助组和军队参加工农业生产。[①] 政治上的难题则以整风运动来解决。整风运动于 1942 年 2 月正式开始。

整风运动有两方面的目的，哪一方面都不容忽视。一方面，增强中国共产党在困难环境中的团结和纪律，向战争期间发展的大批新党员灌输关于马列主义和苏联政治制度方面的最低限度的知识。另一方面，提高党员的思想觉悟，使其具有毛泽东所亲自培育的特殊品质。简言之，毛泽东的目的是使马克思主义中国化。1938 年 10 月他在六中全会上提出这个口号，并作了如下阐述：

我们这个大民族数千年的历史……有它的民族特点，有它的许多珍贵品。……我们是马克思主义的历史主义者，我们不应当割断历史。从孔夫子到孙中山，我们应当给予总结，我们要继承这一份珍贵的遗产。……共产党员是国际主义的马克思主义者，但马克思主义必须通过民族形式才能实现。没有抽象的马克思主义，只有具体的马克思主义。所谓具体的马克思主义，就是通过民族形式的马克思主义……成为伟大中华民族之一部分而与这个民族血肉相连的共产党员，离开中国特点来谈马克思主义，只是抽象的空洞的马克思主义。因此，马克思主义的中国化，使之在其每一表现中带着中国的特性……成为全党亟待了解并须解决的问题。洋八股必须废止，空洞抽象的调头必须少唱，教条主义必须休息，而代之以新鲜活泼的、为中国老百姓所喜闻乐见的中国作风与中国气派。[②]

在 1941 年 5 月一次干部会议上的报告中，毛泽东着重阐明了一个与此相类似的论点：

许多马列主义的学者也是言必称希腊，只会背诵马、恩、

---

① 1942 年 12 月，毛泽东作了一个题为《经济和财政问题》长达二百页的报告，非常具体地论述了边区遇到的物质困难。在现行版本的《毛泽东选集》中，只收进了此报告的前 6 页。

② S. Schram, *The Political Thought of Mao Tse-tung* (London, Pall Mall Press, 1964), pp. 172 - 173.［见《中国共产党在民族战争中的地位》，见《毛泽东选集》（上），510～511 页，中共晋冀鲁豫中央局，1948。——译者注］

> 列、斯的成语，对于自己的祖宗，则对不住，忘记了。
>
> 对于自己的历史一点不懂，或懂得甚少，不以为耻，反以为荣。……有些人对于自己的东西既无知识，于是剩下了希腊及外国故事（限于故事）；也是可怜得很，从外国故纸堆中抽象地搬来的。几十年来，很多留学生都犯过这种毛病，他们从欧美日本回来，只知生吞活剥地搬外国，他们起了留声机作用，忘记了自己创造新鲜事物的责任……①

1942年2月发动整风运动之后，毛泽东再一次强烈谴责党八股尤其是“洋八股”。在其第二次长篇演讲中，他抱怨说，1938年他提出的要使马克思主义适应中国条件的号召被当作耳边风，现在要求立即付诸实践。②

前一年5月，毛泽东只批评从欧、美、日回来的留学生，但现在他想加以清算的“洋八股”，显然是指照搬苏联模式。因而整风运动是部分地针对苏联在党内的突出影响的。中共50年代末出版的一本官方史书很明确地指出了这一点，书中说，整风运动是针对“以王明同志为代表的教条主义者”，他“不了解党的历史经验”，“只片面地引用马克思主义文献中的词句”③。

整风运动是为了使中国共产党人更加懂得自己的历史和传统，教导他们以独立和创造性的方式解决中国革命问题，这的确并不意味着反苏。供党员学习的一本材料汇编中，翻译过来的列宁、斯大林、季米特洛夫的文章约占四分之一。也就是说，整风运动教导中国共产党人掌握其苏联同志的思想和方法，同时又要求他们以实事求是的态度对待之，只选择和汲取其中对自己有用的东西。毛泽东的目标是，中国的共产主义运动要达到完全独立自主，并具有自己

---

① 《改造我们的学习》，见《整风文献》，东北书店，1949。在现行官方版本中，毛泽东作了删改。在上述这段文字中，毛删去了对“只会背诵马、恩、列、斯的成语”的人的批评；还在这个报告的后一部分删去了一句讽刺性的话，即叫“十七八岁的娃娃”“啃《资本论》，啃《反杜林论》”，而不要求他们学习本国的东西。康普顿的导言，虽然是将近十五年以前写的，但作为对整风运动的全面评价，还是一种比较新的研究，因而迄今仍很出色。此书现已出平装本。

② 参见《毛泽东选集》，2版，第3卷，845页。

③ 何幹之：《中国现代革命史》（下册），251页，北京，高等教育出版社，1957。

的特别适合中国情况的思想体系。

毛泽东试图为中国共产党奠定一个有别于独立的政治方向的独立的哲学基础，此事值得一提。延安时期，自1936年起，有几篇重要的苏联马克思主义哲学著作被译成中文，为毛泽东所第一次见到。此外，延安党内知识分子中经过深造的哲学家，开始撰写自己的著作，在不同层次上向大众介绍苏联哲学思想的当前趋向。既然按照传统，在世界共产主义运动中被尊崇为领袖的人物必须同时是杰出的马克思主义哲学家（不仅仅是马克思主义政治思想家），毛泽东也就尝试撰写这类文章。1937年7月至8月间，他作了两次演讲，到1950年至1952年才对外发表，题为《实践论》和《矛盾论》。这两篇论文引人注意，因为其中反映出一种看法，认为世界永远处于动荡不安之中，就是在共产主义制度下，也不会达到最终的固定不变的和谐一致——这种观点在后来的“继续革命”理论中表现得更为突出。但是作为严格意义上的哲学著作，这两篇论著乃入门之作。三年以后，即1940年年初，毛泽东又写了一篇理论性文章，题为《辩证法唯物论》*。这篇论文不仅内容贫乏，枯燥无味，而且是如此相像地模仿翻译过来的苏联哲学著作，在其中仅仅两个部分问世以后，毛泽东便决定停止发表。① 这三篇著作反映出毛泽东试图取得马克思主义哲学家资格的全部努力。也许他比中国现在把他认定为理论家的那些人更知道自己的局限性。无论如何，他的伟大之处不在这里。他根据中国情况，为中国共产党制定了自己的战略和策略；他阐述共产主义的著作，善于运用中国历史上的典故，富于文采，从而使共产主义非常通俗易懂而易于为他的同胞们所接受。

* 《辩证法唯物论（讲授提纲）》，并非1940年所写。——译者注

不管毛泽东作为一个哲学家其贡献如何，毋庸置疑的是，在1942年至1944年整风运动结束时，他已经成功地使他的同志们养成了从中国的具体情况出发观察政治问题的习惯。他也确立了自己

---

① 魏夫特对毛泽东的三篇哲学著作进行了最细致详尽的研究，见魏夫特：《评毛泽东对于辩证法概念与问题的处理》，载《苏联思想研究》（*Studies in Soviet Thought*），1963年12月第3卷第4期，251～277页（附有《辩证法唯物论》的完整译文）。虽然在对毛泽东的生平和思想的阐述上，笔者同魏夫特教授在许多方面有深刻分歧；但笔者认为他在这个问题上的分析是有说服力的。笔者关于毛泽东作为一个辩证家的观点以及对这方面毛的其他著作的评论，见笔者发表在《中国季刊》（1967年第29期，155～156页）上的文章。

离开莫斯科而独立的领导地位。1943年5月，他利用共产国际解散之机，盛赞他自己的党所独立取得的成就。他说，中国共产党所经历的运动是“连续不断的，是非常复杂的，甚至比俄国革命还更复杂”。经过这种革命运动，党已经培养出了“自己的身经百炼的优秀干部”。自1935年共产国际第七次代表大会以来，共产国际即没有“干涉过”中国共产党的内部事务。但是，他又说，“中国共产党在整个抗日民族的解放战争中的工作，是做得很好的”①。

与此同时，第二次世界大战临近高潮。毛虽一心想在中国建立起他自己独立和有独创性的领导权，但他对整个世界局势的看法，如前所述，大部分与莫斯科的观点相同。1940年1月，他在《新民主主义论》一文中甚至提出中国不久将不得不在苏联和英美帝国主义（不是德国帝国主义）② 日益尖锐的斗争中，抉择其立场。1941年5月，中国共产党机关报曾指责“罗斯福阴谋扩大帝国主义战争”，因为他把美国拖进了对德战争。③

希特勒入侵苏联，使情况发生了突然变化。毛不久即强调美国对苏联和中国进行军事援助和经济援助的迫切性，同时呼吁立即宣布对德宣战。④ 珍珠港事变后两天，中共中央发出指示，强调指出英美参加太平洋反日统一战线的重要意义。⑤

1942年，毛和苏联领导人一样，对英美不采取攻势日益不耐烦。他在一篇欢呼斯大林格勒胜利的文章中讽刺地说，这两个国家只有等到有死老虎可打的时候，才会最后下决心开辟第二条战线。⑥

---

① S. Schram, *The Political Thought of Mao Tse-tung* (London, Pall Mall Press, 1964), pp. 421－423. 又见1943年5月26日毛泽东在党的干部会议上的讲话，载《解放日报》，1943年5月28日。

② 法文译文见 H. Carrère d'Encausse and S. Schram, *Le Marxisme et l'Asie*, *1853—1964* (Paris, Armand Colin, 1965), pp. 357－358。现在这段已被删去和改写，只指苏联和一般帝国主义大国之间日益尖锐的矛盾。参见《毛泽东选集》，2版，第2卷，666～669页。

③ 参见《解放日报》1941年5月29日社论。毛密切关心此报，常为它撰写不署名的社论，本文现已被当作毛撰写并且收在目前流行的《毛泽东选集》中。此社论还进一步反对达成“东方慕尼黑”的可能性。他们认为罗斯福为了在欧洲腾出手来有意如此。几天以前，毛亲自写了关于这个问题的一个党内指示。见《毛泽东选集》，2版，第3卷，804～805页。

④ 参见《解放日报》，1941年11月7日。

⑤ 参见《解放日报》，1941年12月13日。指示所署日期为12月9日。

⑥ 参见《毛泽东选集》，2版，第3卷，888页。这一轻蔑的句子，可见1942年10月12日《解放日报》发表的社论原文。

第二年，当盟国竭力在北非和意大利展开进攻的时候，毛才和斯大林一样对伦敦和华盛顿采取了比较友好的态度，多次满意地谈到英美对战争做出的贡献。[①]

毛对世界局势的看法，和莫斯科一样有了改变。由于中国国内局势的发展，这种改变在1943年年底至1944年年初，又前进了一步。一方面，自1941年新四军事件发生以后，勉强维持稳定至今的国共关系，进一步剧烈恶化。另一方面，蒋及其御用文人开始宣传中国传统文化之优越和西方现代革新之无益，这必然使毛怀疑五四时期他热心支持陈独秀提倡“德先生”和“赛先生”的斗争，是否真正最后获得了胜利。蒋的这些倾向在1943年年底出版的蒋介石著作《中国之命运》一书中，有了最显著的表现。蒋在书中斥责共产主义和自由主义同样有害，断言孔子对一切事物几乎都有过定论。

在此情况下，毛和他的同志开始表现出越来越亲美的态度。毋庸置疑，1944年7月4日《解放日报》的社论，是最令人费解的例子。这篇社论通篇大肆赞扬美国传统，而且明确将美国18世纪争取民主和民族独立的斗争与中国在20世纪进行的斗争等量齐观：

> 民主的美国已经有了它的同伴，孙中山的事业已经有了它的继承者，这就是中国共产党和其他民主的势力。我们共产党人现在所进行的工作乃是华盛顿、杰斐逊、林肯等早已在美国进行过了的工作，它一定会得到而且已经得到民主的美国的同情。[②]

这些亲美情绪的表示以及毛及其同志把自己表现为华盛顿和林肯继承人的努力，均有十分实际和直接的目的。如果中国共产党是“民主的”，而国民党是反动的和排外的，则民主的美国理应适当地将一部分援助给延安，而不必一切经由重庆国民政府（我们马上能看到，共产党事实上提出了此种援助的具体要求）。但是，与这种明的权术同时存在的，或许尚有某些诚意。抗日战争期间访问过延

① 例如他1943年2月20日发的电报。

② 《解放日报》，1944年7月4日。

安或共产党游击区的美国新闻记者和其他旅行者，常感到在这里远比在国民党的中国要自在得多。他们被这里所见的正直、关心进步，并首先是被这里的高昂士气所吸引。他们有时得出结论说，既然毛和他的同志们既认真又有理想，那么他们一定会和记者自己具有同样的理想。[①]

很可能，毛和他的同志也是此种误解的受害者。当然，他们不可能像某些美国人那样下结论说中国共产党人是“杰斐逊式的民主党人”，而认为美国会喜欢“社会主义民主”。可是，如前面已援引的《解放日报》7 月 4 日社论所指出的，马克思列宁主义者总是对美国革命的历史作用予以高度赞扬的。当时，毛还未像他在 1946 年那样，把美国单独提出当作所有帝国主义国家中最凶恶的反动国家和世界各国人民的敌人。多年来，他认为只有德国和日本最反动——但 1939 年至 1941 年期间不同，这期间英国也在最反动国家之列。毛预料，中国要有一个漫长的“资产阶级民主”阶段，在此期间至少需要与一部分国民党人合作（也为领导权而斗争）。在此情况下，他也毫无理由先验地排除与世界范围内反动性最小的“资产阶级”势力进行合作。况且，前面已提到，甚至早在他听说马克思之前，他的想象力已被华盛顿为独立而战所吸引。三十多年以前，毛就赞美过“八年苦战”始获之胜利，在 1944 年庆祝 7 月 4 日美国国庆祝词中，他又不止一次地重复了这些话。

不论双方的诚意和政治上的考虑各占几许比例，毛泽东和美国政府的代表于 1944 年秋开始了第一次重要的接触。8 月，美国军事观察组在外交官约翰· S·谢伟思的陪同下终于在延安开始工作。《解放日报》上一篇以《欢迎美军观察组的战友们》为题的社论，表示希望这个组织的报告会使美国军队重视中国共产党人和他们进

---

① 在 Tang Tsou，*American's Failure in China 1941—1950*（University of Chicago Press，1963）一书的第 176～236 页，可见对此问题有趣和引起争论的讨论。作者在题为“美国人眼中的中国共产主义与美国政治传统”一章中所述，大多具有见地和根据。但他的描述也有美中不足之处，因为他对某些 30 和 40 年代在美国塑造中国形象的记者和外交家，进行了极其尖锐、部分毫无理由的个人攻击。如果“他们对中国共产党本质和意图的误解仅仅是当时舆论的一种反映”，或出于“美国政治传统本身”（第 219 页），那么用这样的敌意和蔑视来对待他们，看来是不公平的。可是，要对这本无疑是对此复杂时期最明智的、最完整的、文献十分丰富的研究著作过多地吹毛求疵，则会显得太苛刻。

行的抵抗。[1] 毛对谢伟思本人解释过，观察组虽然在抗日战争中极为有用，但最重要的在于观察组“对国民党所起的政治作用”[2]。

事实上，这个观察组和美国整个对华政策的发展密切相关。观察组是在副总统亨利·华莱士 1944 年 6 月出使重庆之后成立的，这也是他这次出访的一部分成果。在出访期间，他向蒋介石反复说明了为进一步将抗日战争进行到底与中共改善关系之重要性。与此同时，出现了由罗斯福总统在 1944 年 7 月向蒋建议所引起的危机。他建议，由史迪威上将直接指挥包括国民党和共产党军队在内的全部中国军队。[3]

美国政府提出统一指挥全部中国军队的计划，其必然结果是不久又提出中国建立有共产党参加的联合政府的建议。共产党在重庆的代表几乎立即知道了这个消息，后来延安的领导人正式支持这个意见。[4]

华盛顿和延安的政策具有密切的相似之处，只有在此情况下才能解释 1944 年 10 月发生的一桩非常事件。毛亲自捍卫英美民主政体领导人，反对蒋介石的粗暴无礼和排外情绪。10 月 10 日，蒋选中在中国国庆（“双十节”是 1911 年辛亥革命纪念日）这一重大节日向国民党中央委员会发表演说之际，断然宣称他决不在史迪威问题上让步。毛立即在一篇社论中对蒋回击，宣称蒋这样做，“有失抗战领袖的身份”：

> 一个“四大强国的领袖”，在国庆这样的节日，对于外国人的严肃批评（其中包括丘吉尔首相与罗斯福总统）指为听信“敌寇汉奸造谣作祟”，实在有失中华民国的体统。十分有趣的是，蒋氏在此次演说中，提出了“本身能自立自强和独立分担作战任务”一项要求。（蒋威胁如果美国坚持要派史迪威来指

---

① 参见《解放日报》，1944 年 8 月 15 日。

② Herbert Feis, *The China Tangle* (Princeton, Princeton University Press, 1953), p. 162.

③ 有关此事背景，见 Tang Tsou, *American's Failure in China 1941—1950* (University of Chicago Press, 1963), pp. 162 - 175。

④ Tang Tsou, *American's Failure in China 1941—1950* (University of Chicago Press, 1963), pp. 172 - 175.

挥中国军队作为进一步援助的条件，他们就要这样做）……这是蒋氏排外情绪的表现。事情是战争到了今天，国民党政府及其统帅部如此腐败无能，某些人认为在中国战场上有设置同盟国联合统帅部的必要。为了拒绝此项要求，平素以专靠外国援助为法宝的人们，也谈起“自立自强”了，并要“独立分担作战任务”了。①

众所周知，围绕任命史迪威统帅中国军队而展开的斗争，以蒋介石全部胜利而告终。史迪威被召回，由魏德迈上将接替。罗斯福不再要求魏德迈对中国军队行使权力。首次提出建立包括共产党在内的联合政府的高斯大使，由佩特里克·赫尔利来接替，向总统建议召回史迪威的，也正是赫尔利。②

赫尔利虽把支持蒋介石作为他对华政策的基石，但他开始时对共产党绝无敌意。正如邹谠清楚表明的，他采取较友好态度是出于两种错觉：他不相信毛和他的同志是“真正的”共产党人，并且他以为他们软弱，最终会和蒋合作，尤其在苏联的政策也把他们推向同一方向时更是如此。③ 在被正式任命为大使之前④，他曾为此飞抵延安直接和毛泽东洽谈。

赫尔利的政治风格肯定一开头就使毛为难。他在延安机场用印第安人的战争呐喊声来向中国共产党人致意。⑤ 但他在口袋里带来一个国共五点协议草案，这比较合乎他的东道主的心意。他和毛谈判了两天两夜，赫尔利把这次谈判说成“最紧张和最友好的”谈判。毛最后于 11 月 10 日正式在一份修改的协议草案上签了字。赫

---

① 此文原为不署名的“延安观察家”所写，发表于 1944 年 10 月 12 日《解放日报》上。现已确定为毛所写，见《毛泽东选集》，1 版，第 3 卷，956～957 页。但是，可以理解，上面援引的内容，已在书中被删去。

② Herbert Feis，*The China Tangle*（Princeton，Princeton University Press，1953），pp. 100 - 124. 作者对史迪威危机作了极精辟的概括。

③ Tang Tsou，*American's Failure in China 1941—1950*（University of Chicago Press，1963），pp. 176 - 195.

④ 赫尔利以罗斯福总统派至蒋介石私人代表的身份于 1944 年 9 月 6 日抵重庆。高斯大使于 11 月 1 日辞职，11 月 30 日赫尔利被提名担任此职。

⑤ Herbert Feis，*The China Tangle*（Princeton，Princeton University Press，1953），p. 214.

尔利也签了字，表示他本人同意协议的草案。[①] 对赫尔利来说，协议中有一条决定性的条款，证明了整个协议的正确，该条款规定："一切抗日军队应遵守和实行联合国民政府及其联合国民军事委员会的命令。"毛和他的同志愿意作出此项保证，以换取建议中的联合政府及改组后的军事委员会中的代表权、新政府履行民主自由的义务和平等分配外国提供物资的规定。可是，这些条款绝不会为蒋介石所接受。赫尔利至多能从蒋处获得一个空洞的、有条件的允诺民权的三点计划，而政府仍归国民党单独所有，根本不作任何改变，其交换条件是中国共产党军队须归编国民党军队。在此情况下，毛泽东于 1944 年 12 月 24 日打电报给赫尔利，谓国民政府并未表示足够诚意保证谈判继续[②]，就不足为奇了。

虽然赫尔利和毛泽东对蒋的本意感到完全失望，但中国共产党的领导人仍希望从美国得到有益的支持。于是，朱德为了鼓励伪军叛离南京伪政府，于 1945 年 2 月要求借款两千万美元。但赫尔利拒绝了此项计划，他坚持一切美国物资均须通过国民党政府。[③] 于是，美国和中国共产党之间有限的政治合作的短暂插曲，并未取得具体的成果，但当时毛对美国仍采取相当友好的态度。1945 年 4 月 13 日罗斯福逝世，毛在一份致杜鲁门的电报上签字，表示他的"深切吊唁"[④]。十天以后，毛在向中国共产党第七次全国代表大会所作的报告中，有好几段（现已删去）赞扬美国对战争和中国斗争所做的贡献。[⑤]

---

① 根据美国国务院白皮书，赫尔利只作为证人签了字，但林赛勋爵的叙述大意谓赫尔利的签字表示对此协议的同意和支持，这一说法似更可信，见 Tang Tsou，*American's Failure in China 1941—1950*（University of Chicago Press，1963），p. 290。

② 关于赫尔利与毛的谈判，见 Tang Tsou，*American's Failure in China 1941—1950*（University of Chicago Press，1963），pp. 289 - 295。

③ Ibid.，p. 178. 向美国呼吁援助的想法，也许是 1944 年年底至 1945 年年初由美国界和外交界人士作为准备实施的计划而向朱德提出的，即为共产党和美国军队合作，则后者应向共产党根据地派遣伞兵和技术人员，向共产党提供军事援助。见 Tang Tsou，*American's Failure in China 1941—1950*（University of Chicago Press，1963），pp. 152 - 153；Herbert Feis，*The China Tangle*（Princeton，Princeton University Press，1953），pp. 205 - 206。

④ 《解放日报》，1945 年 4 月 14 日。

⑤ 有一段友好的话，见 S. Schram，*The Political Thought of Mao Tse-tung*（London，Pall Mall Press，1964），p. 74。毛还宣称，虽然偶有不同意见，但"英、美和苏联"三个民主大国仍然团结一致，将来还会团结一致，见《论联合政府》，2 页，中国出版社，1946。

这种气氛的改变，可以非常确切地说，是从 1945 年 6 月《亚美》杂志事件开始的。当时，约翰·S·谢伟思由于把他的报告本交给了这家杂志的主编菲立普·贾非而被捕。[①] 可以回想起 1944 年年底至 1945 年年初，谢伟思曾和美国军事观察组在延安度过了六个月的时间。贾非在延安给人的印象无疑很好，因他曾编好了蒋介石《中国之命运》一书不加删节的译本。当然，共产党对此事件反应极为强烈。《解放日报》的社论把这次逮捕说成美国对华政策的一个转折点。文章说，共产党人不反对美国人民，也不反对美国政府，但是他们反对像赫尔利之流的美国帝国主义者。社论通篇调子尖锐，几乎有些寻衅，社论最后警告说，如果美国当局决心支持中国反动派，那他们将从中国人民那里得到其应有的教训。[②]

没有证据表明这篇社论是不是毛亲自写的，但 7 月中旬，十天之内他在延安报刊上写了三篇不署名文章[③]，斥责“赫尔利和蒋介石双簧”的“破产”。诚然，他仍强调中国人民和美国人民之间的共同利益，承认“相当一些政治家和军人”以及大部分美国舆论懂得中国对自由和独立的渴望。可是，文章的语调却与有关《亚美》事件社论一样咄咄逼人，提出的教训也一样：如果美国政府采取只支持蒋而反对共产党的政策，那么美国将“给自己以千钧重负”[④]。毛在 1945 年 7 月 4 日同当时访问延安的美国民主联盟的两位代表谈话时，情绪更为强烈。他说：“我这几条烂枪，既可同日本人打，也就可以同美国人打，第一步我要把赫尔利赶走了再说!”[⑤] 正当日本投降使中国国内政策不可避免的危机日益临近之时，延安和华盛顿的关系也处于山雨欲来的气氛之中。

当毛准备好他政治生涯新阶段的时候，他加强和巩固了他对中

---

① 简况见 Tang Tsou, *American's Failure in China 1941—1950* (University of Chicago Press, 1963), p. 541。

② 参见《解放日报》，1945 年 6 月 25 日。

③ 只有 7 月 10 日和 7 月 12 日两篇社论现收入《毛泽东选集》第 2 版第 3 卷。为证明 7 月 19 日第三篇社论为毛所写，见 S. Schram, *The Political Thought of Mao Tse-tung* (London, Pall Mall Press, 1964), pp. 387 - 388。

④ S. Schram, *The Political Thought of Mao Tse-tung* (London, Pall Mall Press, 1964), p. 401.

⑤ 左舜生：《近三十年见闻杂记》，见《近代史中国史料丛刊》(第 49～50 辑)，540～541 页，台北，文海出版社，1967。对毛的访问在 7 月 4 日举行完全出于偶然，但只强调与一年前社论中之气氛已大不相同。

国共产党组织上和思想上的控制。在1945年4月召开的党的第七次全国代表大会上，通过了一个新党章。党章的总纲中正式将“毛泽东思想”奉为“党一切工作的指针”①。刘少奇称赞毛“不只是中国有史以来最伟大的革命家和政治家，而且是中国有史以来最伟大的理论家和科学家”②。

名副其实的对毛泽东的崇拜，可以追溯到1942年至1944年的整风运动期间，但它在这次代表大会上含苞待放，从此持续盛开。③1942年1月23日，在整风运动正式开始以前，毛向边区部队中的政治工作人员发出命令，指示他们印数千份《红四军九次党代表大会决议》，发至连长为止。拿到书的人要把决议当作课本“加以熟读”。毛还加一句，“各级干部均须熟读”④。这个决议原为1929年所作，实际上为毛亲自所写。⑤ 因此，他是在命令认真学习他自己的著作。对毛崇拜的进一步表现可以从1943年年底到达延安的劳动英雄致敬电看出，他们欢呼毛是“中国人民的救星”⑥ 云云。

1945年对毛崇拜的发展，像整风运动为它早期的发展提供土壤一样，应打上强烈要求马克思主义“中国化”的印记，这是很自然的。刘少奇在第七次全国代表大会的报告中，在这方面赞扬了毛，还把毛的思想说成“马克思主义民族化的可喜榜样”⑦。

刘这次的赞扬已超出了纯粹的意识形态范围，他坚持应承认毛的思想，亦即中国共产党的领导，在整个世界革命运动中的作用。他写道：“毛泽东思想……对各国人民的解放事业，特别是东方各民族的解放事业，作了有益的贡献。”⑧ 毛在1936年就宣告，当中

---

① 《刘少奇选集》（上卷），332页，北京，人民出版社，1981。

② 同上书，336页。

③ 毛并非没有参加。1945年7月，他给延安写了一篇不署名文章，说中国人民希望遵循“毛泽东道路”，见 S. Schram, *The Political Thought of Mao Tse-tung* (London, Pall Mall Press, 1964), p. 387。

④ 《解放日报》，1942年4月15日。

⑤ 《毛泽东选集》中只摘录了这篇长文中的很短一部分，见 S. Schram, *The Political Thought of Mao Tse-tung* (London, Pall Mall Press, 1964), pp. 272 - 275。

⑥ 上面这一句摘自1943年11月21日《解放日报》上的致敬电。1943年12月2日《解放日报》还发表了延安劳动英雄于1943年11月29日的信以及他们要求为毛代耕粮食（1944年2月11日《解放日报》）。

⑦ 在援引的正式英译文中，这个意思有所删减。根据中文本翻译的法译本，见 H. Carrère d'Encausse and S. Schram, *Le Marxisme et l'Asie, 1853—1964* (Paris, Armand Colin, 1965), pp. 361 - 365。

⑧ 《刘少奇选集》（上卷），335页。

国革命胜利了，“许多殖民地国家的群众”，将“学习中国的榜样去赢得他们革命的胜利”。他在 1940 年写过，一切殖民地和半殖民地国家的革命，必然具有和中国一样的“新民主主义”性质。[①] 但是，这些声明可以简单地解释为断言一切附属国家会团结起来，断言它们政治形式的特点具有许多相似之处。刘少奇提出一个想法，中国不仅是亚洲和非洲反对帝国主义的先锋，而且是亚洲和非洲反对帝国主义革命的领袖和思想上的导师。

他们要求取得领导权的做法，比起毛自称将马克思主义中国化，在莫斯科更加不受欢迎。再加上中国共产党和苏共在政治利益上的分歧，这样做一再使毛同他的苏联同志的关系出现麻烦。

1945 年春，毛泽东和斯大林明确宣布的政策目标，暂时相同：在中国建立有共产党参加的联合政府。毛在 4 月召开的党的第七次全国代表大会上所作的长篇报告，题目恰恰为《论联合政府》，而苏联人也支持这个口号。但莫斯科和延安在这个问题的轻重缓急上，无疑有些不同。从长远来看，毛和斯大林自然都希望共产主义在中国胜利，但他们两人中谁也没有认为中国共产党已经强大到足以立即接管政府的领导权（现在流行的《毛泽东选集》中，毛的报告中有关这方面的建议，都是事后加的[②]）。但是，毛主要的兴趣在于为他的最终胜利奠定基础，而对斯大林来说，更为敏感的则是打内战对蒋愿意满足罗斯福在雅尔塔会议上同意的苏联要求（例如在大连建立海军基地）的诚意有何影响。[③]

由于对广岛和长崎的轰炸，日本的抵抗突然崩溃，这使毛和斯大林都不得不在措手不及的情况下提前作出对将来有重大意义的具体决定。主要的问题是关于在中国的日伪军受降问题。在日本投降（8 月 14 日）的那天，斯大林根据雅尔塔的一致意见，与重庆政府缔结了一个友好同盟条约，如果此条约付诸实行，蒋介

---

① S. Schram, *The Political Thought of Mao Tse-tung* (London, Pall Mall Press, 1964), pp. 374, 377.

② 这种增加的例子，如毛提出的在政治制度中的“共产党领导权”，见 S. Schram, *The Political Thought of Mao Tse-tung* (London, Pall Mall Press, 1964), p. 299。现行版本中关于共产党或无产阶级领导的其他断言，见《毛泽东选集》，2 版，第 3 卷，1058～1059 页。

③ Charles B. MacLane, *Soviet Policy and the Chinese Communists 1931—1936* (New York, Columbia University Press, 1958), pp. 180－182. 书中分析了当时苏联的动机，作出了上述推理。

石对此将极为满意。有个补充协议规定，只要苏联军队在他们之前占领东北的任何一部分领土，就不再算“临时军事作战区”，而应转交中国国民政府予以管理。斯大林在莫斯科的谈判过程中，曾冷嘲热讽地强调这条有争论的条款，他于 8 月 10 日警告蒋的外交部长宋子文说，如果不马上在条约上签字，中国共产党就会首先进入东北。①

毛的意图很实际，为了在扩大和巩固共产党根据地时得到重要的武器装备，他指挥下的部队应当尽量在各地接受日本军队和伪军的投降。8 月 10 日朱德具体执行这项政策，命令他指挥的一切部队占领敌人控制的城市、市镇和交通线，要求日本军队和伪军投降。蒋立即发出一个相反的命令，指示所有共产党部队在得到进一步指示以前在原地待命，不得解除敌人武装。这就使毛在延安报纸上写另外一篇不署名文章，强烈谴责蒋是一个“法西斯头子独夫民贼”，他情愿和敌人合作而不愿和同胞合作（8 月 11 日蒋发布一项公告，煽动伪军指战员转而效忠重庆）。毛写道，如果考虑各个军队对抗日战争所做的有效贡献，只有共产党的军队才有接受敌军投降的权利。他最后向三大盟国要求朱德应有权派遣代表参加四大盟国商谈日本投降事宜。②

仅仅两周以后，毛为了对他不久前称之为（不署名，这是真的）“法西斯分子”和“民贼”的蒋发出的邀请作出反应，抵达重庆。在离开延安的前夕，他草拟一个党内通知，向干部解释他的政策。他的出发点是国内的力量平衡。“日寇迅速投降，”他写道，“改变了整个形势。蒋介石垄断了受降权力，大城要道暂时（一个阶段内）不能属于我们。”共产党军队绝不应消极地接受这种形势；相反地他们还应全力来争，特别是在华北方面。但除了军事方面以外，还有其他的可能性。由于苏联、美国和英国均不赞成中国内战，国民党有可能“有条件地承认”中国共产党的地位，共产党亦

---

① 对这次谈判的精彩概述，见 Tang Tsou，*American's Failure in China 1941—1950*（University of Chicago Press，1963），pp. 270 - 287。

② 关于这些情况，见 Tang Tsou，*American's Failure in China 1941—1950*（University of Chicago Press，1963），pp. 303 - 311。毛写的 8 月 12 日社论全文见《毛泽东选集》，2 版，第 4 卷，1137～1139 页。此文与当时《解放日报》1945 年 8 月 13 日发表的文章相同。

可能“有条件地承认”国民党的地位。这就会出现和平合作的阶段。如果这种局面出现，共产党应当努力利用合法手段扩大在城市的影响。作为交换，他们会接受蒋要求缩小“解放区”的某些要求，目的在于取得国内和国际舆论的同情。但是，他们战略的基本原则仍旧与以前一样：“……利用矛盾，争取多数，反对少数，各个击破；是有理，有利，有节。”[①]

这两个宿敌于重庆相见，1926 年以来这是第一次。毛和蒋都知道，这个民族不仅要对中国未来两种相对的概念作出判断，而且还要对体现中国两个未来的人作出判断。几个星期以前，毛在延安曾对一位访问者说过：“蒋先生总以为‘天无二日，民无二王’[②]，我‘不信邪’，偏要出两个太阳给他看看!”[③] 他抵达重庆不久，就把他写的一首词《沁园春·雪》给了他的一位熟人，而且发表在报纸上。这首词是毛的佳作之一，它所产生的作用可能有助于抵消他在尊贵、讲究的蒋旁边相当笨拙的外表。

毛在重庆期间，四十三天不时穿插宴会的谈判，表明双方虽然都不愿落个阻碍和平解决的罪名，但事实上却没有条件达成协议。共产党认识到他们暂时还没有强大到能坚持参加国民党政府的程度，于是就放弃了他们联合的要求而限于要求在蒋控制的现政府下的民主化。正如毛预料的，这样做是可取的，他们一致同意放弃某些“解放区”，把他们的军队缩编成二十个师，只要国民党政府也把它的军队按同样比例进行缩编。但是他们坚持保留军事力量的牢固核心以及这种力量的根据地，即维持国中之国。毛的推理很清楚，如果他能以某种形式维持现状，那么国民党的腐败无能以及由此引起的国民党政治和军事机构的瓦解，最后定能使共产党通过政治和军事手段的适当结合，使国民党弃权而接管其领导权。从蒋这方面说，他不把希望寄托在时间上，而决心立即打垮共产党的军事力量。因此，1945 年 10 月 10 日的临时协议墨迹几乎未干，蒋就对根据地加强了攻击，毛也就此结束了他的重庆之行。与其说蒋同意

① 《毛泽东选集》，2 版，第 2 卷，763 页。

② 出自《孟子》。

③ 左舜生：《近三十年见闻杂记》，见《近代史中国史料丛刊》（第 49～50 辑），540 页。

毛所谓事态正向着对共产党有利的方向发展的看法，不如说他过高估计了当时他自己的力量。[1]

蒋根据美国给他的日益增加的但相当谨慎的援助，尤其是帮助他将部队运至北方，不仅深信他们能在共产党之前占领东北部分地区，而且还相信他可以得到苏联某种程度的支持，或者至少说，在他努力从政治上统一这个国家方面，苏联会保持慷慨的中立。斯大林7月间在莫斯科和宋子文谈判的时候，就直率地和他说过这意思。南斯拉夫消息灵通人士的著名报道，确认斯大林说过此话，这并非全部是虚假的。报道称斯大林在1948年对E.卡德尔说过，战后他如何劝告过中国同志“参加蒋介石政府和解散他们的军队”，因为“中国的起义没有发展前途”[2]。

在实际做法上，苏联对中国的政策表现得犹豫不决和自相矛盾。日本投降后的头三个月中，苏联红军给予中国共产党大量援助以巩固共产党在东北的地位，允许朱德的部队进入重要地区，不让国民党进入。到了11月，莫斯科又一反上述做法，允许蒋的部队占领以前由中共控制的某些地方。然后，1946年3月和4月苏联最终撤退的前夕，又把援助给共产党。正如邹谠所说，毫无疑问，“苏联对中国明显的自相矛盾和同时使人困惑的行为，表明苏联在调节它的基本政策，以使之适应于莫斯科所估计的主要形势”。可是，苏联的“基本政策”是否像邹谠所断言的那样简单明白地“反对国民党和支持共产党”[3]，也许就说不准了。由于斯大林全神贯注于苏维埃国家的安全，也由于他对于一个他可能无法控制的生气勃勃的革命运动缺乏热情，因此上述公式一直含糊不清。

必须承认，斯大林不得不使其政策适应当时的主要形势，而这

---

① 谈判的上述情况以及本段和下一段里对蒋政策的分析，主要根据 Tang Tsou, *American's Failure in China 1941—1950*（University of Chicago Press, 1963）第316～324页上的材料。

② Vladimir Dedijer, *Tito Speaks*（Weidenfeld and Nicolson, 1953）, p. 331. 近年来中国许多毫不掩饰的参考材料（下面还要提到）也倾向于确认这种叙述是可靠的。米洛万·德热拉斯著的《同斯大林的谈话》一书中，文字虽稍有不同，但重复了这些话，见 Milovan Djilas, *Conversations with Stalin*（Rupert Hart-Davis, 1962）, p. 182。

③ Tang Tsou, *American's Failure in China 1941—1950*（University of Chicago Press, 1963）, pp. 338－339。关于1945—1946年苏联在东北的政策，见该书第327～340页。另见 Charles B. MacLane, *Soviet Policy and the Chinese Communists 1931—1936*（New York, Columbia University Press, 1958）, pp. 79－91。

形势本身确实非常复杂和不明。由于共产党和国民党都不愿承担他们双方都认为是不可避免的关系破裂的社会责任，因此不论毛的还是蒋的政策特点，都不可能是坦率的和明晰的。美国当时政策的不现实、自相矛盾和犹疑不定，更增加了当时的混乱。[①] 这里不需要详细分析这一年乔治·C·马歇尔使团在中国进行的复杂谈判，尤其是这些事件均已在邹谠这本确切的、文献丰富的和客观的著作中谈到。[②] 1946 年上半年，毛对他自己在与其说是军事斗争不如说是政治斗争中的前途，比蒋更有信心。这种信心的依据是毛在 10 月访问重庆时达成的最后于 1946 年 1 月履行的政治协商会议大部分有利于共产党地位的提案。尽管有这些差别，毛和蒋继续谈判，可实际上诉诸武力。因此，到 1946 年年中，这个国家进入全面内战就不令人惊奇了。

虽然毛不寻求战争并且宁愿用政治行动来推进他的事业，但毛作出不畏惧战争的决定时，一个重大的因素是他相信美国的军事力量一般，特别是美国的核武器与群众的坚决斗争相比，并不起决定的作用。1945 年 8 月 9 日《解放日报》对于前一天丢在广岛上空原子弹的报道，题目为《战争技术上的革命》。但是，仅仅四天以后又有篇文章宣称，原子弹虽然有威力，但不应当夸大原子弹的作用。在日本投降时，起决定作用的还是苏联的参战和其他盟国的地面部队。[③]

这第二个观点，直接受毛看法的影响，因为毛于 1945 年 8 月 13 日在延安的一次干部会议上阐述过：

> 原子弹能不能解决战争？不能。原子弹不能使日本投降。只有原子弹而没有人民的斗争，原子弹是空的。假如原子弹能够解决战争，为什么还要请苏联出兵？为什么投了两颗原子弹日本还不投降，而苏联一出兵日本就投降了呢？我们有些同志

---

① 邹谠探讨了此种混乱和缺乏现实主义的原因，见 Tang Tsou，*American's Failure in China 1941—1950*（University of Chicago Press，1963），pp. 338 - 339。

② Tang Tsou，*American's Failure in China 1941—1950*（University of Chicago Press，1963），pp. 401 - 440.

③ 参见《解放日报》，1945 年 8 月 9 日和 8 月 13 日。

> 也相信原子弹了不起，这是很错误的。……这些同志把原子弹看得神乎其神，是受了什么影响呢？是资产阶级的影响。……我们队伍中的唯武器论，单纯军事观点，官僚主义、脱离群众的作风，个人主义思想，等等，都是资产阶级的影响。对于我们队伍中的这些资产阶级的东西，也要像打扫灰尘一样，常常扫除。①

毛在 1946 年 8 月和安娜·路易斯·斯特朗的著名谈话中，又明确地和有声有色地重申了这个观点。他宣称，原子弹是只“纸老虎”，看样子可怕，实际上并不可怕。② 当然，这符合当时苏联官方的观点，虽然斯大林用的语言没有这样生动。但是到了 1948 年年初，苏联在它自己的核武器计划方面获得了进展，斯大林表示了他对原子弹的赞赏，他宣称原子弹是“一个有威力的东西。有——威——力！”③ 毛的观点直到 60 年代仍没有重大的改变，这个我们在以后会看到。在决定一个人的世界观的时候，由传统和经验形成的个性至少和客观现实同样重要。

从 1946 年至 1949 年的内战，主要是军事历史学家研究的问题，不需要我们在此详细来谈。在严格的军事方面，毛的总战略主要和他在 1938 年著作中有关抗日战争的建议一样，即从以运动战反对强大敌人为主的阶段，转为直接进攻国民党主要据点的阵地战的阶段。1947 年圣诞节，他把红军的作战原则概括如下：

> （1）先打分散和孤立之敌，后打集中和强大之敌。（2）先取小城市、中等城市和广大农村，后取大城市。（3）以歼灭敌人有生力量为主要目标，不以保守或夺取城市和地方为主要目标。……（4）每战集中绝对优势兵力（两倍、三倍、四倍、有时甚至是五倍或六倍于敌之兵力），四面包围敌人，力求全歼，不使漏网。……力求避免打那种得不偿失的、或得失相当

① 《毛泽东选集》，2 版，第 4 卷，1113～1114 页。

② 参见上书，1194 页。

③ 在 1948 年 1 月欢迎南斯拉夫人宴会上的讲话，见德热拉斯：《同斯大林的谈话》，108 页，北京，世界知识出版社，1963。

> 的消耗战。这样，在全体上，我们是劣势（就数量来说），但……在每一个具体战役上，我们是绝对的优势……随着时间的推移，我们就将在全体上转变为优势，直到歼灭一切敌人。[1]

现在，毛和过去一样总认为政治动员和赢得群众同情，是取得军事斗争胜利所不可缺少的条件。诚然，他仍然相信他在1938年说过的“枪杆子里面出政权”[2]。1947年，他号召红军“发扬勇敢战斗、不惜牺牲、不怕疲劳……的优良作风”[3]。他发布了许多“解放区”应当执行的政策，也发布了许多指示，以便巩固革命根据地。当时实行的农村政策要比1937年至1945年间的政策激进，因为那时候的政策主要是减租减息，而不是土地改革，但当时的策略是渐进和适合当地情况的。毛打算仍然把“开明绅士”包括在他决心维持的“极其广泛的全民族的统一战线”[4] 之内。只在共产党在上述地区控制数年之后，才重新分配全部土地；但打击面暂时不能超过人口的百分之十。[5] 毛还催促重新颁布“三大纪律八项注意”；这些规定在约二十年的时间里，以种种形式表明了对老百姓的尊重和反对强取豪夺，这就使红军区别于中国农民所见过的其他一切军队，从而大大有助于赢得百姓的支持。[6]

中国1946年至1949年的内战，无疑是历史上一支比较弱小的但得到群众支持、有献身精神、组织良好的军队，战胜一支比较强大的但士气低落、领导无能、不得人心的军队的惊人事例。1945年，由八路军和新四军指挥的部队，总数从五十万左右扩大到了约一百万人。国民党部队大约是他们人数的四倍。[7] 到1947年年中，经过了一年大规模的内战，国共军队的比例从四比一变为二比一，因此毛才能在一项命令中断言，如果能以同样速度歼灭敌军，那么

① 《毛泽东选集》，2版，第4卷，1247页。

② S. Schram, *The Political Thought of Mao Tse-tung* (London, Pall Mall Press, 1964), pp. 290-291.

③ 《毛泽东选集》，2版，第4卷，1233页。

④ 同上书，1213页。

⑤ 参见上书，1283页。

⑥ 参见上书，1241页。

⑦ 参见陈志让：《毛泽东与中国革命》，374页。

再有一年，优势将转到共产党方面来。[1] 1947 年年底，毛宣称已经到了一个历史的转折点——“是蒋介石的二十年反革命统治由发展到消灭的转折点”[2]。六个月以后，国共部队在数量上的对比又有了进一步的变化，毛的部队已仅稍少于蒋的部队。[3] 鉴于共产党部队的高昂士气和智谋，事实上现在共产党已经更为强大，而且确实在 1948 年下半年获得了一连串明显的胜利，从而决定了战争的结局。[4]

中国国统区通货膨胀、浪费和贪污猖獗，人民中普遍厌战和憎恨蒋介石，这些也有助于最后的结局。1947 年 9 月，国民党宣布民主联盟为非法，从而把中国“第三势力”（其实从未成为一股势力）中的一大部分推进了共产党的怀抱，这个错误加强了毛的实力。[5] 但是，从纯粹军事方面来说，国民党也打输了，相当重要的原因是蒋在任命重要指挥官的时候，继续顽固地推行任人唯亲的做法。

毛在 1948 年 11 月写道，战争进程将比他原来预计的缩短，大约再有一年的时间就可结束。[6] 到 12 月初，东北和华北实际上已全部落入共产党手中，除了北平和天津附近地区以外，那里大约有五十万国民党军队。毛遵循歼灭敌军为决定性目标的原则，指示林彪切勿立即攻打各国民党兵团，在以后的两星期内采取围而不打和隔而不围的方针，这样敌人才不致从海上向南逃跑。[7] 这个计划迅速实现，国民党阵地上的五个主要牢固据点，一一被攻破。天津于 1 月中旬经二十九个小时战斗以后被攻占；由于傅作义将军为了避免无谓的破坏，北平和平解放。[8] 如果共产党继续他们的攻势，整个中国显然都会听从共产党的摆布。

在此关头，南京开始发起和平倡议。蒋于 1949 年 1 月 1 日亲自发表一项声明，表示他的和平愿望，并申明他不计较他继续任职或

---

① 参见《毛泽东选集》，2 版，第 4 卷，1232 页。

② 同上书，1244 页。

③ 参见陈志让：《毛泽东与中国革命》，374 页。

④ 对这些战役的简明分析及国民党失败的原因，见 Tang Tsou，*American's Failure in China 1941—1950*（University of Chicago Press，1963），pp. 482 - 484。

⑤ Ibid.，p. 461.

⑥ 参见《毛泽东选集》，2 版，第 4 卷，1361 页。

⑦ 参见上书，1365 页。

⑧ 傅作义将军为此被任命为秋天成立的中华人民共和国政府的水利部长，作为报答。

者隐退。1月21日他把总统职位交给了副总统李宗仁。但是，一方面，他为自己保留了大多数有效的控制手段并利用它们推行他自己放弃大陆立足台湾的政策。[1] 另一方面，毛的条件完全可以理解为简直是全部投降，最后，就连国民党内部的主和派也不能接受。

4月20日，南京政府拒绝了共产党提出的协定最后修正案。[2] 次日，毛向人民解放军发布了“向全国进军的命令”[3]。同日，共产党部队在三百英里的战线上横渡长江，4月23日终于占领南京。几天以后，毛在一首诗中抒发了他的情怀：

钟山风雨起苍黄，
百万雄师过大江。
虎踞龙盘今胜昔，
天翻地覆慨而慷。
宜将剩勇追穷寇，
不可沽名学霸王。
天若有情天亦老，
人间正道是沧桑。[4]

正如我们所见，毛虽极钦佩孙子，但他现在却与写“围师必阙，穷寇勿迫”[5] 的军事战略大师反其道而行之。毛提出共产党不应重犯“楚霸王”的错误——指项羽在对汉朝未来的创建者刘邦有生杀之权时，留下了刘邦的命，但最后项羽却被他手下留情的敌人所灭——事实证明毛这个与孙子相反的方针是正确的。毛无意为了一个为主宰中国而同他斗争了近四分之一世纪之久的人，去冒丧失自己胜利的风险。

---

① Tang Tsou，*American's Failure in China 1941—1950*（University of Chicago Press，1963），pp. 497 - 498.

② 经过和国民党代表在北平谈判两周而提出的协定文本，见《毛泽东选集》，1版，第4卷，1391～1392页。

③ 《毛泽东选集》，2版，第4卷，1449～1456页。

④ 《毛泽东诗词选》，66页。

⑤ 《军争篇》，见《孙子今译》，81页，上海，上海人民出版社，1977。

他在采取这个立场时，不仅仅和孙子背道而驰。1964 年发表过一篇对这首诗的权威性评论，文中说：

> 就在解放南京战役的前后，国内外都有一些好心肠的朋友主张中国南北分治，适可而止，不要惹起了帝国主义特别是美帝国主义的干涉。①

其实，在这些“好心肠的朋友”当中，肯定有斯大林本人在内。在国内则包括一些中国共产党员。毛在 1948 年 12 月 30 日写的题为《将革命进行到底》的新年献词中，斥责了美国政府正努力“在革命阵营内部组织反对派，极力使革命就此止步；如果再要前进，则应带上温和的色彩，务必不要太多地侵犯帝国主义及其走狗的利益”②。

无论如何，无论那些在 1949 年年初劝告毛半途停顿革命的好心人和爱好和平的人是谁，他们的劝告没有生效。当毛的军队继续胜利进军的时候，毛又一次开始想到了政治问题——筹备成立新政府和新政权将奉行的政策的基本提纲。

---

① 郭沫若在《红旗》1964 年第 1 期上发表了对这首诗的评介文章。当时，毛这首诗和九首近作也同时首次发表。

② 《毛泽东选集》，2 版，第 4 卷，1374 页。

第九章

中华人民共和国的建立

1948 年，根据毛的建议，中国共产党公布的《纪念“五一”劳动节口号》中有一条是：“各民主党派、各人民团体、各社会贤达迅速召开政治协商会议，讨论并实现召集人民代表大会，成立民主联合政府。”① 为了组织这个会议，共产党的领导人于 1949 年 6 月成立了一个筹备委员会（这个时候，这个会议叫作“新政治协商会议”，以表示和 1946 年 1 月召开的政治协商会议一脉相承，只是那次会议因蒋介石反对会议提出的成立联合政府建议而失败）。毛在政治协商会议筹备会上的讲话中宣布，需要召开“政治协商会议，宣告中华人民共和国的成立，并选举代表这个共和国的民主联合政府”。接着，他又重新说明他自 1945 年以来经常谈到的关于未来中国的定义：只有这样，“才能使我们的伟大的祖国脱离半殖民地的和半封建的命运，走上独立、自由、和平、统一和强盛的道路”②。

毛在同一个讲话中声明：

> 任何外国政府，只要它愿意断绝对于中国反动派的关系，不再勾结或援助中国反动派，并向人民的中国采取真正的而不是虚伪的友好态度，我们就愿意同它在平等、互利和互相尊重领土主权的原则的基础之上，谈判建立外交关系的问题。中国人民愿意同世界各国人民实行友好合作，恢复和发展国际间的

① 《中共中央关于九月会议的通知》，见《毛泽东选集》，2 版，第 4 卷，1349 页注［4］。

② 《在新政治协商会议筹备会上的讲话》见《毛泽东选集》，2 版，第 4 卷，1463～1464 页。毛在 1945 年 4 月向党的第七次全国代表大会作《论联合政府》的报告时，宣称他的目标是“独立、自由、民主、统一和富强”。他在当时的著作中常用这个句子。

通商事业，以利发展生产和繁荣经济。[1]

但是，这并不是说他在支持“他们的走狗，中国反动派”的帝国主义者（显然是美帝国主义者）和苏联之间，采取了一种中立态度。即使美国到头来也许会“不再勾结”中国反动派，毛也显然不相信和一个“帝国主义”的国家有任何真正合作的可能性。他在纪念中国共产党诞生二十八周年并于 1949 年 6 月 30 日发表著名的《论人民民主专政》一文中尖锐地声明：

“你们一边倒。”正是这样。……中国人不是倒向帝国主义一边，就是倒向社会主义一边，绝无例外。骑墙是不行的，第三条道路是没有的。[2]

《论人民民主专政》一文是毛所有著作中最重要和最有新见地的文章之一。毛在这篇文章中，从他较早时写的篇幅较长的如《新民主主义论》和《论联合政府》等著作中抽出精华，然后以简练尖锐的形式表达出来。与此同时，他已经拥有的权力以及即将正式授予他的权力，使他可以比他在 1937 年至 1945 年期间坦率得多地来谈这些问题。在那个时候，毛自己觉得有责任去企求（或者看起来在企求）国民党的合作，承认国民党在一段不确定的时期内的领导作用——即使每个决意要了解毛言外之意的人都很清楚，毛决心要把真正的权力握在自己手里。现在他可以很方便地放弃所有这种妥协，并且毫不含糊地确定他本人权力的实现以及他要用以重新塑造中国社会的方法。

这篇文章中设计的前景既灵活又死板。它让中国很广泛的一部分人参与国家的政治和经济生活。小资产阶级和民族资产阶级不仅在统一战线中和工农结成联盟，而且它们将无限期地被包括在“人民”之中。它们作为人民的一部分将享有“反动派”——地主和“官僚资产阶级”（和国民党联系的那部分资产阶级）——被剥夺的权利。

① 《在新政治协商会议筹备会上的讲话》，见《毛泽东选集》，2 版，第 4 卷，1466 页。
② 《论人民民主专政》，见《毛泽东选集》，2 版，第 4 卷，1472～1473 页。

它们甚至还要参与针对反动派的“人民民主专政”。毛写道：“对于人民内部，则实行民主制度，人民有言论集会结社等项的自由权。选举权，只给人民，不给反动派。这两方面，对人民内部的民主方面和对反动派的专政方面，互相结合起来，就是人民民主专政。”① 但与此同时，毛相当明确地指出，只有在规规矩矩的情况下，资产阶级才能有完全的公民权。他呼吁要立即强化“人民的国家机器”，他坦率地给国家机器下了个定义——压迫敌对阶级的工具。在最近的将来，这个工具就要用来改造和消灭地主阶级和“官僚资产阶级”。至于民族资产阶级，毛写道：

> 等到将来实行社会主义即实行私营企业国有化的时候，再进一步对他们进行教育和改造的工作。人民手里有强大的国家机器，不怕民族资产阶级造反。②

1949年9月21日，在北京召开了中国人民政治协商会议（最后确定的名称）的第一次会议。③ 会议开到9月30日，批准了由毛泽东主持新政权的组织和组成。毛本人在第一次会议上作了充满强烈民族自豪感的开幕词，断言中国人民“站起来了”，“永远不再作受欺负的民族”④。9月30日朱德为会议作了以“毛主席万岁！”为结束语的闭幕词。10月1日，毛站在天安门上正式宣告中华人民共和国的成立。

就这样，过去五年里毛一直谈到和写到的“联合政府”成立了。可是这个政府和1944年他首次设想的那种政府十分不同。确实，政治协商会议包括十四个党派和各种其他的团体，还有无党派的“民主人士”，在政府和国家副主席中都有非党人士（毛下面的六位副主席中，包括孙中山的遗孀宋庆龄，两个最重要的民主党派“中国国民党革命委员会”和“中国民主同盟”中各有一位代表）。

① 《论人民民主专政》，见《毛泽东选集》，2版，第4卷，1475页。

② 同上书，1477页。

③ 9月27日，北平正式改称为北京，计划代替南京作为首都。

④ S. Schram, *The Political Thought of Mao Tse-tung* (London, Pall Mall Press, 1964), pp. 167 - 168.

可是大家都很明白哪个政党握有真正的权力。政治协商会议通过的作为统一战线和联合政府基础的《共同纲领》，完全符合毛写的《论人民民主专政》一文中所规定的重要原则，包括他对人民下的“四个阶级集团”的定义以及“一边倒”的外交政策。[①] 但是，我们不能把政府中有非党人士参加简单地看作是毫无意义的。由于普遍厌恶国民党，普遍渴望以任何代价换取安定和有效率的政府，因此非党人士参加政府乃是新政权成立时受到广泛支持的具体象征。从毛自己看来，这也符合他打算在不久的将来所奉行的比较温和的政策。

毛和他的同事面临两桩伟大的任务：巩固对国家的政治统治；开始恢复被战争破坏的经济，然后来奠定将来经济发展的基础。这个负责引导中国走向政治安定和经济进步的难以理解的人，在许多方面对他担负的使命是非常称职的。他具有三十年的政治经验。抗日游击战争以及反对国民党的国内战争的那些年月，使他的领导才能得到了进一步的发挥。与此同时，斗争的年月也教育他懂得群众支持的重要以及动员群众的方法。由于他出身于农民，他了解群众精神世界的需要。左舜生写过：“毛泽东根本就是一个中国小说和戏剧上的人物。”[②] 这不是全部事实真相，但是这是事实真相很重要的一个方面，这无疑也增加了他对大部分人民的吸引力。可是当毛在 1949 年着手完成其任务的时候，并不存在一个统一的中国，而是分裂的中国，他个性中对一部分中国人有吸引力的那些方面，往往使其他人反感。毛带有强烈通俗文学特点的领导风格使他和农民有比较密切的关系，但是也可能对知识分子和资产阶级来说显得不那么温文尔雅。相反，他使中国西方化和现代化的目标（虽然用的是马克思列宁主义的词句），得到大部分城市居民的赞许，却稍稍扰乱了农民的心。

在毛的性格中，只有一个品质得到了他同胞的一致反应：他维护中国尊严和民族利益的坚定决心。当他 1949 年 12 月去莫斯科寻

---

① 《共同纲领》和周恩来关于《共同纲领》的报告，见《中华人民共和国的开国文献》，253～274 页，长春，吉林人民出版社，1950。

② 左舜生：《近三十年见闻杂记》，见《近代史中国史料丛刊》（第 49～50 辑），536 页。

求对建立新政权的援助和支持的时候，充分显示了他的这种品质。毛在12月16日抵达苏联首都，恰好赶上22日*庆祝斯大林的七十寿辰。

*原文有误，斯大林生日为1878年12月18日，斯大林执政期间苏联官方称其生日为12月21日。——译者注

毛和斯大林第一次见面时的境况并不很有利。斯大林对毛崛起领导中国共产党没有出什么力，虽然毛一胜利，斯大林就承认了这个事实——至少在外表上——他也没有表现出巨大的热情来帮助他的中国同志从国民党手里夺取政权。他持这样的保留态度，理由之一无疑是担心，如果采取更有挑衅性的政策，美国有可能进行大规模的干涉行动。这种担心现在看来是没有根据的。但第二个也许是更为重要的理由是，他不愿意出现一个可能不像其欧洲卫星国那样驯服的另一个共产党大国，这种情况后来一直存在。诚然，后来中国人的态度很可能更增长了苏联人这种厌恶情绪。

我们已经注意到刘少奇在1945年中国共产党第七次全国代表大会上所作报告的重大意义，他在报告中欢呼毛泽东思想是其他东方国家人民的指导思想。次年，刘在同安娜·路易斯·斯特朗一次反响极大的谈话中，进而更明确地提出了类似的思想：

> 毛泽东伟大的贡献在于把欧洲形式的马克思主义变成亚洲形式的马克思主义……中国是一个半殖民地半封建的国家，广大人民生活在饥饿的边缘，耕作着一小块土地……中国在试图过渡到更工业化经济的过程中，面临着先进工业国的压力……东南亚的其他国家也有类似的情况。中国所选择的道路对他们都会有影响。①

1949年11月，刘少奇在北京召开的世界工联会议上宣布："中国人民……的道路……是许多殖民地半殖民地国家的人民争取民族独立和人民民主所应该走的道路。"② 但是苏联的发言人根本不同意

① Anna Louise Strong, The Thought of Mao Tse-tung, *Amerasia*, XI, No. 6 (June 1947), p. 161. 这篇文章对斯大林的影响可以从下列事实看出：斯大林亲自干预，禁止斯特朗女士写的关于毛的书在苏联出版，因为此书强调了毛的独创性的贡献，但斯特朗女士的书已在东欧一些国家出版。

② 《新华月报》，第1卷第2期，440～441页。

中国“道路”的独创性，而是继续强调毛和他的同志所做的一切都应归功于苏联人的榜样和援助。[①]

至于斯大林，他继续用他的行动来表明他不想全心全意支持毛和他的同志们。1949年1月，李宗仁当临时总统期间，苏联驻华大使馆和李一起草拟了一份两国协定的草案，规定中国在未来的任何冲突中保持中立以及消除美国影响以换取苏中（国民党中国）的“真正合作”。[②] 而且在4月，苏联大使是唯一陪同国民党政府迁往广州的外国外交代表，共产党军队进南京的时候，苏联大使没有留在南京。苏联人甚至在5月还继续同国民党政权（这次还是以蒋介石为首）谈判新疆的经商权。[③]

鉴于这种思想上和政治上的敌对背景，毛和斯大林之间的谈判不可避免地是长时间的和费力气的。毛在1950年1月2日和塔斯社记者的谈话中，表示他可能要在莫斯科逗留“几个星期”。但他又说，确切的逗留时间将部分取决于“解决有关中华人民共和国利益的各项问题所需的时间”[④]。事实上，他在苏联待了九个多星期，最终也只部分地满足了他的国家利益的要求。

1950年2月14日圣瓦伦丁情人节签署的协议，缔结了一个中苏友好同盟互助条约，该条约保证苏联支持中国反对日本的或者任何直接或间接和日本合作的国家的进攻。单独有个协议规定苏联五年内每年给中国贷款六千万美元——无论和美国给国民党的援助相比，还是和苏联给东欧卫星国的贷款相比，这都是一笔很小的金额。可是为了取得这笔数目有限的款子，毛被迫同意苏联可以继续留在旅顺和大连，直到1952年到期（事实上斯大林后来没有遵守这个期限，直到他去世以后这两个港口才归还中国）。毛还承认蒙古人民共和国的独立，并含蓄地承认蒙古人民共和国属于苏联影响的范围。虽然蒙古人十分清楚地表明他们不希望中国或是苏联宗主权

① 关于莫斯科和北京的不同观点以及对意识形态问题的讨论的例子，见 H. Carrère d'Encausse and S. Schram, *Le Marxisme et l'Asie*, *1853—1964*（Paris, Armand Colin, 1965），pp. 93 - 100，361 - 397。

② 参见《美国与中国的关系》（上卷），238页，中国现代史资料编辑委员会，1957。这项协定未能实现，因为美国政府认为李宗仁要求美国援助而同时又与莫斯科谈判消除美国影响是“不可思议”的。

③ Tang Tsou, *American's Failure in China 1941—1950*（University of Chicago Press, 1963），p. 502.

④ 《新华月报》，第1卷第3期，579页。

的干涉，但是对一个从少年时代就因中华帝国的分裂而忧心忡忡，而且总是把这个帝国版图的定义说得尽可能宽泛的人来说，这无疑是一副难吞的苦药。1936 年毛就坚信，一旦中国革命胜利，外蒙古一定会出于自愿加入中国联盟，1939 年他把外蒙古和内蒙古都归在中国国境之内。[1] 没有理由认为他后来改变了他的看法，可是在这方面就和在其他许多方面一样，他不得不向现实妥协。

2 月 17 日，毛即将离开莫斯科时，发表了一个声明，宣称新条约中确定的中苏友谊是“永久的，牢不可破的”。他还在访问了工厂和集体农庄以后坚定了他的信念，即苏联的经济和文化成就是将来“新中国建设的榜样”[2]。

毫无疑问，他这个想法至少有一部分是真诚的。他毫不动摇地想保持对他自己革命的控制权，但并不意味他愿以一切代价证明他的独创性，也不意味他不愿向苏联经验学习。与此相反，由于毛长期以来在组织共产党和为夺取政权而斗争的方法上运用列宁主义的许多原则，他现在打算充分利用列宁等人在建立国家机器和发展社会主义经济方面所用过的方法。过去为了取得政权，他把列宁主义的策略和自己的游击战术结合起来，现在他要根据中国的特殊情况应用苏联的方法来建设社会主义。

在这些特殊情况中，最重要的是国家在经济上和文化上的落后以及农民的极端重要作用两条。毛在断言人民民主专政毫不担心能有力量“改造”民族资产阶级以后，在他著名的论文中宣称，“严重的问题是教育农民”[3]。这确实是支配全部新政权历史的一个问题。用毛自己的话来说，全国范围内的基本胜利，“只是万里长征

---

① 他在《中国革命和中国共产党》一文中写道：“现在中国的国境：在东北、西北和西方的一部，和苏维埃社会主义共和国联盟接壤。”下面接着列举了西方、南方和东方接壤的国家。在现行的版本中，在所引上句以后又增加了一句：“正北面，和蒙古人民共和国接壤。”见《毛泽东选集》，2 版，第 2 卷，621～622 页。延安官方解放社在 1939 年出版的原来版本中，既没有提到蒙古，也没提到北方的国境。如果这是一个“遗漏”，那么 1949 年 1 月北平新华社出版的本子以及 1949 年 6 月在香港出版的本子，都没有改正。至少 1939 年的本子上这问题惹人注目地悬而未决（毛在细致列举所有接壤国家时，没有其他漏掉的）。但是看来他所指的“东北和西北”，本意十分可能是指与苏联交界的整个半圆地带，蒙古则被看作中国的一部分。

② 《中苏友好合作的新时代》，4～5 页，天津中苏友协，1950。

③ 《论人民民主专政》，见《毛泽东选集》，2 版，第 4 卷，1477 页。

走完了第一步”[1]，这是指走向经济发展和现代化的长征。在这个艰巨的任务中，二十五年来承担了武装斗争全部重担的农民，仍将是“工人阶级的主要同盟者”。可是只有农民在经济上充分起作用的情况下，他们才能在政治上充分起作用。对毛来说，农民在经济上充分起作用就是指“农业社会化的步骤，必须和以国有企业为主体的强大的工业的发展相适应”。如果说这里指对农民的“教育”，那就没有充分表述出实际情况。毛十分了解，需要做的工作就是要在农村进行一场包括吸收现代科学技术和科学知识的文化和知识革命，以及转变那时时处处渴望土地的农民的个人主义世界观。这种对传统的思想和行为的大变革，只会受到某些中国农民的欢迎，但是会受到其他农民强有力的反对。而且，长时间的作战和受苦，连人民解放军中有政治觉悟的农民也希望好好休息，享受他们的胜利果实。早在1948年，毛就反对过共产党掌握下的新闻通讯社和广播电台所宣传的“贫雇农打江山坐江山”的观点。[2]

要说服农民不应当休息而应当进行艰苦的“改造”，同时还要他们给予足够的支持来维护政权的稳定，是一项艰巨的任务。毛和他的同事无疑已经开始做这个工作，可是最近的情况说明他们离达到目的还很远。但是，在20世纪50年代初期毛刚从莫斯科访问回国制定新政府的基本政策的时候，似乎在这方面没有见到有直接的困难。改造农村社会和经济关系的第一步，是完成解放区在内战开始后一直在进行的土地改革。当然这是完全符合列宁主义学说的。这个学说常常规定土地个体所有制是走向集体化道路的一个阶段。可是，毛以一种特定的形式运用这个政策，他强调剥夺地主土地所起的“教育”作用。

毛在1927年写的《湖南农民运动考察报告》中写道：

> 土豪劣绅势盛时，杀农民真是杀人不眨眼。……以前土豪

① 《在中国共产党第七届中央委员会第二次全体会议上的报告》，见《毛泽东选集》，2版，第4卷，1438页。

② 毛非常简练的中文原文只说“贫雇农打江山坐江山”。“坐”有“统治”的意思，又有休息的意思，见《毛泽东选集》，2版，第4卷，1280页。

劣绅的残忍，土豪劣绅造成的农村白色恐怖是这样，现在农民起来枪毙一两个土豪劣绅，造成一点小小的镇压反革命派的恐怖现象，有什么理由说不应该?[①]

在新政权建立前后，土改随着红军进展而铺开的时候，农民起来杀死不仅是一两个而是一大群地主。与此同时，他继续告诫干部，就像他1948年以来所做的，要反对“乱杀”。[②] 然而，他不回避暴力，他把暴力看作改变农村力量对比和心理关系的主要方法。在毛看来，除了事实上许多地主过去专横地殴打和杀害他们的佃户因而理应受到严厉惩罚以外，只有当佃农在群众集会上痛斥过去剥削他们的人然后处死他们的时候，农民才体会到有了改变，他们现在是主人了。

在这农村的第一次革命高潮中，受害者的数字相当有限；最苛刻的提供消息人士之一，说过约有“数万人”[③] 受害，这大约等于地主总人数的0.5%。真正的恐怖浪潮还在以后。从政治和心理上来说，这对所有相关的人并不是一次很猛烈和精神创伤很大的经历。另外，从经济上说，执行的政策是非常温和的。和内战末期所做的相反，只有地主的土地要没收，而不包括富农的土地在内。[④] 毛在1950年6月6日向中国共产党七届三中全会所作的报告中，说明了改变这个政策的政治和经济原因。从政治上说，富农已不再像“解放军和国民党反动派生死斗争时”那样是一种危险。从经济上说，实行“保存富农经济以便早日恢复农业地区生产”[⑤] 的政策，是合乎需要的。从表面上看，这个政策和苏联新经济政策时期鼓励“富农分子”致富的政策有点相似，可是中国人没有经过初级的和

---

① S. Schram, *The Political Thought of Mao Tse-tung* (London, Pall Mall Press, 1964), pp. 257-267. 由于发现这个说法太温和，毛在1951年的版本中把“一两个”改成“几个”。

② 参见毛1948年2月15日命令，见《毛泽东选集》，2版，第4卷，1284页。

③ Peter Tang, *Communist China Today* (New York, Praeger, 1957), p. 267.

④ 有些称“半地主”的富农，要没收他们不是和雇农一起耕种而是租出的那部分土地，见《中华人民共和国土地改革法》(1950年北京版）第六条。要给予被剥夺土地的地主和贫农同样的一份土地。

⑤ 《新中国的经济成就》(1952年北京版)。刘少奇在6月14日的报告中对此观点作了进一步的阐述。《中华人民共和国土地改革法》(1950年北京版)，7～13页。

过激的“战时共产主义”阶段就直接实行这个温和方针，而且他们也避免了新经济政策时期特有的鼓励私营企业的极端做法。在允许富农保留他们土地的同时，也严厉禁止他们占有更多的土地。再则，他们在政治上受到孤立，不被允许参加新的农民协会，因为这限于贫农和中农参加。

在改造现有社会关系的计划中，婚姻法几乎和土改法同等重要，婚姻法是毛在1950年4月30日颁布的。这个法的原则和目的，和毛大约在二十年前江西时确定的基本相同，那时，毛就颁布过一套临时的婚姻条例。其目的之一是确立妇女的平等权利，这是毛早在学生时代就深切关心的一桩事，他在1931年写道：“在封建统治下，妇女所受的压迫和苦难，要比男子受的多得多。”与此同时，婚姻改革的目的（1931年和1950年）是使“自由选择对象成为一切婚姻的基本原则”，从而对“整个封建婚姻制度”以及建立在这种制度上的家庭制度，特别是对家长对他们儿女的权利，都是一个打击。①

虽然，毛自从1919年以后的一贯态度充分地表明，他认为婚姻自由本身就是合乎需要的，但这项改革显然也有政治作用，它削弱了家庭对个人的控制，从而促使公民形成一种以改造传统社会为宗旨的新型社会组织形式。同在农业方面一样，在这个方面，毛和他的同志们也着手解放潜伏在前资本主义社会中的个人力量，以便在进入下一个集体化阶段之前，利用这些力量摧毁那个社会的基础。

特别是由于来自家庭关系方面的阻力，在这两方面的进展甚为缓慢。在毛颁布婚姻法一年半以后，即1951年夏秋，党的最高当局一再斥责在共产党员甚至在干部当中，仍旧有人坚持“男尊女卑的封建态度”②。就土地改革来说，刘少奇在1950年6月的报告中宣布，除了少数民族地区以外，土改将于1952年年底结束。而且他还说，在“整个新民主主义的阶段”要保留“富农经济”，“只有在广

---

① 此段引文摘自毛在1931年1月28日发布的江西苏维埃共和国临时婚姻条例，见S. Schram，*The Political Thought of Mao Tse-tung*（London，Pall Mall Press，1964），p. 337。这两次改革的原则和目的是相同的。1950年的婚姻法全文，见《婚姻法问题解答汇编》，1～8页，文化供应社，1951。婚姻法第一条所确定的基本原则与毛在1931年所宣布的十分相似：“废除包办强迫、男尊女卑、漠视子女利益的封建主义婚姻制度。实行男女婚姻自由、一夫一妻、男女权利平等、保护妇女和子女合法利益的新民主主义婚姻制度。”

② 《干部学习资料》，第40期，特别请阅第11、25页。

泛应用机械耕种、组织集体农庄和农村地区社会主义改造等条件成熟的时候”，它才能被废除。他宣布说，要做到这一点，“还要相当长的时间”①。

事实上，改造中国社会的整个过程不久便显然加快了速度。这个变化无疑部分是由于毛本人的急躁脾气，部分是由于一种自然趋势，任何革命运动一旦发动起来，便会出现猛烈的势头。可是，正当土地改革法将要实施的时候，朝鲜战争爆发了。毫无疑义，朝鲜战争对中华人民共和国的国内政策有着非常重大的影响。

莫斯科、北京和平壤在企图征服南朝鲜的决定中各自起何作用，现在还不大清楚，而且尚有争论。过去十五年当中，曾在不同时期出现过种种可能的揣测。有人把全部责任归于斯大林，有人又把一切归咎于中国人的好斗性。虽然在这里讨论这个问题不大恰当，但是现有的证据看来是支持基本上是苏联首先提出战争这个结论的。毛可能默许，也可能没有默许这次战争（有些证据表明直到进攻前一天或前两天，他还没有得到消息）；可是，如果他默许了的话，也只是在他设想（无疑斯大林也如此）美国不会介入、北朝鲜可以自己完成这个工作的情况下才这样做的（这两种假设看来都是合理的；国务卿艾奇逊在 1950 年 1 月 12 日明确断言，朝鲜不在美国防务范围以内；而且战争的头几天已使人大致料到，如果双方都没有外国介入，会是什么结局）。不论如何，都不能想象毛会故意寻衅同美国发生冲突。内战还没有结束，在许多偏僻省份，孤立的小块地区对抗势力有待消灭；在中国西藏还没有建立起控制权；但最主要的是，毛决心打败蒋在台湾地区的残余势力。为此，邻近省份的部队都作好了准备，有明显的证据表明进攻准备在夏季开始。②

这时，不仅共产党政权手上有其他的军事任务，而且为了节省国家财政开支，为了有更多工人参加生产活动和抑制通货膨胀，毛和他的同事用六个月的时间全力以赴集中精力首先解决部分军队的复员问题，这支庞大的军队是在内战期间形成的。只有三分之一的

① 刘少奇：《关于土地改革问题的报告》，见《中华人民共和国土地改革法》，11 页。

② Allen S. Whiting, *China Crosses the Yalu*: *The Decision to Enter Korean War* (New York, Macmillan, 1960), pp. 21 - 22. 惠廷这本书总的来说仍是对这问题研究的最佳著作。

农村人口经历了土改，另外还有一亿农民要在1950年下半年才开始经历土改。这样，大多数现有干部的精力就要投入这项工作。党的六月全会和国家机关的全部重点都是经济问题。毛在全国政治协商委员会的开幕词和闭幕词中，总共只有一句话谈到外交，肯定了和苏联团结一致的重要性。朝鲜战争爆发前两天，也即1950年6月23日，毛在闭幕词中说明，在新民主主义革命进程中，中国人民将受到两种艰巨的“考验”：战争和土地改革。他声称，“战争一关”，“已经基本上过去了”，第二种土改考验正在进行，只有土改结束才能走向发展社会主义的道路。[①] 毛就是在进攻南朝鲜前两天还向他的同胞们特意保证说，战争的考验已经结束。而且，在朝鲜战争爆发以后，几个月之中也没有认真做动员舆论的工作。报刊只用比较少的篇幅来报道这次冲突，反美的文章并不多，内容也并不比平常来得尖锐。到了8月下旬，才做出点改变，一直到中国部队已经在朝鲜打仗，反美才达到了高潮。[②]

鉴于以上一切情况，毛泽东根本不可能在6月25日以前故意实行他相信会使他的国家卷入战争的政策。确实，杜鲁门总统在6月27日下达“中立”台湾海峡的命令以后，毛所作的愤怒反应表明，他并不希望直接和美国对抗。

杜鲁门这个决定（同干预朝鲜的决定一样），标志着美国完全改变了原先的政策[③]，从而具有十分广泛的含义。从此，如果需要阻止中国共产党为征服台湾地区、消灭蒋介石敌对政府所采取的行动，华盛顿就要准备直接干预。由此，毛和蒋两人至今都认为纯粹是中国人的问题，就变成中美不直接发生冲突便不能解决的问题了。

面对局势的这种新发展，毛愤怒地断言美国总统已经证明他自己以前有关不干涉台湾的声明是“假的”，美国这样做是公开“暴露了自己的帝国主义面目”。他重申了他的为人熟知的论点，帝国

---

① 参见《干部学习资料》，1950年7月第11期，7～12页。（见《做一个完全的革命派》。——译者注）

② 根据我自己对这个时期《人民日报》的观察，我作出这个断言。请参见 Allen S. Whiting, *China Crosses the Yalu: The Decision to Enter Korean War* (New York, Macmillan, 1960), pp. 82 - 84, 139。

③ Tang Tsou, *American's Failure in China 1941—1950* (University of Chicago Press, 1963), pp. 558 - 564. 他正确地强调了杜鲁门决定所引起的后果，特别是此决定注定了艾奇逊想使中国的民族主义起来反对苏联的企图要破产。

主义是“外强中干的”，他还呼吁中国人民和全世界人民进行充分准备，“打败美帝国主义的任何挑衅”[1]。

毛的声明同样反映了一个事实，即当时他对台湾比对朝鲜更有兴趣。他虽然肯定认为朝鲜在共产党控制之下统一是好事，但是，不能确定他会愿意恰巧在华盛顿似乎要解除其对华义务的关头，冒着把美国注意力拉向远东的风险，来实现平壤“兄弟党”的目标（当时朝鲜共产党人对中国同志明显的不友好态度几乎不可能鼓励这种利他主义[2]）。

说得更明白些，朝鲜冒险可能达到的目的（证明美国软弱从而削弱美国在日本的影响，改变全世界的力量平衡），与其说符合当时中国的利益，不如说符合苏联的利益。当然，毛和其他任何人一样对于打“美帝国主义”感兴趣，但是他满可以等到国内局势巩固、清算了蒋介石以后才这样做。在后来发表的对朝鲜战争的惨痛回忆中，不止一次地暗示，中国人感到他们是为了苏联的目的而牺牲了自己：

> ……苏共领导……指责我们要苏美“迎头相撞”，要把苏美推进核战争中去。
>
> 我们回答说，不，朋友们。收起你们的耸人听闻的造谣诬蔑手法吧。中国共产党岂但在言论上坚决反对苏美两大国“迎头相撞”，而且在实际行动中，力求避免苏美两大国发生直接的武装冲突。我们同朝鲜同志一道，在朝鲜的抗美战争中……宁愿自己承担必要的牺牲重担[3]，站在守卫社会主义阵营的最前线，而使苏联处于第二线。[4]

---

① 《帝国主义和一切反动派都是纸老虎》，27 页，北京，人民出版社，1958。

② 关于 1950 年前的朝鲜共产党人和中国共产党人的关系，见 Allen S. Whiting，*China Crosses the Yalu*：*The Decision to Enter Korean War*（New York，Macmillan，1960），pp. 42 - 45。

③ 这里还包括毛个人作出的牺牲。毛的儿子毛岸英在战争中被害。岸英是毛和第一位妻子杨开慧所生，第二次世界大战期间在莫斯科学习过。（1961 年 7 月 18 日《工人日报》上有篇文章里，有一幅毛岸英回国时的照片，译文见于《中国大陆报刊综览》1961 年 9 月 11 日第 2575 期。）鉴于毛晚年猛烈攻击“修正主义”，当时看来合乎逻辑的安排，毛岸英是卢契·隆哥儿子同屋这事，看来富有讽刺意味。

④ 《在战争与和平问题上的两条路线》，载《北京周报》，1963 年第 47 期，12～13 页。（见《关于国际共产主义运动总路线的论战》，265 页，北京，人民出版社，1965。——译者注）

正如我在此所说，不论毛在计划进攻南朝鲜中起了不大的作用还是没有起作用，不论他自己是否全心全意同意斯大林根据战争只会是纯粹的朝鲜战争这种错误假定所作的决定，美国军事反应的气势和战斗力不久就迫使莫斯科和北京面临困难的政策抉择。八九月间，这两个共产党大国尽力促成以妥协为基础的外交解决。安理会的苏联代表①放弃了七个月来为了反对国民党代表出席而拒绝参加会议的做法，开始强烈要求举行有中华人民共和国以及北朝鲜、南朝鲜参加的谈判。这时华盛顿自信能获全胜，因此除了在联合国保护下统一朝鲜半岛以外，拒绝接受任何条件。甚至在中国日益尖锐和明确地警告说，如果有人威胁其边境中国就要介入的情况下，也没有能冲淡华盛顿的这种乐观主义，或者阻挡住麦克阿瑟进军鸭绿江。②

这样，仅仅在中华人民共和国成立后一年，毛就发现自己卷入了与美国的战争。新的义务必然造成经济上和政治上的紧张情况。我们看到毛本人对待美国的态度虽然基本上是敌对的，但还是有其模棱两可的地方。中国的舆论整个来说还不是明确地反美。甚至在两国真正交战以后，以中国共产党干部为对象的期刊仍然认为有必要发表文章，耐心地解释为什么要把美国当作敌人而不能当作朋友。③

毛本人在1950年12月2日致天津工商界代表的一封电报中，赞扬了他们在10月发动的抗美援朝运动中所做出的贡献，并含蓄地承认了亲美感情的顽固性。他宣称："美帝国主义者对中国人民作了大量的欺骗宣传。一切爱国者应当拒绝相信这些骗人的话。"④

毛和他的同事承认有一部分人对他们进行这场冲突抱有糊涂看法，这无疑进一步加强了任何国家在战争时期都自然会出现的强制

① 值得一提的是，就是他的缺席才使安理会得以通过杜鲁门总统介入朝鲜的决定，而且在联合国的赞助以及其他国家参加的情况下，进行了干预。

② 关于从8月至11月中国政策的变化，企图妥协的失望以及导致北京介入的几个阶段，见 Allen S. Whiting, *China Crosses the Yalu: The Decision to Enter Korean War* (New York, Macmillan, 1960), pp. 68-172。

③ 参见《干部学习资料》，第21期，11～26页。

④ 《时事手册》，1950年12月20日第5期，3页。

实行严厉纪律、镇压不同政见的趋势。结果便是新政权为建立它自己的势力而根除或者解除实际的或事实上的一切反对派武装时，空前频繁地采用恐怖手段和高压手段。

这个过程分几个阶段来进行，其特色是一个接一个的群众运动："镇反"运动、思想改造运动、"三反"运动和"五反"运动。第一个运动是根据毛在1951年2月21日颁布的十分严厉的关于"惩治反革命条例"开展起来的，这个条例对定义下得很广泛的犯法行为规定了死刑或长期徒刑。① 3月份主要城市召开了一连串的群众集会，一些重要的"反革命分子"在群众声讨他们的罪行以后，当场被宣判死刑。根据公安部长当时发表的一篇文章，几个月内在北京一个城市就举行了近三万次会议，参加者总数共达三百多万人。在华中和华南的广大地区，大多数人受过这种"教育"。② 报纸上天天有长长的被判死刑的"反革命分子"的名单。

至于受害者的人数，1951年10月正式公布过。1951年上半年人民法庭处理了八十万件反革命分子的案件。周恩来宣布过，受审的反革命分子中，有16.8%被判处死刑，大多数在1952年前执行。把这两份材料合在一起，就可知道1951年上半年处决了十三万五千人。实际的人数无疑多得多。敌对人士估计，被害者人数高达一千万或一千五百万。比较合乎情理的估计是处决人数总共为一百万至三百万。③

如果我们取其中间数，即有二百万人被处死的话，这相当于中国总人口的0.3%（相当于在法国或英国那样大小的国家处死十五万人，或者相当于在美国处死六十万人）。对于这样一场大规模的社会革命来说，这个数字并不算庞大，在此之前进行的长期而残酷的内战中，双方死伤人数要更多些。而且，在被镇压的"反革命分子"中，无疑有许多人事实上参与了有组织的或秘密的反政府活动——但其他人却仅仅是因为他们的阶级出身而被处死。曾有一些

① 《人民日报》上有全文，1951年2月22日。

② 参见罗瑞卿在《人民日报》上的文章，1951年10月1日。

③ 八十万件的数字见 Peter Tang, *Communist China Today* (New York, Praeger, 1957) p. 240；周恩来1957年6月26日的讲话，可见 Bowie and Fairbank (eds.), *Communist China 1955—1959: Policy Documents with Analysis* (Cambridge, Mass., Harvard University Press, 1962)。

人宣传说（尽管中国人自己并不这样宣传），革命是专靠温文尔雅的劝导和教育来进行的，显然，当时的情形远非如此。1951 年的大部分时间，真正的恐怖气氛笼罩着全中国。

1951 年 10 月，毛在全国人民政治协商会议第三次会议前的一次讲话中宣布，过去一年中进行的三大运动——土地改革、抗美援朝和镇压反革命——都取得了胜利。除了少数民族地区以外，土地改革在 1952 年年底将要完成。美国对朝鲜人民民主共和国的入侵已被打退。至于“反革命残余”将很快在大陆上“基本肃清”。①

“镇反”运动与后来的运动有实质上的区别，因为“镇反”运动的目的主要在于消灭居民中的一个部分。要在肉体上消灭的，只是某些“反动分子”，其他的反动分子要用送进劳动营的方法来改造，他们在毛要建设的新中国里不起任何重要的作用。相反，“三反”运动的对象是党内干部，“五反”运动的对象是“民族资产阶级分子”，他们都被当作新社会的正式参与者，要从这两部分人中清除的只是少数不良分子。因此，主要是用说服而不是用强制的方法来改造他们。

我们在考察另外一个运动的时候，这种方法上的差异表现得更为清楚，这个运动就是解放以后立即开始而在 1951 年才达到高潮的知识分子的“思想改造”运动。在朝鲜战争爆发前夕，毛在政治协商会议所作的闭幕词中曾要求在这方面进行大量工作；1951 年 10 月，毛表示满意，运动已经开展起来。毛在发起这次运动时强调，用批评和自我批评进行思想改造是一种“教育和说服”属于人民范畴的人的“民主方法”，它根本不同于惩治敌对阶级的做法，敌对阶级“被迫通过劳动把他们自己改造成为新人”②。这与“镇反”运动所采用的公开恐怖手段相比，确实是一种不那么粗暴的方法；但是说它是“民主的”，也只是指参加运动人员之广泛，而不是指与运动有关的人对他们的命运具有任何有效的控制。

革命政权在努力改变中国的面貌时要依靠广大干部，而思想改造运动对于干部发挥作用具有极其重大的实际意义。但这个运动在

① 参见《人民日报》，1951 年 10 月 24 日。

② 《干部学习资料》，第 11 期，12 页。

展现毛的一般领导作风方面，也是很重要的；它以相当纯粹的形式显示了北京政权自从建立以来每个行动在或多或少程度上所共有的目标和达到这个目标所用的方法。这次运动是1942年至1944年整风运动合乎自然的发展，它表现了毛热切地希望将互相冲突的要求个人“自觉行动”和要求遵守正确的社会纪律两者调和起来。对于一个站在这个社会制度之外的人来说，这两个要求看来是互相矛盾的；两者可以调和，但是不能使两者都完全满意。毛却完全不同意这看法。有些观察家推断，毛不会当真这样想，他肯定只想要机器人或者“蚂蚁”，别的都不要。但是持有这种看法，不仅把毛本人思想过分简单化，而且也没有考虑20世纪中国知识分子沧桑经历的全貌。

他们摈弃了过去，也摈弃了过去对传统和合法当局的尊重。但是他们发现，纯粹个人抗议得不到真正的慰藉和满足。旧的君主政体被推翻了，但议会民主制却没有成为一种有效的替代物。中国的知识分子，从心理上说，他们追求必然和肯定；从政治上说，他们渴望安定和效率。由于旧中国天下的崩溃以及使人蒙受凌辱的西方入侵，知识分子的自我意识从历史上说受到了挑战。以上事实在很大程度上决定了他们对毁灭自我意识和建立自我意识那些惊心动魄经历的反应，而建立自我意识，正是中国共产党人进行思想改造的核心内容。

罗伯特·杰伊·利夫顿在一份研究这个问题的令人赞赏的报告中提出，思想改造的一个重要方面是要以对现政权的新式孝道来取代构成传统中国核心道德价值观念的孝道。[①] 他认为，重新确定个性的方向，即使对那些对现政权不抱同情的知识分子，也具有强烈的吸引力，因为这样做填补了前半个世纪中国现代化过程中几乎普遍实行的强烈反对父权所造成的真空状态。

一方面，对父亲的孝敬转变为对共产党政权的孝敬，关于这点，与把毛泽东看作无所不能、无所不知和眷顾万民的形象这种日

① Robert Jay Lifton, *Thought Reform and the Psychology Study of Totalism: A Study of "Brainwashing" in China* (New York, Norton, 1961), pp. 371, 379. 本书是在广泛访问了经过思想改造的中国人和外国人后写成的，是对这个问题最有趣和最有启发性的研究。

益发展的个人崇拜之间可能有的关系，利夫顿没有作出推论，因此这里不用赘述。另一方面，毫无疑问，毛个人是了解由于反对父权和反对以父亲为中心的传统所造成的真空的，他本能地懂得中国知识分子所特有的对必然性和权威的怀恋。可是他的理解有极大的局限性。由于他从未接触过现代科技知识，他未能了解某些成问题的态度远不仅仅是他所斥责的“自由主义”的表现形式[①]；它们是现代文化的一个组成部分。他相信自己的想法是正确的，他认为其他任何人只要想得和他完全一样，就会富裕起来。因此，当他努力把自觉行动和纪律调和的时候，他倾向于把重点放在服从上面。

相当合乎逻辑的是，思想改造运动和 1942 年至 1944 年的整风运动一样，事先和同时进行了学习“毛泽东思想”的运动。有段时间，中共中央的一个专门的“毛泽东选集出版委员会”奋力工作，准备领袖著作的一个新版本，这个版本至今仍是中国出版的所有版本和译本的根据。我们已经在这本传记中一再看到，毛本人已全部把著作重新写过，以便修改青年时期的错误以及一切不符合现代正统观念的事实和理论观点。这个删改版的第一卷于 1951 年 10 月出版，可是从 1951 年 7 月 1 日中国共产党诞生三十周年纪念日开始，卷内重要文章已陆续在报刊上发表。与此同时，主要的理论家写了一系列的文章，肯定毛泽东思想的重要意义。[②]

由上述精神所指导进行的思想改造，其后果对一些人来说是悲剧，对另一些人来说是快乐、感情和理智上的安全，至于对其他一些人（或许是大多数）来说，则是既有接受的方面，又有内心反感的方面。[③] 因而，纵然经历运动的学生、教授和其他知识分子并没有正规地受到监狱中被改造的西方人所遭到的暴力，可是从人性方

---

① 参见《反对自由主义》，见《毛泽东选集》，2 版，第 2 卷，59～61 页。正如利夫顿很公正地指出，毛对“自由主义”下的定义，事实上包括了许多从传统中国伦理方面吸收过来的保护他人感情促进社交关系的原则，与通常意义上的自由主义毫无关系，见 Robert Jay Lifton，*Thought Reform and the Psychology Study of Totalism*：*A Study of* “*Brainwashing*” *in China*（New York，Norton，1961），p. 383。

② 尤其要看陆定一：《中国革命的世界意义》，载《人民日报》，1951 年 6 月 23 日；陈伯达：《毛泽东思想是马克思列宁主义与中国革命的结合》，载《人民日报》，1951 年 6 月 28 日。

③ 正如利夫顿指出，他有机会与之谈话的中国人，按照事物的性质来说，全是这个制度的“失败”，因为他们选择离开这个国家（西方人是被强迫驱逐出境的）。但是从他们表现出来的，对某些灌输的价值观念的接受程度来看，可以想到这些不同态度可以代表留下来的人的态度。

面来说，看来这次运动的任务十分含糊不清，一般地说具有压抑性。而对加强政权本身的作用来说，它无疑具有积极的效果。

毛在1951年10月23日的讲话中说道：

> 思想改造，首先是各种知识分子的思想改造，是我国在各方面彻底实现民主改革和逐步实行工业化的重要条件之一。①

诚然，鉴于他们面临的艰巨任务以及缺乏足够的经验丰富的共产党干部，毛和他的同志们是不会听任这批训练有素的人力白白浪费掉的，除非在他们遇到了不可调和的政治对抗的时候。思想改造运动使毛和他的同志可以改造足够的不同阶级出身和不同政治经历的大学生、前国民党官员以及诸如此类的人，这样新政权就能够至少在一个时期内雇用他们。因此，正如毛说的，思想改造运动实际上是对中国经济和社会改革的一个决定性的贡献。

1951年年底，思想改造运动和“三反”运动同时进行，到1952年春季的“五反”运动，主要的重点放在社会效用上，其次才是思想的改造上。可是他们还是号召用思想改造所用的方法和“镇反”运动所用的群众批判的方法，只不过在进行时，态度不那样敌对。第一个运动涉及党和国家的干部，反对贪污、浪费和官僚主义。“三反”运动的最终结果是把犯有三项中一项或其他几项罪的某些人清洗出去，然后又推动有关的其他人积极地摆脱“资产阶级思想”。“五反”运动反对行贿、偷税漏税、盗骗国家财产、偷工减料、盗窃国家经济情报的“五毒”，它主要涉及仍然以半自治方式经营他们公司的“民族资产阶级”、商人和企业家。“五反”运动是和“三反”运动相联系的，因为接受商人的贿赂即国家公仆的贪污。民族资产阶级是个中间阶级（人民的一部分，可是仍然依恋它自己特殊的利益），这次运动的方法和目的也是中间性质的。它的目的不像土改那样根本消灭一个阶级，并把这个阶级的成员降到体力劳动者的地位。农民并不需要地主耕种土地，但是工人阶级还需

① 《人民日报》，1951年10月24日。

要工厂主和商人的技术来指导他们的企业。因此，这个运动的主要目的是改造工厂主和商人的思想，为使他们在将来担任领工资的经理角色作好准备。与此同时，这次运动的目的也在于摧毁他们仍然保留下来的有权有势的独立地位，而这种地位是靠他们企业的人力物力得到的。因此，要他们交纳大量罚款，然后又用贷款使他们免遭破产，以此使他们在经济上依赖政府。比起对“三反”运动中牵连的干部来说，“五反”运动更多地应用了群众批判和强制的手段。虽然坐牢的威胁对于严重犯罪者来说常常近在咫尺，但压力主要是心理上的——职业毁灭的威胁，驱使大批商人自杀。他们还用思想改造的方法要求商人在雇员面前“坦白他们的罪行”。[①]

毛这一次又居于这些运动的最前线。在 1952 年的元旦祝词中，他在祝贺中国人民在抗美援朝战线上、在国防战线上、在土地改革战线上、在镇压反革命战线上、在经济建设战线上、在思想改造战线和其他战线上的胜利以后，对“三反”运动这个“新开辟的战线”，给予了特殊的注意：

> （我要）号召我国全体人民和一切（政治）工作人员一致起来，大张旗鼓地，雷厉风行地，开展一个大规模的反对贪污、反对浪费、反对官僚主义的斗争……[②]

在毛发表这个极有特点的、重点放在斗争和戏剧性效果上的谈话的同时，中国的经济看来是沿着苏联的方针朝着有计划发展的轨道前进的。1952 年组织起来的“互助组”，是一种松散的合作形式，与苏联经验不尽相同，但是这些组织只是走向苏联类型合作农庄的过渡阶段。[③] 1952 年年底，第一个五年计划被宣告将于 1953 年开始。1953 年 2 月，毛号召他的同胞研究苏联经验，学习苏联经验。一个月以后，斯大林去世。毛对这位站在国际共产主义运动前列的

---

① 关于“五反”运动的生动描述，见 A. Doak Barnett，*Communist China*：*The Early Years*，*1949—1955*（London，Pall Mall Press，1964），pp. 135－137。

② 《时事手册》，1952 年第 1 期，4 页。（见毛泽东 1952 年的《元旦祝词》。——译者注）

③ 关于集体化的初期阶段，见 A. Doak Barnett，*Communist China*：*The Early Years*，*1949—1955*（London，Pall Mall Press，1964），pp. 172－188。

时间几乎与他积极参加共产主义运动一样长的人物，发表了最富文采和感情奔放的颂词。[1] 这时，毛泽东是作为斯大林的忠实门徒，共产党中国是作为苏联的一个翻版而出现在世人面前的。但是，事态很快就表明实际情况远为复杂。毛在形成他用以领导他的国家走向"富强"目标的方法的过程中，他的性格至少和苏联的计划方法同等重要。

① 关于这篇文章所表达的诚挚程度，参看本书第十章。

★第十章

探索一条中国式的道路

如果有人要概括从 1949 年特别是 1958 年以来中国政策的演变，那么可以把它描述为不断提高人的意志，使其凌驾于理智地分析事实之上的过程。可是，这个定义虽然很有启发性，却把一个异常复杂的问题过分简单化了。如果你再考虑三个因素，你就可以多少接近一个公正的看法：用来重新塑造人们思想的方法、领导人对于他们自己消除大自然对人类行动局限性的能力的看法，以及实行经济和社会政策的具体方法和目的。在这些方面，可以说上一章里叙述的“思想改造”的方法，自中华人民共和国成立以后的十六年中，一直被大规模和频繁地使用，以至于这个过程已成为毛的中国的基本特征。这些方法的精神和达到的效果，势必使领导人对他们主宰人和物的力量产生一种浮夸的看法，从而进一步鼓励了从一开始就是毛泽东思想显著特点的那种唯意志论的发展。但是，这种极端的唯意志论和共产党政权用以发展经济的办法是相互抵触的，因为这些方法总的说来是合理的（1958 年至 1960 年的“大跃进”插曲除外）；同时，这种唯意志论也由于毛本人思想和性格中与他的好战热忱，至少直到最近一直并存的现实主义和常识而有所缓和。总的结果是一种曲折的发展，在此过程中，强调的重点是间歇性地一个时期强调阻碍落后国家工业化的各种困难，一个时期又强调所有新获得解放的各国人民，特别是中国人民所固有的非凡力量，这种力量可使他们能够按照自己的意志改造世界。

一直到 1955 年，北京政府的经济政策总的特点是相当稳健。从 1952 年“五反”运动开始，城市中的“民族资产阶级”商人和企业家被逐步剥夺了他们对自己企业的实际控制权，但是与此同时，他们保留全部或部分财产权，而且还能得到一份利润。

经过三年的准备工作，1953 年年初开始了第一个五年计划，但是计划的详细内容到 1955 年才最后讲清楚。1954 年 9 月通过的中华人民共和国的宪法中，对这向社会主义经济过渡的第一步作了正式的规定。宪法的序言中宣布，“有计划地进行经济建设、逐步过渡到社会主义社会”的必要条件已经具备。但是设想中的改革步伐，仍是稳健的。新的宪法规定，国家仍是“人民民主专政”的国家。毛在为讨论宪法而召开的第一届全国人民代表大会第一次会议的开幕词中指出，需要“几个五年计划”把中国建成一个高度工业化的国家。

无须说明，建立新的政府机构并没有改变权力的现状。与 1949 年通过的临时法令一样，根据新宪法毛泽东仍是中华人民共和国的主席。“统一战线”及其体现形式中国人民政治协商会议虽然和新的全国人民代表大会同时存在，但对国家机器的实际控制，仍在中国共产党手里。

毛虽然真心诚意地履行其作为国家元首的职责，例如他还亲自接受几乎所有大使呈交的国书①，但他在这样做的时候，常常有点古怪和没有思想准备的样子。有一次，毛首次接见一位身材特别瘦高的西方外交官，他向外交官致意的时候突然惊呼一声“Ne-mo kao a!”那意思翻译出来就是：“天哪，那么高啊!”

总的来说，第一个五年计划期间实行的计划方法和轻重缓急的次序，都是按照苏联的模式。对重工业的强调，甚至超过苏联 1929 年至 1934 年* 的第一个五年计划，可是这样强调的原因，据说是由于 1949 年前中国经济的极端不平衡，当时全部的现代工业不过就是在沿海大城市或附近地区的轻工业。

*原文有误。一般认为苏联第一个五年计划为 1928—1932 年。——译者注

在农村，1953 年从“互助组”过渡到“半社会主义”的农业生产合作社标志着第一个五年计划的开始。这种新形式之所以叫作半社会主义的，是因为合作社在给社员分配收入时，其中一部分是按照合作社成立时社员入股土地和资金的多少，而不仅仅根据他们的

① 从中华人民共和国 1949 年成立，直到毛于 1958 年年底隐退为止，他亲自正式接见了近七十位递交国书的高级外交官。

劳动。这个计划开始实行的时候是相当有节制的。及至 1955 年 7 月，也只有 15% 的农户参加这种合作社。后来突然间，毛在 1955 年 7 月 31 日的讲话中号召迅速提高合作化的比例。由于这次呼吁（到 10 月才发表），合作化进程骤然加速，其速度之快甚至超过了毛本人乐观的预言。

在加速进行农业合作化的同时，所有仍然在私人手中的工商业实际上都实行了国有化。确实，许多“民族资产阶级”的成员，都留下作为领工资的经理。虽然理论上在“四个阶级专政”中还有民族资产阶级分子的位置，但是自此以后这个公式已经徒有其名了。

这个步骤由于反对资产阶级意识形态的代表人物作家胡风* 而得到了进一步的加强。1955 年冬至 1956 年春，开始在工业中号召“跃进”，这显然就是两年以后“大跃进”的预兆。

* 胡风（1902—1985），文艺理论家和诗人。1955 年在所谓“胡风反革命集团”一案中被错定为“反革命分子”，1965 年被判刑。1980 年 9 月，经过法律程序并由中共中央发出通知，为“胡风反革命集团”和胡风本人平反。1981 年，胡风任中国人民政治协商会议全国委员会常务委员、中国作家协会顾问等职。——译者注

可是，标志着 1955 年冬至 1956 年春转折点的，首先是农村的合作化浪潮。这个变化的具体实际情况以及由此产生的精神状态，引人注目地表现在 1956 年年初出版的题为《中国农村的社会主义高潮》一书中。[①] 此书由全国和地方报刊上发表的关于合作化各个方面的报道集成；但本书之所以引起了人们的巨大兴趣，原因在于毛不但亲自为此书写了一篇总序言，而且对其中许多篇材料写了按语。

诚然，毛在 1955 年 7 月 31 日所作的讲话中，对运动提出了有利于合作化的合理理由。为了适应工业化的要求，发展农业生产是十分重要的。毛相信对于实现机械化和采用为实现此目标所必需的其他技术来说，合作社是最佳形式。[②] 可是，在他看来，更为重要的是随着合作化进程而出现的思想和气氛的变化。

> 一九五五年，在中国，正是社会主义和资本主义决胜负的一年……一九五五年上半年是那样的乌烟瘴气，阴霾满天。一九五五年下半年却完全变了样，成了另外一种气候。几千万户

① 此书原来出版时为三卷，但不久即出版一卷本的节本。1957 年外文出版社出了以上述书名为题的英译本。

② S. Schram, *The Political Thought of Mao Tse-tung* (London, Pall Mall Press, 1964), pp. 339, 343-346.

> 的农民群众行动起来，响应党中央的号召，实行合作化。到编者写这几行的时候，全国已经有六千万以上的农户加入合作社了。这是大海的怒涛，一切妖魔鬼怪都被冲走了。……这一年过去，社会主义的胜利就有了很大的把握了。当然还有许多战斗在后头，还要努力作战。①

除了这种好斗的性格和把人分为英雄和妖魔的幻想以外，他还总是对人的“自觉行动”怀有不可动摇的信心。自1933年“查田运动”以来，毛一直坚持强调，中国农村的改造首先是一个政治和思想改造的过程。

> 政治工作是一切经济工作的生命线。在社会经济制度发生根本变革的时期，尤其是这样。农业合作化运动，从一开始，就是一种严重的思想的和政治的斗争。每一个合作社，不经过这样的一场斗争，就不能创立。一个崭新的社会制度要从旧制度的基地上建立起来，它就必须清除这个基地。反映旧制度的旧思想的残余，总是长期地留在人们的头脑里，不愿意轻易地退走的。②

毛政策的另外一个方面，和1933年时一样，是要铲除农民中原来比较富裕阶层的代表们的影响，他们图谋伪装起来重新取得他们某些原先的社会声誉或经济优势。《中国农村的社会主义高潮》一书中的文章和毛写的按语，既批评了“反革命分子”和“坏分子”混进合作社管理机关的现象，又批判了原“上中农”对待合作化的消极或否定态度。毛还坚持认为，迅速从半社会主义合作社进到全社会主义合作社是非常重要的，后者将全部按照社员的劳动来决定分配。* 他提出，完成这个过渡，花三年时间是比较合理的。其实，1956年上半年就大部分完成了过渡。中国农民发现，毛编辑《中国农村的社会主义高潮》一书以后不到三年，他们便陷入了公社的冒

* 关于毛对阶级分化和不同阶层在合作社中起的不同作用，见毛泽东在《中国农村的社会主义高潮》（中册）一书中的按语（701～702页，北京，人民出版社）。文中所提问题，还可参见该书第857～860页。——译者注

① 《中国农村的社会主义高潮》（中册），729～730页，北京，人民出版社，1956。

② 《中国农村的社会主义高潮》（上册），123页，北京，人民出版社，1956。

险中。

1956 年下半年，农民对仓促合作化的抗拒，歉收，“跃进”造成的工业解体，首先是被赫鲁晓夫在苏共第二十次代表大会上的秘密报告而后又被匈牙利暴动所引起的焦虑，这种种原因使毛的急躁再一次平息下来，而且采取了一条比较谨慎的路线。但是毛的乐观性格很快找到了一个新的出路。由于毛相信总的说来中国人民同意政权的基本原则，他在 1956 年年中宣布了“百花齐放，百家争鸣”的口号，然后 1957 年 2 月亲自干预并作了《关于正确处理人民内部矛盾的问题》的著名讲话，以此来进一步推进这个趋势。虽然这个政策部分地是从中国情况出发提出的，但这也是试图吸取从苏联和匈牙利经验中学到的教训。因此，在我们分析这个政策以前，必须回顾一下中国的外交关系，尤其是斯大林逝世以后和莫斯科关系的发展过程。

1953 年至 1955 年，外交政策和国内政策一样，都属于中国政府的稳健时期。中国政策和苏联政策相同，只不过以一种独立的和独创的方式向“和平共处”的方针演变。尼赫鲁倡议结束朝鲜战争，使斯大林和毛相信，愿意在苏美冲突中保持中立的非社会主义国家，也可以在世界事务中起积极的作用。早在 1951 年，印度和中国互派过文化代表团，两国于 1954 年 4 月又缔结了体现著名的和平共处“五项原则”的条约。其中两项逐字逐句地重复了毛泽东在 1949 年 6 月一次讲话中提出的作为新政权外交关系基础的原则。

培养与中国接壤国家的资产阶级领导人的良好关系而不去号召推翻他们（毛在 1949 年对尼赫鲁正是这样做的），这种趋势在 1955 年举行的万隆会议上达到了最高潮。周恩来早在 1954 年讨论印度支那问题的日内瓦会议上已经享有温文尔雅和熟练外交家的声誉，他在万隆会议上，总是作为非西方世界两位主要代表之一和尼赫鲁一起出现，他们在意识形态上分道扬镳，但由于他们都是亚洲人而团结一致。

毛泽东和他的同志们同苏联领导人一样，不得不再三在两种政策中进行选择：一种主要是支持不结盟的亚非资产阶级政府的政策，这主要是出于外交策略；另一种则主要是革命的政策，其目标是推翻这些资产阶级盟友。就苏联而言，它在 1955 年至 1956 年期间，明确执行一种政策，认定“民族资产阶级”在将来相当长时间里是不发达国家中进步的推行者。在万隆会议时期，中国也表现出一种做出类似让步的倾向。因此，周恩来于 1957 年 3 月承认，亚非许多国家的人民在“民族主义者的领导”下，已“开始走上独立和发展的道路”[①]。但是事实上这种政策是同毛和他的同志从经验中形成的根深蒂固的倾向相矛盾的。因此，当毛的国内政策在 1957 年下半年进入更激进的阶段时，好战态度在外交事务方面也有所表现就是很正常的了。

可是，如果说 1957 年冬至 1958 年春毛的外交政策和国内政策向“左”转，与以前和以后发生的“左”右倾有所不同的话，那主要是因为这段时期中国和苏联的关系发生了决定性变化。这个时期是当代世界历史的一个重大分水岭。在此以前，中国的经济政策和其他政策看来基本上和苏联相似，而且尽管有南斯拉夫的先例，许多观察家想当然地认为共产党集团有着磐石般的团结。在此以后，中国着手实行一系列形式上和内容上都与苏联截然不同的政策，而且事态仍在发展，很快便导致了以欧洲为中心的共产主义形式同以亚洲为中心的共产主义形式之间的公开冲突。

斯大林逝世前夕，尽管多年来莫斯科和北京之间出现了不少关系紧张的原因，可是两者的关系表面上还是亲密和协调的。1953 年 2 月初，毛在人民政治协商会议全国委员会的第四次会议的闭幕词中，把学习苏联经验的重要性放在特别重要的地位。[②] 一个月之后斯大林逝世，毛发表了题为《最伟大的友谊》一文，他在文中颂扬他已故的同志是“当今最伟大的天才”。根据我们所知的有关斯大林在处理中国革命问题时获得的成功，也根据中国发言人至今说过的有关他犯的错误，毛在悼词中的这段话要么是故意冷嘲热讽，要么是对苏联新领导表示遵从。毫无疑义，几乎在毛整个成年时期，斯大林都是毛政治领域中的中心人物，不论他有什么弱点，这样一

① H. Carrère d'Encausse and S. Schram, *Le Marxisme et l'Asie*, *1853—1964* (Paris, Armand Colin, 1965), pp. 414 - 415.

② 参见《人民日报》，1953 年 2 月 8 日。

位人物逝世所引起的震惊都起了作用，但几乎不足以解释下面这段话：

> 每一个人都知道，斯大林同志热爱中国人民，他相信中国革命的力量是不可估量的。（我们前面已看到，斯大林对中国革命并未如此信心满满，因而他在1949年年初还在和国民党人进行谈判。——作者所加）他对中国革命的问题，献出了他非凡的智慧。（!! ——作者所加）由于遵循列宁和斯大林的理论，由于伟大苏联以及其他所有国家的一切革命力量的支援，中国共产党和中国人民在几年以前赢得了历史性的胜利。①

4月1日，莫洛托夫宣布同意周恩来在前一天关于交换伤病战俘的倡议。这个倡议最终开辟了结束朝鲜战争的道路。1953年9月，苏联领导人缔结了一个新的对中国进行经济援助的协定，除了1950年协定中规定的50个项目以外，又规定建设91个项目。毛泽东为此打电报感谢苏联政府和苏联人民给予“伟大的、全面的、长期的、无私的援助”②。后来1954年9月和10月，赫鲁晓夫访问北京，而且进一步作出姿态，包括增加经济援助，次年5月将旅大归还中国，放弃苏联在1950年成立的联合股份公司中的股份。

新的苏联领导人就这样以具体的形式表示了他们想改进与中国的关系并在平等基础上对待中国的愿望。高岗下台的让人难以理解的插曲，大约也是毛作出的从苏联得到更多独立的表示。如前面所见，高是中国西北苏维埃运动的创始人之一。在和国民党进行决定性的内战时期，毛派遣他和林彪部队到东北去。1949年高岗成了东北地区（1954年宪法通过以前，全国所分六个地区之一）党和国家机器的主要领导人。1952年晚些时候，他被指定为新成立的国家计划委员会的负责人。但是到1954年年初，人们看不见他了，后来就宣称他在他的“反党活动”受到批判以后于1954年2月* 自杀。有

* 原文有误。高岗自杀时间为是年8月。——译者注

① S. Schram, *The Political Thought of Mao Tse-tung* (London, Pall Mall Press, 1964), pp. 430-431.

② 《人民日报》，1953年9月16日。

理由相信高岗和苏联人有着亲密的关系，毛不大可能在斯大林在世时把高除掉，而不激起比苏联新领导表面上提出的更强烈的反对。

赫鲁晓夫在苏共第二十次代表大会上所作谴责斯大林罪行的秘密报告无疑是莫斯科和北京之间新的亲密关系瓦解的起点。这并不意味着中国人像他们最近所宣称的那样强烈反对赫鲁晓夫的行动。与此相反，当时中国报刊表示强烈同意“去斯大林化”的某些方面。尽管如此，苏共第二十次全国代表大会标志着苏联政策演变的开始，事实证明其最终结果是毛所不能接受的，即使他当时并没有清楚地预见到这些结果。首先，开始提出“去斯大林化”的方式不能不使中国领导人恼怒和惊恐。他们不同意的理由主要还是他们现在声称当时曾向苏联同志阐述的那几条：对斯大林“总的缺乏全面的分析”，“缺乏自我批评”，以及“没有事前和兄弟党商量”①。

这三条不满理由中的最后一条最为明显，而且也未必是最不重要的。毛无疑地在斯大林逝世以后认为他自己是世界共产主义运动很少的几个占支配地位的人物之一；确实，他认为自己是领导人物也不是不可能的。赫鲁晓夫竟然没和他商量就大胆实行一项政策，它可能会破坏他们两人共同坚持的基础，这种做法肯定使他认为这是一种不可原谅的怠慢。

责备苏联“缺乏自我批评”也是容易理解的。当时如果真有什么意见，毫无疑问，意见一定提得非常客气，毛肯定看不起现在如此厉害地反对已故主子的斯大林亲信。后来，毛用辛辣嘲弄的文字表达了这种轻蔑：

> 在斯大林领导时期也曾参与党和国家的领导的赫鲁晓夫，现在这样捶胸拍案、声嘶力竭地咒骂斯大林，究竟是把自己放在一个什么样的地位上呢？是把自己放在“凶手”、“强盗”的同谋者的地位上呢？还是放在“混蛋”、“白痴”一类人的地位上呢？②

① 《北京周报》1963年9月6日社论，1963年9月13日第37期，9页。

② 《关于斯大林问题》，载《北京周报》，1963年9月20日第38期。（参见《关于国际共产主义运动总路线的论战》，133页，北京，人民出版社，1965。——译者注）

至于“总的缺乏全面的分析”的反对意见含有两种意思。一方面，这是指对斯大林的评价不应当是片面的。现在据称，毛早在 1956 年 4 月，即赫鲁晓夫报告两个月之后就已告诉过米高扬“斯大林功大于过”①。不管当时他是否果真如此明确，但这是完全符合 1956 年 4 月 5 日社论——《关于无产阶级专政的历史经验》——中的观点的，这篇社论不一定是毛写的，但至少肯定是毛授意写的：

> 有些人认为斯大林完全错了，这是严重的误解。斯大林是一个伟大的马克思列宁主义者，但是也是一个犯了几个严重错误而不自觉其为错误的马克思列宁主义者。我们应当用历史的观点看斯大林，对于他的正确的地方和错误的地方作出全面的和适当的分析，从而吸取有益的教训。②

可是毛要求作的“全面的分析”，不仅仅是一个公正的分析；这个分析是要把斯大林统治的消极方面和当时的历史背景联系起来看，而不仅仅把这些消极方面轻率地说成是一个人的罪行。因此在我们上面援引的 1956 年 4 月《人民日报》社论一段的后面，紧接着又说：

> 不论是他的正确的地方，或者错误的地方，都是国际共产主义运动的一种现象，带有时代的特点。整个说来，国际共产主义运动还只有一百年多一点的时间，从十月革命胜利以来，还只有三十九年的时间，许多革命工作的经验还是不足的。我们有伟大的成绩，但是还有缺点和错误。③

在最近的中苏论战中，莫斯科提出，如果毛不同意反“个人崇拜”的运动，那是因为这含蓄地攻击了对毛个人的崇拜。中国存在

---

① 《北京周报》9 月 6 日社论，1963 年 9 月 13 日第 37 期。
② 《无产阶级专政的历史经验》，12 页，北京，人民出版社，1960。
③ 同上书，13 页。

着对毛和他的思想的崇拜这点是没有问题的。我们已看到自从1942年“整风运动”以来这种崇拜是如何发展起来的，同时我们也将很快有机会来考虑近年来这方面的表现。虽然对毛的崇拜有它自己的特点，但这种崇拜及其后果确实和斯大林晚年时在苏联能见到的现象有某些相似之处，在这种情况下对斯大林个人崇拜的批评可能真的会使毛感到不安。但是，毛对赫鲁晓夫提出的“去斯大林化”怀有敌意的主要原因，无疑还在于他那种深远的历史感。正如他当时说的，斯大林的行动是国际共产主义运动的现象并具有时代的特征。因此，断言斯大林一生的最后二十年的全部政策基本上是罪行和错误，就是怀疑整个世界共产主义运动，也是间接地怀疑得到这个运动支持——虽然是勉强的支持——而取得政权的中国共产党人。在毛看来，赫鲁晓夫想把斯大林个人和他统治了整整一代的制度完全分开的企图在逻辑上是荒谬的，政治上是具有爆炸性的，事实上也正是如此。

因此，毛无疑从一开始就对实行“去斯大林化”的方法而不是对批评斯大林本身怀有敌意。另一方面，现在也没有证据足以证明1963年以来的一种说法，即中国人在苏共第二十次代表大会上立即对赫鲁晓夫提出的其他两个主要新理论——通过赢得议会多数“向社会主义和平过渡”以及有可能不仅和“帝国主义”国家共处而且还可合作——表示反对。这些问题后来在1957年莫斯科的共产党和工人党会议上讨论了，它标志着中苏关系更重要的一个阶段。可是这次辩论的来龙去脉，受到了1956年10月和11月波兰和匈牙利事件深刻的影响。

中国人现在坚持说，他们对两个国家的问题采取了截然相反的态度，他们既反对苏联领导人企图用武力威胁他们波兰同志的“大国主义”，同时又商讨立即干预以粉碎匈牙利的“反革命叛乱”。[①]第一个断言可能是对的，第二个断言显然是过于简单化了。在现今的文章中——如1956年12月29日发表的社论《再论无产阶级专政的历史经验》中所述——反复强调了在社会主义国家关系上坚持平

① 《北京周报》，1963年9月13日第37期，10页。

等态度和避免犯“大国主义”的重要性。[①] 另一方面，毛当时并未把匈牙利事件归咎于“反革命分子”，他说反革命分子“利用了群众的不满情绪”，因而导致了“一部分人民”反对人民政府。[②]

在这次冒险行动中，反革命是否可能取得成功呢？1956 年 12 月的社论中提到的两条理由，不仅明显地预示了毛后来在 1957 年 2 月讲话中宣布的有控制的缓和紧张的政策，而且还预示了这政策的最终结果。一方面，由于领导犯错误，匈牙利“劳动人民的民主权利和革命积极性受到破坏”；另一方面，“反革命分子却没有受到应有的打击”，同时“匈牙利还没有认真地建立起无产阶级专政”[③]。毛在 1957 年 2 月 27 日的讲话，把匈牙利的经验运用到中国：

> 在人民内部，不可以没有自由，也不可以没有纪律；不可以没有民主，也不可以没有集中。……在这个制度下，人民享受着广泛的民主和自由；同时又必须用社会主义的纪律约束自己。这些道理，广大人民群众是懂得的。[④]

1957 年春“百花”运动达到高潮的时候，毛全部政策的基础就在于相信中国的人民群众懂得给他们自由的限度。和当时国外广泛存在的幻想相反，从旨在鼓励多样化意义上说，这个政策根本不是一个“自由化”的政策。确切地说，毛的想法是，马克思主义既是唯一正确的思想形式，那么如果在一定范围内鼓励持有各种不同观点的学派进行辩论，最终定会使马克思主义战胜其他一切思想。从长期来看，这种做法有助于教育非党知识分子、作家和干部，并把他们改造成社会主义的知识分子。在最近的将来，非马克思主义的批评，即使部分是错误的，也会有利于马克思主义者重新考虑他们自己的立场。毛说过：“……正确的意见如果是在温室里培养出来

① 参见《无产阶级专政的历史经验》，37～38 页。

② 参见上书，33 页。还可参见 S. Schram, *The Political Thought of Mao Tse-tung* (London, Pall Mall Press, 1964), p. 239。

③ 《无产阶级专政的历史经验》，33 页。

④ 《关于正确处理人民内部矛盾的问题》。[见《毛泽东著作选读》(下册)，762 页，北京，人民出版社，1986。——译者注]

的，如果没有见过风雨，没有取得免疫力，遇到错误意见就不能打胜仗。”①

毛的希望落空了，评论者并没有满足于批评个别的弊病，而是对整个制度的基本原则——共产党对权力的控制——提出了疑问。毛于是强调他公式的另外一半，用以避免在中国出现匈牙利那样的暴乱，与其说他强调自由，不如说他强调纪律，与其说他强调用消灭当局弊病的方法来“从根本上消灭发生闹事的原因”，还不如说他强调加强“无产阶级专政”。1957 年年初开始进行的“整风运动”原来是针对党和国家干部中的官僚主义倾向的，后来就转为反对“右派分子”的激烈运动了。右派分子被遣送下乡，通过参加适当的劳动进行改造。诚然，在中国这样的国家，知识分子往往以轻视体力劳动著称，所以取得生产劳动的某些具体经验无疑是一种有用的教育措施。可是在多数情况下，下放政策变成强迫从事力不胜任的艰苦体力劳动，从而损坏了不习惯体力劳动的那些人的健康，或者变成迫使人做羞辱性的工作（如某人原在大学担任教授，却强迫他清扫厕所），这种做法主要目的在于瓦解有关对象的士气，而不在于对他们进行再教育。②

在实行控制社会的这些严厉措施的同时，在国内经济方面和对外的态度方面，激进主义也日益明显。共产党和工人党会议就是在这种背景下在 1957 年 11 月于莫斯科举行的。

毛泽东亲自率领中国代表团。这是他第二次出国，但这是他第一次出席有世界共产主义运动许多主要人物参加的讨论会（他在 1949 年至 1950 年冬春访苏期间在会议上为庆祝斯大林七十寿辰发表了讲话，除此以外他主要致力于私下谈判）。现在中国人宣称在 1957 年会议上他们就在向社会主义和平过渡的问题上有尖锐的分歧，他们宣称在某种情况下有可能通过赢得议会多数夺取政权，但是不应当过分强调这种可能性，否则结果就会“松懈无产阶级……

① 《关于正确处理人民内部矛盾的问题》。[见《毛泽东著作选读》（下册），787 页。——译者注]

② 1957 年下半年的向“左”转，也使中国中止了保护“社会主义法制”的进展，这与 1953 年以来苏联的情况相似，虽然中国还没有达到对嫌疑犯采取完全武断处置的地步。

的革命意志”[①]。可是看来，他们事实上对会议在这个问题和其他大多数问题上的最后决议基本满意。

关于国际关系和战争与和平问题的辩论，最为有声有色。也就在这次会议上，毛泽东以最惊人的方式亲自参与了辩论。就总的国际实力对比而言，他创造了“东风压倒西风”的著名口号。当时，这个口号中的“东风”是政治上的东方，是以苏联为首的社会主义阵营。苏联的实力由于发射了第一颗人造卫星而正使人注目。只是到了后来，这个词才具有地理的和种族的含义。

毛对热核战争问题的意见，无疑最为耸人听闻。毛强调“战争狂人”有可能在各地“扔原子弹和氢弹”，但社会主义国家永远不会在一场世界大战中充当侵略者，他断言还应从最坏的情况出发考虑战争的结局——他继续说：

> 我和外国一位国务活动家[②]辩论过这个问题。他相信如果打起一场原子战争，整个人类都会消灭。我说如果糟到不能再糟，一半人都死了，那另外一半人还活着，帝国主义将被夷为平地，全世界将成为社会主义的；多少年内又会有二十七亿人而且肯定会更多。我们中国人还没有完成我们的建设，我们希望和平。可是，如果帝国主义一定要打仗，我们没有别的选择，只有下决心在进行我们的建设以前奉陪到底。如果你每天怕战争而战争最后来了，那么你怎么办?[③]

根据中国最近的报道，在此一个月以前，即在1957年10月签订了一项协定，根据这个协定，苏联政府要向中国提供一个原子弹样品，以及生产这种原子弹的技术资料。[④] 赫鲁晓夫和他的同志由

---

① 《关于对和平过渡问题几点看法的提纲》(1957年11月10日)，刊登于1963年9月13日第37期的《北京周报》上，作为1963年9月6日社论的第一个附件。(见《关于国际共产主义运动总路线的论战》，112页。——译者注)

② 根据这个谈话的苏联文本以及后来的中国报道，这里的“外国一位国务活动家”指的是尼赫鲁。

③ 转引自1963年9月1日中国政府声明，载《北京周报》，1963年9月6日第36期，10页。

④ 参见中国1963年8月15日声明，载《北京周报》，1963年第33期，14页。苏联人既未确认亦未否认这种说法，但是只限于埋怨中国人暴露了有关社会主义阵营防务安排的秘密情报。很可能他们没有许诺也不愿意交给北京原子弹样品，可是毫无疑问，他们有过某种新防务技术的协定。

于了解他们原子弹的杀伤威力而保持清醒头脑，他们听到毛在 11 月会议上意见以后，对于将这种武器放在中国人手里的后果肯定会感到担心。如果说，外交事务方面谨慎和负责的态度是产生中苏冲突的重要因素，那么中国国内政策的演变及其引起的反应，也同样具有决定性的作用。

1958 年春，以“大跃进”和“继续革命”口号为其特点的新激进政策已经具有明确的形式。4 月，在毛宣布这些口号的中国共产党第八次全国代表大会第二次中央全会召开的前夕，他用非常引人注目的词句表达了他改造中国人民的不能改变的决心以及他认为可以做到的信心：

> 除了别的特点之外，中国六亿人口的显著特点是一穷二白。这些看起来是坏事，其实是好事。穷则思变，要干，要革命。一张白纸，没有负担，好写最新最美的文字，好画最新最美的画图。①

由于这些有利条件，毛得出结论说，中国“在工农业生产方面赶上资本主义大国，可能不需要从前所想的那样长的时间了”②。在 1958 年的党代表大会上鼓吹“大跃进”和“继续革命”的正是刘少奇自己，但他是以毛泽东的名义这样做的。1958 年夏，开始在试验的基础上建立“人民公社”，毛亲自促进“人民公社”的发展。9 月，他从全国巡视回来后宣称，为了在农业方面实现比 1958 年更大的跃进，必须在全国推广“人民公社”制度。与此同时，他维护在全国农村实行家庭小批量炼钢的纲领，当时的措辞鲜明地表露了他的全部思想和他对经济问题的态度：

> 我这次出去看到群众巨大的干劲。在这基础上就可能完成任何任务。我们一定要首先完成钢铁战线上的任务。群众在这方面已经动员起来了。可是在全国范围来说，还有些地方，有

① 《介绍一个合作社》(1958 年 4 月 15 日)，载《红旗》，1958 年第 1 期。

② 同上文。

> 些企业，那里动员群众的工作还没有很好地进行……还有一些同志不愿意在工业方面开展大规模的群众运动。他们把工业战线上的群众运动叫作“不正规”，并且贬之为一种“农村工作作风”和“游击习惯”。这显然是不正确的。[①]

很难找到更为惊人的例子来说明我称之为毛的“军事浪漫主义”了。他不仅把战争看作一种至高无上的冒险和对人类勇气和人类意志的最高考验，而且他的性格和想象力中的好战品质已经达到了这样的地步，他愿意用战争术语来说明经济的甚至科学的和哲学的问题。

中国人自己虽然并不称毛是个“军事浪漫主义者”，但1958年以来描绘他是位“革命浪漫主义者”。直到“大跃进”以前，就像苏联现在那样，中国人认为浪漫主义是一种固有的反动思潮。可是“革命浪漫主义”却是另外一码事；人们认为它首先是一种看法，在于“……要看到生活里的新事物，要善于反映新事物，帮助新事物的成长”[②]。毛泽东和列宁则被认为是持这种看法的两个最伟大的范例。他们两位都认为在考虑客观条件的时候，不能夸大，也不能把它们当作不去行动的借口。

从这意义上说，毛肯定无疑是“浪漫主义”的。到1958年年底已在全中国人民中实际推广的“人民公社”制度，看来直接受到了他性格中这种倾向的影响。从经济方面看，公社的目的在于提供一个行政机构，把人力组织起来代替难得的机器，又规定了大小足以促进使用拖拉机和其他机器的土地耕种单位，以加速农村的发展。从政治方面看，他们的目的是在基层把政府、管理、经济和军事机构统一成单一的实体，削弱家庭这类与之抗衡的组织，以此来加强国家对个人生活的控制。从思想方面看，由于中国人对苏联人表现出来的优越感态度越来越愤怒，他们想表明虽然中国革命要年幼得多，可是中国已经发明了比苏联先进得多的社会形式，而且已经付诸实践。

---

① S. Schram, *The Political Thought of Mao Tse-tung* (London, Pall Mall Press, 1964), pp. 352 - 353.

② 林默涵：《更高地举起毛泽东文艺思想的旗帜》，24页，上海，上海文艺出版社，1960。

从总是要夸大人的意志力量这个意义上来说，所有这些目标都是“浪漫主义”的。对事实作冷静的分析，本可使毛知道，若没有比中国当时所拥有的多得多的熟练管理人员和有效得多的统计服务，那么原来设想的公社既不可能达到其增加生产的经济目的，也不可能达到控制社会的政治目的。但毛仍推行他这一政策，因为他设想革命热情和思想纯洁能够弥补技术能力和物质手段的不足。至于公社的思想方面，则具有动人但天真的空想社会主义的特点。这在1958年夏季湖南农民创作的下面这首诗歌里就有所表现：

> 建立公社如上天，
> 一夜赛过几千年。
> 利刀斩断私有根，
> 开辟历史新纪元。[①]

确实，毛的极端唯意志论自然来源于列宁在相对落后国家的条件下对马克思主义的应用。但是，列宁相信人的意志在改造现实时的力量主要表现在政治方面。可是在“大跃进”时期，中国人却把它扩大到了自然方面。1958年有本研究毛泽东思想的书说过：

> 许多生动的事例表明：只有低产思想，没有低产地区。只有不良的耕种制度，没有不良的土地。只要人们充分发挥主观能动作用，自然条件是可以改变的。[②]

斯大林也曾有过可以把沙漠变成花园的雄心，可是他从没有说过不存在沙漠。而且不论如何，苏联的这些年月已成为往事。意志已经服从于理性，并在理性的基础上建设起了苏联经济。因此，毛关于有可能克服客观困难赶上最先进的工业国家的想法，在莫斯科引起了相当的恼怒，而中国人还宣称，有了“人民公社”，他们可

---

① 转引自关锋在《哲学研究》1958年第5期的文章。该文的全部译文，见 S. Schram，*La “révolution permanente” en Chine*，pp. 6－8。文中反映了公社刚建立时人们对公社的无限乐观主义。

② 张友渔等：《学习毛泽东的思想方法和工作方法》，73页，北京，中国青年出版社，1958。

以开始立即奠定共产主义的基础。

在中国内政方面出现了这些争论问题的同时，毛和赫鲁晓夫于1958年夏季就外交政策的一个具体问题首次发生了直接冲突。赫鲁晓夫于7月28日建议召开美国、英国、法国、苏联和印度的最高级会议来解决中东危机。这是迄今为止他要采取直接与西方大国领导人打交道这种方法的最明确的姿态，这以后越来越成为其政策的特征。可是，三天以后赫鲁晓夫突然对北京进行了一次事先没有计划的秘密访问，在此期间他收回了召开最高级会议的提议。这次贸然的转变显然是受到了来自毛泽东的压力，他反对和那些仍然支持台湾的另一个“中国政府”的“美帝国主义者”去打交道。为了斩钉截铁地表明他的这种看法，毛在1958年8月底开始炮轰沿海岛屿。

从1957年秋到1958年秋期间出现的具体问题上的分歧，虽然本身就很重要，但这时它们还只是表明根本分歧的征兆；中国领导人和苏联领导人的思想，是在十分不同的经历中形成的，即使怀有最良好的意愿，他们要在同一个知识领域中共存也是非常困难的。

毛的外交政策和国内政策的各个方面，都具有狂热唯意志论和政治上不妥协的特点。从1957年年底以来，重新应用他本人的经验显然加强了这种特点。他宣称，战争不取决于热核武器而取决于战士的勇气和坚毅精神，哪怕人类半数有生命的危险。这就是重申在反蒋介石战争时期他学到的经验的重要性，当时毛的“小米加步枪”有效地打赢了他敌手的飞机和坦克。[①]

中国人在1957年会议声明中否认和平过渡的观点，从范畴上否认先进国家的革命问题和马克思、列宁的时代所提出的革命问题应有不同，他们后来不仅谴责陶里亚蒂那样的欧洲共产党人所作尝试的实质，而且还谴责他尝试这样一种现代化的事实本身。这样做，实际上就是把自己局限于中国经验之内，而且通过这种经验的三棱镜来看待世界上的其他各国。

毛的这些倾向，正好出现在苏联——由于苏联的经济和社会发展，也由于赫鲁晓夫本人的新想法——日益觉察现代世界所面临的

① 确实，西方某些人也持有类似的观点，但他们却没有理由说对核武器无知，也不能说自己曾进行过四分之一世纪之久的游击战争。

问题并开始用不那么教条的精神看待资本主义国家的时刻。显然，在毛看来，赫鲁晓夫的苏联是“资产阶级化的”和“修正主义的”，而在赫鲁晓夫眼里，毛的中国则是狂热和幼稚的。

但是，如果说赫鲁晓夫已经或者很快就比他任何一位前任对欧洲和美洲更为了解的话，那么他对中国人的心理却显得比斯大林还要无知。中国人确实也给了他一些抱怨的口实。那过于仓促建立起来的“人民公社”以及他们企图大规模地组织经济和社会生活各个方面的尝试，都造成了混乱，而且最终造成了灾难性的经济衰退。不管怎样，中国人坚持他们的政策，而且不顾苏联的强烈反对，坚持宣称已经找到走向共产主义的捷径（只在两点上作了有限的让步）。在赫鲁晓夫以及毫无疑义在大多数的苏联公民看来，中国人是在浪费苏联给他们的宝贵人力物力，而这些人力物力原本可以富有成果地在国内加以利用的。

所有这些情况说明赫鲁晓夫的恼怒是可以理解的。但是，他的反应是以两个大错误为特征的。一方面，他故意肆无忌惮地嘲笑公社，开始时是私下进行，例如他在 1958 年 12 月向当时的参议员汉弗莱说了那番后来广为人知的话，以后则在大庭广众之下进行。另一方面，他最终发展到利用经济压力作为迫使中国人就范的手段。其结果是重新燃起了毛对过去欧洲人狂妄自大的憎恶，并使他以一种本能的反应确认，他已经在政治上达到了这样一种信念，即越来越难以把赫鲁晓夫的苏联同资本主义国家区别开了。

由于毛把他的威望押在成立公社从而一举克服中国的落后状态上面，这无疑使毛对赫鲁晓夫嘲笑公社并竭力利用中国的经济困难掘取政治资本的做法更为敏感。在 1958 年 12 月召开的中共中央六中全会，宣布了毛不再担任中华人民共和国下四年主席候选人的决定，这肯定不是偶然的。这次全会也是一个标志，它向这样一种认识迈出了勉强的一步，即承认不可能在一夜之间一举跃入共产主义。不论是党内对组织公社的草率方法感到不满构成了使毛辞职的实际压力，还是他完全根据自己意思作出这一决定，都明显地反映出了毛对实施不再完全符合他心意的政策，已经缺乏了热情。

诚然，毛泽东保留了党的主席身份以及他作为中国革命富有魅力的最高领袖的独特地位。可是从此以后，当中国的经济政策在1959年和1960年渐渐趋于合理化并更加谨慎时，毛则主要专心于外交事务。事实证明大自然和技术比他想象的更难屈从于他的意志。现在他要让中国的敌人——公开的敌人“美国帝国主义”以及更为阴险的敌人“现代修正主义”——来服从他。

1959年夏，他访问了他的家乡韶山，这是他1927年对农民运动进行了那次著名的调查以后的第一次访问。他缅怀往事，从中找到了对当今信心的来源：

别梦依稀咒逝川，
故园三十二年前。
红旗卷起农奴戟，
黑手高悬霸主鞭。
为有牺牲多壮志，
敢教日月换新天。
喜看稻菽千重浪，
遍地英雄下夕烟。①

就在毛在湖南的同一个月份里，按照后来中国的说法，苏联片面地撕毁了关于新军事技术的1957年协定。② 这是赫鲁晓夫企图通过经济和政治压力迫使中国人改变他们政策的最初几个明确姿态中的一个。本来就可以料到，一个意志坚强到要“指挥日月”的人是不会屈服于这种策略的。毛在1959年7月初上江西省庐山时写的另外一首诗中，表达了他的感情。国民党左派领导人曾于1927年7月南昌起义前夕在此地就扑灭共产主义的方法交换过意见，中国共产党的八届八中全会不久也在这里召开。

① 本诗写作日期为1959年6月。这是1964年9—10月《共产主义问题》第39页上《诗人毛泽东》一文中本人所译。最末一行中之英雄是指现在的劳动英雄，即从田里劳动回来的农民。（原诗见《毛泽东诗词选》，96页。——译者注）

② 参见《北京周报》，1963年第33期，14页；1963年第37期，12页。

一山飞峙大江边，
跃上葱茏四百旋。
冷眼向洋看世界，
热风吹雨洒江天。
云横九派①浮黄鹤②，
浪下三吴起白烟。
陶令不知何处去，
桃花源里可耕田？③

这首诗的要点在倒数第二行。“陶令”指的是大诗人陶渊明（死于公元427年），实际上他一辈子只当了一次县官，而且一共只当了八十天左右。他突然结束了他的宦途生涯，因为有一次要他阿谀奉承和摆起排场地欢迎一位上司，他不愿意这样做而宁愿弃官为民。据说他说过：“我怎可在村夫俗子前为五斗米而折腰？”非常有可能毛在诗中将自己比作陶，而赫鲁晓夫则是村夫俗子。

最后一行里暗指陶描写一种空想社会的一篇名作的标题。毛显然认为公社和“大跃进”的中国是比世外桃源还要好的人间天堂。可是一个月后召开的中央委员会庐山会议，给这种幻想以无情的打击。8月26日的正式公报承认，以前发表的“大跃进”第一年的经济成就夸大了百分之四十至五十，尤其是粮食产量只有二万五千万吨，而不是三万七千五百万吨（无疑，实际数字还要低）。1959年的另一次歉收带来了一个贫苦的冬天，那年的歉收部分地是由于自然灾害，可这也是由于经济紊乱和农民对公社实现极端集体化和纪律化所作的反抗。解决和克服这个危机的方法，是让公社作为行政管理单位而仍然存在，但是采用更大程度的权力下放，即对经济活动的有效控制权首先交给与以前合作社相应的“生产队”，然后又交给总的来说与1950年至1951年互助组相应的生产小队。经济计划中过于强调工业的做法得到了纠正，而且承认将来农业要成为国

① 在庐山东面近处有许多支流流入长江，古诗中一般称作“九派”。
② 黄鹤楼在武昌的西面，位于可俯瞰长江的一个高山上。传说一位道士骑着黄鹤横飘此处。
③ 《毛泽东诗词选》，99页。

家经济的基础。

毛从这些问题逐渐转向了外交，这不仅因为他对国内发展感到沮丧，而且也因为他发现外国列强尤其是苏联对中国的行为越来越使人恼怒。第一桩这种事件发生在 1959 年 8 月召开的标志着开始从“大跃进”全面退却的庐山中央全会上。在会上，从井冈山时候就与毛一起的老同志，当时的国防部长彭德怀，对一年半以前实行的政策发动了猛烈的攻击。这个行为使彭受到撤职处分的耻辱。根据一些人所说，彭在 1959 年春季对华沙条约国进行“军事友好”访问期间给苏联共产党的一封信中曾向他们表达了他的看法。毫无疑义，在毛看来，这显然是苏联干预中国内政的一个事例。

很快又接着发生了其他两起冲突。塔斯社在 1959 年 9 月 9 日发表了一项关于 8 月发生的中印边境冲突的声明。声明对此次事件表示遗憾，而且劝告有关的“两国政府”作出努力解决此次“误解”。中国人认为，他们把一个社会主义的兄弟国家和一个“资产阶级”大国置于同等地位就是破坏了无产阶级团结，这种看法并非勉强。这个声明在发表的最后一刻，即在 9 日上午才给中国人看，尽管北京正式要求不要发表，但苏联人置之不理仍于同日晚间发表，这个事实使中国人更加不满。① 现在中国人和苏联人都把发表这项声明作为中苏公开不和的开端。

9 月 30 日，赫鲁晓夫在刚刚访问过美国并在戴维营与艾森豪威尔谈过话后抵达北京。这次访问本身并不打算讨好毛，可是在赫鲁晓夫访问期间，他却大大地冒犯了他的各位主人。在他抵达的当晚，毛泽东特地设宴欢迎。赫鲁晓夫在这次宴会上尖锐地攻击了希望“用武力来试试资本主义制度稳定性”的人。按照后来发表的中国声明，“全世界都公认这是含沙射影地指中国在台湾和中印边界问题上‘好斗’”②。

在和中国领导人谈话的过程中，赫鲁晓夫甚至还提醒毛和他的同志，在十月革命后列宁曾作了“暂时的让步”，承认在西伯利亚

① 《苏联领导人联合印度反对中国的真相》，载《北京周报》，1963 年第 45 期，19 页。

② 同上文。

建立的远东共和国。言下之意，毛同样应当承认台湾暂时脱离中国。① 这种类比并不十分恰当，因为远东共和国是一个亲苏的缓冲国，而不是一个充满敌意自称有义务重新征服全部国土的政府的避难所。而且即使真有相似之处，毛也是不会承认的。即使不从理智上说，毛在感情上也认为，牺牲苏联的国土是一回事，而牺牲中国的国土则是另一回事。他无论如何也不会容忍赫鲁晓夫含蓄地支持哪怕是作为过渡阶段的“两个中国”的主张。

众所周知，从此以后，中苏关系日益趋于尖锐和更公开的冲突。本书没有必要来详细分析这个过程的几个阶段以及双方为了论证他们立场合理而发表的长篇累牍的文件。在这本传记的结束语部分，我将只从毛的方面来论述中苏冲突，即考察他如何在中国的态度上打上了他的印记，同时也考察这次冲突的教训如何形成了今日可以识别的他的政治信条。

1960 年 4 月 16 日，中国共产党的理论机关刊物《红旗》发表了社论《列宁主义万岁》。人们普遍认为，社论的某些部分是毛泽东写的，以后相继在北京发表的其他重要不署名文章也是毛泽东写的，或者说至少是由他授意而写的文章，并由他在最后定稿中增加了几处富有特点的润色。发表这篇文章的表面理由是纪念列宁九十岁诞辰，可是中国人后来指出，发表此文的真正动机是反对即将在巴黎召开的（会议最后夭折）首脑会议上有迹象和帝国主义者达成一项协议的倾向。在这篇社论中，援引了毛在抗日战争期间的著作以论证“觉悟的人民总会找出新的办法来抵制反动派的武装优势”的论点。关于一场原子战争的最终结果，社论提出了类似毛在 1957 年莫斯科会议上陈述过的看法：

> 如果帝国主义者把这种牺牲硬加在各国人民头上，我们相信，正如俄国革命和中国革命的经验一样，这种牺牲是会得到代价的。胜利的人民，他们在帝国主义死亡的废墟上，将会以极迅速的步伐，创造出比资本主义制度高千百倍的文明，创造

① 参见 1963 年 9 月 1 日声明，载《北京周报》，1963 年第 36 期，13 页。

起自己真正美好的将来。[1]

毛又一次把他过去的经验当作检验各种问题的最高试金石。文章的绝大部分都是用来批驳经济和技术变革无论如何已使马克思和列宁的政治分析不再有效的看法。

虽然在这篇文章中，中国人就像他们迄今为止在所有其他思想产品中一样，谨慎地坚持只是一般攻击“修正主义”或南斯拉夫的虚构说法，可是这样公开和系统地驳斥整个苏联立场，显然使赫鲁晓夫深信已经到了根本解决世界共产主义运动中“中国异端”的时候了。他在1960年6月举行的罗马尼亚共产党代表大会上作了一个关于战争与和平的演说，在演说中他斥责中国人是想发动核战争的“狂人”，斥责中国人在与印度的关系上是“纯粹的民族主义者”，以及其他等等。在一次肯定使毛认为是有意侮辱的讲话中，赫鲁晓夫宣称，当今的民兵在原子武器面前根本“不是军队，而只是一堆（人）肉”[2]。他还在中国人的民族自豪感上激怒他们，重复断言今后国际局势的发展，主要决定于苏联和美国之间的关系。

除了阿尔巴尼亚党以外，所有出席布加勒斯特大会的共产党都加入了赫鲁晓夫对中国人的辱骂。在这种口头的和有组织的攻击之后，随之又直接施加经济上的压力。1960年7月，苏联人单方面粗暴地决定在一个月以内撤回所有在中国的苏联专家，根据后来中国的说法，这样就撕毁了“几百个协议和合同”[3]。

在这种背景下，中国在1960年11月召开的第二次莫斯科会议上的策略，便与1957年所采取的策略有所不同。那时正是毛坚持苏联在社会主义阵营中的领导作用。现在他的代表则强调这样一个事实，即所有共产党都是平等的，他们有权用他们自己的方式决定他们自己的政策，只恪守马列主义的普遍原则和各国党一致同意的声明。他们还坚持承认苏联是社会主义阵营的头头，但是这样给予莫斯科的最高地位纯粹是形式上和象征性的。正如许多观察家所认为

---

① 《列宁主义万岁》，20页，北京，人民出版社，1960。

② 《北京周报》，1963年第36期，13页；1963年第37期，13页。

③ 《北京周报》，1963年第37期，14页。

的，这很可能是为了捍卫社会主义阵营的团结，并准备在有朝一日中国人足够强大时宣布他们自己掌握领导权。

在讨论这些组织问题的同时，中国人在讨论的过程中坚持有关民族尊严、前殖民地和半殖民地国家人民对欧洲共产党人优越感最细微的暗示非常敏感的论点，因而他们成功地从会议结束时发表的“声明”最后文稿中删掉了关于先进资本主义国家的“民主力量”应当用“他们的经验和知识”来为以前的附属国家服务的一段话。[①] 毛和他的同志面对苏联援助的突然取消，逐渐认识到每个国家都必须主要通过本国人民的英勇努力来发展它的经济，他们根本不想承认有必要从他们认为是叛徒和修正主义者的人那里得到任何“同志式的援助”。

中国 1960 年的冬季是一个严峻的冬季。一个非常有效的配给制度使全国人民同样地忍受着饥饿，但是要减轻饥荒，就必须在 1961 年的 2 月份从加拿大和澳大利亚购进大批粮食。在这种严峻的情况下，毛又回顾中国的过去，从而找到对中国未来充满信心的理由：

九嶷山上白云飞，
帝子乘风下翠微。
斑竹一枝千滴泪，
红霞万朵百重衣。
洞庭波涌连天雪，
长岛人歌动地诗。
我欲因之梦寥廓，
芙蓉国里尽朝晖。[②]

据传说，尧帝的两个女儿是尧的继承人舜的妻子。舜有次游历南方时，死于湖南的湘江附近，邻近九嶷山的地方，他的两位妻子都来到江边哭泣。竹叶因她们的泪水而永远变色，从而出现了一种众所周知的斑竹。诗中的长岛在长沙附近的湘江中。在唤起长岛人

① 关于这点以及 1960 年会议的全面情况，见 H. Carrère d'Encausse and S. Schram，*Le Marxisme et l'Asie*，*1853—1964*（Paris，Armand Colin，1965），pp. 114－120，422－433。

② 《毛泽东诗词选》，104 页。

歌“动地诗”的回忆中，毛显然是想起了他青年时代的革命经历。芙蓉国是从一首唐诗中引出的对湖南的一个文学性称呼。根据中国发表的评注，毛梦见他的出生省份“尽朝晖”，是表明他希望有朝一日见到中国实现完全的共产主义。像以往一样，斑竹之美出于悲伤，所以今日最困难之日，也正是事物向好的方面转化之时。我们听说，这就是“唯物辩证法”的规律[①]，但是显而易见，毛在这里是从伟大的尧舜一直到他自己时代的中国命运出发来思想和考虑的。

1960 年 10 月，苏联共产党举行第二十二次代表大会。赫鲁晓夫在会上对斯大林进行攻击，而周恩来对此举的反应则是炫耀地到斯大林墓去献花圈，在此以后，中苏关系继续恶化。1962 年秋季的两个事件，标志着中苏关系恶化的新高潮，即中印边境战争和古巴问题上的苏美危机。1962 年 8 月苏联人宣布将向印度提供米格飞机一事激怒了北京；同年 10 月份中国的进攻可能意在既使苏联人为难，又使尼赫鲁丢脸，这可使莫斯科气急败坏，苏联官员们甚至在与西欧和美国人谈话时也毫不含糊地严厉谴责“中国的民族主义”。在中国人看来，赫鲁晓夫在古巴危机上第一错在“冒险主义”，然后又错在“投降主义”，在毛看来，古巴危机进一步证明了苏联在现行领导集团的领导下已不适宜做社会主义阵营的头头。毛在此以前一直以为赫鲁晓夫只是一个犯了错误的同志，可以浪子回头。从此以后，在毛看来，赫鲁晓夫已是一个不可救药的叛徒了。几乎直到这位苏联领导人下台的前夕，毛还照样在讲话中偶然向他发出呼吁要他悔悟和认识他的错误，可是显而易见，毛丝毫没有抱有赫鲁晓夫会重视这些呼吁的希望。

自此以后，苏联领导人与美国“帝国主义者”事实上同样成了头号的甚至更可鄙的敌人。现在毛面对的敌人是世界上两个最强大的国家，这个事实并没有使他大惊小怪，似乎反倒使他精神振奋，这从他过六十九岁生日时写的那首诗可以看出：

雪压冬云白絮飞，

① 参见安旗在《文艺报》1964 年第 3 期上写的评论。

万花纷谢一时稀。
高天滚滚寒流急，
大地微微暖气吹。
独有英雄驱虎豹，
更无豪杰怕熊罴。
梅花欢喜漫天雪，
冻死苍蝇未足奇。①

毛在他生日那天写的这首诗中肯定想到了他自己，我们可以猜想他就是诗中的“英雄”（或者至少是英雄中的一个）。“虎豹”明明白白是帝国主义（纸）老虎，而“熊罴”指的是俄国熊。因而依毛看来，赫鲁晓夫比起纸老虎来更没有什么可怕的。

1963 年 1 月 7 日，《真理报》首次公开明确地攻击中国人，而不再仅仅泛指阿尔巴尼亚人、“教条主义者”、“左倾主义者”等等。两天以后，毛写了他到此为止发表的最后一首诗词，也是最佳地表达了他为自己的国家极其自豪、对自己高度自信的一首诗词。这些词句有可能是针对两天前《真理报》的攻击有感而作；无论如何，这首词是对整个国际局势的一个直接反应。按照中国一篇评论的说法，“1963 年是国际上各种反动势力的反华大合唱十分嚣张的一年，却也是亚洲、非洲、拉丁美洲各国人民的革命洪流汹涌澎湃的一年。这是反马克思列宁主义思潮泛滥的时候，也正是敢于坚持真理的战士们不断涌现的时候”②。

毛则将这种形势描绘在一个将革命和传统形象奇妙结合起来的比喻中，它集中体现了他的思想和行动：

小小寰球，
有几个苍蝇碰壁。
嗡嗡叫，
几声凄厉，

① 《毛泽东诗词选》，116 页。
② 安旗：《学习毛主席诗词的革命精神》，载《文艺报》，1964 年第 3 期。

几声抽泣。
蚂蚁缘槐夸大国[①]，
蚍蜉撼树谈何易。
正西风落叶下长安，
飞鸣镝。

多少事，
从来急；
天地转，
光阴迫。
一万年太久，
只争朝夕。
四海翻腾云水怒，
五洲震荡风雷激。
要扫除一切害人虫，
全无敌。[②]

说“小小”寰球，按照官方的评注，这是因为全球在能用行动来改变世界的无产阶级革命者眼里是“小”的。墙壁是指真正的马克思列宁主义，而“帝国主义”和（或）“现代修正主义”的苍蝇正在徒然地猛扑过去。下面两行中的蚂蚁是指苏联人，这点中国人自己也确认不讳。

1964年4月《人民日报》的一篇社论谴责苏联对毛泽东及其思想的攻击，宣称：“苏共领导妄想诋毁毛泽东同志和毛泽东思想不过是蚍蜉撼大树，可笑不自量。”[③]*

*参见《人民日报》，1964年4月27日第3版编辑部按语。——译者注

古都长安，一般大概是代表中国。根据中国的评注，“树叶”代表革命疾风吹枯的反革命势力，可是毛也许还想到这是苏联和其他“修正主义的”宣传。“鸣镝”则代表中国用以回答她敌人的马

① 摘引唐代一位作家写的一个故事。故事说有人梦游大槐树国。这个国家的皇帝把女儿嫁他并赐他以荣誉。他醒来时发现在他窗外的槐树脚下有个蚂蚁洞，它代表了他梦中的现实。

② 《毛泽东诗词选》，118～119页。

③ 《北京周报》上译文，1964年第18期，14页。

列主义真理。我们听说，这首词的最后一行是表示世界各国人民并不想等待外国的解救，而是决心自己解放自己。[①]

最后这个思想预示了以后三年中北京发表的关于国际局势的所有声明中的中心思想——亚非拉各国人民是当今世界上的主要革命力量。特别是 1960 年以来[②]毛和其他中国发言人暗示过的对世界革命的这种看法，在 1963 年 6 月 14 日中国的信中首次明确地得到了阐明。在禁止核试验条约签订以后，这种看法表达得更为尖锐和准确，毛甚至拒绝和苏联领导人保持表面上的同志团结。

按照毛的看法，苏联和东欧已经执政的无产阶级和欧洲先进资本主义国家内没有执政的无产阶级，都已经向赫鲁晓夫和陶里亚蒂这样的虚假预言家投降并在国内外背叛了自己的革命使命，唯有亚非拉各国人民仍然忠于革命，他们的斗争最终将改变颓废的欧洲和他们自己的状况。毛把自己看作这些力量的化身，是世界历史舞台上唯一真正能动的和进步的力量，因此也是当然的世界革命的领袖。

① 参见安旗：《学习毛主席诗词的革命精神》，载《文艺报》，1964 年第 3 期。

② S. Schram, *The Political Thought of Mao Tse-tung* (London, Pall Mall Press, 1964), p. 256.

结束语

毛泽东在1962年年末1963年年初所决定的方向，继续决定着迄今为止的中国政策。正当本书在1967年1月即将付印的时候，毛作为个人还起着何种作用，有些不清楚。但显而易见，他完全赞同过去一年中所采取的激进政策，只是可能他在体力上和脑力上已不能监督这些政策的日常执行了。在某种意义上说，当我们试图评价毛对中国和对世界的影响的时候，这种评价只是次要的。因为，北京的最近倾向不论是主要体现了一个将死之人确定将来事物形式的最终努力，还是体现了他的接班人权力之争的第一个阶段，这些事件发展的前后都是由毛一手安排的。即使明天他由于死亡或衰弱无力而消失，从两重意义上说，中国的形势仍将继续具有毛的标志：留任的领导人都是他数十年的追随者；他们必须处理的问题，是实行毛政策的结果。

从这个观点来看，不是毛的当前活动，而是毛的政治和思想遗产及其将来可能产生的影响，才是判断毛在历史上地位的决定性因素。但是毛本人显然并不相信这个道理，他正忙于在他有生之年树立他自己的纪念碑。与此同时，最近的事件虽然在许多方面具有过去毛的目的和方法所特有的个性，但是它们独特异常，对中国和全世界又极为重要，因此，对毛一生的阐述不能就此结束而不对这些事件作出稍加详细的讨论。但是，在此以前，让我们试着总结一下1966年年初以前的事态发展。

过去几年内中国政策发展的特有倾向，主要是表达了对下述这种独一无二的高于一切的任务的重视：在国内外树立毛泽东思想和毛的样板的持续有效性的心情。

在1963年10月题为《新殖民主义的辩护士》的社论中，可以找到早期想使毛在中国的经验适用于世界舞台的倾向的表现。这篇社论中的文字内容多处与毛在1927年写的关于湖南农民运动的报告有意对应，我们可以设想毛参加了此文的撰写。1927年，在反动派认为湖南局势“糟得很”的时候，毛宣称革命派应当认为是“好得很”。[1] 1963年，他把对待亚洲、非洲和拉丁美洲各国人民进行的民族解放战争的态度，作为识别真正革命者的试金石。他写道，这场“伟大的革命风暴”——1927年他曾将农民比作“暴风骤雨，迅猛异常，无论什么大的力量都将压抑不住”——使“帝国主义者和殖民主义者吓得发抖，全世界的革命人民鼓掌欢呼。帝国主义者和殖民主义者说：‘糟得很，糟得很’；全世界的革命人民说：‘好得很，好得很’。”[2]*

* 参见毛泽东：《关于国际共产主义运动总路线的论战》，177页。——译者注

在这篇带有毛印记的社论中，我们看到：

> 亚洲、非洲和拉丁美洲的民族解放革命，是当前最重要的直接打击帝国主义的力量。亚洲、非洲和拉丁美洲是世界矛盾集中的地区。
>
> 世界矛盾的集中点，世界政治斗争的集中点，不是固定不变的，而是会随着国际斗争和革命形势的变化而转移的。我们相信，在西欧和北美这些资本主义的发源地和帝国主义的心脏地区，由于无产阶级和资产阶级矛盾和斗争的发展，大搏斗的伟大日子，终有一天会要到来。那时，西欧和北美无疑地将成为世界政治斗争的集中点，成为世界矛盾的集中点。[3]

虽然文中屈尊俯就地承认日后欧洲可能再次起重大的革命作用，但是全文对苏联或欧美先进国家的人民甚至无产阶级愿意牺牲他们自己的安逸来支持他们亚洲和非洲不大幸运的伙伴进行斗争，

① 参见《湖南农民运动考察报告》，见《毛泽东选集》，2版，第1卷，16页。
② 《北京周报》，1963年第43期，6页。英译文根据《红旗》杂志1963年第20期上中文文本，有所改动。
③ 毛泽东：《关于国际共产主义运动总路线的论战》，191～192页。

只表现了非常有限的信心。[①]

在毛看来，他的思想和经验适用于亚洲、非洲和拉丁美洲的革命在今天具有双重意义。以农村为根据地的革命战争征服全中国，既可以作为其他国家民族解放斗争的榜样，又可作为反对帝国主义的总革命战略的榜样。林彪在1965年发表的《人民战争胜利万岁》一文中，非常明确和生动地说明了这一点。一方面，林彪强调——与几天以前在重新发表毛1938年论抗日游击战争战略的文章全文时的编者按一样——毛在三十年前创立的人民战争理论对亚洲、非洲和拉丁美洲各国被压迫人民的解放斗争具有重要的实践意义。[②] 另一方面，他还将中国的经验移植到世界舞台上来。[③] 他提醒我们说，中国和俄国不一样，开始在农村，到了最后才在城市取得胜利。同样，整个世界革命事业最后也将取决于亚洲、非洲和拉丁美洲各国人民的斗争，因为他们是“世界的农村地区”[④]。

这里我们看到，中国领导人通过他们自身经验的三棱镜来看待整个世界的倾向，已经走向极端。我们已经经历了一个欧洲人各自以其自己的方式，用在不同的文化和历史环境中形成的概念来理解和误解亚洲的世纪。有些人企图在那里移植议会民主，其他人则企图移植无产阶级专政——这些政治形式差不多同样不适合想要应用它们的中国现实。今天，我们似乎正在从欧洲不了解亚洲的时代，走向一个亚洲不了解欧洲的时代。毛泽东现在以其本人经验的名义（这种经验过去常常被说成是独一无二的），大张旗鼓地宣布武装斗争是任何真正革命不可分割的一个方面，而且轻蔑地开除敢于探索其他方式的欧美同志的“教籍”。如同美国经常想方设法强迫其他国家和其他大洲的人民按美国方式实现自由一样，现在毛看来决心强迫全世界各国人民按中国方式进行革命。这些冒险事业很有可能同样注定要失败。

---

① 参见他在1963年8月8日的声明，载《北京周报》，1963年第33期，7页。

② 参见《北京周报》，1965年第35期。

③ 事实上，这种类比是由印度尼西亚的共产主义领袖艾地创造的，见《北京周报》，1965年第24期，11页。

④ 《北京周报》，1965年第36期。

如果毛用中国的观点来理解整个世界，这不仅因为他像其他任何人一样透过自己经验的眼镜来看待生活，他的态度还与他的同胞对他们自己文明所起的作用的看法有关。本书一开头，就说到中国人对中国的看法是“中央之国”；本书也以同样的主题结束。我们第一次看到青年时期的毛泽东，当时他为欧洲人带给中国的耻辱而悲伤，恳求他的同胞增强体质以抵抗外国人。我们现在向他告别，他正在谴责苏联人的反华傲慢态度，而且不顾“帝国主义者”的原子弹，仍然欢呼武装了的群众必然胜利。诚然，现在的中国和毛同半个世纪前的中国和毛已经有了很大的不同。他们向世界提出的道路已经不再是孔子的道路，而是毛泽东的道路。但是在毛青年时代的政治和知识领域与中国当今存在的政治和知识领域之间，还存在着深刻的类似之处。因此，正如现在那样，中国的道路被看作是中国所特有的，同时又有普遍意义。

在要求人们承认毛泽东思想这一点上，他们自认毛泽东思想具有的独特性和普遍性表现得特别明显。我们在这本传记中已经看到，毛在过去四十年里所形成的中国革命的理论和实践在哪些方面不同于严格的列宁主义正统观念。毛在原来写作《选集》流行本子里第一篇文稿的时候，几乎比中国共产党其他领导人都更倾向于认为蒋介石是民族革命的真正领袖，现在这篇文稿被重新写过和重新解释，以便表明他不妥协地坚持共产党在革命中的领导权。这显然意在表明毛是一贯正确的，他的思想从始到终都是正确和一贯的。* 但是，重新塑造过去还有助达到更重要的目的，即表明中国革命者的思想和行动总是正统的，因此也是普遍适用的。

这种倾向在上述林彪的文章中有着突出的表现，文章把“当代的世界革命”说成是“世界的农村地区”（亚洲、非洲和拉丁美洲）对“世界的城市”（北美和西欧）的包围。同时，林一再地强调毛泽东道路和十月革命道路一样，是以无产阶级统治为基础的。诚然，认为农民是农业国家的主要革命力量，这种力量务必服从工人的领导的这种思想，是十足正统的列宁主义。但是，当革命进程的决定性阶段是在远离真正无产阶级集中的城市中心进行的时候，根本难以具体了解“工人阶级领导”的含义。林彪使用这个正统的公

*作者在前面也多次提到《中国社会各阶级的分析》的修改问题。根据作者的论述，修改主要是指以下两处：一处是，该文于 1925 年 12 月在《革命》半月刊上发表时的原文为“故工业无产阶级人数虽不多，却做了民族革命运动的主力”，《毛泽东选集》修改后的文字为“工业无产阶级人数虽不多，却是中国新的生产力的代表者，是近代中国最进步的阶级，做了革命运动的领导力量”；另一处原文为“一切小资产阶级半无产阶级无产阶级乃是我们的朋友”，修改后的文字为“工业无产阶级是我们革命的领导力量。一切半无产阶级、小资产阶级，是我们最接近的朋友”。就这两处看，毛泽东当时虽然还没有明确使用“无产阶级领导权”的概念，但他在全文中科学地分析了中国无产阶级的基本特征及其在中国革命中的重要地位，指出了无产阶级领导农民斗争在中国革命中的极端重要性，剖析了民族资产阶级的

式看来并无其他目的，只是为了证实中国革命是一场真正的共产主义革命，因此也是全世界真正革命者重整旗鼓的适当地点。

革命不彻底性。这些分析表明，在该文中已经蕴含着“无产阶级领导权”的思想。事实上，在1926年9月1日发表的《国民革命与农民运动》一文中，他就明确指出：“进步的工人阶级尤其是一切革命阶级的领导。”——译者注

在中国历史学家用以说明过去他们国家属于何种类型的问题上，也能看出想表明中国既具有特殊性又具有普遍性的同一愿望。中国的历史学家既不同意马克思主义关于“亚细亚生产方式”的概念及其所含亚洲文化低下的论点，也不同意斯大林的观点。因为按照斯大林的观点，传统的中国只是“封建”的国家，因而也就与发展中相应阶段的其他社会相似。中国的历史学家现在声称，中华帝国具有“封建主义的特殊亚细亚方式”特色，在某些方面甚至比欧洲封建主义还典型。这样，过去的中国就属于全世界的历史，而同时又与众不同和高人一等，就如同中国由于对马克思列宁主义普遍真理堪作模范的忠诚，由于其特定的中国化形式而阔步在世界进程的最前列。毛的思想和行动“完全是马克思主义的”，可是它们又“完全是中国的”和“中华民族智慧的最高表现”[①]*。它们不仅仅既是马克思主义的，**又是**中国的；而且**因为**它们是中国的，它们才越发是马克思主义的。

*《刘少奇选集》(上卷)，334～335页，北京，人民出版社，1981。——译者注

今天，在“文化大革命”初期，这种要求承认其普遍意义的做法采取了奇特的和自相矛盾的方式。但在讨论这些问题以前，让我们试着估计一下毛在使他的国家现代化并巩固他的国家方面的建树。一方面，我们很容易了解，为什么中国自1958年以后强调动员人力来代替难以得到的机器，强调传统手工操作和大规模工业相结合的中国经济发展方式，适合其他非欧洲的各国人民。像事实上完全没有外国援助而生产原子弹这样实际而惊人的成就，也是完全可以理解的。另一方面，对目前的中国经济状况作一个准确的全面估计，却是再困难不过的事，因为几乎缺少全部决定性的实际情况。1960年以后，北京没有发表过任何确切数字，其他国家想把现有证据拼凑起来的专家，则比十五年前在官方统计材料同样笼统的情况下研究苏联经济的专家对他们所作的结论更加没有把握。但是，可以作某些一般的概括。

---

① 转引自刘少奇1945年在党的七大上的报告，见 H. Carrère d'Encausse and S. Schram, *Le Marxisme et l'Asie*, *1853—1964* (Paris, Armand Colin, 1965), p. 363。

首先，这很清楚，中国经济最大的弱点仍然是农业部分。毛和他的同志开始时，比三十年前苏联人对待农民要更老练和顺当些。虽然农民方面有某些反抗，但是合作化的完成，在生命和痛苦方面所付出的代价远比苏联要小。中国领导人在这方面比较谨慎，但在此以后，他们开始喜欢冒险，而且由于狂热地建立公社而使农村陷入混乱，对经济和全国人民来说，后果是濒临灾难。1957 年，粮食产量最终达到一亿八千七百万吨的数字，差不多等于 1937 年前的平均水平。1958 年的收成还没有显示出夏季开始的管理大动荡所造成的全部后果，因此，这也许还是中国历史上最好的一年。可是 1958 年的粮食收成甚至没有达到 1959 年 8 月宣布的经修改的两亿五千万吨这个数字——仍大大少于原来宣布的三亿七千五百万吨——只到两亿或两亿一千万吨左右的数字。随后粮食收成直线下降，1961 年可能降至一亿五千万吨，1963 年和 1964 年回升到约两亿吨的水平。考虑到人口的增加，这就低于战前中国按人口平均的供应量，在最坏的年成，每天摄入的热量低于一千五百卡路里，幸亏有了非常有效的配给制度才防止了群众性的饥饿。

换句话说，尽管在农业方面无论从哪个意义上说，都和苏联的做法不同，但是中国的最后结果却与后者当时情况十分相似——也即生产停滞在大约相当于正常情况下革命前的水平上。还要说一句，1962 年以后农业的恢复，大部分要归功于采取了事实上使中国做法接近苏联做法的措施：重新确定自留地，这在公社的第一阶段曾经全部予以禁止；以及将生产权力下放到与集体农庄相似的级别。

当然，在工业方面的成就具有十分不同的重要意义。在“大跃进”时期，企图鼓足干劲一举在各方面增加生产，但却没有集中的计划以保证各种活动相互协调，这导致了严重的倒退。后来发生的混乱，加上 1960 年至 1962 年因粮食危机被迫把重点从工业转向农业，都造成了工业生产名副其实的崩溃，有人曾将其与资本主义国家的萧条相提并论。1959 年和 1960 年上半年还在持续增长的工业生产水平，突然下降到大大低于 1957 年的水平。到 1963 年，1961 年和 1962 年为争取经济按比例发展而采取的以农业为基础、以重工业为主导的措施使工业生产又重新增长；但是工业生产的增长率，大约还低于第一个五年计划，同时也会低于如果第二个五年计划没有因“大跃进”而放弃的本应有的增长率。

确实可靠的成就是：比印度高一倍或两倍的钢产量，虽然这两个国家都从非常低的水平起步；以及不仅能生产原子弹而且还能生产包括一系列像载重汽车、火车头、重型机械和科学仪器等的能力，而大多数亚洲和非洲的国家不得不从国外进口。

关于中国经济可以得到的情报如此含糊，以至于每个观察家都可以各取所需，满有说服力地强调成功或者强调失败，强调成绩或者强调代价。亚洲和非洲各国政府在这方面的态度也非常不同，这不仅取决于他们的政治倾向，而且还取决于他们想从北京通过文化交流和技术经济援助建立良好关系的政策中得到些什么。总的来说，中国的影响虽然很大，但显然比一两年前要逊色得多。考虑到苏联人过去在与中国人民和亚洲、非洲其他各国人民打交道时的不得体行为，以及中国作为前殖民地国家人民的领袖和斗士的天然有利条件，中国的影响肯定比原来预料的要小。理由是多方面的。与苏联相比，中国提供经济援助的能力是非常有限的，这是一个因素，但这不能估计过高。礼物和贷款是宝贵的，但是中国在处理与其他发展中国家类似的经济问题和社会问题方面的经验，理应使她在提供技术援助方面居于一种优先的地位。如果北京没有更加有效地利用这一点，那么这不仅是因为经济困难削弱了中国的形象，更重要的也许是在非洲和亚洲世界内部，同亚洲和欧洲之间一样存在着心理和文化的差别。中国专家的严肃和清教徒式的态度，使得和他们一起工作的当地居民认为他们像苏联人的恩赐态度或者美国人的摆阔气挥霍浪费一样，与己不同和不可理解。毛不仅对帝国主义敌人，而且对他认为是帝国主义工具的人，抱有持续的敌意，这也是许多亚洲和非洲领袖担心的原因。1965 年下半年，由于中国人在印度—巴基斯坦冲突中的好斗姿态以及他们显然卷入了印度尼西亚失败的政变，他们自己的上述行为显然在促使对其意图产生怀疑方面，起了不小的作用。

印度尼西亚的冒险似乎是一次不可理解的大错误；但是中国在印度和巴基斯坦边界战争时的政策，从毛的革命和外交目标来说，事实上是完全合乎逻辑的。一方面，他的目标像在1962年那样看来是要在印度制造政治混乱，并且在表明这个国家归根到底依赖“帝国主义者”的援助以后，使印度的不结盟榜样丧失信誉。另一方面，1965年秋中国人意在延长这次冲突的入侵，是服务于削弱整个国际秩序这个更大利益的。毛认为整个国际秩序天生是反动的，因为它是以美国和苏联共同捍卫既成事实为基础的。

虽然从毛的游击战经验以及中美之间存在尖锐矛盾这两重背景来看，这个态度是完全合乎逻辑的，但如前所述，这种态度不可能赢得亚洲和非洲的朋友。新独立国家的领导人中间，只有很少几位准备用口头以外的方式来与“帝国主义作斗争”，并冒险卷入武装战斗。苏联对印巴冲突的方针最终发展成为塔什干协定，因此苏联在同中国竞相对非欧洲国家施加影响的竞争中得到了很多好处。

苏联捍卫既成事实的行动，自然地引起中国大声疾呼，称之为“背叛”和“与美帝国主义勾结”。可是这并不意味着中国人自己像他们的革命辞藻让人相信的那样始终一致和坚定不移地反对一切在原则上的让步。

毛和他的同志对亚洲和非洲是“世界矛盾的中心”和“世界革命风暴的中心”毫不怀疑，他们深信，从长远来说他们在亚洲和非洲革命者的援助下可以推翻帝国主义制度。但是当前中国还不能直接在全世界范围内抗衡美国的实力。中国军队的领导人清楚地认识到这个事实，并以此作为他们战略思想的基础。① 中国对直接卷入越南战争的异常慎重，也是明证。② 因此需要充分利用“帝国主义者之间的矛盾”，而且把社会主义阵营和“最大的帝国主义，美帝国主义”之间的“中间地带”的国家，团结在尽可能广泛的统一战线里边。按照毛的看法，由于苏联已不再参加这个斗争，反而在寻求与美国达成统治世界的协议，因此中国应当挺身而出，独自负起

① 人民解放军从1961年冬起发的几期秘密通报中的几篇文章，十分明确地证实了这点。这些文章落到美国政府手里，1963年由国务院发表。

② 毛在1965年1月与埃德加·斯诺谈话时，对美国介入北越的可能性表示怀疑，但他宣称不论在什么情况下，中国都不会把军队派往国外，只在直接受到美国攻击的时候才进行战争，见 *The New Republic*，27，February 1965，pp. 17，22。

责任，制定旨在增进亚洲、非洲和拉丁美洲各国人民利益的外交战略和革命战略。

在执行一条明确支持民族解放战争的革命路线的同时，中国还施展这样的外交手腕：不仅对亚洲和非洲的不结盟国家献殷勤，而且只要那些政府决心维护他们的民族独立，他们也向法国这样的“帝国主义”政府献殷勤。

如果说毛无疑是真心诚意地投身于其他各国人民的反帝斗争，那么他主要关心的仍然是他长期以来一直关心的中国的命运。与此同时，必须再说一句，在毛心目中，中国的国内演变现在已具有决定性的国际意义。因为他把中国当作唯一真正的社会主义大国——苏联肯定地走上了修正主义和资本主义复辟的道路——所以中国革命者的思想纯洁性和坚强意志便成了世界范围内最终胜利的主要保证。

因此，用毛的话来说，中国最重要的就是不应当“改变颜色”，也即改变其政治性质。为了防止这种危险，必须使 1949 年胜利以后成长起来的年轻人深切体会过去斗争的严峻教训。

为了使中国能继续起世界革命先锋队的作用，过去一年横扫中国的“无产阶级文化大革命”首先关心的便是培养革命接班人的急务。但我们为了了解毛想做什么，必须回头重提一下 1961 年以来中国国内政策的某些线索。

如前一章所述，1958 年至 1959 年“大跃进”的失败，使人们开始采取比较谨慎和合理的经济政策。与此同时，约有一两年，思想领域里的压力也相应大大减轻。大家承认，政治热情并不能代替技术能力，对灌输的强调有所放松，在文艺方面，普遍地采取了比较宽容的态度。显然，当时整个这种倾向肯定是毛所反对的，因为这不仅涉及放弃他自己所特有的政治风格，而且也意味着名声扫地，承认他的领导使国家濒临灾难。另一方面，他在外交事务方面，特别是在与苏联的争吵中寻求安慰。可是，一两年之后他又一次开始在国内鼓励一种激进的政治气氛。在 1961 年举行的中国共产党八届九中全会上发出了警告，要求警惕“一小撮没有改造好的地主和资产阶级分子”卷土重来的企图。1962 年举行的中共八届十中全会又宣称，与这种倾向作斗争需要进行持久的和尖锐的阶级斗争。从此，告诫人们对阶级敌人保持警惕，以及为将自己武装起来进行革命斗争而学习毛泽东思想的调子不绝于耳，越来越高。

面对这种思想方面好斗精神的新浪潮，经济政策方面并没有出现任何相应的变化。总的来说，经济政策仍然遵循1960年所制定的现实方针。在中国国内政策的风格与实质之间，出现了悬殊的对照。矛盾如此鲜明，以至于人们普遍认为毛一定与那些在最高领导岗位上实行有计划发展经济的人达成了某些妥协，他们可以随意执行这种具体政策，条件是允许毛在适当的思想烟幕后面掩盖其从“大跃进”后退。

现在已经证明，这种看法（我本人一直到1966年年初都赞成这种看法）根本是错误的。一方面，毛不是一个肯轻易体面地自认失败或者甘受耻辱的人，同时现在很清楚，他从来没有宽恕过1959年指出他采用“游击方式”对经济发展所造成的后果以及中苏关系破裂对中国武装力量所产生的后果，且鉴于此要求在国内事务上采取比较稳健的方针，并对莫斯科采取比较和解态度的那些人。只有彭德怀在1959年被清除，因为众所周知他不善于看风使舵，他过于公开地脱口道出了他的反对意见。但是，毛没有忘记其他那些人。另一方面，听任国内政策中风格和实质之间的矛盾存在下去，十分可能会在毛去世以后，使政策的谨慎实质和它的坚决支持者取得胜利，从而把国家引向毛只能看作“官僚主义的”和“修正主义的”方向。

我们在这里猜测毛用何种方法着手增强他的实力以及在对内和对外政策的整个战线上如何准备条件发动一次新的激进高潮，将是毫无意义的。虽然有关的情报可能很快就会得到，但我们至今对1960年以后几年中北京最高领导集团中发生了什么事情还没有任何确凿的情报。所能确定的是自1964年起，毛的努力开始出现明确的后果。就在这一年，首次发出了培养接班人以保证中国革命按照毛开辟的道路前进的口号。

1964年6月召开的中国共产主义青年团第九次全国代表大会的

中心议题，便是在国内外使年轻人“革命化”，使他们永远成为革命者的问题。[①] 在苏联的文章发表一周年时，中国发表了对苏联猛烈攻击的九封复信中最后的和最值得注意的一封复信，题为《关于赫鲁晓夫的假共产主义及其在世界历史上的教训》。在这封复信中，多次提到这个问题。文章认为是毛提出了资本主义和社会主义之间谁胜谁负的斗争需要一个很长的时间才能解决的观点。“几十年内是不行的，需要一百年到几百年的时间才能成功。”在此期间，必须坚持和加强无产阶级专政。在一段直接援引的据认为是毛说过的话中指出：

> 阶级斗争、生产斗争和科学实验，是建设社会主义强大国家的三项伟大革命运动，是使共产党人免除官僚主义、避免修正主义和教条主义，永远立于不败之地的确实保证，是使无产阶级能够和广大劳动群众联合起来，实行民主专政的可靠保证。不然的话，让地、富、反、坏、牛鬼蛇神一齐跑了出来，而我们的干部则不闻不问，有许多人甚至敌我不分，互相勾结，被敌人腐蚀侵袭……照此办理，那就不要很多时间，少则几年、十几年，多则几十年，就不可避免地要出现全国性的反革命复辟，马列主义的党就一定会变成修正主义的党，变成法西斯党，整个中国就要改变颜色了。[②]

按照毛的观点，避免“改变颜色”的决定性因素在于训练和培养千百万把无产阶级革命事业坚持下去的接班人。[③] 可是在毛心目中，真正的接班人只能是那些受他的思想和榜样鼓舞而觉悟的人。

训练接班人的号召本来是在中国共产主义青年团全国代表大会上提出来的，但就在1964年上半年的同一时间，某些事态正在酝酿之中，其结果是放弃青年团，而组织一个新的、具有无限战斗性的

① 参见《北京周报》，1964年第28期，6～22页。

② 这段话现已证明摘自毛1963年5月9日对浙江省关于干部参加劳动文件上的批语，见《毛主席语录》，36～37页，中国人民解放军总政治部编印（广州），1966。

③ 参见《北京周报》，1964年第29期，24～26页。

＊红卫兵是在“文化大革命”中出现的群众组织。1966年8月，毛泽东对这一组织表示支持。——译者注

组织：红卫兵。*

在这些事态的发展进程中，最重要的因素是军队作用的不断增强。1964年年初，发起了一个“向解放军学习”的运动。当时把军队看作政治忠诚和政治觉悟的典范，而且各个组织都建立了与军队中“政治部”类似的机构来管理经济企业。

“向解放军学习”的运动，完全符合毛的思想和军队在中国革命中的地位。我们看到，在毛取得政权的道路上，如果说红军没有实际上取代共产党而作为“无产阶级意志”的化身，那么它也绝不仅仅是党的一个简单工具。毛为了使军队和它在民族革命和社会革命中的作用相称，创立了一种首先在军队中运用尔后才推广到全国去的思想灌输方法。在中国共产主义的历史上，军队便是第一个群众改造思想的学校。而且，毛把军队看作斗争和牺牲精神的天然聚宝盆，对毛来说，这本是每个真正革命运动的标志。军队天生就是自觉性与纪律性的统一，而这正是毛始终关心的东西。因此，前几年里向中国青年作为样板提出的英雄们都是战士，就不足为奇了。

1964年发起的运动，看来并没有涉及改变中国的政治制度，把政权转交军队。但是，这是将来如此发展的一个预兆。直到最近，当国外可以买到红卫兵圣经《毛主席语录》的时候，才弄清楚这是怎么回事。我们现在知道，《毛主席语录》的第一版是在1964年5月即中国共产主义青年团全国代表大会召开前夕出版的，以此作为对认真学习毛著作的奖励而广泛发行。这本在对党和其他组织的干部进行思想培训方面起着重大作用的书，是由军队的政治部出版的。①

今天已很清楚，军队还与1964年出现的对当今“无产阶级文化大革命”很重要的其他两种倾向有关：对传统的攻击和对毛泽东及其思想日益过分的崇拜。这种反对传统的倾向，在改革京剧的运动中有所表现。但目前还没有牵涉到消灭所有的京剧，仅仅要取缔一些诸如鬼戏等特别反动的京剧。可是这已经指出今天全面攻击传统的道路。

又出现了一个忠于毛及其思想的崇拜新高潮。我们已看到这种

① 北京最近出版的英文版和其他外文版《毛主席语录》中，已经删掉了此事实以及有关第一版情况的序言（请勿与1966年12月出版的版本中林彪的前言混为一谈）。

崇拜自 1945 年以来逐渐发展，但是近年来这种崇拜已达到了前所未有的水平。看来，不大容易超过“大跃进”时期所达到的极端程度。下面一段话是很典型的例子：

> 我所说的“相信”指的是相信毛泽东思想，而且这种信心必须坚定和毫不动摇。在中国革命斗争和社会主义建设的过程中，大量的实际经验表明了毛泽东思想是唯一正确的思想。它是马克思列宁主义在中国的体现，它是真理的象征。因此，如果有人无论在什么时候，无论在什么地方，无论在什么问题上，在对待毛泽东思想的态度上表现出动摇，不论这种动摇只是短暂和轻微的，实际上说明这个动摇者背离了马克思列宁主义的真理，他将迷失方向和犯政治错误。所以，我们一定要永远坚定地跟着毛主席！我们要百分之百地，毫无保留地沿着毛主席的道路前进！[①]

在表明毛思想的绝对和唯一有效性方面，几乎不可能有更甚者。1964 年以后，尤其是 1966 年的发展，在对毛的崇拜的深度和强度方面继续提到了一个完全新的高度，同时在崇拜的性质方面带来了惊人的变化。为了了解这些倾向的意义和作用，需要将它们放在当前整个政治局势的背景下来观察。

随着发动一场对公社进行思想上和经济上的“清理”运动以及派遣大批学生参加这次运动，1965 年的注意力转到了农村。然后，在 11 月开始了 1966 年春认真开展的“文化大革命”的预备阶段。攻击的矛头首先是指向吴晗的，他是北京的副市长，在 1959 年至 1961 年思想解冻期间写了一出历史剧《海瑞罢官》，后来被人说成是赞扬“封建”道德和“以古讽今”的戏。在 4 月份又开始了对吴晗的抨击，这次在措辞上更为严厉，罪名更大。据说，他写的剧本“矛头正是指向庐山会议（1959 年 7 月），指向以毛泽东同志为首的党中央，目的在翻会议决议的案”，想使“右倾机会主义者”（即彭

① 刘祖春：《毛泽东思想是我们胜利的旗帜》，载《政治学习》，1959 年第 19 期。

德怀）复职，实行他们的“修正主义纲领”。[1]

批判吴晗的新浪潮迅速地波及北京地区的整个党组织。据报道，北京市的市长彭真于 1966 年 4 月被捕入狱*，但到 6 月初才正式宣布撤他的职。开始看来，只是像 1957 年那样的另一次“整风”运动，严厉地考验一下党的机构，而大部分仍保持原样。但事实上却变成一次大动荡，其结果不仅是史无前例地处理了一大批党内重要人物，而且还从根本上动摇了国家的整个政治制度。

*原文如此。疑有误。——译者注

在我们回顾 1966 年春以来中国发生的离奇事件以前，最好停下来问一下我们自己，是谁发动了这场运动，原因是什么。毫无疑问，这符合毛的脾气和政治风格，他完全支持这个运动并且同意一切重要的决定。而且如前所述，1966 年的事件是毛五年来努力想再次证明其“大跃进”政策正确的高潮。另一方面，虽然自从毛在 1966 年 7 月在长江里游泳以后，中国报刊不断努力表明他很健康，充满活力（也许正由于这些努力），但是有理由怀疑他本人是否还有能力对各种事态直接负责。

如果说当前的“无产阶级文化大革命”在很大程度上是由其他某个人在幕后为毛安排的，那么显然大部分责任应落在林彪的身上。自从他在 1959 年彭德怀下台后负责人民解放军以来，林在国家事务方面起着越来越重要的作用，可是在 1965 年下半年以前，他一直深居简出。一般都认为他身体不好，因此也没有希望作为毛接班人的竞争者。1965 年 9 月他的文章《人民战争胜利万岁》的发表标志着他青云直上的开端。1966 年 1 月，林彪在对下一年指导军队的“五条原则”里，提出毛主席著作是“军队一切工作的最高指示”，这进一步强调了他在那时刚进行的强化政治正统观念运动中的作用。

虽然十分清楚，林彪背后的军队也不完全团结一致，但毫无疑问，他替现在控制军队的集团说话。因此，应当说，在《毛主席语录》现行版刚一出版，林就开始公开亮相了，这肯定不是偶然的。《毛主席语录》的前言署的日期是 1965 年 8 月 1 日——8 月 1 日是纪念南昌起义的日子，是中国的建军节。

① 参见《北京周报》，1966 年第 22 期，6 页。

1966 年事件中另一个重要人物不是别人，正是毛的妻子。今天人们只知道她叫江青同志，而不知道她的舞台艺名叫蓝苹，她也是从半退休状态一跃而起的，在“文化大革命”中起着重要的作用。自从在延安和毛结婚以后，她在政治上未公开起过任何作用，但是根据有些消息，她一直企图干预文化事务。1962 年她出面欢迎苏加诺夫人，是她近年来很少几次公开露面的一次。1966 年夏，她成了中央委员会的委员*，也是负责指导“文化革命”的小组副组长，在后来举行的群众大会上成了赫赫有名的人物；她有几次独自外出解决有关北京大学“文化大革命”的矛盾。

*江青进入中央委员会，是在中共第九次全国代表大会上。——译者注

江青飞黄腾达的顶点，是 1966 年 11 月 28 日在一次庆祝北京京剧团和其他几个音乐戏剧团体列入军队建制的大会上，她被正式任命为人民解放军文化工作的顾问。在那次受到了“雷鸣般的掌声”的讲话中，江青透露说，“几年”以前，她就开始“比较系统地接触了一部分文学艺术”。我们可以设想，她干预这个领域的最初几件事之一正是 1964 年开始的京剧改革。至于文化政策的要旨，她直截了当地断言，“批判地继承”中国文化遗产是“不可能的”，这完全同她丈夫的立场相反，因为毛过去曾屡次提出赞同有选择地吸收中国过去的精华。她还表现出对西方文化的片面认识，她把摇滚乐、爵士乐、脱衣舞、印象派、象征派、抽象派、野兽派、现代派统统混为一谈，全视为旨在“毒害和麻痹人民”思想的东西。①

如果我们设想“文化大革命”的领导权主要是在毛泽东—林彪—江青三人小组手里，那么他们为什么决定要发动这次运动呢？相当明显，这是为了对付中国共产党内部的反对派，以利于执行激进的政策。毛本人一开始很可能认为，靠 1965 年下半年开始的传统式整风运动就能强制推行他的意志，但当事实证明，反对派远比他想象的要广泛和强大时，他就只好诉诸更激烈的措施了。

党内在辩论什么问题？我们可以设想辩论的中心问题是 1958 年以来中国始终没有解决的问题：群众运动与官僚主义，政治热情与

① 参见《北京周报》，1966 年第 50 期，6～9 页；《红旗》，1966 年第 15 期，6～7 页。整个讲话，特别是江青关于北京京剧团及其领导成员的谈话，正是一个充满仇恨和恶意的人战胜那些长久以来小看她、阻挠她实现野心的党内权威人物以及她十分妒忌的传统戏著名演员以后趾高气扬的一个明显和令人沮丧的例子。

技术能力，人与武器以及人与机器。我们设想，毛在过去五年里一直等待时机成熟以便推行一次新的跃进，如这一设想是正确的，那么经济政策一定是个主要问题。这次毛决心在发动一次新跃进以前消灭反对派，他的疑心无疑落在所有那些在 1958 年至 1959 年对他政策缺乏热诚的人身上，刘少奇显然是其中之一。这些持怀疑态度的人或许也冒昧地认为，与马克思主义中的理性成分相比，“毛泽东思想”过于强调人的意志无所不能了，它更适合于激励游击战士而不大适用于建设现代经济。①

毫无疑问，越南的战争以及美国攻击中国本土的可能性，也是讨论的主题。一些中国事态的观察员以为这是重点，并提出应当把整个“文化大革命”主要看作一种准备和美国打仗的企图，这个仗毛认为今后是不可避免的。我不能同意这种看法。过去一年里的事态发展，在我看来首先是企图改变中国和中国人民的面貌。但非常可能的是，北京由于东南亚事态所引起的担心，促使毛和林彪在中央委员会里强制推行他们过激的和不妥协的路线。

不论辩论什么问题，从 1966 年春以来发生的事态来看，毛的看法显然绝没有赢得全党的普遍同意。如果他的看法被接受，他就不会冒极大风险，着手建立“红卫兵”这个完全新的组织，除了毛和他的亲信以外，红卫兵不受党的官员的控制。当然，这件事情在共产党政权的四十五年历史中是完全没有先例的，过去共产党政权总是把党高于一切其他政治和社会组织形式作为他们最基本的原则。这也与毛自己在 1938 年制定的“党指挥枪，而决不容许枪指挥党”的原则相矛盾。因为，红卫兵虽然利用了青少年喜欢占据舞台中心的热情，却是由军队创立和指导的，而且他们继续以军队作为他们的榜样和鼓舞力量。

---

① 二十多年以前，刘少奇在标志着崇拜毛泽东思想第一阶段的 1942 年整风运动开始前不久写的一封信中，断然宣称中国共产党的理论水平仍然非常低。刘指出，只有很少的党员能够读马克思列宁的原著，即使能读的人（显然毛不算在内）也很少从头到尾读完了马克思主义经典著作。因此，在使马克思主义中国化的困难任务方面，只有很小的进展。［见《刘少奇选集》（上卷），220～222 页。——译者注］如前所述，刘少奇在 1945 年 4 月中国共产党的第七次全国代表大会上欢呼毛的思想是马克思主义中国化或民族化的可喜典范，这里显然有理由问问他是否完全出自真心实意。毛和刘在知识和个人之间关系方面的问题，由于当前两人之间的公开矛盾非常突出，但始终还没有予以适当的研究。

如果认为林彪只作为军队的首脑接管北京，这似乎把一个复杂的问题看得过分简单了。由于中国共产党人经过几十年的战争取得了政权，所以在他们的队伍中经常是政治和军队权贵一身二任，由于在根据地时军队起着政治的作用，因此实际上所有党的高级领导人都曾真正在战场上指挥作战。毛最后依靠林彪和其他一些军人，很可能并不是因为他们是士兵，而只是由于他们看来是“最红”的共产党员，也就是说他们的政治风格最切合毛本人的游击思想。但由于 1949 年以来，民事和军事职能已有了截然的区别，因此军队本身不仅在 1966 年组织红卫兵时，而且在导致这些事态发展的准备阶段中起关键作用，便是十分重要的了。我们已经见到，后来成为红卫兵圣经的小书是在 1964 年 5 月由军队的政治部出版的，然后又在 1965 年 8 月重新出版修订本。军队报纸从 1965 年 11 月最先攻击吴晗开始，在“文化大革命”中始终站在前列。

不管怎样，激进派和游击思想派的领袖是毛和林彪，而且毫无疑问这使党和军队都分成两派。激进派从事的活动完全与大多数军队所特有的纪律观念相悖，他们提倡“造反”。7 月份，北京清华大学附属中学的红卫兵，在这个运动引起公众重视以前贴出了一张“大字报”，得到批准又在理论刊物《红旗》上转载，文内说道：

> 古今中外的一切反动派说：剥削有理，压迫有理，侵略有理，修正主义统治有理，无产阶级造反无理。是我们最敬爱的领袖、最伟大的革命导师毛主席，把这个混蛋理论颠倒过来了。毛主席说：“马克思主义的道理千条万绪，归根结底，就是一句话：造反有理。”今天的无产阶级文化大革命就是一次革命的大造反。谁个是修正主义，谁个反毛泽东思想，我们就大造其反！
>
> …………
>
> 造反，是我们无产阶级革命者的传统，是红卫兵要继承和发扬的传统。我们过去造反，现在造反，将来还要造反！只要阶级和阶级斗争存在，就要造反！只要有矛盾存在，就要造反！革命的造反精神，一百年需要，一千年需要，一万年一亿

年还需要！[①]

乍看起来，似乎非常奇怪，毛会鼓励青年人在一个共产党统治了十七年的国家里造反，尤其是这种造反是针对“党内当权派和走资派”的。[②] 固然，据说这些人只是一小撮，可是事实上党的机构的抗拒显然要比这些乐观的官方声明指的要严重得多，而且毛的目的也不仅仅是清除少数几个人。他完全倾向于把现有的全部党组织打碎，然后从下到上地重建——无疑在此过程中要把红卫兵和其他人中涌现的站在“文化大革命”前列的大量革命干部和斗士吸收进来。为了达到此目的，他并未因一个混乱时期可能产生的后果而畏缩不前。就像清华大学附属中学的红卫兵在他们第一张大字报中写的，目的是“把旧世界打个天翻地覆，打个人仰马翻，打个落花流水，打得乱乱的，越乱越好”[③]！

毛鼓动这种混乱局面想达到什么目的呢？他的雄心壮志显然是建立一种新型的天生能预防“官僚主义”的党组织。特别是1966年春夏成立的“文化革命小组”，即“文革小组”要成为经常性的组织。[④]“文革小组”要以巴黎公社为榜样用普选制度选出，“文革小组”成员可以罢免。这样干部便不可能脱离群众，成为“资产阶级权威”。

在人们同时深切体会到中国清政府官员和共产党官员这两种致命的官僚主义传统影响的国家里，培养公民直接参与公众事务，以此作为一种矫正方法，这样一个目标本是值得称赞的。如我们所见，这也是毛在过去半个世纪以来所形成的政治风格的特点。斯大林的方法是通过党的官僚机构来统治，当他在30年代对党的组织丧失信心以后，他就粗暴地借助于另外一个组织——秘密警察来清洗党组织。但是毛不同，他总是坚持通过群众行动。甚至直到今天，

① 《北京周报》，1966年第38期；中文载于《红旗》，1966年第11期，29页。大字报写于7月27日，在红卫兵8月18日第一次群众大会以后的8月21日始发表（清华大学附属中学的红卫兵组织是由人民解放军6月下半月组织的第一个试验组织）（此说似无根据。——译者注）。所援引的毛泽东的话也作为大字报同时在北京报刊上较详细刊出，它摘自1939年毛纪念斯大林六十诞辰的讲话，全文发表在《新华月报》，第1卷第3期，581～582页。

② 这句话多次说过，例如，见林彪1966年10月1日的讲话，载《北京周报》，1966年第41期，10页。

③ 《红旗》，1966年第11期，27页。

④ 参见中国共产党中央委员会1966年8月8日通过的决议。

人们还对我们说，“亿万人民的自觉行动”是“无产阶级专政”的核心，因为在中国它是铲除党领导集团中“走资派”的工具。[1] 实际上，我们已经看到，毛用以攻击党的机构的突击队，是得到军队谨慎和有效指导的。

虽然红卫兵的行动比起苏联内务人民委员部的行动来，表面上自发程度要大得多，但有理由怀疑青少年狂热加上群众暴力，能否作为管理现代国家的方法而成为官僚主义的有效替代物。

无论如何，毛目前在组织方面的政策在某种程度上可以看作他以前路线的顶点（间接证明法）。同时，这些政策在某些方面又显然是与毛过去的做法完全背道而驰的。最高领导集团团结的破裂尤其如此，而这种团结一直是毛领导下的中国区别于斯大林领导下的苏联的最突出现象之一。这很可能不是毛的本意。虽然他对过去批评他的“游击方式”感到恼怒，未尝不是他去年的动机，但他最初更为关心的可能是对某些政策和工作方法作斗争，其次才是反对那些反对他政策的人。但从一开始，“文化大革命”就是旨在维护毛自己的权威，以及林彪作为他接班人的权威。再者，以毛、林为一方和以刘少奇、邓小平和党的领导集团之间在政策方面的不同意见已经非常激烈，以致推行政策的斗争已很快变成一场为求政治生存的斗争——也许，最终甚至是一场为求个人生存的斗争。而且，虽然毛的最终目标是建立一种新型的共产党，但是在遭到反抗以后，他很快不得不暂时放弃从内部改革党的努力，而赞成由军队支持对党进行全面攻击。这样，他在党的最高领导集团中团结反对过他的人，这些人过去彼此之间未必都有同样的观点，更不必说组织了小宗派，但他们都共同对他们创立和领导的组织怀有深厚的感情。

“无产阶级文化大革命”的思想内容方面的情况和组织方面的情况相似。毛今天在这方面的政策虽然有些方面是从毛过去的政策发展出来的，但也是否定过去，甚至背叛了过去。

我们看到，早在1918年，毛把儒教的“三纲”看作中国若要进步务必打碎的“恶魔”。从此以后，他一直在使人相信，中国只有

---

[1] 参见《北京周报》1966年第52期第20页上的社论《无产阶级专政和伟大的无产阶级文化大革命》的译文。

经过一次深刻改变中国人的思想和习惯并使之适应在现代世界生存的文化革命，才能够获得新生。一个短时期内，他认为用陈独秀的“德先生”和“赛先生”便可达到这一目标，后来他又相信了列宁主义；可是从政治方式来说，如果这意味着他放弃个人主义而赞成集体主义，那么在文化领域毛仍然赞成某些西方化的社会准则。在这些价值观念中，主要的东西是，以一种普罗米修斯式改造自然的强烈冲动取代始终作为中国社会之特征的与自然保持和谐的理想，破除迷信，抛弃屈从于父亲、丈夫、长者、官吏这类尊贵者的传统态度。

1938年，毛提出了“使马克思主义在中国具体化”的口号，后来一直继续提倡这个主张。可是，“中国化”是指把马克思主义穿上中国隐喻的外衣，用中国的例子来阐述它，而且在某种程度上还与从中国历史和哲学传统中挑选出被认为是“进步的”思想和价值观念相结合，那么毛的“中国化的”马克思主义的核心，便是对整个中国文化进行现代化以及对传统观念进行攻击。

毛的马克思主义和中国条件的混合物，虽容易被他的同胞们吸收，但也有危险，因为他们只主要记住中国的和熟悉的东西，而不领会对社会革命和经济发展必不可少的新的，尤其是马克思主义的思想。如果过去的勇猛提高了中国的民族自豪感，那传统隐喻的语言便不是证明中国革命的普遍意义的适当工具。因此，合乎逻辑的做法应该是最终形成一个论点，即保留民族的价值观念看来只是个累赘，而不是力量的源泉。

看来，1965年春“无产阶级文化大革命”开始的时候，正在发生着这些事情。毛的口号已不再是“马克思主义中国化”，而是“无产阶级文化”，并且不再强调团结95%的中国人民，而常常谈到阶级斗争和无产阶级专政。

诚然，谁也不怀疑“无产阶级专政”指的就是毛的统治。“阶级斗争”则主要是指与党内反对毛的分子作斗争。但是即使是那些打着“毛泽东思想”招牌宣传的偏执和原始的马克思主义说法，似乎也有助于反复灌输经济发展所必需的态度。在仔细阅读中国报刊上发表的无数工农写的“哲学”文章以后，就能发现文章作者从学习毛泽东思想中所学到的是要随机应变，全面地看问题，用实验来检验他们的思想以及为了共同利益而努力工作。

在“无产阶级文化大革命”中，这个合理核心虽然还没有完全消失，但已被群众运动所吞没。这次群众运动的不合理程度——或者至少其形式——就连在过去斯大林的俄国也是从未见过的。实质上，8 月中旬出现的这种趋势，是对毛个人一种完全新型的崇拜和把“毛泽东思想”从一种意识形态变成一种具有神效的马克思主义《古兰经》。

我们在这本书中常常见到，为了表示毛的立场比实际情况要更加前后一致，如何将毛的著作尤其是 20 年代和 30 年代的著作彻底删改并重新写成现在的版本。尽管如此，由篇幅很长且相当完整、按年代顺序排列文章所编成的《毛泽东选集》，毕竟还是给读者呈现出一幅毛泽东思想发展的画面，反映出他在多年斗争中为使自己适应变化着的环境而逐渐改变自己思想的过程。

1966 年夏，在广为人知的、被报刊逐条转载的《毛主席语录》中，看不见任何这种历史观点了，它已消失殆尽。在一定程度上，这类精选过的短短几行引文似乎已不再是分析具体历史情况的片段了，而是必须牢记在心的万应箴言。固然，人们假定，看这些语录的红卫兵和其他人“应用”了它们。但是他们应用的不是毛的分析方法，而是毛做的结论。归结起来，主要是证明人的意志的全能，告诫人们要毫不留情地斗争以及既不能向“美帝国主义”和“苏联修正主义”妥协，也不能向在发展经济道路上遇到的客观困难妥协。

于是，在马克思主义的两个构成要素中，批判地分析历史情况几乎全部都从属于革命的意志了。虽然这反映出把“毛泽东思想”内容的简单化，但从某种意义上说，这本身也是过去几年毛的中国和斯大林的苏联所特有的知识贫乏趋势的合乎逻辑的继续。但是从 8 月以后，中国人又朝一个方向前进了一步，这和马克思主义没有任何关系，即使在 50 年代早期的苏联也没有过先例。我已说过，这就是不仅认为毛的思想具有神效，而且认为刊载毛思想的物体——小小的红塑料皮封面的《毛主席语录》——也具有神效。

这个发展是和对毛的崇拜的发展和变化紧密联系在一起的。过去几个月来，对毛的崇拜已到了使斯大林相形见绌的程度。首先，从简单的数量意义上说，事实也确实如此。中国报刊上出现的毛的照片和毛的名字，要比十五年前苏联报刊上出现的斯大林的照片和名字普遍得多，显眼得多。[①] 但是从质量上来看，其差别就更为惊人了。

直至不久以前，毛和他的思想虽然是最可尊敬的对象，但他本人到场却在他领导风格中不起任何重要作用。除了在国庆宴会和盛大游行场合以外，毛很少公开露面。虽然他不像斯大林那样由于安全的原因被迫避开群众，但是他情愿通过书面声明或者通过对党和国家机构的秘密小组讲话的方式，使他的看法为众人所知，而群众大会则让别人去开。据认为，某种程度的神秘化和隐退显然有利于提高他的声誉。

1965 年和 1966 年冬春之交的时候，毛从公开场合完全消失，以致人们普遍以为他快死了，或是很长时间没有能力积极从事活动了（当时我也强烈地倾向于相信这种说法）。现在还不清楚他不露面的主要原因，究竟是因为他的身体（他身体肯定不好）呢，还是因为反对他政策的人施加了压力，或是因为他自己有意准备发起春天开始的富有戏剧性的事件。现在据说，他当时在上海准备“文化大革命”和红卫兵运动。不论如何，5 月初登过一张毛和当时访问中国的阿尔巴尼亚代表团合照的照片，然后 7 月 16 日他在长江里游泳的时候又在公众面前露了面。8 月 10 日，他在北京“接见群众”。可是，只是 8 月 18 日在天安门广场举行的群众大会（好几次这类集会中的第一次），才是一个名副其实的标志，表明我们现在看到的中国异乎寻常的发展进程的开端。

虽然几天前，在北京街头已经能见到红卫兵，但红卫兵只是在这次群众大会上才算首次正式露面。在下午的大会上，一个女学生把一个红卫兵的袖章戴在毛的手臂上，以此象征“伟大导师、伟大

① 举例来说，随手选 1966 年 9 月 4 日《人民日报》看看，六个版面上毛的名字出现了二百八十次。斯大林在世时最后一次苏联国庆日 1952 年 11 月 7 日出版的一期《真理报》上，斯大林的名字在六个版面上也才提到了九十九次。1966 年 10 月 1 日的《人民日报》上，毛的照片占了第一版整整一版，而斯大林一般满足于他的照片占一个版的四分之一版面。

领袖、伟大统帅和伟大舵手”（以后就这样称呼毛）的毛个人和作为他实现“文化大革命”工具的青年积极分子连在了一起。红卫兵在空中挥动着红皮的《毛主席语录》，这样产生的富有特点的效果，在以后每次盛大节日时都重复出现和增强。关于天安门广场群众大会的公开报道中有两段文字，比任何分析都更生动、更简明地表明了今天对毛崇拜的程度以及把对他思想的崇拜和对他个人的崇拜联结起来的方法。

第一段是摘自10月1日国庆节一百五十万人参加的群众大会的报道：

当一轮红日喷薄而出的时候，天安门广场和广场东侧的宽阔大道上，早已汇集了数十里长的群众队伍。人们迎着朝霞，朗读《毛主席语录》，高唱献给毛主席的颂歌：“红日在我们面前升起，灿烂的光辉照红了大地。伟大的领袖，敬爱的毛主席，您永远和我们在一起。”……

这时，在广场上红卫兵和少年先锋队的队伍里，系着巨幅标语的红气球，迎着红太阳冉冉升起。广场南面，十多万人用花球组成了五个大字：“毛主席万岁！”千千万万只手挥动着《毛主席语录》，一片红光闪耀。四十万平方米的天安门广场和广场东侧的宽阔大道上，群众队伍成了红浪澎湃的海洋。欢呼声、口号声，好像阵阵春雷，滚滚不息，震天动地。

这时，很多人在《毛主席语录》扉页上记下了这个最幸福的时刻：“1966年10月1日上午10时整。”①

10月18日的红卫兵集会，也是用同样的词句来描绘的：

今天，首都碧空万里，灿烂的阳光普照全城。当太阳从东方地平线上喷出万道霞光的时候，英姿焕发的红卫兵和革命师生们，高举红旗和毛主席像，从四面八方汇集到天安门广场，

① 《人民日报》，1966年10月2日。

> 汇集到和广场相连接的宽广大道上。小将们……人人手持闪着红光的《毛主席语录》，整个队伍绵延达五十华里，结成了一条极其壮观的红色巨流。小将们……一遍一遍地朗读《毛主席语录》……
>
> 中午12时50分，庄严的《东方红》乐曲声响起来了，人们日夜盼望的最幸福的时刻来到了！
>
> 我们最最敬爱的领袖毛主席和他的亲密战友林彪同志，以及中央其他负责同志……分乘九辆敞篷汽车，来到了广大红卫兵和革命师生中间。这时，天安门广场和宽广的大道上，激起无比欢腾的声浪。千万双手臂挥舞红光闪闪的《毛主席语录》，千万双眼睛迎向心中最红最红的红太阳。"毛主席万岁"、"毛主席万岁"的欢呼声，震响云霄。
>
> 当毛主席乘着敞篷汽车从……革命师生的队伍面前驰过以后，许多学生赶紧打开《毛主席语录》，在扉页上写下了同样的语言："10月18日下午1时10分，是我一生中最最幸福、最最难忘的时刻，我见到了永远不落的红太阳毛主席。"①

在这些报道以及它们描绘的事件中，除了表现出十足的狂热以外，也显著地表明对毛的崇拜越来越个人化。过去毛受到钦佩，甚至受到崇敬，但那是由于他的"思想"或者由于他作为革命领袖的贡献，所以这种钦佩和崇敬是用一种比较抽象和非个人的方式来表达的。现在，只要他到场，更不要说有机会和他握手，都会使那些看见他或者碰见他的人激动不已，人们常讲到他们事后都情不自禁地流下眼泪。② 对领袖的盲目崇拜和对他著作的崇拜连在了一起；不论在哪里，红卫兵都带着"红宝书"，睡觉的时候，也把"红宝书"放在身旁。

要对这样一种重大现象作出判断，并不容易。显然，这不止是一种人为的群众性的歇斯底里。党内外无疑存在着深刻的和广泛的不同政见，但毛享有群众支持的程度，可能比斯大林纯粹靠警察恐

① 《北京周报》，1966年第43期，5、8页。

② 参见《北京周报》，1966年第42期，23页。

怖来统治苏联所得到的要大得多。与此同时，有理由怀疑近几个月里大规模地使用暴力有没有严重地破坏毛已博得的威望。在1966年8月9日红卫兵发动的恐怖浪潮“武斗”期间，大约有几万人被粗暴地殴打，其中几千人竟然被活活打死。众所周知，在红卫兵的后面，是林彪和他的军队。这种情况不大可能鼓励公开表示不同意见，但也不大可能增进公民与政府一致的感情。

无论如何，对个人生活的干扰，可能比30年代苏联大清洗时更加严重，虽然受害者的结局不是一律死亡或者被关进强制劳动营。斯大林粗暴地消灭真正的或者想象中的政治上的不同政见者；而红卫兵不仅强制实行政治上的正统做法，而且还强制实行衣着和行为方面的“革命”“清教徒”品德。再说，毛不仅仅要求消极地接受他的政治路线，而且还要每个公民积极地参与执行路线。

是不是有某些社会范畴比其他的范畴更倾向于支持毛当前的政策呢？虽然所有这种概括只能是暂时性的和大概的，但是很难不得出这种印象，即“文化大革命”在很大程度上是农村反对城市、农民反对工人的一个运动。这不仅仅由一些直接的证据所证实，也完全符合以毛泽东和林彪为一方，以党的其他领导人为另一方的权力斗争的组织和思想的内容。

从组织方面来看，军队主要是一支农民军队，毛从未忘记城市工人并未为了1949年的共产党胜利尽举手之劳而只是消极地等待军队占领城市这一点。另一方面，虽然党是在农村游击斗争过程中建立起来的，但党自然地倾向于极为重视城市无产阶级，我们已理解这就是刘少奇长期以来的倾向。

再深一层说，产业工人的心理状态与毛今天想建设的中国在很大程度上是格格不入的。他们吸收了某些技艺之后，势必认为技术知识是重要的，因此他们与当前认为死记硬背毛著作中的词句便是发展生产的万应灵药的正统思想背道而驰。而且，由于他们在主要是农业国的中国，从他们拥有的现代知识和他们享有有利的经济状况两种意义上说，都是一种特权阶层，因此他们与极端平均主义的潮流不合拍。这种极端平均主义也是要以工农兵来取代职业作家政策的特点之一。而且工人可能不如农民那样容易参与1966年年中以后日益频繁发生的那种极端和原始的对外国人畏惧和憎恨的做法。

另一方面，也不能肯定大多数农民支持“文化大革命”。1958年至1960年与此类似但没有这样激进的政策，曾在某些农村地区引起公开反抗，因此，如果这次反应是一种放纵的热情，那将令人感到惊讶。而且根据一些报道，在农村继续存在并比较有效地维持其控制的党组织要比首都的多。

毛最近努力要把“文化大革命”推广到工厂和公社去，这可能表明他并不太相信工人或农民的支持。

可以理解，最热心的支持来自青年。大多数红卫兵是1949年以后出生的，在他们懂事以后，人们就教他们把毛主席看作中国的救星和慈父。再说，他们也不像他们的前辈那样对过去的文化有所造诣，这一点再加上青年人的充沛精力，使他们成了1966年8月和9月北京和其他城市发生的砸碎雕像、烧毁图书和涂损绘画等行为的自然的和热心的工具。从数量上看，这种摧残文化艺术的行为比之大革命时的法国或者亨利八世解散修道院时的英国也许不那么严重，但是鉴于许多老年的中国人无疑仍然极度尊重过去的遗产，因此，这对他们心理上的震撼可能更大。当时有不少杰出的中国作家和艺术家自杀，这不仅是他们受红卫兵折磨的结果，也是由于他们对于肆无忌惮地破坏中国文化和艺术遗产的行为感到绝望，只有头脑极其简单的狂热分子才会把这种遗产当成反动的东西。

在这种攻击传统的背景下，现今对毛的崇拜所采取的形式显得格外古怪。它们与其说属于马克思主义，不如说是来自旧中国的某些模式。具有讽刺意味的是，伟大的“无产阶级文化大革命”自诩代表无产阶级普遍真理向过去的“资产阶级”和“封建”的价值观念发动进攻，但是“文化大革命”的发展却与马克思主义中的普遍性原理和理性主义的实质相违背。

从一方面说，这些事件是毛一生合乎逻辑的极点。这本传记的中心课题是半个世纪以来毛参加中国人努力使国家现代化和发达的事业，同时又保持中国人的本色。毛在认识到需要西方的思想来推动中国前进（正如他的老师杨昌济写的）的时候，他自始至终都把重点放在中国人需要用中国人的方式来做事，而不仅仅是模仿西方上面。我们在前面已经看到，早在1918年至1919年的冬春之交，由于他努力将社会主义和中国过去的思想结合起来，他在李大钊的马克思学说研究会上受到了人们的注意。目前的“文化大革命”可以看作毛精心安排和缅怀往事的一种尝试，他以此来重温五四时代文化革命，同时他也想把另一代青少年投到政治舞台上去，就像他那一代人在50年前突然作为改造中国的新尝试的推动者站到历史前列一样，从而重新体验他自己的青年时代。

当然，这整个过程都是在马克思主义的词句下进行的；它不是不同思想学派的遭遇战，而是反映了今天的高级人物们之间关于正确解释马克思列宁主义的一场辩论。也许这场辩论本身并不那么重要，更重要的是在马克思主义词句的掩饰下不再参加世界文化共同体，而参加世界文化共同体原是毛青年时代“新文化”运动的核心。五四运动时，人们以西方科学思想和西方哲学的名义，从杜威到马克思，来抨击儒家传统。而今天，中国的过去和西方的影响（包括来源于“修正主义”和“腐朽”的苏联的影响在内）统统以“毛泽东思想”的名义予以排斥。这个新教条并不是毛长期以来作为自己目标的把马克思主义和中国遗产的结合，而是一种赞美毛和中国人民的革命连祷文。而且在这种情况下，北京的领导人已不再满足于笼统地说非洲和亚洲是革命暴风雨的风暴中心。最近几个月来，已经强有力地宣告说，中国是世界革命的中心和领袖。

由于中国人对他们自己的文化常常给予很高的评价，因此认为他们领袖的思想对革命理论的贡献在有些方面甚至比马克思本人对革命理论的贡献还重要——这和毛本人的虚荣心不大相关——就不会使人惊奇了。竟然一点儿也看不出被批判和反驳的原理不仅为马克思主义所固有，而且也为毛本人的早期著作和活动所固有，这对于中国人民来说是个悲剧。毛毕生和旧社会的迷信作斗争，但他现在也忙于培植新的迷信。在“老三篇”——之所以这样称呼，是因为它们是今天中国人被推荐经常学习的文章——的一篇里毛在1944年写道：“因为我们是为人民服务的，所以，我们如果有缺点，就不怕别人批评指出。”* 但今天谁要敢于公开批评毛，就可能会被红卫兵活活打死。

* 《毛泽东选集》，2版，第3卷，1004页。——译者注

把当前的发展简单地解释成一个上年纪的专制君主努力抱住权力不放和满足他自己的虚荣心，这肯定是错误的。毛无疑诚心诚意地相信，他的领导和他的教导是拯救中国所绝对必需的。但是，不可能看不到毛在“无产阶级文化大革命”中企图在他有生之年为自己建造一座比金字塔还长久的纪念碑：一个在未来的几世纪内应用他思想和崇敬他名字的中国。1965 年 1 月，毛对埃德加·斯诺说，中国的后代将根据他们自己的价值观念和他们自己的经验来评价革命工作。他说，一千年以后，就连马克思和列宁也会显得有点儿可笑。① 由于放弃了这种超然的态度并企图在历史上确定他自己的地位，他没有提高他最终的精神境界。

三十年前，史沫特莱谈到毛时说“他的精神寓于他本身之中，使他与人隔绝”②。从长期来看，这种隔绝很容易使他和现实脱离，而且对各种形式的反对意见，哪怕是从最老的和最忠心耿耿的同志那里来的反对意见也不耐烦。但是无疑由于他不安地觉察到也许他的经验可能不再切合中国当今面临的问题，毛对于含蓄的和直率的批评他近年政策的反应也越来越强烈了。

如果情况确实如此，与其说这是对他能力的看法，还不如说是客观情况产生的后果。在毛生长成人的传统中国和一个竭力要在 20 世纪下半叶吸收最先进科学和技术的社会在知识和组织上的需要之间的鸿沟，要由单独一个人来逾越是太艰巨了。在吸取正在实现现代化的中国应向苏联和西方学习的政治和经济的经验教训方面，共产党内毛的某些同志和某些对手，从受的教育和性格来说，条件都比毛要强。但是正由于同样的原因，他们的中国传统的根基不那么深，而且脱离了 20 年代和 30 年代中国社会的真正需要和愿望。毛十分卓越地适应这些需要，因此他能起到他所起的作用。现在他并不愿意承认他的思想和方法符合中国需要的这个漫长时期已经结束。因此，不断的、越来越激烈的运动，都旨在表明今天毛著作中的每个字仍然有效，他的游击战经验的每一课都仍然适用。

最后，像马克思主义在欧洲的处境一样，毛的“中国化”了的

① *The New Republic*，27，February 1965，p. 23.

② Agnes Smedley，*Battle Hymn of China*（London，Gollancz，1944），p. 210.

马克思主义，在当今中国和世界的条件下，很有可能也会发生演变。马克思认为，他的制度的活力是依靠无产阶级作为一个阶级的革命力量，他认为无产阶级已从现在的社会完全异化出去，完全被剥夺了获得那个社会经济发展成果的权利。如果说这个原理终于慢慢地似乎在欧美先进的工业国里落后于潮流的话，那是由于工人在社会利益方面所占的比例越来越大以及他们越来越感到他们和现存社会之间的一致性的缘故。此外，由于不公正行为已引起广泛的关注，马克思主义事实上更加显得过时。我们已看到，今天毛在大多数情况下以“外围无产阶级”——亚洲、非洲和拉丁美洲各国人民——来代替马克思看作拯救整个社会的体现者的城市工人阶级。正是由于工人同美洲的和欧洲的社会结为一体，部分地使马克思主义对当今社会的反抗变得无力；所以把中国并入世界大集体中来，最终可以预期消除毛主义者反抗“帝国主义霸权”的毒性。也正如已证明的，对西方社会中马克思主义革命运动的最有效的对策不是镇压，而是改革不公正的行为。所以，对付毛主义者的挑战的最有效对策，不仅是军事上的遏制，而且是积极地努力把中国拉到各国大家庭来，帮助中国人民享有全世界资源中合理的一份。

可以肯定，北京现时盛行的歇斯底里和排外气氛，并不有助于上述这种发展前景。但是美国人不能自鸣得意地看待这种局势。虽然如我前面所述，我相信目前动乱的主要动力在于毛要改变中国面貌而且永远在上面打上自己印记的不可改变的决心，可是国外形势无疑在中国共产党内的辩论以及在党和军队的关系中起着重大的作用。红卫兵完全有道理正式宣布他们不仅是“文化大革命”的先锋队，而且还是人民解放军将来抵御美国进攻、保卫中国的后备军。即使我们相信没有一届美国政府会愚笨和不负责任到故意使国家陷入与中国作战的地步，但是我们对越南事件引起了北京很大的恐惧丝毫不感到惊奇。不能期望在中国大门口继续这场战争能鼓励这个国家的自由主义和宽宏大量。也不能期望一个工业大国每天把成吨成吨的炸弹倾泻到一个小小的亚洲国家人民头上的壮观，能冲淡毛把今日世界看作主要是亚洲、非洲和拉丁美洲“革命农村”和欧洲、北美“帝国主义”城市之间两边斗争的想象。总之，越南的局势有助于毛游击战神话的生存，因为根据这种神话，武装斗争是解决任何问题的真正革命的办法。

随着事态在北京进一步发展，美国出现了两种截然不同的反应：担心这些激进的倾向最后会导致向外冒险；对中国将忙于其国内问题而顾不上干预越南或别的地方的前景表示满意。虽然不能排除第一种可能性，但是第二种可能性是大有希望的。今后，我们很有可能看到中国远离世界独自在痛苦和挫折中折腾，而在这个世界中，像苏联这类社会主义国家在中国人看来已经抛弃了他们的原则而崇拜起个人福利的金犊（古代以色列人的崇拜偶像），而亚洲、非洲和拉丁美洲各国人民总的来说已经表现出来他们不能够或者他们不愿意继续进行由中国榜样激励的有效革命斗争。虽然这在短期内看来不会比在东南亚军事扩张的前景更令人不安，但很清楚，从长远来看，谁也不会从一个拥有七八亿人口的国家与人类其他部分如此隔绝的局势中得到什么好处。当我们进入一个美国决策者可能发现他们面临最不能预料的问题和抉择的时代时，可以制定的少数几个确定的和明晰的目标之一，就是避免中国和世界脱离。

固然，关于毛的中国的未来，唯一有把握可以说的是，几乎一切都是有可能发生的。在最高层的斗争中，力量对比看来稍稍有利于毛和他的一派的得胜。可是，即使用即刻处决的办法一举统统消灭从刘少奇算起的反对毛的一批人（据说温柔和隐退的江青就希望这样），在建立一个以“无产阶级文化大革命”原则和方法为根据的可行的政治制度方面，还会有许多障碍。中层和下层党组织中的成员，可能会反对毛企图通过军队和红卫兵来控制这个国家。甚至各省党和（或）军队的负责人（其中有些已成功地抵制了红卫兵运动在他们地区的渗透）也可能会坚持他们的自治权——或者是为了等待事态的结局，或者是以党的名义反对毛的个人统治，举起反抗的大旗。

短期内，毛的威望和由毛支配的武装力量的压倒性优势很有可能使他能够粉碎一切反对派并维持对整个国家的控制。可是即使在那种情况下，也很难看到一种主张靠大规模歇斯底里和毛主义“咒语”相结合的方法而使中国强大的政策，如何能被科学家、技术员、管理人员和现代经济成分中的熟练工人无限期地接受。

因此，虽然不可能预言中国人民在最近的将来要经受什么考验和震动，但看来不可避免的是，其他更能适应现代工业社会的枯燥的但有效率的合理性的政策，最终将取代毛的干劲冲天的政策。这并不是说，中国一定会遵循苏联的榜样，今天反对毛的那些人更不是像毛自己说的“赫鲁晓夫修正主义分子”。苏联的共产主义变种在现在对谁也不具有巨大的思想魅力，无论哪个北京的领导集团，如果不把维持政治上和思想上的独立作为它的首要目标——虽然在毛接班人统治下，和莫斯科的关系不一定会比现在的关系坏——就不能设想它可以存在下去。

不论将来中国采取的政策的确切性质是什么，都将很难看到现在对毛个人崇拜的夸张形式在他去世以后还能长期存在下去。可以肯定，他的接班人将会在事实上为了使他们自己不承担“文化大革命”所引起的恐怖和流血以及这些发展可能导致的经济灾难的责任，而不得不谴责对毛的崇拜。

如果当真发生这种情况，毛的革命功绩不一定会被否定或者失去它们的重要意义。这些功绩将简单地根据它们特有的历史背景被看作一个特定时期的经验，而不一定作为将来的样板。显然，这永远不会使毛满意。他希望历史上记载的他，不仅是奠定他国家新秩序基础的人物，而且也是永远拨正他国家航向的人物。几个世纪以后，也许毛和马克思一样可能会过时，但是人们不会忘记他。这样，任何人的雄心也就都可以得到满足了。

附录 1

对中国问题研究中费理察与沃尔德尔“革命”的一些思考①

这是我第三次准备向《现代中国》举办的“关于毛与马克思的座谈会”投稿。我在 4 月初应邀，在 5 月底匆忙答复费理察（1976）的攻击时投了第一次稿，但该稿抵洛杉矶时已过了期限很久，未能刊出。同时，费理察对该文作了重要的、实质性的修改，而我第一次评论是根据他原来的文章作出的。夏季，我修改了我的答复，但最后还是放弃了，因为我在费理察的文章里找不到可就我认为读者们有权了解的问题进行认真讨论的内容。就在这时，沃尔德尔（1977）的文章发表了，从而适时地扩大了讨论的内容。虽然这篇文章增加了对我攻击的文字量（几乎有 3.5 万字），而编辑要我只用 5 000 字予以回答，但它毕竟提供了可供讨论的问题。现在我就来做这项工作。

既然整个事件是由费理察挑起的，我就必须从他开始讨论。他提出这篇文章的目的是要摆脱我和中国问题研究小组另两位代表的著作对他的思想发展的难以察觉的影响。费理察非常看重上层建筑的独立自主性。他对西方研究毛的思想的进程，提出很奇怪的机械观点，即“从时间秩序上说，先有史华慈，后有施拉姆，再有迈斯纳”。这个并不神圣的“三位一体”中对后二位的排序完全是武断的，因为迈斯纳对李大钊的研究和我关于毛的思想的书都是写于同一年，即 1962 年。我不反对小小地歪曲这一事实以便为费理察的理

① 译自 Stuart R. Schram, Some Reflections on the Pfeffer-Walder “Revolution” in China Studies, *Modern China*, Vol. 3. No. 2, April, 1977。

论服务，但我最坚决地拒绝认为我对中国意识的解释是一劳永逸地形成于1969年和我后来从未怀疑过我当时所写材料正确性的说法。

《毛泽东的政治思想》(1963)初次发表时，中国革命向世人展示的前景与现在的前景有本质上的差别。当时，毛和他的同志们领导中国才十多年，因此人们认为他们主要的理论和实际的成就在于提出了一个模式：通过在农村的武装斗争夺取政权。确实，为寻求一个中国通向社会主义的独立道路而开展的第一次实验以“大跃进”的形式出现了，但是正如费理察本人所暗示的那样，这次实验并不完全成功。到1968年，在我准备该书的修订本时（该书是费理察了解我的观点的两个来源之一），对毛的经济思想，人们有了更多的了解，但了解的程度与实践和理论上特殊的变化（即“文化大革命”）相比却又黯然失色了。因此，虽然这本书作了全面的修改，但我并没有纠正在第一版中对1949年前后时期所做的不平衡叙述，也没有将毛的思想作为“革命的发展战略”来着重考虑。

就这一方面来说，费理察对我的方法的批评倒是有道理，或者说可能是有道理的，如果他不知道在我后来发表的几篇文章中，以相当多的篇幅讨论的恰恰就是这个问题，如一篇关于“继续革命”的文章《中国的权威、参与和文化变迁》所写的序言和《未经修饰的毛泽东》的序言和注释。我并不是说，这些文章，单篇或是整体，对这个问题做出了重大的贡献，但是，费理察的目的既然是对中国问题研究小组正统的变化情况作系统的研究，而他甚至对这些文章一句也没有提，这似乎是相当奇怪的。然而，考虑到他除了中国官方发表的少数材料外，对毛50年代和60年代的著作都没有读过，或者不能确定这些材料是有趣和重要的，他这样做也就不那么奇怪了。第15条注释，似乎是事后想起才附在文章后面的，这条注释说，1973年在台北翻印的两卷是否会对美国人对毛的思想及其与马克思主义关系的解释模式有重大影响“还要看看”。

这种说法，谈得缓和些，是非常不一般的说法。费理察可以怀疑这些材料的可靠性，但我建议他不要这样做［使用这些材料的人，从国民党到左派或极右派的“资产阶级”学者，其中不仅有利维（Levy），而且还有基廷斯（Gittings，1974）、尼和佩克（Nee and Peck，1975），以及意大利宣言小组的成员。沃尔德尔近来也参加了该小组。此外，那些“主要的中国毛主义分子”在费理察认为非常重要的1975年的文章里大段引用了台湾翻印的那些讲话，除了两三个字外，与台湾出版的讲话一字不差]。

费理察也可以怀疑使用未经毛主席正式同意的讲话是否合适（一位知名的批评家对我的著作就如此批评过），但他却没有这样做（确实，他可能会发现，这样做会很尴尬，因为被人们当作了解马克思观点的合法来源的一本书《1844年经济学哲学手稿》是马克思决心不出版的，而另一本书《德意志意识形态》虽然原定要出版，但马克思后来宣布宁愿交给“老鼠的牙齿去批判”）。然而，费理察没有提出这些反对意见，却明白宣称他不敢肯定这些新近能得到的材料，会增加我们对毛的思想的理解。

显然，这些材料没有对他解释毛的思想有任何贡献，虽然这些材料直接涉及发展战略问题的论述有几百页之多，其中包括毛对苏联政治经济学教科书的批评。它们还包含对一些问题的令人深省的讨论，如党的作用、工人阶级的作用、民主集中制问题。对评价毛的思想与马列主义的关系而言，民主集中制的问题是极为重要的。事实上，如果说我现在认为毛泽东与列宁主义传统的主流的关系比我在1969年所认为的要更加密切的话，那么这主要是因为读了并思考了50年代和60年代毛大量的讲话。这些材料不仅包括1973年翻印的两卷，也包括几年前由美驻香港领事馆（1969）和陈志让（1970）翻译的材料。我斗胆地提出，费理察也可以从这些材料得到裨益。

费理察不仅没有利用这些非官方的毛著（的确存在一些准确性问题，如果不是可靠性的问题），他还对马克思本人有关亚洲社会变化的著作缺乏兴趣。这些著作在费理察文章的第二部分中都未提及，而读它们的确就像违反了他的原则似的。他反而提出了一个不寻常的方法论，这就是问他自己“一个革命的马克思主义者如马克思本人在中国许多重大时刻会怎样想，怎样做”。他自认为不仅能知道马克思在想什么，而且还能想象，如果马克思在去世几十年后重新降生在完全不同的社会里会怎样思考。费理察将我远远地丢在后面了，而且消失在虚无缥缈之中了。

除了他大胆提出的“在毛与马克思的关系问题上进行革命”的技术之外，对于他的提法中的含糊之处，似乎他并不知道。在他问自己“马克思在 1949 年、1956 年的中国会怎样做”的时候，他是指那个起初来自大英博物馆又在 20 世纪的中国被赋予肉身，但思想却仍然是由欧洲的教育和经历形成的马克思，还是指某个在性格和思想上与马克思相类似，但出生在中国，而且像毛那样沉浸在中国文化之中的人？费理察文章的意思，是这二者毫无差别。他总结我对毛的思想来源的解释时说，我认为“毛的思想是由毛青年时的性格、中国的条件和毛的革命经历形成的”。而即使他在讨论我的解释（他根本没有提出他自己的解释）时，也没有提到过毛的思想和中国文化的关系问题。无疑，他像科恩一样，认为这是一个“古老问题”，或者可能是说不清的问题。

如果说费理察在最后时刻对该文的第 15 条注释（它本身就是费理察才能想到的话）增加的那句话，除了说明他在任何可能的情况下都必然要对我伸舌头之外还有什么意义的话，那么它可能是指我的分析中的这个方面：由于我在为《未经修饰的毛泽东》写的序言中再次提出传统对毛的辩证结构的影响问题，这在费理察看来，我没有将毛看成是“纯粹的”马克思主义者，因此，我没有认真地对待这个问题。

可惜，毛泽东本人并不同意费理察在这个问题上的僵硬看法。确实，50 年代以后，毛放弃了“马克思主义中国化”的口号，这是他在延安时期提出的。无疑，这个口号说明他的思想有某种地方主义成分在内，而且自 1960 年起被世界共产主义运动中的亲苏分子用来攻击中国人。然而，这并不意味着他不再关心将马克思主义与其他西方的进步思想和中国传统中今日仍然有价值的思想结合起来。在这个问题上，最突出的是毛“对音乐工作者的谈话”。但是与传统文化和解的问题在毛的著作中到处可见，不论是否公开发表过，从最早时期直到生命结束时都是如此。如果费理察认为，可以将毛的思想及其历史作用只当作发展战略来理解，而不考虑这个方面，那么他与毛自己对这个问题的看法是大相径庭的。

说了这么多，我还是同意费理察的意见，我们没有理由不去看看马克思对由无产阶级专政和社会主义过渡带来的问题是怎样谈论的，也要看看马克思的意见对中国今天面临的问题有什么影响。其理由就是1949年中国的条件与19世纪欧洲的条件是大不相同的。唉！他对这问题所提出见解的本质都是与风车作战。他问道：“马克思（在1949年）会强烈要求实行资本主义工业化吗？因为按照教条，只有这样才能产生一个人数足够多，而且被异化了的无产阶级，从而为真正的社会主义革命提供力量。”像这样的思想，俄国的“经济学派”早就提过了，但是史华慈、施拉姆和迈斯纳这个新的三头实体中有任何人提出过这就是毛在1949年应该做的事吗？如果没有，那么这句话和像这句话一样的那几页篇幅的目的又何在呢？有任何信仰列宁主义倾向的马克思主义者曾幻想过机构改造“不可避免地会从生产力和生产关系的矛盾中产生出来”，或党应该在革命过程中起“消极被动”作用吗？如果没有，怎能说这个实体（这个实体的三个成员都曾读过马克思和列宁的书）由于毛拒绝这个观点，就指责他是个“不好的列宁主义者”呢？

费理察对我关于毛的思想的解释所作的任何有分量的评论，事实上都是根据《马克思主义与亚洲》这本书的。沃尔德尔也谈到这本书，如果他在谈到时不是更公正，那么至少是更详细。因此，让我转而谈谈由这本书引起的（至少是有关这本书的）问题。

首先，我表示非常惊奇，像《现代中国》这样有编辑方针的杂志，竟会让费理察和沃尔德尔表现出这样的大男子沙文主义。他们在谈到这本书时，把我的名字放在前面，虽然在封面上卡雷尔的名字是在我前面的。他们这样做是为了攻击我，而不是攻击她，但这种做法既不礼貌，也不正确。我们二人是在平等的基础上写这本书的，因此故意将名字按字母顺序排列。我对有关中国的部分负主要责任，我的合作者则负责中东和苏联中亚部分。我们二人都直接参加了有关马克思和列宁那部分的写作，我们对此共同负责。美国人现在应该知道了，一个次要但令人烦恼的事是：从目前法国总统那种有两个词的姓的例子看，如果要简写这个姓的话（但主人不希望简写他们的姓），也应该用第一个词，而不是第二个词。因此，在提及这本书时应该写为卡雷尔和施拉姆。

沃尔德尔像费理察一样，歪曲了我的观点，将我的观点当作一个他以后可以打倒的稻草人。他说，在《马克思主义与亚洲》里，我们没有将马克思看成“对上层建筑和（经济）基础的关系具有复杂而一致的观点的思想家”。而我们的这种看法“是从很不同的资料中抽出含糊的、相互不联系的话中得出的，因此，说它们是‘片断的、非结论的’是一点都不令人奇怪的”。事实上，我们的这个结论（Carrère and Schram，1969：15）不是指马克思整个思想的，而是特指“马克思和恩格斯关于非欧洲国家问题上的著作”，沃尔德尔所引用的有这两个形容词的那个句子就明显地说明了这一点。

《马克思主义与亚洲》序言中这部分所引的马克思与恩格斯那几段话的确只是他们关于非欧洲世界的著作中有限的几段话，而（我们）那本书的重点是列宁以后的发展。然而，这些话中有许多是一点也不“含糊”的。在沃尔德尔那篇长文章中最可笑的话明显指的是我们从马克思1853年关于美国在印度的统治的文章中所引用的几段（Carrère and Schram，1969：115－119）和（我们的）评论，即马克思“并没有暗示”“欧洲化的”进程是必不可避免的，也没有“像施拉姆（和卡雷尔·科斯）似乎提示的那样……这是一个适当的、‘不幸是必然的’过程”。尽管他认为美国研究中国的学者应该多读些马克思的原著，然而他一定以为虽然这几段话在各种版本的全集中都能容易看到，但事实上不会有人去看的。任何真的去看这几段话的人，在读了沃尔德尔下面这些话后，必然会开始怀疑他是否是一个马克思的可靠解释者：

> 这些抒情诗般的农村社会，虽然看上去毫无侵犯性，却始终是东方专制主义的坚实基础。
>
> 确实，美国是怀着最邪恶的动机使印度斯坦发生社会革命的……但是，问题不在这里。问题是，亚洲的社会状态没有一个根本变革，人类能完成它的使命吗？如果不能，那么，不论美国的罪孽有多深重，她只是历史在导致那个革命中不自觉的工具而已。

> 美国必须在印度完成双重使命：一个是破坏性的，一个是再生性的，即消灭古老的亚洲社会，以及为在亚洲的西方社会奠定物质基础。
>
> 当一个伟大的社会革命能掌握资产阶级时代的成果、世界市场和现代生产力，并使它们由最先进的人民共同控制时，人类的进程才不致像那可诅咒的异教徒那样，这些异教徒不喝玉液琼浆，都喝死人的脑浆（Carrère and Schram，1969：117－119）。

这当然只是马克思思想发展中的一个阶段，但是说他从来没有这种想法是荒谬可笑的。他进而提出有可能在俄国有一条非资本主义道路的思想，对此，沃尔德尔用了一页左右的篇幅。奇怪的（也许不那么奇怪的）是，沃尔德尔在他有关印度的段落里引用《马克思主义与亚洲》一书后，竟根本没有告诉他的读者，我们也讨论了这个问题，反而给人以我们故意不谈此事的印象。他也没有指出，马克思和恩格斯认为，俄国只有在西欧无产阶级的支持和帮助下才能利用公社来绕过发展中的资本主义阶段。

我可以举出沃尔德尔歪曲我的观点的大量例子，这里我只再举一个例子。据说我与别人要对“将马克思解释成决定论者”负责，这一观点认为生产力的发展是“一个不受‘人类意志’影响的、不可改变的‘客观’事实”。事实上，我们在这一页里是说“不发达国家的人民……对现存条件不满意，急于将马克思的教导改为更加强调人类意志的作用，而不强调客观现实”。按沃尔德尔看来，这一观点不可能是错误的，但这一观点与他所说的根本不是一回事。

现在我们该转到严肃的问题上来了，这就是沃尔德尔将马克思和毛解释为既非“决定论者”又非“意志论者”。在他对这些问题的讨论中，颇有一些有趣和有价值的意见，他的有些意见可以纠正在我早期著作中过分强调毛与马克思之间鸿沟的观点。但是在他的论证中有些根本性的缺点，这在一开始就应指出来。这缺点来自他简单的二分法。他将中国问题研究小组的“原子论的”思维方法与他自己的“辩证的”和“有机的”分析模式对立起来。前者认为上层建筑和经济基础是“交互作用的独立的变量”。他还认为由于他的方法论是正确的，因而结论就必须是正确的。如果中国问题研究小组有任何成员真是无知到不知道马克思认为基础与上层建筑是密切相连的，那么他的确走入歧途了。然而，沃尔德尔在想纠正这偏向时却严重地从相反方向歪曲了马克思的思想。

他写道，“马克思区分整个社会的不同方面——如上层建筑和经济基础——不是因为它们在现实中是独自的‘因素’，而是因为它们有助于解释在有结构的‘有机’整体中的社会进程”。很好，对这个观点我完全同意，而且始终是同意的。然后，沃尔德尔进而从两个方向超出了这一合理而全面的提法，而这两个方向却都是错误的。一方面，他在谈到在一个“密集的结构中的”交互作用时有时说，现实的相互联系的各方面难以做有意义的区分。所有研究马克思主义的人都知道，马克思本人在晚年很少用“基础”和“上层建筑”这些词，而常常谈到某一社会形态的整体结构。虽然他认为社会是一个有机的整体，但他对认识社会各组成部分之间的关系的可能性却从未采取“失败主义的”态度，为此，他继续使用基础和上层建筑的概念作为分析的工具。

沃尔德尔在他文章的其他段落里也这样说，但他又退回到马克思和恩格斯并未明确地赞成这复杂整体中哪个方面更重要的立场上去了。为证明这一论点，他专横地将恩格斯1890年致布洛赫的信断章取义为“所有这些因素间都有交互作用”。而这句话实际上是“这一切因素的交互作用，而在这种交互作用中归根到底是经济运动作为必然的东西通过无穷无尽的偶然事件（即这样一些事物，它们的内部联系是如此疏远或者如此难以确定，以至于我们可以忘掉这种联系，认为这种联系并不存在）向前发展”。恩格斯明确地说：“我们自己创造着我们的历史，但是第一，我们是在十分确定的前提和条件下进行创造的。其中经济的前提和条件归根到底是决定性的。但是政治等等的前提和条件，甚至那些存在于人们头脑中的传统，也起着一定的作用，虽然不是决定性的作用。”

可惜，我没有时间，也没有篇幅来认真对待沃尔德尔对历史发展各阶段问题的讨论，但这个问题是个重要的问题，应该对此说几句话，在这里，沃尔德尔再次歪曲了我的观点，说按我的“决定论的理解，马克思似乎认为……历史的各阶段是泾渭分明的，由伟大的政治革命标志着各阶段的逝去。换句话说，直到资产阶级革命以后，封建的生产关系才得以变革，也才有可能变革”。我从未说过或暗示过这样荒谬的意思。显然，不论在什么时代，社会革命都是一个漫长而复杂的过程，不是一夜之间发生的。然而，马克思认为标志着过渡或过渡中重要阶段的政治革命，即从一个阶级统治过渡到另一个阶级统治的革命，是历史转变时期的重要时刻。沃尔德尔“似乎暗示”它们不是重要时刻。此外，他还表现出对历史条件之间的差异缺乏敏感。他在提及我谈到毛在中国“大跃进”时期“共产主义萌芽”的观点时写道：“完全出乎意外，马克思会认为资本主义的‘萌芽’始自15世纪末。”

正如沃尔德尔所提及文章中那段引用的毛的话那样，毛本人经常谈到“阶段”和需要区分阶段，在民主革命和社会主义革命时期都是如此。然而，这并不意味着他认为在所有的历史时期中这些阶段的重要性是一模一样的。我们在这里接触到一个基本问题，而沃尔德尔和费理察似乎都奇怪地看不到这一点，即马克思明确地认为在社会主义革命以前的“史前”时期里，人是由自然和条件所主宰的，是由一种盲目的力量所主宰的，而在后来的时期里，人有意识地形成他们与自然之间的交互关系。由于这一点，马克思对封建和资本主义阶段的历史因果关系的看法比他对社会主义社会的看法要“决定论”得多（用我的充满恶意的词）。而在另一方面，非常有可能，马克思会接受毛的观点，即甚至在社会主义建成以前，“共产主义成分”也可以在中国积极地培养出来，这就预见到不是一个，而是两个发展阶段了。

沃尔德尔对各个阶级在各种类型革命中所起作用的讨论也是不能令人满意的。像往常一样，他删节、误解从《马克思主义与亚洲》所引的一小段话，从而对我的观点有了错误的印象。以下是他告诉读者我说的话：

施拉姆说，“在某一历史阶段的阶级性质和各阶级在这一

> 阶段中的确切作用”在决定论的马克思那里是有密切联系的。因此，很自然，“作为从封建主义到资本主义之间的过渡阶段，资产阶级民主革命也将由资产阶级来进行”。

首先，沃尔德尔删掉了下面这句话：“至于无产阶级，它会在民主革命中支持资产阶级，一直等到以社会主义革命结束资本主义制度的时候到来时。在社会主义革命中，轮到工人们来起领导作用了。”这句话，加上沃尔德尔所引的话，只不过是归纳了马克思和恩格斯1850年《中央委员会告共产主义者同盟书》中的观点而已。这个观点是马克思自己的“继续革命”理论中常被引证的。

更为重要的是沃尔德尔在第一句话中耍的花样，他部分引用，部分归纳这句话，而这句话原来是：

> 为了理解列宁后来处理非欧国家革命问题的精神，人们不仅应考虑他将“无产阶级”政党与起初的无产阶级分开的做法，还要考虑将某一历史阶段的阶级性质与这个阶段里各阶级的实际作用分开的做法。

沃尔德尔将这句话说反了，插进这里根本没有的“决定论的马克思”，并将提到列宁的地方全删去。列宁的名字在他文章的参考书目中竟没有出现，这是一个令人震惊的也是重要的事实。为了了解毛怎样将被列宁和苏联经验丢失的马克思主义的某些观点复活起来，将毛的观点与马克思的观点作一比较是完全合理和有趣的。另一方面，请设想一下，一个人将毛泽东思想的来源和发展说得头头是道，却不提像列宁和斯大林思想这样的关键联系点，岂非完全是非历史的和荒谬的?

在这里，沃尔德尔似乎同意费理察的偏见，他抱怨说，我认为“非欧洲革命，特别是中国的共产主义的真正来源是列宁主义”和我“基本上接受将‘亚洲马克思主义’归结为列宁主义”。我确实写过马克思主义最初在中国的影响是以列宁主义的形式出现的。列宁主义提供了党和其他组织武器的概念，毛泽东和中国共产党的其他创建人在他们的早期斗争中使用了这些概念，列宁主义还提供了大部分理论，这些理论起到了发展他们自己思想立场的出发点的作用。费理察（或沃尔德尔）能否认这点吗？毛过去和中国人今天不是自豪地称自己是马列主义者吗？这样说并不是将毛的思想“归结”为列宁主义，而只是表明他思想来源中最重要的部分。

我不同意说沃尔德尔在我们对马克思的理解中做出了他自称是令人惊异的改进，我对他的某些解释持有异议，然而他却给费理察树立了榜样，费理察完全应该向他学习读马克思的原著并进行思考。然而，我认为，他和费理察主要的贡献在于对毛著作的分析和对以前人们对毛的解释的批评，包括对我的解释的批评。虽然他对我的著作也像对马克思的著作一样，在许多方面都做了歪曲，但我还是要这样说。只举一个例子，他抱怨我在毛的辩证法问题上没有和霍利布尼奇进行“学术性对话”，并引证我的一篇文章为例说明我的僵硬顽固态度。该文的其他部分他从未提及，但实际上，其他部分是针对中央情报局的科恩的。科恩企图证明毛基本上只是斯大林的门徒，对马克思主义没有做出什么重要的贡献。

沃尔德尔显然赞成费理察的观点，认为我所有著作的主要目的就是贬低毛，看到“另一个马列主义者倒台”就兴高采烈。如果真是这样，我就不会被科恩，近年来又被他在克格勃的同事们单独挑出来，说我是“毛的辩护者”了。我当然既非前者，也非后者。在华盛顿有些人、在莫斯科每个人都认为任何认为中国革命还有好的地方的人就是“辩护者”。我的目的既不是赞扬，也不是贬低毛，而是要尽可能多地理解毛的思想的来源、发展和重要性，在读者面前提出一个不偏不倚、有文件做根据的论据，使他们能自行判断。

这并不是说我认为我以前写的文章都是正确的，或者我认为我再也没有什么可学习的东西了。虽然我从来没说过毛更像一个民粹主义者，而不像一个列宁主义者，但我现在认为我的确朝那个方向走得太远了，这是由于我受了“文化大革命”时期出现的极左派的影响，而在我修订完以前的著作出版时，他们还没有受到官方的批判。这些书里还有一些反映同样思想的观点——如关于“与马克思主义毫无共同之处的革命”，这一评论遭到费理察和沃尔德尔的许多批评。这句话虽然也是针对德布雷的生物与地理决定论的，但它主要是针对中国人的，而且是受到学习《毛主席语录》这种儒家学习方法的影响而说的（这种方法，中国人认为是不正确的，虽然他们将之归罪于林彪）。我今天无论如何也不会作出这样的判断了，但我认为这问题要比费理察所说的复杂得多。他没有提出任何论据就说“毛比其他任何人都更像个马列主义者”。

虽然费理察和沃尔德尔提出了不同意见，但是我仍然认为马克思本人的思想里有一些基本观点是不能否定的，除非将“马克思主义”这个概念修正到基本上已无意义的地步。其中之一就是工人阶级在社会主义革命阶段的领导权和在农业国家里工人阶级对与无产阶级结盟的农民的领导权问题。因此，我并不为费理察所引用的那句话辩护，那句话是工人阶级的子女要从农民那里学习无产阶级意识，是“完全不合正统”的。然而，综观毛在生命最后25年的思想，我认为他的思想比我以前认为的更为精细，而在许多方面更为合乎马克思主义。

当然，只是在最近可以获得的几卷毛的谈话发表了以后，才有可能形成毛的思想实质是发展理论或其他方面的认识。我在《未经修饰的毛泽东》（1974）的序言中已开始了重新思考我的立场的工作，这一点，沃尔德尔完全不予理睬而费理察嗤之以鼻。我在今后的文章中将继续坚持这一观点，不论这些文章已付梓或尚未完成。沃尔德尔也开始认真阅读毛的著作了，中国问题研究小组中有几位成员也这样做了，他们正在对毛的思想做新的解释。让我们像毛主席劝告的那样“创造学习的环境”，也许我们可以劝说费理察也参与进来。

（何祚康译）

参考文献

Carrère d'Encausse，H. and S. Schram（1969）Marxism and Asia. London：Allen Lane.

Ch'en，J.（1970）Mao Papers：Anthology and Bibliography. London：Oxford Univ. Press.

Cohen, A. (1967) "Comment," Problems of Communism (March-April) .

Gittings, J. (1974) The World and China, 1922—1972. London: Eyre Methuen.

Marx, K. (1973) "The Revolutions of 1848," in D. Fernbach (ed.) Political Writings, Vol. I. Harmondsworth: Penguin.

——and F. Engels (1968) Selected Works. Moscow: Progress.

—— (1942) Selected Correspondence. New York: International Publishers.

Nee, V. and J. Peck (1975) China's Uninterrupted Revolution: From 1840 to the Present. New York: Pantheon.

Pashchenko, N. (1976) "Stuart Schram, an Apologist of Maoism," Far Eastern Affairs (Moscow) 3: 106-118.

Pfeffer, R. M. (1976) "Mao and Marx in the Marxist-Leninist Tradition: A Critique of 'the China Field' and a Contribution to a Preliminary Reappraisal," Modern China 2 (October): 421-460.

Schram, S. (1974) Mao Tse-tung Unrehearsed. Harmondsworth: Penguin; New York: Pantheon. (The U. S. edition bears the curious title, Chairman Mao talks to the People.)

—— (ed.) (1973) Authority, Participation and Cultural Change in China. Cambridge and New York: Cambridge Univ. Press.

—— (1971) "Mao Tse-tung and the Theory of the Permanent Revolution, 1958—1969," China Q. 46 (April-June): 221-244.

—— (1969) The Political Thought of Mao Tse-tung. New York: Praeger.

—— (1967) "A Review Article: Mao Tse-tung as Marxist Dialectician." China Q. 29 (January-March): 155-165.

—— (1963) Documents sur la théorie de la "révolution permanente" en Chine. Ideologic dialectique et dialectique du reel. Paris: Mouton.

U. S. Consulate General, Hong Kong (1969) Current Background 891 (October 8); 892 (October 21) .

Walder, A. G. (1977) "Marxism, Maoism, and Social Change," Modern China 3 (January): 101-118.

Yao Wen-yuan (1975) "On the Social Basis of the Lin Piao Antiparty Clique," Peking [Beijing] Review 10 (March): 5-10.

★附录 2

马克思主义者毛泽东[①]

本文的标题有两层模糊含义。其一，马克思主义仅仅是毛泽东思想的一个方面，还是如某些人所说它构成了毛泽东革命理论和实践的精髓？其二，我们这里所探讨的马克思主义，又是什么样的"马克思主义"，谁的"马克思主义"？

尽管立场截然不同，西方的毛泽东崇拜者与苏联一样，认为马克思主义（就像他们所信奉的那样）是真和善的同义词。因此，本文主要讨论的是毛泽东与马克思主义之间的联系。毛泽东一直是一个马克思主义者吗？又或者，他与马克思主义毫无关系？有些人将毛泽东的思想视为古今中外思想的集大成，他们也许会质疑，将毛泽东的思想分割成若干部分，人们是否有理由认为毛泽东思想的某一部分更为重要呢？如果有人认为，毛泽东的思想结构和内涵本质上是由马克思主义决定的，而与其文化环境无关，那么这些人无疑忽视了毛泽东本人曾反复倡导的，不仅要使马克思主义适合中国的国情，而且也要在这一新综合体内融合中西方元素。半个世纪以来，毛泽东潜心研究马克思、列宁和斯大林的理论方法，他试图利用这些原理来指导他自己的行动，阐释论证他的政策。如果我们把马克思主义仅仅看作毛泽东思想中的一个组成部分，这无疑轻视了上述事实。

至于评判毛泽东的自主精神（有人称为"异端"，而有人则称为"独创性"）时所应采用的标准，很多毛泽东思想的研究者，包括本人在内，过去指的是"正统马克思主义"。也就是说，马克思

---

① 译自 Stuart R. Schram, "The Marxist," in Dick Wilson, *Mao Tse-tung in the Scales of History* (London, Cambridge University Press), 1977。

和列宁思想的基本原理是共同的，斯大林和托洛茨基的也是如此。但这种用法有三个弊病。首先，这意味着某一个教宗或是创始人，还有正确的教义，显然斯大林去世以后，这些已经不存在了。其次，这种做法也暗示，如果对于特定时间的特定问题，毛泽东表现出来的立场与正统马克思主义不一致，这就无异于表明他的思想和政策都走入了歧途。对于这样的普遍观点，我并不认同。考虑到“正统”一词有时会给读者造成某种刻板印象，对这个词最好先废弃不用。最后，不确切地交替使用“马克思主义”、“马克思列宁主义”、“正统”、“马克思主义传统”等等诸如此类的惯用语，会使人们眼花缭乱。因为这种用法模糊了马克思主义在不同发展阶段的区别，尤其是马克思的马克思主义和列宁的马克思主义之间的差别。

马克思本人的著作几乎涉及一切可以想见的领域，从哲学到社会学，包括经济学。而列宁却把马克思主义的范围缩小了，他将其局限在夺取政权的斗争的策略上，即便他撰写了一本乌托邦式的《国家与革命》，并花费大量精力在那场几乎被遗忘的科学哲学争论上。然而一二十年前，人人也曾这样议论过毛泽东，那时毛泽东的形象主要是一名游击战士，他的农村包围城市理论在非欧洲国家设计了一种新的革命模式。今天，从最近出版的材料中可以看出，成熟了的毛泽东，既是一位哲学家，又是一位战略家，这是毋庸置疑的。

一方面，毛泽东一直为人类的终极命运而战斗（马克思和列宁都没有），他不断进行反思（马克思比列宁更有心于此）；另一方面，他还要掌握政权，努力缔造一个革命国家（列宁也曾这样努力过，后因病而中断），改造社会和经济。毛泽东和列宁有着巨大的差异，这不仅表现在他们所面临的环境，而且也体现在他们所采取的解决方式上。但他们对待政治的态度又极其相似。他们都认为，在夺取政权前后，政治始终是人类活动中最终规定其他一切活动的主导因素。

那么，这种对政治的强调，倘若不按字面上的含义来理解，是否与马克思本人的思想相矛盾呢？虽然我们承认，人类社会的发展是受客观规律支配的。但同时，马克思也强调了人们认识这些规律的能力，他指出人们在理解和掌握这些规律后，还可以运用它们来改变自己的命运。马克思认为，人们创造历史的主要手段是阶级斗争，而政治作为各阶级利益集团争夺社会控制权的战场之一，它本身便是一个半自主王国。而且，在后期的分析中，马克思断言，政治变革必须紧随并产生于技术和经济体系的发展。列宁的革命思想主张，在资本主义还没有充分发展的国家中，实行"无产阶级专政"领导下的"资产阶级民主"阶段。在马克思主义的著作中，我们找不到只言片语能够与列宁的说法相对应。因而毛泽东最终断言政治优先性，表明他实际上追随的是列宁，而不是马克思。

总之，不论政治对于马克思有多重要，也许在毛泽东的思想中，它并不是发展的关键，也不是人类自由的唯一重要领域。毛泽东不仅把政治权力看成是革命变革的催生因素，而且也视作促成新价值的想象之所，以及决定道义是非的权威所在。在某种程度上，他的这种政治权力观点更接近于中国传统思想，而不是马克思或列宁。

事实上，相比于中国五四时期的大多数同代人而言，毛泽东的西化立场转变要更为缓慢和勉强。1916—1917 年冬季，他撰写了他的第一篇公开发表的文章，此时他 23 岁，文章透露出他的思想中大量的传统印记，包括从儒道经典到著名的保守政治家曾国藩（还有那些湖南文人）。两年后，他和所有人一样，渴望"打倒孔家店"，从西方的"新思想"中得到启发。但是，对毛泽东和所有中国人来说，他们在吸收西方思想时都存在着心理和知识上的障碍。1958 年，毛泽东以其特有的睿智提出了这个问题：

> 自从秦始皇以来，从来不把外国人放在眼里，过去谓夷狄之邦。到了满清末期，外国人打进来了，打怕了，变了奴隶，感觉不行了。从前骄傲，现在又太谦虚，来个否定之否定。[①]*

*在本处及其他列有英译文和中文原文之处，我均将英文版本与中文原文作了核对，并对错误和晦涩之处加以改正。——译者注

19 世纪中叶以来，对于一个长期自诩为文明世界中心的民族而言，要向使它沦为半殖民地的洋人学习，的确让中国人感到羞辱不

① *Miscellany of Mao Tse-tung Thought* (*1949—1968*) [Arlington Virginia, Joint Publications Research Service (JPRS), 1974], Part I, p. 123;《毛泽东思想万岁》(1969 年版), 225 页。

堪。并且，人们要理解这些完全来自不同文化历史背景的概念和思想，同样也存在着知识上的困难，即便在某种程度上，中国相对于亚洲的其他国家而言，这种困难要小得多。在马克思主义与中国传统文化的思想碰撞中，西方强调人类经验的历史维度，但这对于许多非欧洲国家而言却显得陌生和不可思议。西方对历史的所有重要解释，包括像马克思主义这样积极进取的反经院哲学，最初均起源于犹太—基督教的历史神学，其中多少带点神学的末世论色彩。尽管中国革命前的各主要思想流派都不做这些救世愿景，也没有什么进步观念，但这些思想流派大都审慎地看待历史。

审慎地看待历史意味着审慎地看待政治。不管中国传统文化中其他各派思想与儒学有多大的不同，包括经典道家，它们都会把统治看作某种“天人感应”的结果。[①]

因此，由于中国的国家观念长期被赋予如此的要求，这就为列宁主义模式的现代化专政制度提供了一个比较有利的环境。对于那些半个世纪前就着手于革命的人来说，他们的目标与中国当时的态势以及组织模式之间，存在着尖锐的矛盾。这其中以脑力劳动者和体力劳动者之间、政府和社会之间关系方面的矛盾最为厉害。

《民众的大联合》一文发表于1919年7—8月，此时毛泽东刚刚投身革命，他对马克思主义几乎一无所知，但他却富有预见性地提出了中国面临的基本困境：

> 原来中华民族，几万万人，从几千年来，都是干着奴隶的生活，只有一个非奴隶的是“皇帝”（或曰皇帝也是“天”的奴隶）。皇帝当家的时候，是不准我们练习能力的。政治，学术，社会，等等，都是不准我们有思想，有组织，有练习的。
>
> 于今却不同了，种种方面都要解放了。[②]

---

① 正如一位西方权威人士指出的，“……道德经……主张以‘无为’作为一种统治手段，而不是要放弃统治”，见 Angus Graham，*The Book of Lieh-tzu*（London，John Murray，1960），p. 10。

② 《民众的大联合》，载《中国季刊》，1972年1—3月第49期，86～87页。（见中共中央文献研究室、中共湖南省委《毛泽东早期文稿》编辑组：《毛泽东早期文稿》，359页，长沙，湖南人民出版社，2008。——译者注）

不到一年，毛泽东转而信奉马克思主义；不到10年，毛泽东对列宁主义战略和策略有了基本了解；不到20年，在延安时，毛泽东就精通了马克思主义，并开始撰写具有重大理论意义的著作。然而，在他组织力量夺取政权并领导中国走向社会主义的过程中，毛泽东不得不面对的问题仍然是那些他在1919年就阐释过的问题，虽然他那时信奉克鲁泡特金更甚于马克思。那么，为了中华民族的复兴，毛泽东所需要的“思想”和“实践”之间的关系究竟是怎样的呢？而且，一方面，要使毛泽东梦想的伟大事业取得胜利，中国就迫切需要组织起来；另一方面，中国人民又普遍要求“解放”，毛泽东曾预言中国人民在遭受几个世纪的压迫和停滞之后，“解放”的要求必将像激流那样迸发出来，那么人们又应如何调和这一矛盾呢？

早在1921年7月中国共产党建立之前，毛泽东就已经组织城市知识分子从事政治活动。他那时积极研究激进思想，积累了丰富的经验。此后，他当了两年的工会组织者。在第一次“统一战线”期间，他在上海、广东的国民党机关工作了一两年。然而，真正促使毛泽东对革命理论做出独创贡献的，则是他在1925—1927年领导农民运动时所积累的那些经验。

在1926年9月发表的重要文章《国民革命与农民运动》中，毛泽东开宗明义：“农民问题乃国民革命的中心问题。”不过，这句话本身并不引人注目。因为从1925年中期，农村已经掀起了革命活动高潮，这吸引了那些城市取向的革命者的关注。以至于后来国共两党发言人每次讲话时都要关心农民运动，这几乎成了当时的陈词滥调。但另一方面，毛泽东依据中国社会的结构证明了农民的重要性，却的确是引人注目的。

这大体上可以概括为两点。首先，“经济落后之半殖民地革命最大的对象是乡村宗法封建阶级（地主阶级）”。这构成了反动势力的基础，因此必须在乡村给予其致命一击。“……若无农民从乡村中奋起打倒宗法封建的地主阶级之特权，则军阀与帝国主义势力总不会根本倒塌。”其次，除了偶尔提到“进步的工人阶级”的领导，农民被描绘成比工人更坚定和更彻底的革命者。目前，工人正在寻求的只是诸如集会结社之自由等有限目标，却不是立即推翻资产阶级。相反，“乡村的农民，则一起来便碰着那土豪劣绅大地主几千年来持以压榨农民的政权（这个地主政权即军阀政权的真正基础），非推翻这个压榨的政权，便不能有农民的地位”①。换言之，工人只是改良主义者（但现在到底会持续多久?），他们满脑子“工会意识”，而另一方面，农民则意识到了他们在社会中所处的中心地位，并且在政治、经济上千方百计地开展广泛的斗争。

从这个时期起，虽然毛泽东仍确信中国革命的重心在农村，但他再也没有像这样从理论上强调农民的作用。相反，他一再重申农民必须接受工人阶级领导这一马克思主义原理。确实，在随后几十年的知识求索中，毛泽东坚持不懈地寻求可以把无产阶级专政与中国社会远景相结合的道路，而这远景却是他早在1926年就孜孜以求的。

半个世纪以来，包括新中国成立前后，毛泽东一直力求把马克思主义与中国实际结合起来。当然，夺取政权斗争的客观条件同建设社会主义迥异。但纵观1949年以前他一直关注的那些主旨问题，已经足以证明，整个1926—1976年他的处理方式始终如一。

我们如果不仅仅从外部评价其结果，而且力图理解对毛泽东本人，中国文化与源起于西方的革命理论的思想交锋究竟意味着什么，也许比较合适的方法就是从毛泽东对二者之间关系的看法入手。1938年，在即将与中国共产党内的国际派（即亲苏派）摊牌的情况下，毛泽东讨论了“马克思主义中国化”这个问题。20年后，他再次决心要摆脱苏联的束缚，并设计出一条独特的“中国式社会主义道路”。由于毛泽东一心思索中国国情，而且“中国化”这个词已被多列士等欧洲共产党人滥用，毛泽东不再使用“中国化”这个提法，但他却一再提出这个问题。20世纪30年代到60年代，毛泽东关于这个问题的许多论述，并不完全前后一致，有些甚至自相

---

① 这篇文章见竹内实主编:《毛泽东集》(第1卷)，175～179页，中国共产主义研究小组刊印，一山图书供应，1976。我在另一篇文章“Mao Zedong and the Role of the Various Classes in the Chinese Revolution, 1923—1927”，作了扩展性的分析，详见 *The Polity and Economy of China* (The Late Professor Yuji Muramatsu Commemoration Volume) (Tokyo，Toyo Keizai Shinposha，1975)，pp. 227 - 239。

矛盾。然而，我们还是能够确定其中始终不变的观点，也可以看出几个尚未解决的矛盾。

1938 年 10 月，在毛泽东号召“马克思主义中国化”的经典性表述中，他将之界定为“使马克思主义在中国具体化，使之在其每一表现中带着必须有的中国的特性，即是说，按照中国的特点去应用它”。对于毛泽东来说，给马克思主义染上中国特色，意味着他赋予马克思主义以“新鲜活泼的、为中国老百姓所喜闻乐见的中国作风和中国气派”。但是，一项更为根本的事业在于，要改造马克思主义本质以适应中国国情。但这种马克思主义形式的中国化，仅仅是一种这项事业的外在表现罢了。

在毛泽东看来，这项改造工作又应当包括哪些内容呢？一方面，应该重塑马克思、列宁的思想和方法，使其适应中国这一经济落后的半殖民地农业国家。但这还只是他心中所想的一部分。他写道：“今天的中国是历史的中国的一个发展；我们是马克思主义的历史主义者，我们不应当割断历史。从孔夫子到孙中山，我们应当给以总结，承继这一份珍贵的遗产。这对于指导当前的伟大的运动，是有重要的帮助的。”[①] 同样，1942 年 2 月，毛泽东再次号召他的同志们：“应用马克思列宁主义的立场、观点和方法，认真地研究中国的历史，研究中国的经济、政治、军事和文化，对每一问题要根据详细的材料加以具体的分析，然后引出理论性的结论来”[②]。

在毛泽东看来，马克思主义必须采用“民族形式”，故而“民族形式”不仅包括从中国过去的典籍中引章摘句，还要吸取其精神实质。那么，毛泽东所建议的这种从“历史上的中国”经验中吸取精华的方法，它的本质是什么呢？其中又有哪些有利因素呢？在毛泽东延安时代的著作中，似乎暗示，毛泽东当时思考的可以笼统地界定为治国之道。但到了 50 年代他重提此事时，这一点才得到了完全证实。1959 年 3 月，毛泽东说道：“有些东西，不要什么民族风

---

① S. Schram: *The Political Thought of Mao Tse-tung* (Harmondsworth, Penguin Books, Revised and enlarged edition, 1969), pp. 172－173. [译文略有修改，见《中国共产党在民族战争中的地位》(1938 年 10 月 14 日)，见《毛泽东选集》，2 版，第 2 卷，534 页。——译者注]

② Ibid., pp. 179－180. [这里的英文引文与原文有出入，见《整顿党的作风》(1942 年 2 月 1 日)，见《毛泽东选集》，2 版，第 3 卷，814～815 页。——译者注]

格，如火车、飞机、大炮，政治、艺术可以有民族风格。”①

到了50年代中期，毛泽东开始怀疑苏联模式的价值，尽管他依然敬重马克思、列宁、斯大林的遗产，但他却逐渐地从遵循马恩列斯所做贡献的“基本特征”，转向修改和发展它。因此，1956年毛泽东写道：“马克思主义是放之四海而皆准的普遍真理，我们必须接受。但是这个普遍真理又必须同各国革命的具体实践相结合。”②另一方面，1960年莫斯科会议上，中国受到了“把马克思列宁主义中国化”的指责，为此毛泽东在1961年1月回应道：

> 马克思列宁主义在根本上是一样的，但枝叶上有所不同，正如树各有其不同的枝叶一样。每个国家的条件不同。过去我们吃了亏，就是不注意调查研究，只讲普遍真理。③

这是一篇令人感兴趣的讲话，它反映了毛泽东含糊的基本立场。在中文里，“枝叶”这样的比喻一般指无关紧要的事，但毛泽东的这种阐述依然表明，这有可能意指马克思列宁主义这棵树移植到中国后，已经发生了极为重要的嬗变。为了判断情况是否果真如此，我将考察毛泽东的思想和实践中的三个重大方面：领导模式、工农的作用，以及发展和历史进程的辩证法。

毛泽东关于社会变革中政治领导作用的思想，自在延安时期形成以来，就似乎含有看起来矛盾实则互补的两个方面。其一，他再次确定了，列宁对马克思主义重大贡献之一是由革命精英实施集中领导的原则。1942年2月1日，他在发动整风运动的讲话中抱怨：

---

① 《毛泽东思想万岁》（1967年版），48页；《在郑州会议上的讲话》，1953年3月5日。

② S. Schram, *Mao Tse-tung Unrehearsed* (Harmondsworth, Penguin Books, 1974), p. 86.（见《同音乐工作者的谈话》，1956年8月14日。——译者注）这本书在美国发行的版本以 *Chairman Mao Talks to the People* 为副标题（New York: Pantheon）。

③ *Miscellany of Mao Tse-tung Thought (1949—1968)* [Arlington Virginia, Joint Publications Research Service (JPRS), 1974], Part Ⅱ, p. 241；《毛泽东思想万岁》（1967年版），262页。关于此处某些可能影响这段文字整体含义的关键性内容，我在这里的翻译与JPRS版本的不同。（原文摘录如下：“所谓马列主义中国化，就是马克思主义普遍真理跟中国革命具体实践的统一，一个普遍一个具体，两个东西的统一就叫中国化。各国有些枝叶的不同，必须有些枝叶的不同，根本一样。比如拿树来作比喻，一棵树同一棵树，它的根本一样，枝叶总是不同的。”见《毛泽东在八届九中全会上的讲话》，1961年1月18日。——译者注）

“一部分同志……不懂得党的民主集中制，他们不知道共产党不但要民主，尤其要集中。他们忘记了少数服从多数，下级服从上级，局部服从全体，全党服从中央的民主集中制。”① 与此同时，他号召实行“群众路线”。在 1943 年 6 月 1 日的指示中，有一段毛泽东界定群众路线内容的名言：

> 凡属正确的领导，必须是从群众中来，到群众中去。这就是说，将群众的意见（分散的无系统的意见）集中起来（经过研究，化为集中的系统的意见），又到群众中去作宣传解释，化为群众的意见，使群众坚持下去，见之于行动，并在群众行动中考验这些意见是否正确。然后再从群众中集中起来，再到群众中坚持下去。如此无限循环，一次比一次地更正确、更生动、更丰富。这就是马克思的认识论。②

以此观之，认为普通群众可以成为制定正确政策的思想源泉，并且认为他们能够反过来理解这种政策，而不是盲目地执行政策，这标志着同中国传统思想的中心问题的巨大决裂。孔子曾言：“民可使由之，不可使知之。”③五四运动以来，虽然毛泽东号召保护中国遗产中仍然进步和有用的东西，但他仍力图从中国人头脑中铲除儒家思想的这个方面。列宁主义原理认为，向工人阶级灌输阶级意识只能从外部进行，更广义地说，共产党作为无产阶级的先锋队，必须向整个社会提供意识形态指导。然而，在毛泽东这样做的时候却对此原理产生了怀疑。在上面引述的毛泽东关于群众路线的指示中，十分清楚地表明：群众虽然为革命运动领袖所信任，但归根结底是让他们相信，靠他们自己是根本不可能进行系统的阐述的。

---

① S. Schram, *The Political Thought of Mao Tse-tung* (Harmondsworth, Penguin Books, Revised and enlarged edition, 1969), p. 313.（见《整顿党的作风》，见《毛泽东选集》，2 版，第 3 卷，821 页。——译者注）

② Ibid., pp. 316-317.（见《关于领导方法的若干问题》，见《毛泽东选集》，2 版，第 3 卷，899 页。——译者注）

③ 《论语·泰伯第八》，见 James Legge, *The Chinese Classics*, *Vol. I* (Hong Kong, Hong Kong University Press, 1960), p. 211。

直到毛泽东生命的最后，他在延安时期提出的领导方法和领导过程中的认识论思想始终是他思索问题的核心。关于权力结构问题，1956 年 4 月他在总结关于中央和地方的关系时说道：

> 必须要有适当的积极性和独立性。省、市、地、县、区、乡都应当有……当然，也要告诉下面的同志哪些事必须统一，不能乱来。总之，可以和应当统一的，必须统一，不可以和不应当统一的，不能强求统一。两个积极性总比一个积极性好……简而言之，地方应当拥有适当的权力，这对我们建设强大的社会主义国家比较有利。[1]

建设一个“强国”是毛泽东毕生所愿之一。1958 年 1 月，在一份实际上奠定了“大跃进”蓝本的指示中，毛泽东以赞赏的口吻引用了 1953 年创作的八句歌诀（他说，目的在于反对“那时的分散主义”），并把它看作对政治、经济体制各司其职的指导原则的概括：

> 大权独揽，小权分散。
> 党委决定，各方去办。
> 办也有决，不离原则。
> 工作检查，党委有责。

接着，毛泽东详细解释了八句歌诀的意思：

> 这几句话里，关于党委的责任，是说大事由它首先作出决定，并且在执行过程中加以检查。“大权独揽”是一句成语，习惯上往往指的是个人独断。我们借用这句话，指的却是主要权力应当集中于中央和地方党委的集体，用以反对分散主义。

① S. Schram, *Mao Tse-tung Unrehearsed* (Harmondsworth, Penguin Books, 1974), p. 73.（此处译文与原文有出入，原文见《论十大关系》，见《毛泽东文集》，1 版，第 7 卷，31～33 页，北京，人民出版社，1999。——译者注）

难道大权可以分揽吗?[①]

因此，留给地方的就是，在执行由中央“大权”决定的基本政策过程中加以创新。不过，尽管这些同根之蔓仅仅掌握了有限的权威，但是，毛泽东将群众路线界定为“马克思列宁主义认识论”，在此情境下，他们在领导过程中就起到了至关重要的作用。因此，1962年1月，毛泽东再次强调必须“在党内外”把民主和集中结合起来，并反复指出集中比民主更有必要。之后，他继续说：

> 没有民主，不可能有正确的集中，因为大家意见分歧，没有统一的认识，集中制就建立不起来。什么叫集中？首先是要集中正确的意见。在集中正确意见的基础上，做到统一认识，统一政策，统一计划，统一指挥，统一行动，叫做集中统一。……没有民主，意见不是从群众中来，就不可能制定出好的路线、方针、政策和办法。我们的领导机关，就制定路线、方针、政策和办法这一方面说来，只是一个加工工厂。大家知道，工厂没有原料就不可能进行加工。……如果没有民主，不了解下情，情况不明，不充分搜集各方面的意见，不使上下通气，只由上级领导机关凭着片面的或者不真实的材料决定问题，那就难免不是主观主义的，也就不可能达到统一认识，统一行动，不可能实现真正的集中。[②]

这段话着重强调：如果领导者希望进行正确有效的领导，那么他们必须倾听群众的呼声。但与此同时，毛泽东也讲得很清楚：最终做出正确决定的“加工厂”必将是党中央。在任何情况下，无论

---

① *Current Background*, No. 892, p. 9；《毛泽东思想万岁》（1967年版，增补本），34～35页。[见《工作方法六十条（草案）》，见《毛泽东文集》，1版，第7卷，355页。此外，这里存在一个版本问题，施拉姆误把36页本的《毛泽东思想万岁》当作46页本的附录或增补本了，见陈标：《〈毛泽东思想万岁〉重要版本评介（一）》，载《湖南科技大学学报（社会科学版）》，2010年第2期。——译者注]

② S. Schram, *Mao Tse-tung Unrehearsed* (Harmondsworth, Penguin Books, 1974), pp. 163-164. [见《毛泽东著作选读》（下册），819～820页；《在扩大的中央工作会议上的讲话》，见《毛泽东文集》，1版，第8卷，293～294页，北京，人民出版社，1999。——译者注]

是好是坏，相比于10年前（“文化大革命”高潮）许多人（包括我本人在内）所愿承认的，毛泽东的政治态度始终受到更为深切的列宁主义影响。那时，毛泽东不仅猛烈抨击党，还贬低甚至否定权威的重要性和合法性。某些西方极左分子鼓吹，权力不仅最终属于群众及其各级自发组织，而且也应当由他们来实际行使。人们那时普遍认为，毛主席已经赞同了这种观点。

实际上，不论在“文化大革命”中毛泽东如何对除了自己的其他所有权威表示怀疑，现在我们知道，1967年年初，毛泽东确实面临着要在列宁主义和无政府状态之间进行抉择，此时他无疑已经认识到何者才是正确的。1967年2月，他在与上海左派张春桥、姚文元谈话时，他注意到上海市人民委员会要求把所有的“部长”都取消，对此他批评道：极端的无政府主义，是极端反动的。这是谁搞的？现在都不愿叫×××长，叫勤务员、服务员。其实这只是形式，实际上总是还有长的。[①] 接下来，他继续讨论了他对建立“人民公社”的各种反对意见，比如遍观全国各地，张、姚刚在上海建立公社，就最终把国家的名称改成了“中华人民公社”，对此他说道：

> 如果都叫公社，党怎么办呢？党放在哪里呢？公社里的委员有党员和非党员，那么党委放在哪里呢？……要有一个核心，不管叫什么，叫共产党也好，叫社会民主党也好，叫社会民主工党也好，叫国民党也好，叫一贯道也好，它总得有个党。公社总要有个党，公社能代替党吗？[②]

以后九年的历史清楚地表明，毛泽东认为这一点是不可能的。

因此，在社会权力结构方面，毛泽东这番话表明他仍然坚持列宁主义传统。然而，他对待领导权问题的方式与列宁相比，却存在

---

① S. Schram, *Mao Tse-tung Unrehearsed* (Harmondsworth, Penguin Books, 1974), p. 277.

② *Miscellany of Mao Tse-tung Thought* (*1949—1968*) [Arlington Virginia, Joint Publications Research Service (JPRS), 1974], Part Ⅱ, pp. 453 - 454；《毛泽东思想万岁》(1969年版)，670～671页。这段话引自1967年2月毛泽东与张春桥、姚文元的谈话。这一版本的英译文与施拉姆的不同。一贯道是20世纪50年代早期为新政权所镇压的一个秘密社团。

着重大差别，更不用去说斯大林了。一方面，中国普遍比苏联更着重强调倾听群众呼声和向群众学习。另一方面，毛泽东所寻求的群众积极参与，并建议向群众学习，这个“群众”首先指的是中国农村群众。

数十年前，当毛泽东第一次被誉为“农民革命家”时，当然，这是指他夺取政权的方式，即将焦点集中在以农村为基础的游击战上面。与 1949 年以后相比，这种情境下的工人阶级领导权问题以不同的形式引发，但却较易处理。

在井冈山革命根据地及江西苏维埃政权时期，共产国际经常指责中国共产主义运动缺乏正统性，故而在其 1931 年 8 月 26 日的决议中宣称：“保证无产阶级统治和革命的胜利发展的唯一条件是：中国共产党不仅在其政治路线，而且在其构成上都变成一个无产阶级政党，并且工人党的所有领导组织都由工人掌握。”① 此时中苏争论日益激烈，库西宁在回忆起 30 年代的这些指示时，声称共产国际的批评是绝对合乎情理的。②

对此，公允地来看，中国共产党首先就是在沿海城市的工人中发展起来的，在党和红军的干部中仍有一些工人（虽然数量不多），因此二者都拥有运用无产阶级领导权的地位。而且，如果说当时军队的人数比党员更多、力量更强的话，那么这可以从斗争环境来解释。然而无论如何，毛泽东都已经明确规定了党指挥枪的原则。

在一个农业占绝对优势的国家里建设社会主义，而且尤其重要的是，要同时在农村和城市建设社会主义，这是很难想象的。1949 年 3 月，由于胜利在望，毛泽东转而考虑夺取政权后可能会出现的问题，并宣布今后他将按正统方式办事。他说：“从一九二七年到现在，我们的工作重点是在乡村，在乡村聚集力量，用乡村包围城市，然后取得城市。采取这样一种工作方式的时期现在已经完结。从现在起，开始了由城市到乡村并由城市领导乡村的时期。党的工

---

① H. Carrère d'Encausse and S. Schram, *Marxism and Asia* (London, Allen Lane, The Penguin, 1969), p. 246.

② O. V. Kuusinen, "Speech of February 1964," *Marxism and Asia* (London, Allen Lane, The Penguin, 1969), p. 333.

作重心由乡村移到了城市。”①

然而，“照搬苏联”的政策（正如毛泽东在1962年所说），早在1955年年中就被部分否定了。在他1955年7月31日关于农业合作化问题的讲话中，他明确地推翻了列宁、斯大林关于机械化是农村现代化和合作化必要前提的论点②，并宣称，由于中国的现有条件，尽管技术改革与社会改革要同时并进，但“技术改革的时间，比较社会改革的时间，会要长一些”③。

这时有极大的可能进行工作重心的转移，一方面转移到强调城乡之间更加均衡上（始自1955年），另一方面也要转移到当时中国政府所面临的经济和人口问题上。同时，由于听任农村改革而使其落后于城市，这方面产生的社会、政治后果也是要考虑到的。我在此不可能深入探讨这一问题，我们这里重点要探讨的是，从政策开始发生转变的时刻起，中国革命进一步发展中必须注意的工农关系问题，已经在不同的情境下产生。

1955年12月，在毛泽东发表了七月讲话后的农业合作化高潮期间，他比较了中国革命和苏联革命，认为：

> 我国和苏联比较：（1）我是二十多年根据地经验，三次革命战争的演习，经验极其丰富……很快组成国家，完成革命任务。（苏是新起家，十月革命，无军，无政，党员少）。（2）我有苏联及其他民主国家之助。（3）人口众多，地位很好，勤苦耐劳。不合作化，农民无出路。中国农民比英美工人还好，因此可以更多、更好、更快地达到社会主义，不要老比苏联。④

因此，甚至到了1955年年底，当毛泽东刚刚开始思索开辟中国

① 《毛泽东选集》，2版，第4卷，1426～1427页。

② 列宁关于给农民拖拉机以改造其心理的观点，见1921年3月15日他在俄共大会上的讲话，见《列宁选集》，3版，第4卷，447页，北京，人民出版社，1995。斯大林关于拖拉机构成先决条件的思想，见他1929年2月27日的讲话，见《斯大林全集》，中文1版，第12卷，145～146页，北京，人民出版社，1955。

③ 《关于农业合作化问题》，见《毛泽东著作选读》（甲种本），314页，北京，人民出版社，1964。

④ *Miscellany of Mao Tse-tung Thought*（*1949—1968*）[Arlington Virginia，Joint Publications Research Service（JPRS），1974]，Part Ⅰ，p. 29；《毛泽东思想万岁》（1969年版），27页。

独立发展的可能道路时，他首先是从政治上考虑的。一方面，他认为，由于他们是经过 20 年的农村斗争而取得政权的，并不是立即夺取首都城市的政权，1949 年时的中国共产党人比 1917 年时的列宁和他的同志们更清楚地知道，如何向基层群众行使权力并获得他们的拥护。这样，他们就能够在牢固的基础上建立他们的新国家。另一方面，在毛泽东看来，中国农民为建设社会主义社会提供了充足的人力资源，而且他们必须在建设过程中充分发挥作用。

然而，让农民充分发挥作用，对于毛泽东来说，并不意味着把工人和农民放在同等地位。在 1958 年 11 月第一次郑州会议上，针对“大跃进”的后果，毛泽东说：“在没有实现农村的全民所有制以前，农民总还是农民，他们在社会主义的道路上总还有一定的两面性。”[①] 在 1959 年 2—3 月的第二次郑州会议上，毛泽东反复几次强调了这个提法，并进一步认为：在现阶段，是工人，而不是农民，在两者的关系中仍然发挥着“老大哥”的作用。[②]

毛泽东在这里认为，工人是农民的“老大哥”。这点与其说是按照马克思列宁的方式来理解，即毛泽东相信工人本身被赋予了农民无法比拟的组织能力和纪律性，不如说真正的原因在于经济发展领域和以之为基础的技术领域，他们（工人）是现代知识的载体，而现代知识正是解决毛泽东 1949 年提出的教育农民这个“严重问题”所需要的。[③] 但另一方面，采取传统的马克思主义立场，强调城市工人阶级政治、经济的优先地位，在中国这样的国家里，则意味着，让一个远离中国社会重心的集体，以及在多方面与民族传统格格不入的观念，处于特权地位。

毛泽东的解决办法并不像有些时候表现出来的那样，容忍列宁主义在其头上，并以某种农村道德优越论的民粹派神话为名，将革命的领导权交给农民。反之，他日渐趋于将列宁主义同中国的实际综合起来。实际上，农民面临着一个困境，一方面，他们是社会的

---

① *Miscellany of Mao Tse-tung Thought* (*1949—1968*) [Arlington Virginia, Joint Publications Research Service (JPRS), 1974], Part Ⅰ, p. 128;《毛泽东思想万岁》(1969 年版)，247 页。

② 参见《毛泽东思想万岁》(1967 年版)，12、17、49 等页。

③ 参见《毛泽东选集》，2 版，第 4 卷，1477 页。

中坚力量，但另一方面也是社会建设中工人阶级的小兄弟。在这个过程中，对于毛泽东是否找到了解决这个困境的理论办法仍是一个争论不休的问题。总之，只有了解毛泽东对社会变革的设想（将之描述为中国革命的不同阶段），知晓他力求实现这些设想的方法，以及他据以形成革命发展理论的哲学观点，才能在更广阔的情境中充分理解毛泽东关于工农关系的思想。

如果我们要比较毛泽东和马克思的历史观，有两点尤其值得注意，而与此直接相关的是，马克思是 19 世纪中叶的欧洲人。首先，马克思一直生活在产业革命的余音之中。自人类历史有文字记录以来，这一阶段内人类掌控自然的能力得到了最迅猛的增长。因此，对于欧洲资产阶级在进行这一宏伟事业中所取得的成就，马克思以深切的赞赏之情进行了大量的论述。他认为，当资产阶级已经不再具备领导社会进步的能力时，无产阶级专政取代资产阶级专政的时刻就已经来临了。然而，只有在资产阶级已经实现扩大生产的基础上，这一点才有可能实现，没有这个基础，任何社会主义思想便始终是空想。换句话说，通过技术来拯救人类的思想并非是赫鲁晓夫及其门徒的发明，甚至也不是列宁或斯大林的，而是马克思思想的真正核心。

其次，虽然马克思在 1848 年就已经独特地观察到，应当清理法国大革命和拿破仑时代遗留的某些“封建残余”，但他的一生却主要是在资本主义社会中度过的。诚然，他的著作涉及了西欧从封建主义向资本主义的过渡，而且，他也密切注视着诸如俄国、印度、中国等“东方专制主义”国家中发生的当代时事。但因为没有亲身经历，他并不知道从一种生产方式向另一种完全不同的生产方式转变究竟意味着什么，更加体会不到毛泽东及其同代人经历两三次如此变革时的感受。

正是在这个背景下，马克思详细地阐释了他的历史实践论。他认为，个人和集体自由构成了人类经验中的最高形式，其物质基础已然奠定。只要建立无产阶级专政，施行社会和经济组织的必要变革，那么这些理想就能得以实现。自由王国是人类力所能及的，而且也不用怀疑它所指明的方向。即使仅采取社会主义革命并不会一夜之间实现乌托邦理想，但是它却会开辟出一条道路。因此在塑造整个历史进程时，不管马克思在多大范围内考虑了人类的主观能动性，对于那些生活在资本主义社会的人来说，接下来的行动似乎都不言自明，就像实际上已经被预先决定好了一样。

在所有这些方面，毛泽东和马克思经历上的差异十分明显。首先，中国并不存在建立一个新的自由王国的物质基础。而工人阶级，本应是社会主义斗争的领导者，在20世纪20年代，甚至到了1949年，尽管并不那么无足轻重，但却仍然处于边缘地位。关于毛泽东出生时的社会，不管我们称其为“封建社会”、“半殖民地半封建社会”，还是叫它“亚细亚社会”也好，总之，它几乎没有受国内外资本影响的触动，而且长期以来地主一直比资产阶级掌握更大的权力。列宁曾经遇到过类似的问题，但没有如此严重。他以“先锋队党”形式打造了处理这些问题的工具：“无产阶级政党”，这个组织在1917年夺取了政权，并取代资产阶级继续进行产业革命，从而极大地扩充了城市工人阶级的队伍，创造了党的阶级基础。

1949年，毛泽东指出，此后中国共产党的工作重心将“由乡村转向城市”。这十分清晰地表明，他主张在此方面遵循列宁模式。但是他这样做所能倚靠的社会基础过于狭小，而且过程极其复杂，后果就更难以预料。在这种情况下，无怪乎他会开始思考他自己的发展路径，阐释他自己的辩证法原理，考虑某些不确定性。并且，他认为，对于一个由多层文化和风俗传统积累而成的复杂社会而言，这些不确定性是与生俱来的。

毛泽东在许多场合中用剥“皮”这个比喻，来描述中国革命的各个连续阶段：

> ……我说中国有五张皮。旧有的三张：帝国主义所有制，封建主义所有制，官僚资本主义所有制。过去知识分子就靠这三张皮吃饭。此外还靠一个民族资本主义所有制，一个小生产者所有制即小资产阶级所有制。我们的民主革命，是革前三张皮的命，从林则徐算起，一直革了一百多年。社会主义革命是革后两张皮：民族资产阶级所有制和小生产者所有制。这五张

> 皮现在都不存在了。老皮三张久已不存，另外两张也不存了。现在有什么皮呢？有社会主义公有制这张皮。当然，这又分两部分，一个全民所有制，一个集体所有制。①

因此，毛泽东认为，从资产阶级民主革命到社会主义革命，从社会主义到共产主义，依次演进。后两个阶段中的国家性质应被界定为无产阶级专政。实现共产主义必将包括集体所有制（它已取代了个体所有制）向全民所有制的转型。因此，毛泽东的思想仍然长期受到列宁主义传统的影响。然而，对于实现这些发展的力量，以及动员和联合这些力量的方法，毛泽东和列宁的观点并不一致。

恰在1956年4月在中共中央政治局扩大会议上所作《论十大关系》的讲话中，毛泽东首次系统发展了关于中国社会的辩证法思想，并被看成是非欧洲社会涉及经济发展和文化变革的典范之作，这也许亦是毛泽东自己对马克思主义最为重要的贡献。为这一分析奠定基础的是他的直觉：物极必反。因此，他认为，若想发展经济的某一方面，比如重工业，就必须注重与它互补的轻工业和农业。②

因此，通过勾勒经济工作的基本格局，中国不再像苏联那样片面强调重工业是唯一的关键部门。在农民和农村尤其占重要地位的中国，毛泽东已经奠定了符合中国实际的社会主义道路基础。毛泽东1956年4月的讲话，其中并没有展现中国社会的静态图景，相反却强调了整个发展过程中各部门的动态关系。两年后，"大跃进"前夕，毛泽东在他的"继续革命"论中掀起了这场讨论。③

在毛泽东理论中，"不断"这个词含有两个截然不同的内涵，恰与其极为复杂的思想结构中的两个主要方面相一致。一方面，它指的是不停的变革和动荡。毛泽东认为，在一个充斥着矛盾并正在经历快速变革的社会中，发生这样的状况是不可避免的。另一方

---

① 《毛泽东思想万岁》（1969年版），139～140页。

② S. Schram, *Mao Tse-tung Unrehearsed* (Harmondsworth, Penguin Books, 1974), pp. 61-83. 为了对比本译文和1976年12月26日发表的正式译文（见《毛泽东文集》，1版，第7卷，23～49页。——译者注），参见我在《中国季刊》1977年第69期第126～135页的研究笔记。

③ S. Schram, "Mao Tse-tung and the Theory of the Permanent Revolution, 1958—1969"，载《中国季刊》，1971年第46期，221～244页，尤其是222页。

面，它也是在告诫领导者永远不要让人民自满，要通过不断布置新任务来激发他们的热情。第二个方面的问题少一些，因此我先探讨这个方面。

毛泽东始终坚持经济的快速发展的必要性，尤其在工业生产方面，就经济本身而言却并不足以建设社会主义。毛泽东在1958年5月论述这一问题时，他引用列宁的话来批评斯大林对技术和管理专家的盲目崇拜：

> 斯大林的两个口号缺乏辩证法，讲“技术决定一切”，政治呢？讲“干部决定一切”，群众呢？列宁讲得好，“苏维埃加电气化就是共产主义”，苏维埃是政治，电气化是技术，政治业务结合，就产生共产主义。①

毛泽东并不质疑技术精英的必要性，实际上，他不断地赞扬其作用。但他也坚持强调人和精神因素的重要性，强调动员群众政治热情的重要性。为此，在毛泽东对斯大林的《苏联社会主义经济问题》批判中，他对于这种作用做了最简练有力的阐述：

> 这本教科书，斯大林从头到尾没有讲上层建筑，没有考虑人，他见物不见人。………他们（苏联）只讲生产关系，不讲上层建筑，没有讲政治，没有讲人的作用。没有共产主义运动，不可能过渡到共产主义。②

如果毛泽东认为必然要有一场运动，那么他应该如何发动呢？1958年1月发表的《工作方法六十条（草案）》谈到了这个问题。关于“继续革命”论，毛泽东如是写道：

---

① *Miscellany of Mao Tse-tung Thought*（*1949—1968*）[Arlington Virginia，Joint Publications Research Service (JPRS)，1974]，Part Ⅰ，p. 115；《毛泽东思想万岁》（1969年版），216页。

② 我1958年年末或是1959年年初的笔记，见 *Miscellany of Mao Tse-tung Thought*（*1949—1968*）[Arlington Virginia，Joint Publications Research Service (JPRS)，1974]，Part Ⅰ，pp. 191－192；《毛泽东思想万岁》（1967年版），156～157页。（此处译文与原文有出入。——译者注）

> 在打了一个胜仗之后，马上就要提出新任务。这样就可以使干部和群众经常保持饱满的革命热情，减少骄傲情绪，想骄傲也没有骄傲的时间。①

当然，“继续革命”并不意味着老是在同一极端程度上保持紧张。在1958年3月的成都会议上，毛泽东再次运用战争作比，指出“波浪式前进”中必然要轮流进行“苦战”和“休整”，既要讲“急”又要讲“缓”。② 最后，正如一位中国作者在“大跃进”时期所写的，“继续革命”论仍然是“一种不断激发干群革命热情的意识形态”③。

当然，毛泽东所主张的这种波浪式前进，类似于他对现实运动的看法。因此，在1958年1月的指示中，他写道：

> 先进和落后是矛盾的两个极端，“比较”是对立的统一。……不平衡是普遍的客观规律。从不平衡到平衡，又从平衡到不平衡，循环不已，永远如此，但是每一循环都进到高的一级。不平衡是经常的，绝对的；平衡是暂时的，相对的。④

乍一看来，毛泽东的观点与托洛茨基几乎一致。因为托洛茨基曾写道：

> 在不能确定的长时期内，一切社会关系都是在不断的内部斗争中得到改造的。社会正在不断蜕变……经济、技术、科学、习惯和风俗等方面的剧变，伴随着它们的发生，形成彼此

---

① 这里我引自我在《中国季刊》1971年第46期226～229页刊载的译文中的21～22段。毛泽东并未草拟这一指示的全文，但他对此作了修改，并在1958年1月署上了他的名字。全文见 *Current Background*, No. 892, pp. 1 - 14。这是一本专题论文集，每个月发行若干刊。（见《毛泽东文集》，1版，第7卷，350页。——译者注）

② S. Schram, *Mao Tse-tung Unrehearsed* (Harmondsworth, Penguin Books, 1974), pp. 106 - 107.（见《毛泽东文集》，1版，第7卷，372页。——译者注）

③ 高仰之的文章，载《政治学习》，1959年第18期，19页，见 S. Schram, *Documents sur la théorie de la "revolution permanente" en Chine* (Paris, Mouton, 1963), pp. 57 - 58。

④ 我在《中国季刊》1971年第46期第229页上对《工作方法六十条（草案）》的译文。

联合互反的复杂关系，以至于社会不可能达到平衡状态。这就是这种社会主义革命的不断性。①

当然，近十年来苏联一直指责毛泽东是“托派”，但是尽管二者在使用社会“脱皮”这一比喻时表现出了惊人的一致，但毛泽东的“继续革命”论和托洛茨基的相比显然不同。其中最明显的差异表现在两人对待农民的态度上。在对待农民（无论亚欧）政治能力的问题上，托洛茨基的观点比列宁还要悲观。因此，他比列宁更强硬地坚持工人阶级在整个社会主义革命阶段的绝对领导。而另一方面，毛泽东却认为政治优先和工人的绝对主导地位更为重要。在讨论政治与业务时，毛泽东按照“两个对立物的统一”的观点，如是看待“红”与“专”二者之间的关系：

思想工作和政治工作，是完成经济工作和技术工作的保证，它们是为经济基础服务的。思想和政治又是统帅，是灵魂。只要我们的思想工作和政治工作稍为一放松，经济工作和技术工作就一定会走到邪路上去。②

的确，对业务工作知之甚少，又不懂实际的政治家，不过是“假红”，必须“把政治和技术结合起来”。但这场讨论的重任却在于，不仅仅是领导干部，中国社会中的每个人都要尽可能做到又红又专，坚定地以政治挂帅。而且，农民与工人都必须进行这种改造。因此，在农村普及基本技术知识就显得日益重要了。

1958年春，毛泽东划分了中国社会存在的成分，从其划分方式中可以看出，他即便没有完全把工农等同起来，也差不多了。1958年3月20日，在毛泽东的成都讲话中，他列举了中国当时所有群体中形成的“三大阶级”，在提及“敌对阶级”和“民族资产阶级”

---

① L. Trotsky, *La révolution permanente* (Paris, Rieder, 1932), p. 36. 此处未对毛泽东和托洛茨基的两种继续革命论作比较，详见 S. Schram, *Documents sur la théorie de la “revolution permanente” en Chine* (Paris, Mouton, 1963), pp. 19－29。

② 我在《中国季刊》1971年第46期第228～229页上对《工作方法六十条（草案）》的译文。

之后说，“第三个就是左派，这就是说劳动人民，工人、农民”（事实上，存在四个阶级——农民是一个独立的阶级）[①]。

两个星期后在汉口，两个独立“劳动阶级”的说法被证明绝不是毛泽东事后添加的。二者被说成是“在我们党的领导下做工和种地”，他们对应着两个剥削阶级，并且民族资产阶级中甚至包括了富裕中农。[②] 换言之，整个社会被分为两大对立集团，而毛泽东认为这种二元性才是根本的。

别的暂且不论，关于国家现代化中农民和民族资产阶级的各自贡献这一问题，毛泽东的这种阐述反映出他和列宁的分歧。对此毛泽东一清二楚。20 世纪 60 年代初，毛泽东在读《苏联政治经济学教科书》的笔记中，寥寥数语总结概括了这个问题，他说：

> 在进行社会主义改造时，我们是联合农民起来对付资本家，而列宁在一个时期曾经说过，宁愿同资本家打交道，想把资本主义变成国家资本主义，来对付小资产阶级的自发势力，这种不同的政策，是由不同的历史条件决定的。[③]

毛泽东将中国社会极化为两股对立的力量，这种做法非但没有定义明确，反而促成了两个对立阶级结构的转变。同样，这也反映出毛泽东的实在论和辩证法中日益渗透出来的不确定性。常有人认为，理解毛泽东的思想关键在于 1937 年《矛盾论》一文，并且，在某种程度上，他的全部革命理论都可以从此推演而出。婉转一点说，这种看法多少有点言过其实。毛泽东所赋予的矛盾的重要性确实是他思想的核心特征。他不仅在矛盾中发现了一切变革和发展的原动力，而且看到了某种实在。毛泽东认为，社会主义条件下充斥

---

① S. Schram，*Mao Tse-tung Unrehearsed*（Harmondsworth，Penguin Books，1974），pp. 112－113.（见《在成都会议上的讲话提纲》，1958 年 3 月。——译者注）

② *Miscellany of Mao Tse-tung Thought*（*1949—1968*）［Arlington Virginia，Joint Publications Research Service (JPRS)，1974］，Part Ⅰ，pp. 85－86；《毛泽东思想万岁》（1969 年版），180～182 页。

③ *Miscellany of Mao Tse-tung Thought*（*1949—1968*）［Arlington Virginia，Joint Publications Research Service (JPRS)，1974］，Part Ⅱ，p. 309；《毛泽东思想万岁》（1967 年版），242 页。

着内涵丰富的矛盾，这在《矛盾论》中已初见端倪[①]，但直到50年代才被明确阐述。然而，这就意味着毛泽东对马克思主义的阐释显然应该在此观点中寻找。另外，毛泽东本人曾告诉我们，在1949年新中国成立以后，许多中国人认为他对矛盾的解释更多来自阴阳学说而不是马克思主义。[②] 而且，可以肯定地说，自1918年起到毛泽东生命终结，他的著作中均隐隐流淌出古代道教辩证法的余音。

1958年5月，毛泽东宣称他的辩证法观点与列宁“多少一致”，但与斯大林的观点“不大一致”，因为斯大林“否认矛盾”，认为“社会主义社会的生产关系完全适应生产力的发展”。但毛泽东又说：“他（斯大林）逝世前又写过一篇文章否定了他自己……”[③]

1957年起，毛泽东不断反复强调矛盾的普遍性，包括在社会主义条件下。相比于斯大林的思想，毛泽东的观点确实与列宁的更为一致。但到了20世纪60年代，毛泽东就开始公开他的读书笔记了，即便这些是马克思主义传统本身所不具备的。例如，他在阅读苏联《政治经济学教科书》时，对“彻底巩固集体农庄制度”的提法评论道：

> “彻底巩固”这四个字看了不舒服。任何东西的巩固都是相对的，怎么能彻底？如果自有人类以来，所有的人都不死，都“彻底巩固”下来，这个世界怎么得了？宇宙间、地球上的一切事物，都是不断发生、发展和死亡，都是不能彻底巩固的。
>
> 社会主义一定要向共产主义过渡。过渡到了共产主义的时候，社会主义阶段的一些东西必然是要灭亡的。就是到了共产主义阶段，也还是要发展的。它可能要经过几万个阶段。能够说到了共产主义，就什么都不变了吗？就一切都“彻底巩固”下去了，就只有量变没有不断的部分质变么？[④]

---

① 参见《毛泽东选集》，2版，第1卷，307～308页。

② S. Schram, *Mao Tse-tung Unrehearsed* (Harmondsworth, Penguin Books, 1974), p. 109.（见《毛泽东文集》，1版，第7卷，374～375页。——译者注）

③ 此处指的是斯大林著《苏联社会主义经济问题》一书，最初发表于1952年，该书并未完全否定他在1936年所写的东西，而是“解释”了毛泽东所指出的这点的含义。

④ *Miscellany of Mao Tse-tung Thought (1949—1968)* [Arlington Virginia, Joint Publications Research Service (JPRS), 1974], Part Ⅱ, pp. 262-264;《毛泽东思想万岁》(1967年版)，186～187页。

1958年毛泽东公开了许多类似的观点，他在关于“继续革命”论的指示中写道，甚至到共产主义时代了，也一定会有很多很多的发展阶段，从这个阶段到那个阶段的关系必然是一种突变的关系。各种突变都是一种革命，都要通过斗争。[①] 在上面引文的第一段中，毛泽东已经表露出某种对人类必有一死和万物有序的认同。[②] 但到60年代中期，这种看法变得更为显著，而且伴之以对道教经典的明确称引。“（我）赞成庄子的做法，”他在1964年写道，“死了老婆，鼓盆而歌。”“死了人要开庆祝会，庆祝辩证法的胜利，庆祝旧事物的消灭。社会主义也要灭亡，不灭亡就不行，就没有共产主义。”[③] 类似地，毛泽东表达了他在哲学上越来越多的超脱，并且他深信，不论社会主义和共产主义以何种方式实现，它们都不是人类经验的终结，而仅仅是宇宙发展的一个过渡阶段。他在1964年写道：“宗教家说末日，是悲观主义，吓唬人。我们说人类灭亡，是产生比人类更进步的东西。”[④]

显然这种对待死亡持超然态度的是毛泽东本人尤其是他晚年的独特之处，但这却并不意味着毛泽东会降低他坚持革命的决心，更不是他要放弃斗争的征兆。相反，在紧接着上述引文之后的一段话中，毛泽东描述了他的观点与经典马克思主义之间的差异：毛泽东更强调人们需要积极努力去创造历史。

> 现在人类很幼稚。恩格斯讲，要从必然的王国到自由的王国，自由是对必然的理解。这句话不完全，只讲了一半，下面的不讲了。单理解就能自由了？自由是必然的理解和必然的改造。还要做工作……找到了规律要会用，要开天辟地，破破土，砌房子，开矿山，搞工业。将来人多了，粮食不够，要从矿物里取食品，这就要改造，才能自由。将来就能那么自由？[⑤]

---

① 参见我在《中国季刊》1971年第46期第229页上对《工作方法六十条（草案）》的译文第22段。

② 例如，S. Schram，*Mao Tse-tung Unrehearsed*（Harmondsworth，Penguin Books，1974），pp. 108－110。

③ S. Schram，*Mao Tse-tung Unrehearsed*（Harmondsworth，Penguin Books，1974），p. 227.

④ Ibid.，p. 228.

⑤ Ibid.

当然，这种通过工业化"建设新世界"的看法与列宁主义建设社会主义的路径完全一致。然而，毛泽东却质疑，即便是在共产主义状态下，人类是否就会"那么自由"，这反映出一种异乎寻常的怀疑态度。而且在 60 年代初的几篇文章中，对于革命是否能继续进行，共产主义究竟能否实现，毛泽东表达了他对此更为深刻的质疑。

毛泽东确信，苏联的领导权已经"被修正主义者篡夺"。并且，他发现中国自身很可能也产生了"新的资产阶级分子"。[①] 这些构成了他以上焦虑的直接原因。为了应对这个威胁，毛泽东号召要巩固无产阶级专政，并破除"资产阶级的法权"[②]，但是，他同时也愈益关注中国自己的文化和历史经验，并试图从中找出应对苏联模式的缺口和不足的良方。

1964 年，毛泽东重新发现了道教和佛教。他这样做的一个后果便是放弃了马克思主义辩证法中"三大范畴"中的两个，包括否定之否定。他曾在 1958 年极为明确地重申过这三个范畴："对立统一的规律，量变质变的规律，肯定否定的规律，永远地普遍地存在。"[③] 现在他却声称不相信后两条规律了，至少他不把它们作为最基本的规律。他认为，质量互变仅仅是一种对立统一的特殊情况，而否定之否定则根本没有。[④]

马克思和黑格尔从哲学上论证了"历史不可阻挡地向前发展"，但毛泽东认为，"事物发展，每一个环节，既是肯定，又是否定"。这无疑严重削弱了整个马克思和黑格尔的正确性。毛泽东认为事物是随机不断的对立。或者说，他并不认为事物要朝着一定的方向继续前进，而这却构成了辩证法的基本框架。这样看可能比马克思最

---

① S. Schram, *Mao Tse-tung Unrehearsed* (Harmondsworth, Penguin Books, 1974), pp. 180-181. 毛泽东在 1964 年 12 月 20 日谈到中央委员会工作问题时认为，这些新的资产阶级应当称为"分子"(elements)、"集团"(cliques) 而不要叫"阶层"(strata)，见 *Miscellany of Mao Tse-tung Thought* (*1949—1968*) [Arlington Virginia, Joint Publications Research Service (JPRS), 1974], Part Ⅱ, p. 413。

② 毛泽东在 1958 年 11 月已然强调需要随着革命的深入进而消灭"资产阶级法权"，见 *Miscellany of Mao Tse-tung Thought* (1949—1968) [Arlington Virginia, Joint Publications Research Service (JPRS), 1974], Part Ⅰ, pp. 130-131。1960 年左右，在关于免费供给制的意见中，毛泽东又回到了这一问题上，见该书第 233 页。

③ 我在《中国季刊》1971 年第 46 期第 229 页上对《工作方法六十条（草案）》的译文第 22 段。

④ 参见 1964 年 8 月 18 日毛泽东同康生、陈伯达的谈话，见 S. Schram, *Mao Tse-tung Unrehearsed* (Harmondsworth, Penguin Books, 1974), p. 226。若参阅"佛教和道教唯物主义"的内容，见该书第 230 页。

初的观点更具优势。马克思认为，正是在通向共产主义阶段的势不可当的潮流中，辩证法才会停止或消亡（正如我们已看到的，在斯大林对马克思主义的理解中，在社会主义阶段辩证法就已在很大程度上停止了）。然而，毛泽东对此的想法却表露出了一个严重问题：他的整个思想符合马克思列宁主义基本原理吗？

毛泽东在他生命的最后20年间对历史进程的看法越来越不确定了，这无疑应当看成是毛泽东对他所理解的中国局势的反思，并不是他运用辩证法原理的结果。同时，他的思想结构中所发生的变化，可能导致了他现在对中国乃至全世界社会主义的前途命运的更加不确定。

既然毛泽东决不打算放弃社会主义目标，那么对此问题的一种答案便应该是，毛泽东试图重新强调政治斗争的主观层面，强调主观态度对客观事物的影响，这是毛泽东自20年代以来就极为关注的。1928年在井冈山，当时军队的大多数士兵并不是工人，或是严格意义上的农民，而是游民无产者，面对如此形势，毛泽东总结道，唯一弥补办法就是“在此种情况下，只有加紧政治训练一法”[①]。根据这句话和类似的段落，我过去以为，毛泽东将一个人的阶级属性几乎完全看作是由其主观态度决定的。我至今仍认为这一结论是基本正确的，但同时我认为近几年这种分析已经被滥用了。

自“文化大革命”以来，不断有人提出，毛泽东定义的“无产阶级”是某些能正确理解他思想的人。这种说法不仅是个极端论断，它忽视了真正鲜活的工人阶级所发挥的巨大作用（比如在“文化大革命”时期的1968年7月），还可能错误地提出问题。另外，我们认为毛泽东把阶级属性视为部分地由思想和其他主观态度决定，那我们难道不应当说毛泽东把思想标准视为政治标准的补充吗？不妨考虑一下，毛泽东在50年代曾提出所谓“五类分子”的说法：地主分子、富农分子、反革命分子、坏分子和右派分子。这一说法至今还在使用。其中两类是社会性的，两类是政治性的，一类是思想性的。毛泽东把它们放在一处，似乎没有看出其中的任何矛

① 毛泽东写于1928年11月25日的报告，见S. Schram，*The Political Thought of Mao Tse-tung*（Harmondsworth，Penguin Books，Revised and enlarged edition，1969），p. 269。

盾和问题。难道他没有把革命看作无产阶级、农民和好人的工作?难道所有可用的材料不能说明，毛泽东和刘少奇其实具有“知行合一”这一儒家观念?

那么，毛泽东把马克思主义之树移植到中国，并为它添加了他自己的枝干，我们又应该如何看待这棵新的马克思主义之树的基本特征呢?毛泽东作为马克思主义者对中国未来的影响又有可能是什么，会与他的整个遗产不同吗?总之，毛泽东的马克思主义是属于列宁主义派的，但在接触中国实际中又经过了修正，并且又通过哲学维度得以丰富充实，而这些哲学维度或与马克思的思想一致，或与之相背离。

毛泽东坚信必须要集中领导和党的领导，这使他当之无愧地处于列宁主义的主流地位。“文化大革命”早期毛泽东对党进行了猛烈攻击，当时西方观察家（包括我本人在内）夸大了它的意味。1949—1976年全部历史最终表明，毛泽东不仅把党视为领导革命的有用工具，而且是领导革命的合适工具。毛泽东同样也是列宁主义者，他认为“无产阶级专政”应由党来领导，通过一系列的过渡阶段，无产阶级专政可以很大程度上引导和控制前资本主义社会的进化，进而为社会主义奠定基础而继续建设社会主义和共产主义。

按照苏联模式，城市工人阶级优先，技术和管理精英优先和技术优先。毛泽东大大淡化了这种情况而与列宁分道扬镳了。与马克思和列宁及其门徒不同，他并没有使这些先锋或精英分子脱离，或者凌驾于普通群众之上。以此观之，毛泽东的这种做法可以看作对马克思的回归。另一方面，在人类从史前期到共同控制生存环境的过程中，工人阶级所发挥的独一无二的作用，至今都是马克思思想以及列宁思想的核心。毛泽东对无产阶级专政原理作了微妙的重新解读，这一方面反映出中国社会的异质性，另一方面也贬低了工人、资本家以及西方城市和工业社会在世界历史中的地位。

毛泽东不断地提出人类奋斗的规模和重要性问题，在他生命的最后20年中尤其如此。在这一点上，毛泽东更像马克思，而不像一心关注政治斗争技术的列宁。毛泽东不仅想要了解如何建设社会主义，而且想要弄清为什么要这样做。他关心的某些方面与马克思完全一致，比如用公共利益来根除自私自利，并取代私人利益。在另外一些问题上，如消灭城乡差别，毛泽东与马克思所追求的目标是相同的，但实现这一目标的途径却不同。马克思想要使乡村从“农村愚昧”状态提高到城市水平；而毛泽东则认为乡村中既有美德又十分落后，可以从两方面着手改造。最后，毛泽东在一个至关重大的问题上与马克思分道扬镳了。马克思认为自由固然只能在集体经济的基础上才能迅速发展，但从本质上讲却是文艺复兴时期人们的自我表达。而中国文化中，个人自我修养目标比现代欧洲所曾有过的更严格地服从于政治利益和集体的共同善。毛泽东作为这种文化的继承人，作为首先感到自身为帝国主义统治所奴役的一代中国人之一，他对这些事情必然抱有不同的看法。

马克思在展望全球革命时曾给亚洲“解放战争”以一席之地，但他没有明确地把它们与社会革命联系起来，即便这个社会革命根本不能与欧洲无产阶级将要实行的社会革命相比拟。马克思和恩格斯曾讨论过，在俄国和其他“亚细亚”国家走“非资本主义道路”，在这个意义上说，他们的这种假定建立在一个固定的前提下，即这种发展要由西欧无产阶级革命家来发动和指导。[①] 列宁确曾设想过，亚洲国家采取民族解放斗争的形式，进行资产阶级民主革命。但是，在他看来（他的继承者更是认为），民族解放只是被用来在世界范围内推动革命、保卫苏联的力量。亚洲人民维护其民族传统的斗争，对列宁来说本身毫无价值。

毛泽东的看法则完全不同。对他来说，中国人民为了掌握自己的命运而进行的斗争，首先要推翻帝国主义统治，其次把中国建设成为“富强”的社会主义国家，最后（同样重要）再放弃苏联的“指导”，这些是他通过马克思主义革命所理解到的全部。

毫无疑问，毛泽东对革命理论和实践都做出了重大贡献。也可以肯定，毛泽东属于马克思主义者之列，因为他的思想中不论包括什么其他成分，他仍大量地吸收了马克思和列宁的东西。但是，他对马克思主义有没有做出贡献呢？这有赖于我们对另一个问题的回

① *Marxism and Asia*，pp. 7－15，115－125.

答："一个像马克思主义那样重要而有影响的思想体系，它只属于思想家本人，还是属于历史?"如果回答是前者，那么不可能说毛泽东对马克思主义的发展做出了贡献，因为，几乎可以肯定马克思不会接纳他为门徒（当然，有些人完全不赞同这一结论，但我相信大量材料可反驳他们）。与此同时，如果每个时代中的马克思追随者们所理解的马克思主义都可以算是马克思主义的话，那么毛泽东应当可以算作我们时代的主要的马克思主义理论家之一。

对列宁主义传统（按任何合理标准，这是源于马克思的理论流派之一，却不是唯一），毛泽东贡献了三个重要洞见：(1) 社会主义革命与产业革命不同，它也包括改造人本身；(2) 虽然天生具有觉悟和广阔的历史视野的领导人必不可少，但如果不倾听下面的呼声，那么这种领导就会无效而腐化；(3) 农民和工人一样，值得倾听他们的呼声，而且农民有具备参加创造新社会的能力。如果毛泽东能够置之不理，至少暂时在1973年，他没有发动另一场运动来反抗新生官僚（实际上这场运动却只不过是官僚间的相互取代罢了），那么毛泽东的成就无疑会更大，也因此他作为马克思主义理论家的威望也会更高。或许，除了他生命中最后五年留下的零星指示，他并没有发动这些运动，而仅仅是年老体衰，无力阻止极左派打着他的旗号这样做。如果是这样，毛泽东作为一个理论家，我们对他的这种贡献的判断居然要受到类似历史事件的影响，岂不令人啼笑皆非？但历史并非总是公正的。

最后，毛泽东留给中国人的马克思主义遗产的性质又是什么呢？它是一个完整的革命思想体系，还是一种方法（他的接班人将不得不以其自己的方式运用），抑或介乎二者之间？尽管毛泽东在辩证法和复杂社会分析中注入了不确定性因素，但我认为，他留给后人的绝不仅仅是方法，而且是更类似于某种体系，并且这种体系既开放又不拘泥于教条。也许可以用毛泽东自己的比喻来描绘它的确切性质。1958年1月，毛泽东在详细解释他的"继续革命"论时，曾回忆起一句湖南民谣："草鞋冇（没有）样，边打边像。"①

---

① S. Schram, *Mao Tse-tung Unrehearsed* (Harmondsworth, Penguin Books, 1974), p. 94.

换言之，革命就是不断的即兴创造。而且，当他在完成他的使命时，这位编织者心中就已经明确了他所要“打”的草鞋的形状了。毛泽东并没有打完中国革命这只“草鞋”，但它已开始成形，而且在未来的漫长岁月里，他的印记几乎不可能消逝。

（唐秀兰译）

附录 3

乌托邦去来：中国共产党历史的一个周期[①]

中国共产党在 1981 年 7 月 1 日庆祝它的成立 60 周年。为纪念这一时刻，党亲自发出声明总结近数十年的经验。这也是局外人回顾一下以往 60 年的历史，希望能抓住凸显可能会继续影响未来事态的那些长期的倾向性的适当时机。

本文的目的就是要提供这样一个总的回顾。我不想对这一正趋向结束的周期内的全套重要倾向和论争都来一个回顾，更不想写成这一阶段的简史。我的探讨宁可尽量紧紧抓住一个中心论题，并围绕它展开讨论。

当然，本文的题目就说明我挑选出作为中心论题的性质，意味着它仅是抛砖引玉性的，而不是力求严密精确的。特别是我故意借用了"乌托邦"一词模棱两可的含义，它既可指尚未实现但在某种情况下可以实现的幻象，又可以指人类不能做到的专断的和不现实的苦思冥想。没有前一意义上的乌托邦的号召力，也就没有一个有效的政治运动，当然，也就没有一个革命政党能够得以生存。我主要的关切点之一，就是要考察在中国共产党历史上的不同阶段中，这种必要的和现实的（如果这样的并列不算太荒唐的话）乌托邦主义是怎样被第二种意义上的乌托邦主义所吞噬、所勾销的。

"到乌托邦去和返回来"这一公式，清楚地意味着中国共产党在某时期内或某既往时期内，如果不是生活在乌托邦之中，那么也

---

① 译自 Stuart R. Schram，"To Utopia and Back：A Cycle in the History of the Chinese Communist Party，" *The China Quarterly*，No. 87，Sep. 1981，pp. 407-439。

是生活在即将实现乌托邦的期望之中，而后来终于抛弃了这些期望，或曰这些幻象。无疑地，读者会意识到这是指毛泽东在“大跃进”时期及“文化大革命”时期提出的乌托邦幻想，以及目前中国领导对这两个运动的批判和否定。我将值得给予的注意力给予这两个引人注目的事件，而只有依据20世纪20年代和30年代的乌托邦冲动，才能理解50年代与60年代的乌托邦主义。事实上，在适当考察中国共产党的历史时，有必要追溯得更远些，并考察这个周期之前的周期。

乍一看，中国历史发展的最近阶段，只能参照从前的事态才能理解。这种说法看来只是对明显不过的事实作不必要的反复说明。可是，在几年前，如果提出1861年的保守派的洋务运动与中共领导的革命的后一周期之间有任何联系，就会被认为是极端反动观点的表现，对这种联系只有否定和否认。

我仍记得大多数哈佛大学的研究生们用愤怒来迎接本杰明·史华慈大概在1969年的讲课的情景。那次讲课的主题是：“为什么日本在明治时期维新‘成功’了，而中国在19世纪末叶却不能‘成功’?”他们争论说，正是中国才“成功”地创立了一个美妙的、革命的社会。至于日本，它不仅不能成为亚非人民学习的典范，而且它取得相对伟大的物质胜利的过程，其趣味不浓，或重要性不大。

十年前抱这一观点的西方某些人（还有日本人自己）现在仍这样想。中国人肯定不那样想。不仅明治的经验可以提出来作为仔细研究的例子，尽管当然不必去模仿它，而且中国自己的相对不成功的保守的新派人物，从曾国藩到张之洞，都已在某种程度上恢复了名誉。一方面，曾国藩由于在镇压太平军时所起的作用，仍然被认为是“刽子手”；另一方面，越来越提倡从整个来看洋务派的作为“基本上是进步的”这样的观点，或至少认为它们包含着显著的“积极意义”。

人们一再指出，孙中山把太平军当成前驱，而蒋介石在30年代转向右翼的时候，却把他们视为土匪，并以曾国藩自居。的确，人们都认为这一转变是此时在国民党内出现反动倾向的关键性和决定性的信号。无疑地，有人用同样眼光来解释目前对洋务运动的重新评价，事实上，并没有发生推翻对太平军的肯定评价的问题，那始终是毛泽东与其他中共发言人所认定的公式；而只不过是用一个更复杂的分析法代替它，即认为统治者与造反者、改良家与革命家都起过一定的作用，以此代替把19世纪与20世纪的历史分析成“两条路线的斗争”的简单化提法。①

对“现代化”的肯定的评价，在任何意义上，都不是对原先理想的背叛或背离。在不久以前，一提起这个名词就常被认为是西方文化的专横表现，因为似乎这意味着在加入“现代化”世界时，亚非人民就必须变得像欧美人一样。事实是，自从延安时期以来，无论是毛泽东还是其他中共领导人都毫不犹豫地任意使用这个词，来表达他们意欲推进的革命目标的一个方面。他们屡次提出工农业要“现代化”，换言之，也就是说需要技术上的进步。事实上，在“大跃进”时期，毛泽东曾两次开创中国的工业化，这也就意味着把开创结果形成城市工人阶级的社会政治变革，归之于张之洞的作为。②

目前的看法与一二十年前的看法之间的基本差别是，强调只有在当时条件下能够实现的那些理想与运动，才真正是建设性和进步性的。这一观点正是否定毛泽东晚年的乌托邦主义的精神实质之所在。到一定时候，我就要讲到它。至于对19世纪的解说，一位作者在回答责难说什么洋务派的“封建官僚们”不能代表新生的资产阶级力量时，直率地写道：“在当时中国，有谁能代表新兴的资本主义力量呢？又有什么新兴的资本主义力量可代表呢？”

当然，在19世纪末叶，中国的资产阶级开始出现。1898年的改良派和20世纪初叶的革命者，通常被看成是反映了这一总范畴内的不同集团的理想和利益。但是，如果从“同治中兴”到五四运动这一周期，与最近完成的、以贯穿一切的现代化与发展经济为目标的中共的头一个周期两者之间有连续性的话，那么，在1911年前后的历次革命运动与毛泽东领导下的特别是在1927年以后随之展开的中国革命之间，又有没有任何有意义的连续性呢？

这个问题的一个基本方面就是城市与乡村的关系问题，约瑟

---

① 参见陈旭麓：《中国近代史上的革命与改良》，载《历史研究》，1980年第6期。

② *Wan-sui* (1969), p. 245, and *Wan-sui* (1967), p. 15.

夫·埃谢里克最有说服力地争辩说，根本就没有任何有效的连续性，因为20世纪初叶的革命家们，不论他们的动机多好、思想如何激进，首先也还是城市的知识界名流，而毛泽东却有意识地避开城市，去寻觅农民所固有的目标和价值。① 依我看来，这个论题是有趣的，足以引起争论，但基本上误入了歧途。

首先，它忽视了从徐锡麟、秋瑾和陶成章直到孙中山的革命家们，通过秘密会社的中介来动员农民的努力的意义。更重要的是，埃谢里克的辩论意味着毛泽东不是马克思主义者，他所领导的党不是马克思主义的政党。那是完全不对的。毛泽东在他一生的不同阶段中，可能是也可能不是“好”马克思主义者。但无疑地，他是以马克思主义者自命的。因此，他相信必须用“无产阶级”的思想来指导中国革命，这种思想在某种意义上说，来自城市的工人阶级。

总之，在中国共产党成立六年之后，毛泽东才开始试验农村游击战方式的革命，这就是最后人所共知的夺取权力的“中国式道路”。虽然近几年来，人们惯于把从1921年到1927年当成序幕，与后来的演出没有多少联系，除掉反面教材以外没有多大的重要性；但是，这个最初阶段在事实上是中国共产党的60年历史周期的一个组成部分，它对于今天来讲，并不是没有教育意义的。

对中国共产党成立前夕的中国的主要情况，可以概括成三点：民族屈辱、社会不宁、思想混乱。

一系列军事上的败仗，从鸦片战争起直到义和团暴乱的被镇压，导致日益严重的外国干涉和侵犯，结果“亡国灭种”就成为每个有觉悟的中国人所经常考虑的问题，尽管有群众性的排外运动，尽管有城市知识分子的一再抗议，其最高潮为五四示威运动，然而还是看不到任何扭转形势的希望。

其所以缺乏有效反抗的原因，当然，还要归咎于社会上的、政治上的和经济上的混乱。国家自从19世纪末叶以来即陷入其中。帝国崩陷了，无人再信任皇帝的旨意，而且议会民主还是不能生根，却又提不出任何可行的其他抉择。即使有托洛茨基及其门徒们提出

① Joseph Esherick, *Reform and Revolution in China: The 1911 Revolution in Hunan and Hubei* (Berkeley, University of California Press, 1976), pp. 256-259.

的论点，中国在任何意义上也没有变成资本主义国家。外国竞争的影响因为致力于第一次世界大战而受到限制，在此期间中国工业有了引人注目的发展，虽然，到 1921 年时就结束了这个短暂的发展时期。总起来说，中国资产阶级的出现，似乎更像是地主阶级的扩散，而不是相反。这些不同矛盾着的倾向的产物是一个社会经济制度，它包括资本主义社会的最坏的特色，加上中国人自己称之为前资本主义的"封建"社会，而这两种社会制度的优点却全然没有。

最后，要详尽阐述知识界对这些问题的充分反应，可以说自从严复和改良派除掉只采用西方技术之外，还企图理解、吸收和利用西方思想的精髓以来，时间已经过去 30 年了。在此期间，特别是通过翻译国外资料的途径，迅速传播了外界消息，但是还没有产生有效的中西思想的综合。

当中国共产党用马克思学习小组——那其实是党组织的萌芽——的形式，于 1918 年至 1920 年间在北京和其他地方出现时，就提供了文化交流困难的一个突出例证，以及因之而来的思想界的混乱。直到 1919 年春，李大钊本人就认为马克思主义是僵死的宿命论学说，并据此争论说，只有用某种其他更强调良知和人类意志的哲学来加以补充，才可以接受它。① 的确，李从一位意大利科学家尤金纽·利格那诺的散文中逐字译出马克思文章的许多重要片段。这样，他的作品就成为"两个不同的但在同样的误解基础上写作的作家观点的奇异混合"②。但是，李大钊更有自己的理由用这个观点看待马克思主义，也这样来吸取利格那诺片面的解释。

显然，李的存在主义态度的根源在于他决心要在中国搞革命，哪怕按马克思主义观点看，条件尚未成熟。李与这个新生党的党内年轻同志毛泽东，对同一问题有用马克思主义词句证明立即革命为有理的不同解决方法。毛泽东在 1920 年至 1921 年冬写给他的朋友蔡和森（那时在法国）的信中，把整个人类划分成十亿"无产阶级"

---

① 参见李大钊：《我的马克思主义观》，载《新青年》1919 年第六卷第五、第六号。杜蒸民在《李大钊哲学思想发展初探》一文中强调指出李在 1919 年的观点上的"二元论"，这鲜明地反映了中国学术界论述中的全新气氛，载《哲学研究》，1981 年第 6 期。

② 关于李大钊对马克思主义的解释与利格那诺的解释的联系的简明讨论，见 David P. Barrett，"Socialism, Marxism and Communism in the Thought of Hu Han-min"（University of London PhD Thesis 1978），pp. 81－82。

与五亿“资本家”。因为被压迫的人类的三分之二不想无限期地忍受这种残酷的命运，各国的激进共产党人就变得日益强大，他们必须行动起来夺取政权。①

在许多亚非国家中资本主义比中国还更不发达的情况下，毛泽东的十亿“无产阶级”打算砸烂枷锁的想象，当然会被认为是乌托邦。但是，难道这真比半年以后在中国共产党 1921 年 7 月第一次全国代表大会上通过的路线还要更富于空想色彩吗？② 那条路线号召一个纯粹是工人阶级的革命，不掺杂其他阶级，而在当时中国却只有 150 万产业工人。③

不管一大的路线够不够资格算成“乌托邦”，但肯定它行不通。列宁在前一年的共产国际二大上已经制定了一条走出困境的路，而在 1922 年年初，跟“民族资产阶级”革命派搞“统一战线”的关键性观点，已被有力地展现在中国共产党人的注意之前，他们并被命令接受它。然而，他们不久就发现正在执行的不仅是跟孙中山的国民党搞统一战线，而且还是一种简单的共生形式，即人们称之为“党内合作”的形式。

这个事实有不少讽刺意味，即通常被认为是斯大林对中国革命的错误领导的核心问题的这一组织形式，实际上是由一个后来成为托派的荷兰人设计出来和强加给中国共产党人的。他名叫亨德里克·斯内夫列特，在中国的名字叫马林。④ 然而，在国共合作的关键性的最后两年，在 1925 年到 1927 年，斯大林在共产国际和苏联

---

① 参见湖南历史资料编辑委员会：《湖南历史资料》，1959 年第 9 期，83～84 页；S. Schram，*The Political Thought of Mao Tse-tung*（New York，Praeger，1969），pp. 297－298。

② 一大是在 1921 年 7 月 23—31 日召开的，见邵维正：《中国共产党第一次全国代表大会召开日期和出席人数的考证》，载《中国社会科学》，1980 年第 1 期。

③ 关于一大的决议，见 Chén Kung-po，*The Communist Movement in China*（New York，East Asian Institute of Columbia University，1960），pp. 106－110。这些资料的中文原件已丢失，中国学者只得依赖陈公博在 1924 年写的这一英译本与一个基本相似的俄译本。这两个版本已被回译成中文并在《一大回忆录》（104～114 页，北京，知识出版社，1980）中并列转载。关于这一早期中国工人阶级的最方便的资料仍是 Jean Chesneaux，*Le Mouvement ouvrier chinois de 1919 à 1927*（Paris，Mouton，1962）。

④ 道夫·宾在《斯内夫列特与早期的中共》一文中探讨了内部集团的来源，见《中国季刊》，1971 年第 48 期，677～697 页（同时参见他与芒特朱威夫夫人的论战，载《中国季刊》第 53、54 期）。根据这些意见交流与可得资料，包括某些《共产国际与东方》（Moscow，Nauka，1969）的投稿人引用的共产国际档案的摘要，显然是斯内夫列特在 1922 年 3 月向陈独秀及中国共产党人提议搞党内合作（他提出建议的那个会议究竟是否为中共中央委员会的全会已不得而知），被他们驳回后便立即去莫斯科取得共产国际执委的正式批准，然后回到中国，并于 1922 年 8 月把这个建议强加给中国同志。

政府的事务中，日益起着支配的作用，所以，把这个在实施中的合作形式当成是斯大林的创造发明，不是没有理由。

从一方面看，斯大林给予中国共产党的策略走得太远了；从另一方面看，它又非常不够。正如列宁一样，斯大林不仅认识到在一个像中国那样屈从外国支配的国家中，不同的社会阶层之间，特别是无产阶级与资产阶级之间有共同的利害关系，他表现得有思想准备，如果不是在理论上，那就是在事实上把国民党看成是中国革命的旗手。他这样做主要是认为农民只相信国民党，而不肯接受共产党人的领导，如果共产党人打出自己的旗帜的话。

在对农民的政治觉悟与革命潜力低估的情况下，在 1927 年以前，斯大林很少倾向于开始认真估算中国社会的农村地区的分量。他不能掌握这一事实：虽然中国的大城市绝不是全国的边缘现象，但是它们并不构成决定性的权力中心。因而他就设想中国革命的最后命运可以由少数几个城市决定，正如法国革命的成败全在于巴黎，而布尔什维克的夺取政权则在于莫斯科与彼得格勒。这种想法无疑也可以被看成是一种乌托邦。当斯大林想证明他的判断是正确的，于 1927 年 12 月，用下令搞广州公社的灾难性冒险方法，来抹掉八个月以前在上海所遭到的流血惨败的记忆时，这种乌托邦就成为会变成噩梦的梦想。

尽管结局是灾难性的，但是中国共产党在头六年打下了它日后发展的基础。统一战线使党的领导人员在肩负政治责任方面获得一些经验，并更加为公众所熟知。它也使党员总数迅速扩大，扩大到这样一种程度，即使在 1927 年 80％～90％的党员不是被杀害就是被吓得脱党以后，中共依然是一个有异于 1921 年初创时一小撮知识分子及其他的政治势力。

关于出现夺取权力的“中国式道路”的详细内容，包括毛泽东发现红军的重要性，毛泽东和朱德及其他人对打游击战战略原则的阐述，关于策略和路线问题的党内斗争及其他一切，都在历史上有很大的趣味性，但在这里，我不能认真探讨这些问题。然而，在我们探讨中国革命中的乌托邦主义的社会思想根源时，必须考虑“农村包围城市”的总战略的含义，这个总战略是在 1927 年以后一点一滴形成的。

让我们开始考察毛泽东在农村的冒险史的第一阶段，在井冈山的斗争的某个方面。因为毛泽东本人非常直率地向中共中央委员会的报告中谈到了这一段经历。我们知道，在井冈山时期的党内，尤其是红军内的新成员中的大多数并不是正经的农民，更不是工人，而是游民或农村的地痞。我们也早就知道，当毛泽东上井冈山时，发现那里有两股土匪武装，头子叫王佐和袁文才，在教育和改造了他们之后，他就把这些部队编入红军。

当然，在这两件事物中有某种联系，因为用毛泽东自己下的定义，土匪乃是游民的范畴之一，这一点一直很清楚。[①] 然而，人们可以假设，毛泽东补充这些游民成分加入无产阶级军队，主要反映了他一直怀有的对被社会摈弃者的同情。既然邻近县县长的公文告示实际上“上不了山”，而族长和民团又力量单薄，那么这两个土匪头子实际上控制了成为井冈山根据地的这里的整个社会。

情况既是这样，毛泽东之所以跟他们结盟，并不是容忍和宽厚的举动，而毋宁说是必要的妥协，没有它，红军很可能就不能生存。毛泽东在 1928 年 11 月 25 日给中央委员会的报告中，颇有点申辩似的指出：并不像湖南省委所说的那样，他的士兵全部都是游民，但他们在红军中确实占据很大数量。当他这样说时，他自己也就暗示了这种困境。他断言，出路就在于加强政治训练，“以便使这些成分有本质的改变”[②]。

我从这一段中得出结论说，毛泽东相信能从根本上改造任何人，使其成为无产阶级的先锋队，为此，我在过去曾受到批评。但我对井冈山记忆犹新。去年我曾有幸来到井冈山的茨坪博物馆，以同一观点来和与会者讨论这些问题达六小时之久。[③] 王和袁虽然变成中共党员，但仍然保留不少土匪的习气，因此他们在 1930 年 2 月被枪决。毛泽东、朱德离开井冈山根据地后，把那里的指挥权交给

---

① 参见《中国农民中各阶级的分析及其对于革命的态度》，见 Schram，*The Political Thought of Mao Tse-tung*（London，Pall Mall Press，1964），p. 245。

② Ibid.，p. 269.

③ 作为“研究中国革命问题北美洲代表团”之一参加了 1980 年 7 月 8、9 日的讨论会（其他参加者有陈志让、埃德·弗里德曼及邹谠）。

了彭德怀。在讨论这一事件时，茨坪的专家们说，一方面彭肯定不是什么犯了“屠杀”这两个“好同志”的罪行，如像“文化大革命”时期中说的那样，但另一方面他对他们确实抱有与毛不同的态度，因此早就主张去掉他们。毛被说服说王与袁真的“变了性”，既然变成党员后，他们就有了一个新的社会政治身份。而彭更不倾向于认为他们的转变是决定性的。

我用相当的篇幅讨论这一事件。因为在我看来，它在我们探索毛的乌托邦幻象的根源上有根本的意义。对于感情的或本能的感觉即革命一定是可能的，因为人类的三分之二被剥削，对于实用主义的政治判断，即根据中国的主导条件，农民可以在实质上代替工人阶级来做革命斗争的矛头等等这些，必须加上一条哲学上的和心理学上的观点，即客观现实能够通过作为这个客观现实一部分即执行人的深刻的主观变化，来适当地加以修改。

我刚刚提到毛的“乌托邦幻象”。但我们正在讨论的这些乌托邦倾向难道只是反映了毛个人的追求，或者中国共产党本来就有这种内在因素，还是甚至在中国社会中就有这种内在因素？

如果我们考虑 1927 年到 1949 年革命的唯一最有分量的社会学事实，具体地说，工作从城市转向农村的事实，可以看出这种新战略主要是根据情况需要。但另一方面，对不同的人，它意味着不同的东西，而无疑地毛把他自己对问题的理解的烙印加到党的身上。

即使是像李立三那样认定工人方向的人，不久也被迫承认红军和农村根据地在中国革命中起主要作用。在 1930 年夏季下令发动几个关键城市的攻势失败以后，农村的主导作用变得更明确了。斯大林，他是一个极其现实的人，甚至更早就承认这一事实。因此，在 30 年代里争论的问题，并不是当时革命的主要行动场所在哪里的问题，而是革命的性质与动力的问题。

在很大程度上，问题被总结成“无产阶级统治”这样一个口号。中国共产党内每一个人，包括毛在内，都同意离不开它。但在中国条件下，这句格言意味着什么呢？当然，对列宁的一切信徒们来说，首先它意味着革命必须由工人阶级先锋队领导，即共产党领导。但那只是回避了问题。那么，哪一种共产党才能合法地领导中国革命呢？

莫斯科的回答很清楚。1931 年的一份共产国际的指示宣称："无产阶级统治及革命的胜利发展，只有在这种条件下才有保障，即中国共产党变成无产阶级政党，不仅在政治路线上，还在组成成分上及其一切领导机构中的工人所起的作用上。"[①] 这显然是说，中国共产党暂时还考试不及格。30 年以后，在苏共中央委员会 1964 年 2 月的会议上，奥托·库西宁又一次斥责中国领袖们对工人运动的"错误"的、"疏忽大意"的处理方法，并且还说，"在这一重要原则问题上，共产国际是百分之百正确的"[②]。

这不是没有讽刺意味的，即资产阶级知识分子创建的向工人阶级灌输阶级觉悟（这种觉悟工人自己是不能自发产生的）的组织"先锋队政党"，却被它的发明人列宁的继承者们应用于强调政党的决定性意义来如此训斥中国人。但是，按列宁的设计，即使已被农民（姑且不谈农村的地痞或流氓无产阶级）所内化的正确政治路线，仍不足以使一个主要为农民成分所组成的政党成为无产阶级政党。要成为一个真正的共产党，鉴定其与那些有着真正血统的城市工人阶级的某种联系，仍然是必需的。

有关乌托邦主义给我们带来什么问题呢？过分依赖农民可能（也常常）被认为是异端，但却不能被说成是乌托邦，因为它行之有效。再不然，如果梦想用"农村包围城市"的过程来战胜国民党，那可以算是第一种乌托邦主义，它可以被当成行动的指南和鞭策。毛泽东大概比他的大多数战友们更全心全意地坚持这条农村道路，而且屡次提出证明其正确性的论据，从这一观点上看，可以把他当成党的主要发言人，他有力地表达了这一主导思想。

依据目前中国强调"毛泽东思想"不是一个人的创造，而是全党的集体创造这一事实，可以饶有兴味地注意到，是刘少奇最有系统地论证了中国共产党的"无产阶级"性，尽管它活动在农村环境

---

① Resolution of the Presidium of the Executive Committee of the Communist International on the Tasks of the Chinese Communist Party (26 August 1931), H. Carrère d'Encausse and S. Schram, *Marxism and Asia* (London, Allen Lane, The Penguin Press, 1969), p. 246.

② *Marxism and Asia*, p. 333. 由于库西宁亲自起草了许多有关的指示，他抱这一观点是不足为怪的。

之下。

刘在 1945 年 4 月党的第七次全国代表大会上提出的这些论点，是复杂而又微妙的，但为了本文的目的，可以概括成下列四点：

第一，中国共产党是在 20 世纪 20 年代伟大的工人运动的基础上产生的。

第二，即使在农村斗争的年代里，党实质上仍有不少从工人运动中产生的干部。

第三，虽然党员的绝大多数不是工人，而是农民、知识分子与其他小资产阶级分子，但他们受到了彻底的思想教育，以至于“改变其原来小资产阶级的本质，使他们具有无产阶级先进战士的性格”。

第四，根据中国工人运动在城市中受压迫的情况，革命的当前任务是解放农民，只有派遣先锋队到农村去，中国共产党才是“代表了中国的工人阶级，执行了中国工人阶级在目前时期的任务”①。

这样，刘就从一开始比毛的整个倾向更有力地强调中国共产党与城市工人阶级之间的有机联系，作为党的合法性的源泉。一方面刘跟毛一样，相信改变党员的“本质”的可能性；另一方面，他发展这种思想是针对农民和知识分子的，而不是针对农村地痞的。在 1927 年以后，他大部分的经验是搞工会运动及城市秘密工作。他甚至可能感到比彭德怀更难以跟土匪交朋友。

然而，他总结说，“我们党员的社会出身不能决定我们党的性质”，还有，一个像中国共产党“经过这样产生，又经过这样锻炼与教育出来的党，与任何资本主义国度内的无产阶级政党比较，至少是毫无愧色的”②。这些，毛肯定是同意的。但是至于党的其他领导同志，特别是在苏联学习过的所谓留学生派，对刘使主要在农村搞的“无产阶级”革命合理化，无疑会感到不太舒服。

尽管毛和刘在个性和观点上有许多差异，但他们的共同特点之一是相信用教育方法来传授美德的可能性。当然，在“文化大革命”时期，刘写的《论共产党员的修养》是将他谴责为“儒家”的

---

① 《刘少奇选集》（上卷），160 页。

② 同上书，177～191 页。

口实。但那确实反映了中国人强调主观变化的可能性的传统看法。正如我们业已谈到的，那是毛的特点，也是刘的特点。

谈到儒家思想中关于德行与正确政治行为之间的紧密联系问题，情况也是一样。从更严格地贯彻执行发展新党员的五项标准中，可以看出毛对这一观点的信奉。他于1929年12月的《古田会议决议》中就建议执行这些标准。这些规定如下：

（1）他们必须政治观念没有错误（包括阶级觉悟）。

（2）他们必须是忠实的。

（3）他们必须有牺牲精神并能积极工作。

（4）他们必须没有发洋财的观念。

（5）他们必须不吃鸦片，不赌博。

应该注意，在五条中有四条专指道德品质上的问题。唯一与政治有关的一条并不是强调出身成分，而是指政治态度。显然，这是那些形形色色，甚至有暧昧社会政治背景的人们所能够达到的标准。

在1927年建立井冈山根据地以后的20年内，中国共产党几乎经常为生存而斗争。在这种情况下，很自然地会接受一切能证明他忠于无产阶级事业并愿为此牺牲自己的人为战士。但必须注意到这个做法的意识形态上的含义。

与此同时，中国共产党得以形成1949年时的规模，依赖其发源于武装斗争，这一点也助长了乌托邦思想。毛泽东塑造了一个“自觉的能动性”，对于这点他非常重视，认为是“人类的特点。人类在战争中强烈地表现出这样的特点”[①]，这绝不是偶然的。因为战争实在是最不可预测的人类活动之一。一支有高明的足智多谋的指挥官的军队，它的士兵们又准备死战，能打败一支强大它许多倍的敌军，而红军多年来一再这样表现过。在这个意义上，毛对战争中主观因素的信仰等于是一种现实主义的乌托邦，这种乌托邦主义起到了最后战胜国民党的作用。但同样的乌托邦主义在经济发展上却不一定适用，因此，在“大跃进”时，中国共产党“向大自然宣战”，

① 毛泽东：《论持久战》，见施拉姆在《毛泽东的政治思想》第284页上的摘要（目前在中国发行的版本中删掉了“战争是自觉的能动性的最高实例”的说法）。

并想用同样的无视客观实际的办法，结果是另一种性质的乌托邦主义了。

在1958年的伟大的乌托邦实验之前，用毛的说法，中国人在人民共和国的头八年里，很大程度上是“模仿苏联”。事后回顾，这一硬搬苏联模式的阶段倒是有点反常。人们可以争论说，20世纪50年代莫斯科与北京的相对的和谐一致，比起60年代的关系破裂倒更令人费解。可是，即使在1962年，在60年代的初叶，毛仍然感到“完全必要”，几乎在一切事情上都模仿苏联，尤其在重工业领域内。①

姑且不谈苏联的压力，这个政策无疑是因为面对建立行政系统和建设社会主义经济的紧迫任务要马上拿出现成的办法来而被迫采用的。但是，在选择追随苏联道路的时候，难道中国人就抛弃了他们原有的乌托邦主义吗？他们是否只是把对乌托邦目标的追求暂时搁置起来？再不然，他们是否认为苏联制度本身也是乌托邦的一种形式？

我将讨论其中的几个问题。先谈最后一个假设，因为看起来它是最奇怪的问题：在今天的世界各地，普遍认为苏联道路更像是死胡同而不像是什么乌托邦。然而对中共来说，从历史的发展水平来看，1953年的第一个五年计划的实现，象征着巨大的跃进，中国从一个落后的半殖民地半封建的国家，在短短几年内变成世界社会主义阵营内的一个重要成员。在此情况下，在社会主义的发展道路上迈步，可以被看成是走向乌托邦的巨人的步伐。

然而，从另一意义上来看，中共似乎把乌托邦抛到脑后了。因为，多年来在极不利的情况下生存下来，最终战胜了企图消灭它的敌人，这件事看起来简直就是最大胆的梦想。那个梦想现在终于实现了，虽然毛泽东把1949年的胜利一再说成是“万里长征走完了第一步”，剩下的路程可以被看成只是移动左右脚的问题，只要走下去就行了。

在20世纪50年代初叶，虽然毛的态度无疑是含混不清的，但

---

① S. Schram, *Mao Tse-tung Unrehearsed* (Harmondsworth, Penguin, 1974), p. 178.

是到最后，他既不愿意放弃革命事业的乌托邦色彩，而只搞建设社会主义的日常例行公事，又不能安下心来搞莫斯科模式的翻版。在1949年，乌托邦主义并没有死掉或变了质，它只是被搁置了一下，于是就在1958年再一次以新的惊人的形式爆发出来。

再一次需要提出这个问题："大跃进"的幻象是不是只是毛的幻象而整个地被传达给或（和）加给党了，还是这种乌托邦幻象本来是中国社会所固有的？一个根本问题也许值得再次提出，因为记忆被最近的事件搞得歪曲变形了。五年或十年前普遍认为，因为"大跃进"与"文化大革命"是毛亲自倡导的激进主义的两大高潮，它们基本上在性质上是一回事。受到有名的理论——把中国共产党的整个历史看成是正确和错误、善与恶之间的斗争——支持的这一观点，是被大大夸张了的。一方面，50年代后期的事件与60年代后期的事件之间显然有连续性；另一方面，两者之间的差异性至少也跟连续性同样重要。

特别标志着两者差异的领域是领导方式，"大跃进"的口号是"党统帅"，而"文化大革命"的第一个具体目标就是砸烂党组织。在两个运动的远大目标上，差异几乎是同等醒目。"大跃进"的乌托邦主义首要地表现为争取前所未有的经济发展速度。而人们都记忆犹新的是，"文化大革命"的中心目标，是战胜"私"字，以利于创造一代社会主义新人。

当然，两个运动相似到这种程度：在两种情况下都动员了群众的热诚与创造力，可以看出，这些是变革过程中的主要动力。加之，"大跃进"力图既提倡平均主义，又提倡经济发展速度；"文化大革命"则宣布，在"抓革命"时，由于同样原因，还能够"促生产"。然而，差异不是绝对的，却是够明显的。

两者都主要强调发展，而为了简短起见，可以称之为"经济乌托邦主义"与"社会乌托邦主义"之间的紧密联系，这种发展和联系曾由刘少奇于1958年5月5日在党的八大二次会议上雄辩地加以表达，阐述并论证"大跃进"的政策。一方面，他再一次提出那些口号，如"苦战几年，幸福万年"，"十五年赶上英国"；另一方面，他指出，自从社会主义革命胜利以来，建设速度的问题，是社会主义革命胜利后摆在我们面前的最重要的问题。我们的革命就是为了最迅速地发展社会生产力……有些人说，提高建设速度，会使人们"过于紧张"，宁可慢一点。但是，难道慢一点就不紧张吗？要知道，六亿多人维持很低的生活水平，不能有效地抵抗自然灾害，不能迅速地制止可能的外来侵略，完全处于不能掌握自己命运的被动地位，那才是一种可怕的紧张局面。为了摆脱那种局面，几万万人鼓起干劲。满怀信心地投入热烈的劳动和斗争中，这是我们应当举双手欢迎的一种革命的常规。①

但同时，上述内容的最后一句向我们揭示，按刘的看法，同时也正是毛的看法，即生产工作跟革命斗争和社会改革是分不开的：

> 劳动人民中间的政治空气，在整风运动和反右派斗争以后也发生了深刻的变化。由于在群众中放手地进行了思想战线和政治战线上的社会主义革命，展开了资本主义道路和社会主义道路的大辩论，由于采取大鸣、大放、大辩论、大字报的方法，放手地开展了对于我们工作中的错误缺点的批评和自我批评，不论工人群众和农民群众，他们的政治觉悟和社会主义积极性都大大地提高了。很多单位的领导干部向群众作了恳切的自我批评，认真地进行了整改……随着批评与自我批评的展开，在我们的国家里出现了人与人的关系的深刻变化。②

于是，毛泽东在提倡这样一个"经济"和"社会"乌托邦主义的混合物上，得到了大多数高层领导人的拥护，包括那个在不到十年之后被斥责为"中国的赫鲁晓夫"的人在内。然而，由于农村中的变化，甚至即使在"大跃进"充分展开以前，天平就开始撬动了。

毛拟制的并在 1958 年 1 月末提交讨论的"大跃进"的真正蓝图，基本集中注意于经济发展，甚至提出要现代化。它的最核心的主题之一，是号召"技术革命"，于 1958 年 7 月* 提出，这正是

* 应为 1 月。——译者注

① Bowie and Fairbank, *Communist China 1955—1959: Policy Documents with Analysis* (Cambridge, Mass., Harvard University Press, 1962), p. 429.

② Ibid., p. 421.

1957年秋反右派运动临近结束的时候。① 当时还没有提到在几年内实现向共产主义进军的主要具体内容，即建立“人民公社”，甚至连暗示也没有。虽然，只是在数月后，公社才开始真正露面，然而名义上还不是。加之，早在1958年3月，毛亲自访问并鼓励了在四川及其他地方的一种新型的“大社”。这种大社不仅比现存的农业合作社要大得多，而且在事实上就是公社，只不过无此名义，它们像公社似的担负着行政、经济和社会的职能。②

公社从一开始出现就被认为是未来的共产主义社会的砖石或垫脚石。1958年8月号召在全国建立公社的北戴河决议断言，在这个基础上，在几年内就可以在农村实行全民所有制，并说，共产主义已“不再是遥远将来的事了”。同时，共产主义的“按需分配”原则，已经可以跟社会主义的“按劳分配”原则相结合，来产生一种过渡形式的报酬制度，而“资产阶级法权思想”可以逐渐加以取缔。

当时的看法是，只有通过这种社会组织上的变化，这场“对大自然的战争”才能胜利地进行。刘少奇在1958年5月的讲话中代毛宣布“继续革命”这一口号以后，在一篇最早详细阐述“继续革命”论的文章中，把这一点归结如下：

> 人们愈能在自己的社会关系上进行自觉革命，便愈能增强自己对自然界作战的能力，愈能像变魔术似的自由呼唤潜藏着的生产力，使它从各处涌现出来，获得高度发展。
>
> 人们又不是客观的奴隶。只要人们的认识符合于事物发展的客观规律，就能充分地发挥人民群众的主观能动性，克服一切困难，创造必要的条件，去推动革命前进。在这个意义上，主观创造了客观。③

---

① “Sixty Articles on Work Methods,” *Wan-sui* (supplement), p. 32; *Current Background*, No. 892 (Hong Kong, U. S. Consulate-General, 1970), p. 5.

② David S. G. Goodman, “Central-Provincial Relationships in the People's Republic of China: Sichuan and Guizhou, 1955—1965” (University of London PhD Thesis, 1981), pp. 242 - 243.

③ 吴江：《不断革命论者必须是彻底的辩证唯物论者》，载《哲学研究》，1958年第5期（应为第8期。——译者注）。该文的全译，见Schram, *Documents sur la théorie de la “revolution permanente” en Chine* (Paris, Mouton, 1963), pp. 19 - 31。以上几段见S. Schram, *The Political Thought of Mao Tse-tung* (London, Pall Mall Press, 1964), pp. 99, 135 - 136的斜体部分。

当然，对最后一句不能断章取义，但它怎么说也是惊人的。也可以辩论说，该文的作者把马克思颠倒成头在下脚在上，或者是把黑格尔重新请回来了。毛本人也产生了基本上同样的幻象，用他在 1958 年阐述的公式（这一公式他事实上在前两三年就一直在用了），说什么中国人民被授予了卓越的革命品质，因为他们“一穷二白”。

“穷则革命”的观点跟马克思主义有点联系，虽然马克思将引导人类走向新的无阶级社会的才能归之于无产阶级，并不仅仅是因为工人们是受剥削的，还因为他们在生产过程中所起的作用。那种认为“白”是一件好事，因为“一张白纸……好画最新最美的画图”的观点，就与之再也联系不上了。[①] 马克思把无产阶级的革命任务看成不是去破坏，而是去实现资产阶级发动的工业技术革命，在这个意义上他重视工人，不是因为他们愚昧无知因而也就是天真的或顺从的，而是因为他们继承了在资本主义制度下积累起来的技术知识。显然，毛对“白”的美德的信念，是他在井冈山的信念，即能把“农村地痞”改造成无产阶级战士的信念的回声。

“大跃进”的乌托邦主义的最后一个表现，就是毛在 1958 年 3 月提出，并由郭沫若在 1958 年 7 月的《红旗》杂志上系统地加以发挥的革命浪漫主义的概念。那不只是一个文学理论，而且是在“大跃进”时期被归结为一种“……竭力发现生活中的新生事物，关于反映新生事物并帮助其发展”的态度。[②] 抱这种态度的两个最伟大的范例就是列宁和毛泽东，他们都主张一方面人必须考虑客观情况，另一方面却不应该以客观情况为借口而不能行动。

众所周知，像这样一些思想在实践中会意味着什么。1958 年夏，某些个别地区开始报告粮食增产 10 倍、20 倍。在北戴河决议中相信了这些报告。在 1958 年 9 月总结这一形势时，毛宣布全国粮食产量或多或少翻了一番，预期第二年还要再翻一番，因而会多得连牲口吃都吃不完，如何储藏粮食会成问题。

随后我就要回到中国革命史上一切乌托邦阶段中这一最引人注目的阶段，因为对“大跃进”的批评，甚至比对“文化大革命”的

---

① 参见毛在《红旗》上的文章，译文载于《北京周报》，1958 年第 15 期，3～4 页。

② 参见林默涵：《更高地举起毛泽东文艺思想的旗帜》，24 页，上海，上海文艺出版社，1960。

批评，还要更能触及目前对毛的遗产的重新评价问题的核心。但在我转向 60 年代之前，有必要至少提供一个对这问题的预先答案，先提出来的是，即关于这些政策的社会政治根源问题。

我选用了刘少奇而不是毛泽东的一段文章，来总结原先设计的“大跃进”，目的是表明这一事实，即虽然毛是这些政策最热心的倡导者，它们却不仅是他一个人的。这一点被最近通过的《关于建国以来党的若干历史问题的决议》（以下简称《决议》）进一步强调，该决议严厉批评了“大跃进”政策的许多方面，然而却仍宣布：“总路线及其基本点，其正确的一面是反映了广大人民群众迫切要求改变我国经济文化落后状况的普遍愿望，其缺点是忽视了客观的经济规律。”

为什么在 1958 年中央委员会的大多数人会让自己被引向一种确实展现出变化的政策，这种变化在速度和规模上都越出了中国当时的客观可能性？众所周知，那些最极端的主张，既有经济进展方面的，也有实现共产主义方面的，乃来自农村。我们是不是在这里碰到了“农民乌托邦主义”的又一种表现？

也许最适当的一点是讲一讲毛自己对农民的态度，那态度（跟他整个思想一样）充满了矛盾。一方面，大家都熟知他对农民革命潜力的高度评价，而他在这方面的判断已被在农村斗争 22 年以后的 1949 年的胜利所证实。而在 1958 年 11 月、1959 年 2 月到 3 月的第一次和第二次郑州会议上，在“大跃进”的后遗症及对公社的过头行为的批评声中，毛一再重申这样的观点：“农民到底是农民”，“在走向社会主义道路上带有某种两重性”①。

当然，按毛的观点，农民的美德是他们的革命性，他们的缺点是附带有平均主义的倾向。1945 年毛曾重复着马克思的观点宣布说：“农业社会的人们反映出农业社会的分散状态，而小生产者的反映是个人主义。”② 他在 1948 年把农民在土地分配上的“绝对平

① *Wan-sui*（1969），p. 247，and *Wan-sui*（1967），pp. 12，17，49 etc.

② “Speech of 15 February 1945 at the Party School，” in *Ziliao xuanbian*（n. p.，1967），p. 124.

均主义”的要求描述成“一种农业社会主义的思想”[①]。

在土地改革中，这种平均主义倾向和极左倾向在不同场所都有所表现，尤其是以1947年最为显著。在1958年到1959年冬，当正刮“共产风”的时候，公社领导采取行政命令的办法重新分配资财，以便在所属的队和大队之间加以平均。按毛的事后分析，这些偏差主要是县级和公社级干部的错误，虽然也与群众的过分热情有关。[②]

无疑地，在中国农村中有固有的乌托邦式的向往。两千年来，植根于流行的道教思想中的原始的集体主义思想，一直鼓动着农民的叛乱。但是，最后分析这个问题，主要责任既不能推给农民，又不能推给基层干部。因为1958年的关键性的乌托邦思想来自最高层，或被最高层所认可。业已提到，1958年8月29日的北戴河决议号召迅速转变（有些地方三四年，有些地方五六年）到“社会主义的全民所有制”，没有一个见解来自农民的精神文化。[③] 显然更不激进的1958年12月10日的武昌会议通过的决议提出，在建立“人民公社”（那是被命定为未来共产主义社会砖石的）问题上，城市慢于农村的理由之一是这样一个事实：城市里“资产阶级思想”仍然占据相当的优势。[④] 这样一种情绪，即认为农村在精神上比城市优越，在政治上比城市更有朝气，很值得农民分享，但通过这项决议的却不是农民。因此，“大跃进”的乌托邦主义，虽然也许曾在农村兴旺过，并鼓励了地方干部和普通农民在社会主义热情上，在追求不可能的经济目标上互相竞赛，但在其根源上，却主要不是农村的现象。

在这里我不打算分析从放弃“大跃进”政策，或曰从用比较稳健的思想来重新解释“大跃进”政策，走向1966年出现的激进主义新高潮的过程。可是必须提到大家熟知的然而却是基本的一点，毛

---

① 《在晋绥干部会议上的讲话》（1948年4月1日），见《毛泽东集》，第10卷，138页；译文见Schram，*The Political Thought of Mao Tse-tung*（London，Pall Mall Press，1964），pp. 341－342。在《毛泽东选集》第2版第4卷中删去了“农业社会主义”的提法。

② S. Schram，*Mao Tse-tung Unrehearsed*（Harmondsworth，Penguin，1974），pp. 133－135.

③ Fairbank and Bowie，*Communist China 1955—1959*（Cambridge，Mass.，Harvard University Press，1962），p. 456.

④ Ibid.，p. 491.

认为他有理由发动“文化大革命”，是因为在60年代初叶，他发现不仅在苏联而且在中国都出现了“新阶级”。当然，这是因为他用这个眼光来看很多老同志，所以他才动手砸烂他们所“操纵”的整个党的机构。这个决策在有关党的性质问题上，显然具有重要的含义。

我曾在前面提出，毛在延安时代实质上赞同刘少奇的观点，即一个共产党的真正的无产阶级性，要根据它是否能有效地领导解放工农的斗争来判定。现在，在60年代初叶，按毛的看法，关键性的标准倒不是党的客观作用问题，或者是其成分问题，而是他们表现“无产阶级”思想或过无产阶级生活方式的程度问题。用来对付“非无产阶级”倾向的武器，当然是基层群众的或来自党外的“阶级斗争”。尽管红卫兵与“革命造反派”特别在1966年到1968年间制造了混乱，然而，无政府主义却不是毛所倡导的乌托邦的一部分。

从20世纪40年代到60年代，在讨论到民主集中制的概念时，毛曾一再坚持指出，集中甚至比民主更重要。然而，为了策略上的理由，他在1966年夏却号召向中央机关“造反”。半年以后，在1967年2月，他告诉新成立的上海公社首领张春桥和姚文元说，号召去掉“首长”是“极端的无政府主义”，因此是“极反动的”。[①] 的确，因为他采取这一路线，同时也摈弃把巴黎公社的模式作为中国政治组织的适当榜样，毛主席本人也受到极左派别如湖南的“省无联”的攻击，说他是个压制性的老头子（而不像他们以前设想的那种乌托邦幻象）。

另一个对于“文化大革命”的乌托邦主义的重要的否定性看法是，它不是主要跟中国农村联系在一起的，如像“大跃进”那样。虽然农村不是没有受到“文化大革命”的政策和斗争的影响，但是，“文化大革命”却首先是城市中的现象。如果说城市知识分子们（他们是“文化大革命”的主要的抬轿人）比农民更庸俗卑劣，更喜欢报复，更爱搞派性斗争，那样说就会把问题不恰当地简单

① 特别参见他在1942年2月1日发动延安整风运动的讲话中的有关各段，见 S. Schram，*The Political Thought of Mao Tse-tung*（London，Pall Mall Press，1964），p. 313；他在1962年1月30日在工作会议的扩大会上的讲话，见 S. Schram，*Mao Tse-tung Unrehearsed*（Harmondsworth，Penguin，1974），p. 163。

化，也会对本刊* 读者们所隶属的那个范畴不公允。但是，我怀疑这两次运动的气氛跟它们社会基础上的差别，并不是完全无联系的。

*本刊即《中国季刊》。——译者注

那么，“文化大革命”的乌托邦主义的实质是什么呢？简单总结一下，下列三点也许是最重要的：

第一，尽管毛斥责无政府主义，但是他认为，整个人民不仅是善良的，而且会自动地追随并应用他的正确路线，特别是如果用有系统地、有规律地学习《毛主席语录》的方法，帮助他们把正确路线内在化以后。

第二，毛特别相信中国人民已为无私精神、乐意接受他心目中的构成延安传统的艰苦朴素精神所激励。因此，毛就号召实行精神刺激和政治刺激而不用物质刺激，号召组成一个由这样的男女组成的社会，其心理与动机将整个是社会主义的，即使是在社会主义物质基础还相对薄弱的情况下。因此产生了旨在加强必需的平均主义思想的教育政策。

第三，在经济发展方面，着重点全在于群众的创造性。在“大跃进”时，在与群众商量的“技术革命”的名义下，人民被动员起来，但主要作用还要靠科技人员；而在“文化大革命”时期，则宣称一般人起来代替专家。在一系列案例上，从南京长江大桥直到工农业技术上的小的革新，总是宣布群众做到了工程师们做不到而且还说过不可能的那些事情。

不论这些幻象或向往应否被看成乌托邦，贯彻执行这一套的后果表明，它们远远地脱离了实际。对自发的政治团结的梦想导致红卫兵各派之间的武斗，以及政治对手之间的野蛮的仇斗。在艰苦朴素和平均主义的面具下，隐藏着无耻的放荡行为，不仅是江青一个人如此。强调群众智慧的重要性导致对教育、科学和技术的灾难性大破坏，这一破坏荒废了中国一整代年轻人的人类智慧资源。

就这样，在毛泽东一生的最后 20 年内，中国共产党走上或断断续续地走上通向乌托邦的道路。从 1978 年算起，它一直企图在迷途的荒野中找条路走出来，并寻觅一条通向未来的新的、更现实主义的道路。在详细阐明新路线的这一企图中，对过去错误的分析起着重要的作用。[①]

从一开始就强调，对不远的过去的重新评价乃是根据当前对马克思主义理论提出的解释，这种重新评价又被当前的新解释证明为合理的，这一点很重要。广泛地讲，这反映了更“正统的”马克思主义立场。这就是说，更强调“基础”对“上层建筑”的重要性，总的来说，更强调客观物质条件。在企图改造一个落后国家——他们一再强调中国仍很落后——的时候，客观条件是个约束性的因素。

当然，总的趋向是，对19世纪保守的新派人物的贡献有了更肯定的评价。确实，对现代时期和当代时期的目前看法，是如此纠缠在一起，所以我在一开始就适当地注意到对洋务运动的重新评价。

除掉已熟知的对历史发展的社会主义阶段与共产主义阶段的划分法以外，近两年来最常用的分析框框还介绍了对社会主义阶段的两分法，即分成“不发达的社会主义”与“发达的社会主义”。这样，中国在1949年以后的变革一共分成四个阶段：从1949年到1956年的“过渡阶段”；社会主义的两个阶段；最后，才是共产主义。根据这一看法，中国目前仍在“不发达的社会主义”阶段。

很多权威著作已阐述了这个图式，例如，1979年若干大学的马克思列宁主义系编写的、供高等教育部门政治学习用的教科书《中国社会主义经济问题》。顺便应该注意到，毛至少在一个场合用过“不发达的社会主义”提法，就是在关于苏联的政治经济学教科书的1960年读书笔记上用过。目前这个提法的意义基本上是说，中国虽是社会主义国家，但是个相对不发达的国家。

在1978年第一个写文章提出“实践是检验真理的唯一标准”这一口号的南京大学的胡福明教授，进一步把中国的社会主义阶段分成“不发达的”、“比较发达的”与“发达的”社会主义。与此同时，最近在使用“不发达的”一词时显得有些犹豫，因为它倾向于大大贬低中华人民共和国在以往的四分之一世纪中的真正成就。人们可以理解中国人不想低估自己的愿望，但必须承认，我个人认为这种谦虚比赫鲁晓夫的夸口吹牛更吸引人。赫鲁晓夫把共产主义

① S. Schram, *Mao Tse-tung Unrehearsed* (Harmondsworth, Penguin, 1974), pp. 277 - 278.

（不是社会主义）分成两个阶段，并宣称苏联在他的领导下，已进入“低级共产主义”阶段。且不论这些名词上的差异，中国今天的基本观点是，在建设一个充分发达的社会主义制度上，还有一段长路要走，更不必谈达到共产主义。

这就明白地意味着，在条件未成熟时，就寻求社会组织形式和分配形式上的转化，那是乌托邦空想，因而也就是有害的和自我败坏的。不久以前，像我这样提出毛的“唯意志论”的人曾受到猛烈攻击，因为这提示说，他的马克思主义并不是在各方面都无瑕疵地符合正统。现在这个唯意志论已由胡福明用来谴责“大跃进”政策。[①] 而新近的决议明确地批评毛泽东在 1958 年过高估计了“人的主观意志的作用”。

1978 年夏，中国政治界和知识界开始认真重新评价前四分之一世纪的经验。在 1979 年 3 月，著名的经济学家薛暮桥提出一个报告，在报告中他深刻探讨了“大跃进”阶段某些现象的政治社会根源。他论述的核心问题是不应该忽视客观经济法则，破坏它们的政党或人民会受到这些法则和历史的“无情的惩罚”。按薛的看法，毛在 1955 年推行合作化是绝对正确的，在 1956 年转成高级社的速度就太快了一点，而实际上高级社直到 1957 年还没有全部建立起来。然后，不到半年以后，没有像办合作社时的事先的试点，全国就冒险投入公社化运动。

除掉公社的绝对的规模大小外，由于下列事实使它们的影响更严重化，即它们承担着在县的范围内分配人口的劳动果实的任务，以及在农村里谈论什么在几年内转成全民所有制问题。薛提示说，这一情况鼓励了那种认为有无限的粮食供应的思想，某些地区的农民提出了“放开肚皮吃饭”的口号，在三个月内把全年的粮食吃光。后果是“全国农村里人民都挨饿，有些村子里饿死了相当多的人”[②]。薛暮桥说，客观经济法则就这样惩罚了藐视它们的人。

整个看来，薛的批评既针对前一时期的幻象，同样也针对“文化大革命”的乌托邦主义。最能概括他的观点的，也许是他对 1956

---

① 参见胡福明：《关于我国社会主义发展的特点》，载《社会科学》，1980 年第 2 期、第 3 期。

② 转引自上文。

年9月八大提出的“先进的社会主义制度与落后的社会生产力之间的矛盾”这一公式的评论。薛指出，这个公式后来由于这样的理由受到批判，即因为生产力是最活跃的因素，它经常会跑到生产关系的前头，所以只会因为生产关系不够先进而产生问题。他随后的论点值得用相当篇幅加以引证：

> 如果回顾我们的历史，我们几次犯重大错误……恰恰是……对生产关系改变过快过急……仍然不懂得必须用发展生产力的方法才能巩固社会主义生产关系。恰恰相反，把社会主义生产关系不巩固的原因，完全归咎于还存在着阶级斗争和两条道路的斗争，因而用以阶级斗争为纲、大批资本主义、割资本主义尾巴的办法来巩固社会主义。在马克思所说的社会主义社会里面，尚且……存在资本主义的传统或痕迹，我国现在怎能够没有资本主义（甚至封建主义）的传统或痕迹呢？如果连一点资本主义或小农经济的存在都没有了……那就不符合生产力的发展水平。所以，每搞一次大反资本主义的群众运动，生产力就受到一次破坏，结果是资本主义愈反愈多，社会主义愈干愈少。①

在提出此报告的两年内，谈到和写到毛泽东个人对这些错误的责任问题的东西很多，还包括毛在一生中最后20年里提出的不现实的思想如何和为什么会整个地被党和人民所接受。本文主要着重于后一个问题，而不着重对毛个人的评价。然而，毛在我的叙述中及在20世纪的中国历史上都显得那样突出，以至于有必要在转入总结他所设计的乌托邦前景之前，先概括一下他作为乌托邦的倡导者的作用。②

在热烈讨论和辩论了一个时期以后，最后对这些问题有了一个官方的看法。一句话，在1981年6月27日的《决议》中，对毛的批判比预期的还要严厉，而对他在50年代末期到60年代初期的经济政策的评价比预期的要略为笼统。然而，正如我已提到，《决议》

① 薛暮桥：《当前我国经济若干问题》，3～29页，北京，人民出版社，1980。

② 参见上书，7～9页。

在这两方面都与近来中国思潮的主流完全一致。

毛在1956年为斯大林定的评价，三分错误，七分成绩，最后并没有明确地套用到他的头上；但是，最近的《决议》对他一生事业中不同时期内的总评，大体上指向这个比例。一般地讲，他在1949年以前差不多都是正确的。尔后的27年中，从1949年到1957年秋的反右派斗争的八年内，他的领导被判定为正确的；从1957年年中到1966年年中是反复无常的；而他一生中的最后十年则是灾难性的。衡量中华人民共和国历史上三阶段的平均数加上夺取政权的时期，就会得出四分之一或三分之一的错误，四分之三或三分之二的成就这样一个大概的结论。有名的三七开评价非常接近于这个范围的中间数。

如果人们决定不对毛的功过定下数字比例，很可能是由于这种信念，即像毛泽东在中国革命中的作用这种复杂历史现象问题，不仅仍然极易引起争论，而且还不能像这样用简单的数字加以处理。毛晚年错误的最重要根源，是他越来越强的对自己绝不会犯错误的信念。1980年4月，黄克诚发表了《关于对毛主席评价和对毛泽东思想的态度问题》一文。其中的突出之处是从他认为是对毛的过分贬低中来拯救毛。在否定了“大跃进”的乌托邦主义与“文化大革命”的“阶级斗争”乌托邦之后，黄把毛的错误归咎于脱离群众、丧失民主的工作作风，甚至是由于思考如何在他活着的时候就实现实际上只有几百年才能完成的工作，而搞得头脑过分紧张疲累。他明显地暗示说毛吃亏在过于自信，在1955年的合作化运动中他被证明是正确的，因此他感到自己已不能再接受批评，而实际上也没人敢批评他。

1981年6月27日的《决议》明确地说，毛泽东同志在胜利面前“滋长了骄傲自满情绪”，于是在1955年到1965年的十年中“他的个人专断作风逐步损害党的民主集中制（即集体领导与正常手续——作者注），个人崇拜现象逐步发展”。最后，在“文化大革命”的十年内，毛的“左倾错误的个人领导实际上取代了党中央的集体领导，对毛泽东同志的个人崇拜被鼓吹到了狂热的程度”。

总结毛在“文化大革命”中的作用，《决议》写道：

> 他（毛）在犯严重错误的时候，还多次要求全党认真学习马克思、恩格斯、列宁的著作，还始终认为自己的理论和实践是马克思主义的，是为巩固无产阶级专政所必需的，这是他的悲剧所在。

那么，为什么毛泽东坚持把“左”的、乌托邦的过度行为跟正确的马克思主义原则混淆呢？为什么他在1955年到1965年的十年内犯了“把阶级斗争扩大化和在经济建设上急躁冒进”两个根本性错误呢？为什么他会在1966年在“左倾错误论点”的基础上发动并领导“文化大革命”呢？后来这些论点被总结成“无产阶级专政下继续革命”的理论，虽然这些理论“明显地脱离了……毛泽东思想的轨道”，而且“既不符合马克思列宁主义，也不符合中国实际”。

6月27日的《决议》提供的一个解释是：

> 我们党过去长期处于战争和激烈阶级斗争的环境中，对于迅速到来的新生的社会主义社会和全国规模的社会主义建设事业，缺乏充分的思想准备和科学研究。
>
> ……面对新条件下的阶级斗争，又习惯于沿用过去熟悉而这时已不能照搬的进行大规模急风暴雨式群众性斗争的旧方法和旧经验，从而导致阶级斗争的严重扩大化。

不难看出这一分析与我在15年前提出的毛的“军事浪漫主义”及其对建设社会主义方法的影响这一论点之间的相似之处。[①] 虽然毛自己思想上有难以磨灭的夺取政权经验所形成的想法的烙印，但是，为什么党内其他人肯接受这些非正规的观点呢？

从本质上说，从6月27日《决议》及近来其他作品中呈现出来的这一问题的答案是，这是被群众，特别是农民群众对伟大领袖毛主席的崇敬所强制造成的。

更广泛地说，在以往两三年内，大多数意见（已由很多文章阐

---

① 在一次题为“毛泽东”的非专业化的听众会上，我企图阐明关于我个人对毛在中国共产党历史上的地位的观点，载《今日历史》，1981年第31卷，22～29页。

发，无须再逐一列举）认为，是农民而不是地主阶级残余，才是今天的“封建”思想的主要抬棺人，并构成“文化大革命”十年的社会基础。确实如此，早在1926年，李大钊就在论“红枪会”一文中宣称：农民真正要求的真主，或曰真统治者，换言之，一个好皇帝，或一个新式的代理皇帝，他能够制服洋人，并建立农民所向往的和平与安宁。当然，在李看来，共产党人正负有教育他们的任务，用《国际歌》上的话来说，从来就没有什么“救世主”，更没有神仙和皇帝，要得解放全靠他们自己。[①]

从原则上讲，在20世纪的下半叶，毛泽东主要关心的正是要如此对农民进行动员和思想改造。然而，有大量的证据说明，特别在他一生的最后十年中，毛把“伟大的”传统跟“渺小的”传统捏在一起，挺身出来既充当造反者又充当“真主”。尤其对中国的农村人口是如此。而他也就洋洋自得地沉溺于这个暧昧的，从整体来看也是退步的统治形象之中。

情况真是到了这种地步，毛显然背叛了自己的意识形态信仰，但未能用这样的方式来教育那些人们，使其感到救世主为不必要；看来全责怪那些人是相当不公道的。6月27日的《决议》，不像近来许多其他作品那样，没有让“小生产者”对中国在60、70年代的政治灾难负主要责任，所以，我感到很欣慰。

不管它的来源如何，毛晚年的领导方式怎么也不能算成乌托邦，虽然它主要来源于简单化的、误入歧途的乌托邦思想。但是，那样说来，今天在中国有没有一种广泛的理想和向往，能够称之为乌托邦呢？无疑是有的。总起来说是两个词，即“民主”与“现代化”。

表面上看，这些口号都不配用这样高调门来加以称道。但是，经历了长时期的“封建专制”以后，民主的概念，不管其内容多么空泛，今天在中国仍有很大的吸引力。的确，“民主化”凸显出来成为中国最近倡导的最新的，至少对某些人来讲，也是最振奋人心的乌托邦理想。

按官方占支配地位的观点，在全部有记载的历史上，中国人享

① 参见李大钊：《鲁豫陕等省的红枪会》，见《李大钊选集》，566～567页，北京，人民出版社，1959。

有民主的时间大约只有十年。当然，按这一观点，在帝国、军阀或国民党统治下，是没有民主的。按最乐观的估计，在新中国成立以来，从1949年直到1957年夏开始反右派斗争期间，以及自从1978年12月著名的全会以来的两三年内，才发扬了民主。

三千年中的十年，甚或可以说，自从现代史开始以来两个多周期中的十年，是不算很长久的。因此，人们可以理解，民主在中国应该被认为是稀罕的、宝贵的，这样地难争取到的，它完全够得上被称为乌托邦。然而，这个词的确被中国不同社会范畴的、抱有不同政治要求的人们给予很大差异的含义。

在一个极端，对一部分被称为“持不同政见”的人们，民主意味着德国式或瑞典式的社会民主，甚至意味着纯粹的“资产阶级”议会制度。他们认为用不着去怀疑西方本身的这种民主理想的实际情况，也不用怀疑中国今天是否适用这种制度。很显然，要让集体控制中国社会的集团去接受它，是根本不可能的。目前中国的政界名流中分歧很深，但没有一个负责人打算最后放弃党领导这一根本格言。因此，在可以预见到的将来，这一特殊形式的乌托邦不可能有什么有意义的作为。

在另一个极端，有一个观点真可能有表现自己的重要机会，即回到多少正统一些的列宁主义的党国形式上来。我已说过，我个人认为那是一条死胡同，而不是乌托邦，但不难理解，中国许多人会赞成它。对干部来说，这样的解决办法意味着重建一个光荣的、有保障的社会地位。而对普通公民来说，在一个原则上属于他们的国家中享受和平与秩序，就是他们在现阶段的不可多得的民主了。然而我个人不相信，仁慈的统治阶级与物质进步能满足今天中国社会的需要。

黄克诚说，全世界许多国家有了“信仰危机”，而这对中国则不成问题。[①] 按我的看法，我相信，很大一部分中国人，不只是年轻人与不幸者，有一种空虚感，其表现为广泛的宗教复活及其他许多形式。可以作为这种情绪的出路的政治理想，就是在社会主义框

① 参见《人民日报》，1981年4月11日。《北京周报》1981年第17期上的译文是摘要，因而失去了某些真义和韵味。

框内，探索新的民主形式。

今天中国一般提到的“民主化”或建立“高度民主”，是一个极复杂的问题。我在这里只能对这一任务的性质及它与前一阶段乌托邦主义的联系，提出一两个论点。在中国很少有人会不同意刚才提的那些口号，但口号里的“民主”一词的意义却大不相同。正如我已指出的，有些人只不过是口头上赞成，但实质上企求回到50年代初期的列宁主义时代去；有些人只主张对现存体制加以小修小补；再有一些人号召进行大胆的试验，主张至少在若干方面修改党和其他社会力量与组织的关系，却不主张向党的权威挑战，如像新近波兰发生的事件那样。即使那些希望实质上有所改变的人，在怎样改变的问题上意见也不完全一致。而主要关心维持秩序并因而防止极左卷土重来的威慑的人们，他们对改变的抗拒是很强烈的。

新近通过的《决议》整个看来对此采取了比较积极的立场。一方面有力地强调党领导必须对一切敌视社会主义的分子保持“警惕”和进行“有效的斗争”；另一方面《决议》写道：

> 逐步建设高度民主的社会主义政治制度，是社会主义革命的根本任务之一。建国以来没有重视这一任务，成了“文化大革命”得以发生的一个重要条件……必须……在基层政权和基层社会生活中逐步实现人民的直接民主，特别要着重努力发展各城乡企业中劳动群众对于企业事务的民主管理。

我不打算告诉中国人他们应该怎样做，也不想预测事态的发展。然而，我认为可以这样说，如果最后在政治领域内不出现一个现实主义的乌托邦幻象，这不是个好兆头，不仅对中国如此，对全世界也是如此。

在上段引文中提到的“基层……人民的”字样，它们是前已述及的“毛主义型”的经济发展的回声，可以作为通向今天的另一乌托邦口号“现代化”的桥梁。应该回忆起，从来源上讲，“四个现代化”的号召是周恩来在1964年12月的报告中首先提出的，毛泽东对这个报告加上一段，敦促中国人民在建设“社会主义的现代化的强国”中打破常规开创新路，因而实现（孙中山早已预期过的）那种大跃进。[1]

虽然“大跃进”不再被认为是适宜的或可行的，但是仍然存在这样一个目标，即中国应该迅速实现现代化，并用自己的方式来实现它。人民经历了两个多周期，因为实质上由于经济技术落后而造成的薄弱局面已吃了苦头；但这种向往仍很可能构成一个强制性的幻象。“四个现代化”的口号首先就只是意味着快速的技术进步，可是，它必须以一个值得的但事实上是长期性的目标的身份出现，而不是以对乌托邦的定义的身份出现。肯定它不能填补那由于最大的神话制造者毛泽东的消失而引起的空虚，尽管他晚年制造的那些幻象是虚无缥缈的。

6 月 27 日《决议》针对“继续革命”论的一再的尖锐抨击，显然是由于这个口号成为向党内“走资派”发动“阶级斗争”的借口与理论根据。而且，这也反映了这样一种观点，即早些时期不仅中国作家，还有若干同情中国的外国来访者所记叙的群众在政治社会生活中的作用，大部分是欺骗。“名义上是直接依靠群众，实际上既脱离了党的组织，又脱离了广大群众。”显然，这个判断在细节上略加修订后，也适用于经济工作方法。

在前面提及的胡福明的文章中，他批评的“不断改造社会主义生产关系”的理论，换句话就是说，绝不停下来不改造。胡还说，谁认为穷与白是好事，“就不是唯物主义者”。还有，全靠热情来解决问题，是经济落后造成的急躁情绪与科学文化落后造成的盲目性所自然产生的后果，他把“大跃进”初期流行的很快进入共产主义的希望描述成“空想的农业社会主义”。[2]

为了努力消除在社会主义发展过程中，旧的矛盾消逝后又会代之以新的矛盾，这样就不断地提供“继续革命”的基础这一观点，1980 年 6 月《人民日报》上的一篇文章甚至斥责社会主义阶段下“继续革命”的整套想法是一种失常。文章说，谁认为在无产阶级

---

① 毛加上的这一段载于施拉姆著《未经修饰的毛泽东》。周的报告全译文载于《北京周报》1965 年第 1 期。

② 参见《人民日报》，1981 年 4 月 11 日。《北京周报》1981 年第 17 期上的译文是摘要，因而失去了某些真义和韵味。

胜利了并建立了无产阶级国家政权之后还要有“继续革命”，就是对马克思主义的无知。①

这篇文章的论点（它显然是针对毛的，但没有指名）不仅直截了当地反对毛“大跃进”时期的理想，而且反对马克思本人对“继续革命”的引申。6月27日的《决议》没有采取这样极端的观点，显然并不排除在发展社会主义的社会里存在着有意义的矛盾的观点。然而，它倾向于把矛盾归结成人与自然界的矛盾，而不是归结成人与人的矛盾。《决议》这样写道：

> 在社会主义改造基本完成以后，我国所要解决的主要矛盾，是人民日益增长的物质文化需要同落后的社会生产之间的矛盾。党和国家工作的重点必须转移到以经济建设为中心的社会主义现代化建设上来，大大发展社会生产力，并在这个基础上逐步改善人民的物质文化生活。

对于人与人之间继续存在着的冲突和矛盾，对于解决它们的办法，《决议》接着说：

> 我们坚决纠正“文化大革命”中所谓……“无产阶级专政下继续革命”口号的错误，这绝对不是说革命的任务已经完成，不需要坚决继续进行各方面的革命斗争。社会主义不但要消灭一切剥削制度和剥削阶级，而且要大大发展社会生产力，完善和发展社会主义的生产关系和上层建筑，并在这个基础上逐步消灭一切阶级差别，逐步消灭一切主要由于社会生产力发展不足而造成的重大社会差别和社会不平等，直到共产主义的实现。这是人类历史上空前伟大的革命。我们现在为建设社会主义现代化国家而进行的斗争，正是这个伟大革命的一个阶段。这种革命和剥削制度被推翻以前的革命不同，不是通过激烈的阶级对抗和冲突来实现，而是通过社会主义制度本身，有

① 参见辛仲勤、薛汉伟：《怎样理解“社会主义就是宣布不断革命”》，载《人民日报》，1980年6月19日。

领导、有步骤、有秩序地进行。

斯大林的观点认为，“苏联的农业集体化是以逐步过渡的方式无冲突地发生的”，因为它是“由上而下的革命”[①]。如果把上引文件跟斯大林的观点并列，那将是不公道的。但如果把它跟毛在1957年2月27日论人民内部矛盾的讲话并列，对照是很鲜明的。在该讲话中，毛说到“经过社会主义制度本身”来解决矛盾的问题。他说：

> 资本主义社会的矛盾表现为剧烈的对抗和冲突，表现为剧烈的阶级斗争，那种矛盾不可能由资本主义制度本身来解决，而只有社会主义革命才能够加以解决。社会主义社会的矛盾是另一回事，恰恰相反，它不是对抗性的矛盾，它可以经过社会主义制度本身，不断地得到解决。*

*毛泽东：《关于正确处理人民内部矛盾的问题》(1957年2月27日)，见《毛泽东文集》，1版，第7卷，213～214页。——译者注

虽然毛在这里把继续阶级斗争的重要性缩小到这种程度，对照他后来沉溺于提倡党内阶级斗争这一情况，看来似乎十分惊人；但是这一公式不是他一生的后20年的典型。在社会主义社会里，矛盾“不断地”出现，又“不断地”得到解决，换言之，这种社会在各方面都充满了矛盾，于是人们可以预期经常的动乱、经常的意外事件。

考虑到毛美化“大跃进”时期与“文化大革命”的阶级斗争乌托邦时期的矛盾与经济比例失调的后果，人们完全可以理解目前中国领导会谨防上述观点。有讽刺意味的是，正是乌托邦幻象最严重地损害了它们保证要创造奇迹的领域。“大跃进”保证要带来大丰产，却造成了饥饿；触及与改造人们灵魂的企图却导致了混乱、专制暴行和流血事件，这一切大大破坏了人类关系的结构，虽然从表面上看“文化大革命”对经济还没有造成太大的损害。然而，从整个经验来看，当然会产生一种对导致这些乌托邦的整个动员政策的反感，以及对支持乌托邦的现实的辩证法幻象的反感。

然而，人们可能会怀疑，这种反应是否走得太远了。虽然毛一

① 斯大林：《马克思主义与语言学问题》，2页，北京，外文出版社，1972。

生中最后20年的政策几乎全错了，但他的动机，即希望动员人民，尤其是农村人民起来建设国家并决定自己的命运，这肯定是正确的，甚至是可贵的。正如我已提到，6月27日《决议》中竭力强调基层人民的“直接民主”，但同时强调，社会主义革命却应该“有领导、有步骤、有秩序地进行”。整个看来，此后公民在经济发展中发挥作用将不再是一种冒险，而是比以往25年更脚踏实地地工作。公民们被毛和他的乌托邦宗派召唤进行的那个“冒险”，实际上意味着他们不知道将要发生什么事，据此可以认为那是一个积极的进展。与此同时，如果新潮流意味着有效地抛弃存在于正在现代化的社会（其实任何社会也一样）里紧张和矛盾的，并且是毛主义遗产中最有成果的因素之一的活泼气氛，那么最后一定会导致思想上的贫困和政治上的停滞。

因此，我们希望，辩证法的因素和毛对生活和政治的态度中可以供人鉴赏的方面能被结合到新的现实主义的乌托邦里去，并用这种乌托邦取代过去失败了的乌托邦，那才是中国的迫切需要。

（周先进译）

附录 4

简评毛泽东[①]

20 世纪的重要人物几乎没有谁能像毛泽东那样受到极不相同的各种各样的评价。40 年代，许多方面（包括克里姆林宫）认为他是一位在马克思主义真实性上可疑的、天才的游击战领袖。50 年代初，又认为他是一个服从于莫斯科的高度集中的党和国家的领导者。其后，“文化大革命”期间，在人们（特别是西方的造反学生）的心目中，他又变成一位高瞻远瞩的富有灵性的圣人。他设计了一个比苏联更纯洁、激进、人道的新的社会主义模式。在他生命最后的几年，另一看法开始占上风：恰恰相反，他只不过是中国传统模型铸造的一个严厉、专断的铁腕政治家。

毛泽东集所有这些于一身，还兼有其他。人们常说，毛泽东是中国的列宁和斯大林。但是如果我们希望从俄国经验中汲取一些可以类比的词对中国的发展进行解释的话，更恰当的应该是说，毛泽东是中国的列宁、斯大林和彼得大帝。

他本人为夺取政权最终制定了策略，他领导党走向胜利，从这个意义上，他就可以说是中国的列宁。他也起到了斯大林那样毁誉参半的作用：斯大林一方面领导了农业合作化、奠定了社会主义经济基础，另一方面通过摧毁党内竞争者的方式使整个事业濒于崩溃。此外，从非常现实的意义来说，他是中国的彼得大帝：他是试图吸收源于西方的思想和技术使国家现代化的第一个统治者，而无论是在国家覆灭之前还是之后，他的历届前任都未像他这样做。

甚至在他听说马克思主义和革命之前，彼得的民族复兴目标就吸引了他。因此，我们必须从他生平事业的这方面谈起。用一两段

① 译自 Stuart R. Schram，Mao，*Today*，London，April 1984。

文字是不足以说明19世纪末中国所面临的极为复杂的问题的。但是不涉及这些问题就不能理解毛泽东本人和他的政治搏斗。从1840年鸦片战争起，西方的军事、政治、经济和文化渗透在几十年里已经达到了这样的程度，看来它不仅威胁了作为一个独立国家的中国的完整，而且也威胁着中国人长期以来认为与文明本身同样长久的民族遗产的生存。19世纪50年代和60年代，统治阶层最初的反应是企图只利用西方技术的成果，特别是使用现代武器抗击外国人并扑灭国内反叛，而在同时保持中国无与伦比的“道”完好无损。一代人之后，1893年毛泽东在湖南省诞生。当时，对西方的机器和西方的知识，门户敞得稍大了一些——只要这些新学被牢牢地置于适当的位置。口号是“中学为体，西学为用”。在他以后的生活年代里，毛泽东不止一次地把中国革命的开端定为19世纪末。这既因为它对经济发展的影响，又因为它造成了工人阶级的出现。

这些具体的经济和社会变革是重要的，但是受西方影响而造成的社会、政治和文化变革的全部进程是更为广阔、更为意义深远的。其结果是，14岁的少年毛泽东在阅读第一本政治小册子时，帝制及其支柱孔子的思想就已经受到猛烈的动摇和怀疑，希望把它改良，改得面目全非，成为欧洲或日本式的君主立宪制的人和希望彻底破除它的革命者正在辩论。四年后，1911年秋，在一致的但比较有节制的数省的起义面前，摇摇欲坠的帝国最终垮台。在这些省份中，毛泽东的故乡湖南是第二个起义的省，毛泽东得以从军保卫新的共和国。

虽然毛泽东这次从军只有半年时间，但在以后的半个世纪中，他不断对武德大为赞美，而从事战争则成了他中年绝大部分时间的生活方式。

毛泽东成熟前后的条件是1915年出现的所谓新文化运动。这场中国第一次文化革命的倡导者企图摈弃中国传统中一切旧的、过时的和腐朽的东西，而代之以大部分是从西方汲取的新的、新鲜的和有生命力的思想。然而，虽然在“打倒孔家店”这个否定的目标上易于取得一致，但在对未来道路的选择上，这个诞生于“新思潮”的党很快就分裂了。当时的条件加剧了这种裂痕。欧洲列强因为技术先进和军事强大而受到尊敬，但第一次世界大战的肆意杀戮并没有增加他们在道义上的威信。而 1917 年的俄国革命很快就作为也许更适合亚洲条件的取代模式而在中国引起注意。巴黎和会决定把之前德国在山东的租借地交给日本而不是归还中国，也促成了对西方幻想的破灭，并招致 1919 年 5 月 4 日在北京的学生示威。这个激烈和决定性变革的时期得名于此，现在通常被称为五四时代。

两年之后，知识分子和佼佼者两极分化加速发展的进程导致了 1921 年 7 月中国共产党的建立。毛泽东当时已经作为报纸撰稿人和 1919 年夏天在长沙（湖南省会）的政治组织者而小有名气，在那时之前的五年中，他在长沙一所师范学校受到了中学和西学的良好教育。

在中国共产党最初的两年中，毛泽东对湖南省工会运动负总责。作为对莫斯科命令的反应，中国共产党同孙中山的国民党议定了一种同盟的形式（包括它的党员以个人身份加入国民党）。此后，从 1923 年至 1926 年，毛泽东在国民党的几个组织中积极工作。从他的未来来看，在这些组织中最重要的一个是广州的农民运动讲习所。从 1926 年 5 月到 9 月，他领导了讲习所。9 月，作为讲习所主办刊物的一组文章之一，他发表了一篇文章，以他后来很少能够与之媲美的清晰透彻的笔调，总结了他对中国社会结构的看法和他从这个分析中得出的关于中国革命策略的结论。

毛泽东论证说，农村地主阶级的统治构成了现存反动政治秩序的主要基础。因此，对现在秩序的决定性打击只能由农民去进行，农民站在地主的直接对立面并追求明确的政治目标（不像城市工人，只关心他们生活条件的短期改善）。毛泽东指出，中国的革命只有这一种形式（农村的农民革命），没有第二种形式。

虽然共产党人甚至在 1927 年工人运动遭到血腥镇压之后在城市中仍得到一定的支持，但是，以后共产党同国民党十年内战的主要战场是农村地区。在那里，毛泽东于 1927 年在江西南部的井冈山建立了他的第一个根据地。起初，毛泽东基本上是随心所欲的，虽然他时常同在上海的中央委员会发生争执。后来，他逐渐被架空。他的竞争对手放弃了毛泽东和朱德发展起来的“诱敌深入”的灵活的游击战术而去进行更类似正规阵地战的战争，但是他们后来因为在1934年10月败在蒋介石手下而威信扫地。蒋介石迫使他们放弃了现有的根据地。他们开始向西北长征。其结果是，在1935年1月的遵义会议上，毛泽东再次取得了对军事的实际控制权。此后，他的领导地位稳步加强，直到1943年他成为中央委员会主席。

1937年7月，随着日本的全面侵略，政治局势发生了深刻的变化。日本人自1931年以后已经逐步占领了相当一大部分中国领土。虽然应当为毛泽东对矛盾和提出反面论题的嗜好打一些折扣，但在这个说法中有很大的真理成分。共产党人对农民渴求土地的号召力并不像某些人声称的那样完全没有影响。但是，1937年开始的抗日战争在三个重要方面为中国共产党的最后胜利和毛泽东本人作为主要的政治领袖上升到全国和国际的显赫地位布置好了舞台。

第一，日本入侵对中华民族生存的严重威胁，迫使蒋介石接受了同他的对手再一次的联盟，并因此使共产党人得到喘息机会。第二，战争的环境。在这种环境中日本人只占据了城市和交通线，因而把广大的农村地区，特别是在华北和东北，暴露于游击部队的渗透之下，使共产党人得以在数以千万计的人民中建立了基层的政治和军事控制。第三，这些抗日游击作战的成功，帮助了共产党人作为一支有战斗力的、爱国的政治力量而赢得支持。1937年出版的埃德加·斯诺的《红星照耀中国》（另译《西行漫记》）的记述在中外报刊上的出现，使毛泽东得到机会把自己表现为中国民族斗争最顽强的斗士。

1939年至1940年，毛泽东创造出“新民主主义”一词来表示中国革命现阶段的特征。这个概念主要来自列宁关于在俄国等相对落后国家的政治发展中的一个“资产阶级民主（革命）”阶段的思想。在这个阶段中，共产党将以无产阶级的名义行使权力，而同时不追求明确的社会主义目标。1905年，列宁提到了“工农革命民主专政”。1949年6月，毛泽东总结了他在过去十年内外斗争中所精心设计而在同国民党重新进行内战的三年中达到顶点的概念，他把他将要去建立的政治制度称为“人民民主专政”。

考虑到他所认为的在中国这样的殖民地或半殖民地内阶级合作

更大的可能性，他在分享政权的阶级中不仅包括了工人、农民，还包括了小资产阶级和民族资产阶级。1949 年春天，毛泽东还宣布，中国革命在过去走了一条非正统的“乡村包围城市”的道路，但在将来要走正统的城市领导和指导乡村的道路。

虽然他表明了，他得益于列宁的理论和苏联的榜样，但他从来不打算使中国成为苏联的另一个卫星国。早在 1936 年，他就向埃德加·斯诺宣布：“我们为解放中国而战当然不是要把它交给莫斯科!”正如后来斯大林本人所承认的，毛泽东和他的同志们事实上只是通过坚持进行内战才赢得了全国胜利，而当时苏联人是在敦促他们妥协以避免冒失败的风险，避免对世界和平造成可能的威胁。

尽管如此，如毛泽东后来所说，中华人民共和国成立初期的政策在许多方面是以“从苏联人那里照搬”为基础的。毛泽东和他的同志们有游击战争、动员农村的农民以及在基层进行行政管理的经验。但他们既无管理一个国家的，又无搞大规模经济建设的第一手知识。在这种情况下，如果不是从苏联，他们又能从哪里得到鼓舞和支持呢?

这样，从 1953 年开始的第一个五年计划是在苏联的指导下制定的。它得到了苏联的技术援助，包括一些成套的重工业工厂。但是，不出两年时间，毛泽东就采取了一些步骤，它们最终导致与莫斯科的政治和意识形态的同盟完全破裂。

作为这种倾向的开始，即急剧加速建立农业合作社，这在表面上看起来与苏联模式一点也不矛盾。无论如何，强制的集体化恰恰是苏俄的特点。事实上，要害之处与其说是决定本身，倒不如说是毛泽东把这个决定强加给他的同志们的方式，以及作为其结果的他的个人权威同党的决策机构的作用之间的紧张状态。

1955 年 7 月 31 日，毛泽东向一次省和地方党的书记的特别会议阐述了关于加速进行合作化的迫切性的思想——会议是专门为这个目的召集的——而不是首先把这些思想提到中央委员会或政治局，虽然没有通过正式决议，但是因此而产生了对执行毛泽东路线的推动力。以至于当 10 月中央委员会开会时，他在领导层中的同事发现，他们是在相当的程度上被置于既成事实之前了。

可以论证说，在这件特定的事情上，毛泽东的信念，即迅速建立合作社的好处（在于组织规模的经济实惠和治水方面，也在于有助于国家向农民强征剩余产品方面）大于所冒的风险，是正当的。但是，即便他是对的，这个插曲也坚定了他已经有明显表现的信念，即他享有对历史进程独特的洞察力，因而加速了他从形式上的，如果不是由与他同等的人民主动推举出来的，列宁主义的党的领袖向更传统的模型铸就的专制君主的转变。

毛泽东思想的其他重要的新倾向也在 50 年代中期出现了。其中，首先一个倾向包含在他 1955 年 7 月关于合作化问题的报告中。他论证说，在中国的社会主义发展中，社会改造可以走在技术改造的前面。某些看起来成功地不借助任何外来帮助而根本改善了物质条件的合作社给毛泽东留下了深刻印象，他进而愈发相信当为革命的目标而动员起来时，中国人民有随心所欲地既改造自然又改造他们自己的社会关系而不受任何限制的能力。

其次，甚至在 1956 年 2 月赫鲁晓夫的秘密报告之前，毛泽东和其他中国领导人就已经讨论了改造从旧社会接受过来的知识分子的精神面貌和改善他们的生活水平的措施，以保证他们积极并高兴地参与建设新中国。随着苏联的“去斯大林化”及其在波兰、匈牙利引起的反作用，毛泽东提出了所谓“百花”政策，这有着允许批评者发表意见和同党内的骄傲情绪和官僚主义倾向作斗争的双重目的。当作为结果的“大鸣大放”失去控制，并使这个政权的基础被质疑时，毛泽东不是生他自己的气，而是生辜负了他的信任的非党知识分子的气，生领导中那些反对这个实验并被证明是正确的同事的气。结果是，他更偏好越过正式的党和国家的机器而直接向群众呼吁。

最后，在 1956 年 4 月一篇题为《论十大关系》的讲话（后来他说这个讲话标志着他精心设计一个不同于苏联的“建设社会主义”的方式的努力的开端）中，毛泽东十分强调既在政治方面又在经济方面的非集中化。对毛泽东来说，这种非集中化的最终目标是为建设一个“强大的社会主义国家”做出贡献。1943 年他在延安制定的群众路线和 50 年代中期之后不断提出的有关论点，从不意味着让群众为所欲为，而是听取群众“分散的无系统的”意见，然后在中央进行综合阐述。但是，1956 年非集中化的执行方法却导致了一个所谓“双重管辖制”，由在北京的各部和地方政府分享经济决策职责，其结果往往是混乱和低效率。

在这种背景下，1958 年发动了“大跃进”。这一时期政策的标志是彻底地公开同苏联模式分道扬镳，但这绝不像近年来人们普遍认为的那样片面和简单化。毛泽东对道德刺激与物质刺激、“红”与“专”、大工业与小工业是同样强调的。成了毛泽东整个经济战略中心的“两条腿走路”政策是用这两腿尽可能快地走路，而不是用小型的土方法跳跃行进的政策。从任何意义上讲毛泽东都不是（像他在西方的某些崇拜者那样）主张“稳定状态”和增长率为零的计划经济的人。恰恰相反，在他主宰中华人民共和国命运的全部 27 年里，毛泽东从未停止过号召经济进步，并且号召以数量单位来下定义的进步，如多少吨钢、多少吨粮等等。

在毛泽东以把中国建成一个“社会主义现代化强国”为目标的同时，他在为取得发展而采取的方法上，又有某些方面反映了对技术进步意义的模棱两可的态度。其中之一在于他对现代知识持有者——知识分子的态度。1956 年 1 月，他宣布，为了达到“在几十年内消灭中国经济上、科学和文化上的落后状态”的“伟大目标”，“决定性的因素”是要有“足够数量的优秀的科学家和技术人员”。两年以后，由于“百花”期间知识分子的行为让他感到幻想破灭，毛泽东干脆说，自古以来，建立新思想学派的人都是没有多少学问的年轻人。他们有能力一眼认出新事物，并掌握这些事物，向老保守开火……当然，在学校也可以学到一些东西；他不是提议要关闭一切学校，他说的是，上学并不是绝对必要的。1958 年下半年，毛泽东赞同并促进了建立“人民公社”，这本来不包括在最初的跃进蓝图之内。到 1956 年年底，向完全社会主义的合作社过渡在字面上已经完成，但是在许多地区直至 1957 年这些合作社才真正开始起作用。结果是，1958 年农民突然发现他们的世界被翻转过来了，他们被投入拥有几千户人家的新的巨大的社会组织中。而前一个剧变几乎还没有结束。毛泽东承认“大跃进”的某些方面，如炼钢铁的

“后院炉子”，是鲁莽的；但同时他又坚决地为他的政策，特别是为“人民公社”辩护。

1959 年春，他承认有必要做一些调整，这包括将所有制扩散到公社的下属单位（生产队和生产大队）中去，使它们的规模缩小到更人道、更便于管理的程度。但是，他不顾其他党的领导人基本上是全体一致的意见，坚持认为，“人民公社”的概念，以及对中国虽然“一穷二白”但能够跃进到其他国家之前的信念，都是基本正确的。在所有的高级领导人中，只有国防部长彭德怀够勇敢（或者说天真到这样的程度），以至于在 1959 年 7 月至 8 月的庐山会议上公开向毛泽东挑战。但是，其他人看到了不祥之兆。因而，冲突是不可调和的。

1960 年，毛泽东开始在人民解放军建立一个取代的权力基地，新国防部长林彪已经开始把军队变成“一所毛泽东思想的大学校”。大约在同时，毛泽东开始察觉到不仅在苏联，而且就在中国，在党和国家的官僚特权阶层中，在技术和艺术界的特权阶层中，出现了“新资产阶级分子”。他得出结论说，在这种情况下，“长期的、复杂的、有时甚至是激烈的阶级斗争”将存在于整个社会主义阶段。1962 年秋，他发动了一场推动这种阶级斗争的运动，两年之后，在 1964 年年底，当刘少奇主席拒绝接受毛泽东把斗争矛头指向党内的“走资派”的号召时，毛泽东决定：刘少奇一定要下台。

与这些内部发展平行出现的是与苏联的公开破裂，毛泽东是这个破裂的首席设计师。中苏分裂的原因可追溯到赫鲁晓夫 1956 年发起的“去斯大林化”。毛泽东一方面承认斯大林犯了许多严重的错误，另一方面他反对对斯大林做片面的和非历史的评价。这一评价没有赞扬斯大林的成就，却把也由于苏联的社会性质而造成的消极现象归罪于斯大林个人。更重要的是，毛泽东反对赫鲁晓夫发起这场运动的方法，他不与其他共产党的领导人协商（包括一些像毛泽东这样的人，他们比赫鲁晓夫的资格要老得多），似乎世界共产主义运动，如共产国际时期，可以像一个世界大帝国一样听命于莫斯科。

实际上的分裂来自苏联对“大跃进”政策的反应，莫斯科认为这种政策在经济上是不可靠的，因此可能会浪费苏联纳税者的钱，它在思想上是自以为是的，是不可接受的。这些看法使毛泽东在某种程度上，至少在1958年坚持认为，前景是中国将在苏联之前一跃而进入共产主义阶段。赫鲁晓夫的反应是对中国“人民公社化”的要求大肆嘲弄，1960年又突然停止了对中国的技术援助，这种做法进一步破坏了已经受到“大跃进”政策恶果影响的中国经济，使许多大工厂未完成就停止建设了。毛泽东永远不会忘记这些侮辱，也不会忘记经济上的损害。1964年，他说，苏联货无论怎样都是既粗糙又昂贵的，“还不如与法国资产阶级打交道，他们还有一些商业道德概念”。

毛泽东的同事对苏联人都不抱什么同情，但是他们中间有些人，包括刘少奇，在1965年看来似乎争辩说一切社会主义国家应采取支持越南的“联合行动”，毛泽东此时对苏联人已经像对美国人那样怀疑了。这样，中国领导在国内、国外问题上都分裂了，“文化大革命”的场景已经布置好了。在这场大动乱开始时，最引人注目的无疑是激进地向党，并在实际上向一切形式的权威提出异议。回顾一下就可以弄清楚，毛泽东对从上而下的领导的否定并不像当时看来那样彻底。虽然他发动了用“造反有理”的口号武装的红卫兵去反对党的机器，但他这样做的目的是消灭党内那些使他生气的人，而不是因为他已经停止相信应对政治进程进行集中控制。

1967年2月，当明确地面临在列宁主义和无政府主义之间的抉择时，毛泽东毫不犹豫地选择了前者。在同上海左派张春桥、姚文元（后来他们成为“四人帮”的二分之一）的谈话中，毛泽东谈到上海一些人要求把“长”都取消，并指出极端的无政府主义，是极端反动的。现在都不愿听×××“长”，叫勤务员、服务员。其实这只是形式，实际上总是还有“长”的。在讨论如对张、姚刚刚在上海所做的那样建立作为政府机关的公社的异议时，毛泽东问道：“党放在哪里呢？……公社总有个党，公社能代替党吗？”以后九年的历史极为清楚地表明，在毛泽东看来，它是代替不了党的。

在毛泽东一生中的最后十年里，他努力把领导的必要性和他一直充满信心的“强大的社会主义国家”的必要性，与构成了“文化革命”的道理和原因的反对特权和鼓励自下而上的首创精神结合起来。作为毛泽东一生中最后发表的“指示”之一，而在1976年5月被引用的毛泽东的一段话说，将来还要继续爆发革命，因为“小官、学生、工农兵不喜欢大官压迫他们”。我没有办法证实这个说法的真实性，但它听起来非常像一个从不会忍受压制的毛泽东说的话。尽管他仍然身体力行着“长”的必要性，但是他无法抵制反对他们、打击他们的诱惑。

此外，这个事业之上还有一个根本的含混不清之处，因为群众“造反”权利的保障仅仅是一个行使个人权威的人物，而这种权威在官方是与公元前3世纪统一中国的秦始皇相提并论的。我认为，我们不应该把毛泽东对这些问题的看法与江青及其同党的看法混为一谈，他们宣扬无休止地反对一切合法权威的思想，导致了一个宫廷集团操纵和利用的无政府主义的局势。但是正是毛泽东为这些过火行为打开了大门，并默默地宽恕了他们。

同样，在现代化和经济发展领域中，1971年至1972年期间似乎出现了一种新的妥协，技术的前进和快速的经济发展得到重新强调，而这些一贯是毛泽东的思想的不可分割的组成部分。但是，甚至就在这个新道路的设计者周恩来去世之前，妥协就被推翻了。对专业技术的重要性的一切认识都被疯狂的政治口号淹没了，一切外国的东西都被看作是反革命的。1972年仍然脆弱的平衡这么快就被打破了，无疑，一些罪责归咎于毛泽东，他年老有病，没有能力控制他的妻子及其同伙的行动。尽管如此，他对道德和技术之间关系的态度与他的整个思想一样直到最后都存在着一些无法解决的矛盾。

在这些矛盾中，最有特点和矛盾最激烈的是毛泽东在他生命的最后20年形成的基本上是源于西方的许多激进思想与他日益传统化的统治风格之间的矛盾。他谈到阶级斗争、消灭脑力劳动和体力劳动之间的差别和一整套社会主义的或共产主义的思想，这些思想无疑属于马克思的思想的主流。尽管毛泽东有时在条件尚未成熟的情况下力图把它们运用于中国的实践，然而同时，毛泽东乐于接受“文化大革命”左派把他抬到半神的高度。这与其说是效法列宁甚至是斯大林，还不如说主要是出于中国的政治传统。

毛泽东的行为中最黑暗的一面无疑是他善于对轻视了他或惹他生气的人加以报复。1958 年 5 月，毛泽东赞扬秦始皇是“厚今薄古”的专家，他为了表明他的目的是坚定的，同意了这样的建议：借古讽今满门抄斩。“文化大革命”中，毛泽东自己恰恰使这一公理得到了实行。60 年代初，他受到三位作家邓拓、吴晗、廖沫沙含蓄的借古讽今的批评。其中第一个人在 1966 年 5 月 17 日自杀，恰在这时，毛泽东亲自接管了对“文化大革命”的领导。第二个是著名历史学家和北京市副市长，他不仅本人被折磨致死，而且他的妻子和孩子都死了，只有一个孩子幸存下来。只有廖沫沙活下来，参加了 1980 年 12 月审判江青的大会。

1966 年至 1976 年期间发生的成千上万人的残酷的死亡，无疑许多必须归罪于江青集团的政治野心和个人怨恨，这些事情只是在毛泽东消极的默许下发生的，有些事毛泽东甚至不知道。但是有些死亡，如邓拓、吴晗，或毛泽东过去的接班人刘少奇于 1969 年 12 月被迫害致死，毛泽东本人必须负主要责任。从这方面说，毛泽东的确是彼得大帝，如果不说他是伊凡雷帝的话。

尽管中国是不愿用这种类比的，但是毛泽东最后十年的统治形式同中国过去的“暴政”形式之间的联系近些月来不断被人想到。1976 年以前的大部分罪责当然要归到“四人帮”身上，但是人人都清楚明了的是，毛泽东也持有一个近乎传统的观念：他得到的对中国人民的统治的权力是历史所赋予的，如果不是上苍所赋予的话。

1949 年，毛泽东建立了“人民民主专政”，进行“新民主主义革命”。在消灭中国社会和文化中资本主义前的遗留物的意义上讲，这个革命的职能相当于欧洲社会发展的资本主义阶段。毛泽东认为，这一进程的一个方面是增进民主的社会道德标准来代替等级制度和官僚主义精神。但是近似于“资产阶级”民主的言论自由的实验于 1957 年下半年突然结束，从那时以后，虽然也不断谈到民主（毛泽东比其他任何人都谈得多），但是公民对政治进程的干预与其说是毛泽东自 1917 年以来不断倡导的进行“自我意识”和“有觉悟的活动”，倒不如说是个礼仪上的事情。

在他生命的最后一刻，毛泽东本人的看法是，中国人民自己出了差错，在1970年12月同埃德加·斯诺的最后一次谈话中，他争辩说，在现阶段的发展中，他们不能不崇拜一个一贯正确的领袖，但是也许不如说是毛泽东没有顺应时代而动。无论如何这是今天许许多多中国人的看法，不仅是所谓“持不同政见者”，而且政治和知识界名流中许多有影响的人物今天也相信，除非重新进行在1957年流产的民主革命并完成这个革命，真正的现代化是不可能实现的。

虽然毛泽东未能超越他自己的历史局限性，他对于作为一个20世纪的民族的中国的发展而做出的贡献仍然给人深刻印象。他充满着不妥协地献身于中国的独立和民族尊严的强烈的精神，使她从一个衰弱、分裂、任凭外国干涉的国家变成世界大家庭中的强大、受到尊敬的一员。无论他先与苏联结盟反对美国威胁，而后又联美反苏，他从始至终都明白地表示，这些政策首先是服务于中国利益的，更广泛地说，是服务于第三世界利益的。

毛泽东同样也坚持中国革命在意识形态上的独立，其象征是他在1938年提出的“使马克思主义在中国具体化”的口号。在这方面，毛主义遗产和现在的政策之间也有一个连续性，现在的政策号召实行“中国式的现代化”。虽然今天的重点更多是在使经济发展的方法适合于中国的具体情况，但是毛泽东的继承者们像他一样仍然致力于维护中国的文化个性，无论他们如何坚持要向西方先进国家学习。

毛泽东的民族创造者的作用已经成了历史记录的一部分，这几乎是毋庸置疑的。更为含混和不确定的是他对社会主义理论和实践的最终贡献。虽然在50年代中期以后，他最初是用平衡的措辞来提出他的思想的，但运用这些思想的方法往往极不平衡。毫无疑问，这部分是因为他让自己被他自己的热情搞得忘乎所以，部分是因为在先前的过火行为使国家达到了灾难的边缘时，他都依靠他自己的能力进行了重点转移。

事实是，在实践上，“毛主义”在中国国内外都越来越意味着用政治热情来替代而不是来激发为求得发展而对经济和技术资源进行有效动员，过于性急地采取物质条件尚不成熟的社会变革，首先是一个把从教育到物质报酬的一切事物无情地向下而不是向上拉平的政策。

恰恰是这个毛泽东思想的滑稽化（对这个滑稽化他本人要负主要责任），十年前对“新左派”有广泛的感召力，而且在许多地方还有人言词激烈地为它进行辩护。见到了行动中的这种毛主义的中国人，就绝大部分而言，是一点也不想要它的，并在“唯意志论”和“平衡主义”这两个题目之下摈弃它。这个反应是可以理解的，但是在从毛泽东的政治遗产中抛弃“大跃进”和“文化大革命”的错误和异化的努力中，如果也抛弃成为主流毛主义一个组成部分的对参与管理和反官僚主义提出的强硬主张，这将是令人遗憾的。如果毛泽东思想被重新解释为披着中国外衣的列宁主义的同义词，如果中国的政治制度要向苏联形式的变种倒退的话，那就不可能有向着“现代化”的突破，尽管很可能也会取得有实质意义的经济进步。与此同时，如果中国人在避免“文化大革命”十年的自拆台脚和无缘无故的狂热性，以及避免把社会地位和报酬上的每个差别都作为进行“阶级斗争”的借口的倾向的同时，能够保持对存在于正在进行现代化建设的社会并实际上存在于任何一个社会的紧张关系和矛盾的强烈的辨别能力——这也许构成了毛主义遗产中最富有成效的部分；那么，他们就可能前进到新形式的文化和技术现代化，这将极大地便利于与外部世界的进一步交往。

（王宁译）

★ 附录 5

毛泽东研究：回顾与展望[①]

1976 年夏，在罗德里克·麦克法夸尔的提议下，《中国季刊》编辑部决定组织一批文章，对毛泽东生平和著作的各个方面进行论述。编辑部认为，这些文章应尽快完成，随时待发，以便在这位主席去世之后迅速适应形势，以专著的形式发表。因为，十分明显，毛的逝世已为时不远了。虽然，这一计划很快就被事实的实际进程所超越，但是稿件仍在 1977 年年初全部写成。到了 1977 年秋，差不多是毛泽东逝世一周年的时候，这本书问世了，书名是《毛泽东的历史地位》。

考虑到该书当时发表的情况，我要说，这部专著作为一个整体来说是不错的——当然，我不是指其中我自己的那篇文章。然而，此书名虽说具有引人注目的效果，却显然是雄心过大了，那时，对于像毛泽东这样一个重大人物，历史还没有作出它的评价，也还不可能作出它的评价。在这种应急的文章中，大部分作者只能依据他们在毛泽东生前就已形成的观点，可是，他们同时又试图转移论述的中心去说明“毛泽东时代”已过去这一事实。结果，该书中的许多文章（这一次也包括我的文章在内）在今天看来就显得像从一个运动着的参照系下拍摄而成的模糊快照。

毛泽东虽已不像 60 年代那样在中国和世界都以高大威严的形象耸立在人们眼前，但甚至直到今天，他还远没有在地平线上消逝，因此我们能够以客观的历史眼光来观察他。然而，尽管如此，在过去了的七年当中，使我们得以理解毛泽东及其作用的背景，已经在许多方面发生了根本的变化。

---

① 译自 Stuart R. Schram，“Mao Studies：Retrospect and Prospect，” *The China Quarterly*，March 1984。

首先，中国人已经发表了大量的原始材料，其中包括许多毛泽东本人写的文章的原文。在这些材料中，一些是公开发行的，另一些在原则上仅供内部使用。不过，有时外国学者也被允许接触它们，而且其中有一些也已进入了中国之外的图书馆。因此，使我们能够系统地提出对毛泽东的评价的资料基础已大大地扩大了。

其次，中国人不仅在利用这些新材料写文章，广泛地论述毛泽东及其思想，而且也对 1949 年至 1976 年在毛泽东领导下所出现的事实进行再思考，对毛泽东制定的、延续至今的政策所产生的结果进行再认识。

最后，由于已经过去几年时间了，中国之外的观察家们有可能使自己不再老是着眼于十年前盛极一时的“文化大革命”了，他们已经有可能对毛泽东一生的意义进行思考，而不是把某一段时期或某一个事件（不管它是延安时期，还是“大跃进”，或者“文化大革命”）看作毛泽东的模式的范例或毛泽东的经验的总结。

本文的意图不是提出这七年来我本人对毛泽东和毛泽东思想所形成的观点。我的打算是首先全面地考察一下这个领域内近年的文献，特别把重点放在本文前面所列举的著作，这些著作都是毛泽东逝世以来在中国和中国之外的地方发表的。[①] 我在做这项工作的时候，虽然也要对这些著作各自的优缺点作一些评论，但我的目的并不是要在通常的意义上去评论这些著作，而是总结一下它们为我们对毛泽东的理解增加了些什么，以及注意到对毛泽东的解释的新趋向。在对我所了解的“毛泽东的研究”的现状做出评价之后，我将展望未来研究工作的前景，并就需要研究的关键问题提出一些建议。

对于我选来研究的著作的书目作一点说明，也许是必要的。选入这个书目的大部分是《中国季刊》编辑部自 1976 年以来所收到用西欧语言写成的著作，不过，偶尔有二三本这样的著作未被选入，我将在后面提及。而《中国季刊》也已发表过评论这几本著作的文章。我略去了所有苏联作者的作品，原因是，虽然其中一些作品有相当大的价值，但是它们提出了关于对毛泽东的解释的特殊问题。

① Gilbert Rozman，“ Moscow's China-Watchers in the Post-Mao Era：The Response to a Changing China，” *The China Quarterly*，No. 94，June 1983，pp. 215-241.

我也略去了用日语发表的著作，当然，这些著作既丰富又重要。原因很简单，我在日语上只有极一般的知识，这对于实现本文的目的是不够的。尽管这个书目有些缺陷，但我仍然愿意相信，它的选书范围还是足够大的，足以在某种意义上具有代表性，从而对于表明我们来自何方又将走向哪里是有用的。

本文的讨论从两本叙述毛泽东一生的著作开始，似乎是合乎逻辑的。这两本著作就是威尔逊的《毛泽东传》和特里尔的《毛泽东传》这两部传记。虽然，这两部传记的诞生相隔仅一年，而特里尔刚赶得上在自己的书中插入一句话提及威尔逊著作的问世："一个英国记者写的一本材料颇丰的传记。"但这两本书在某些方面属于不同的知识界。如果说威尔逊的书读起来仿佛是在毛泽东活着的时候写的，那么这并不是不公正的。"他为中国创造了一种生活、经济和政治的全新秩序。"这一秩序在威尔逊看来，几乎完全是一件好事。实际上，"未来的几代人可能会因为毛泽东在他有机会的时候没有用甚至更无情的手段强行推进他的计划而责备他，也会因为他在私人关系上的失败而责备他。如果毛泽东能够把'文化大革命'和'大跃进'这样的实验（这两个实验都具有振奋人心的积极内容），与更好地理解自己并乐于同他合作的同事结合起来，那么今天的中国就会更加幸运了。但一个人不可能样样都做到，对于像毛泽东这样一个伟人，人们不能过于吹毛求疵"。而特里尔的观点则比较具有怀疑主义特点。他一面总结说，毛泽东的四分之一世纪的统治"重建了中国社会"，而这个社会在某种程度上"将延续到未来"；一面又补充说，"如果毛泽东早走20年，中国也许会更好些"。

除了这种在最后结论上的不同以外，这两位作者处理他们课题的方法也非常不同。威尔逊的书实质上是一部关于毛泽东在中国革命中作用的历史，而特里尔则比较注重与毛泽东有关的戏剧性事件。这种差别特别明显地反映在两本书对毛泽东一生不同时期的篇幅安排上。威尔逊的书为毛泽东一生的每一时期安排了相等的篇幅。而特里尔不仅对毛泽东的在野年代（1927—1935年）只做了相当简略的叙述，而且，令人惊讶的是，对"大跃进"及其后果也只做了相当简略的叙述。相反地，毛泽东的最后十年却占去了该书篇幅的近三分之一（有 130 页是写 1966—1967 年这段时期的，与此相比，写 1958—1966 年的只用了 43 页）。很明显，特里尔用这么长的篇幅，详细讨论了他认为属于毛泽东的衰老表现的事情，这部分是因为，他在那些年代中是一个直接观察中国的人，而且还拥有许多在同外国政治家会见时所获得的材料。但主要的原因是，正是在这段时期中，毛泽东本人的悲剧在他看来最为动人心魄。对毛泽东和毛泽东内心思想的强调，也通过这本书的写作风格表现了出来：作者使用很短的段落，有许多段落仅一个句子，自始至终力求简练和富于启发性。

尽管有这些内容篇幅上的差别，但是两位作者对毛泽东在 1949 年以前的生涯的叙述，大体是相同的，而且，实际上大部分是按照早先已有的传记所提供的线索来写的。威尔逊和特里尔在讨论毛泽东的前共产主义者时期的时候，都采用了麦克唐纳最先提供的关于参加湖南自治运动的材料①；但是，他们两个人都未能利用自 1979 年以来可以在中国得到的关于毛泽东在五四时期的思想发展的非常丰富的文献资料。这两位作者都纠正了以前的传记作者（包括我本人）的一个错误，即以为毛泽东 1935 年 1 月在遵义成了党中央主席；他们清楚地说明，当时毛泽东的权力的基础在于重新掌握了军事领导。由于明显的原因，两位作者都未能详细叙述 1943 年 3 月毛泽东被选举担任政治局和书记处的最高领导职务，因为这一材料仅在 1980 年年中才在中国公布。② 威尔逊正确地指出，毛泽东成为党的主席是在 1943 年夏天；但特里尔说，这只是 1945 年七大上的事。更为令人惊奇的是，虽然这两位作者都从毛泽东发动整风运动的讲话中引用了几个语言生动的段落，但是他们都没有去考虑这场至关重要的运动的政治动力。这场运动直接为毛泽东战胜他的竞争对手奠定了基础。

如果威尔逊和特里尔在叙述毛泽东 1949 年以前的生涯时有某种相似之处，那么他们对毛泽东获取权力之后的时期则提供了彼此非

---

① 请特别参阅他的文章，见 *The China Quarterly*，No. 68，December 1976，pp. 751-777。

② 参见《党史研究》，1980 年第 2 期。

常不同的图景。正是在这一部分，威尔逊对毛泽东最后 20 年的乐观观点使他这本书显得十分过时。他否定了人们普遍对毛泽东 1957 年关于核战争后果的冷峻的评论所作的评价，他指出这种评价不公正；他把“大跃进”之后的产量下降主要归咎于自然灾害，虽然“某些责任可以归诸毛泽东本人的政策”；他暗示毛泽东在 1961 年对自己的错误“小题大做”了；他起劲地评说了那些年轻的激进分子的“色彩丰富的”语言——这些激进分子警告那些把持学校的资产阶级坏蛋：要用刺刀“挖出他们的脏腑”；他自始至终争辩说：“文化大革命”的暴力，对毛泽东及其思想的崇拜以及 1966 年至 1976 年这十年中所有其他消极方面，都是林彪、江青和其他一些人造成的，毛泽东实际上对这一切并不负有责任。

从某种意义上讲，威尔逊的上述见解的倾向性，由于我们可以不加考虑，所以比起他的叙述缺乏清晰结构这一点来，还是次要的。政治局势上的关键性转折点，以及毛泽东本人生涯的关键性转折点，常常被叙述得非常含糊，有时干脆避而不谈。关于 1959 年庐山上的对抗，书中只用一个段落平淡地加以叙述，段落末尾写了这样一个结论：关于社会主义的争论如此广泛地在中国人民当中展开，使毛泽东“激动了”。但作者并没有真正指出 1959 年或 1962 年的意义。

特里尔用了 100 页的篇幅叙述了自 1949 年至“文化大革命”开始这一段时期。他的论述虽然比威尔逊的要简短一些，并且着力于渲染一种气氛或唤起一系列的印象，但最后确实提供了一个关于政治变化模式的较好的观念。

正如已经指出的，论述毛泽东最后十年的长长的结尾部分，是特里尔这本书给人印象最深的部分，一般说来，也是最有价值的部分。作者从头到尾以丰富的文献资料为根据描述了一系列前后相继的阶段：“文化大革命”的最初高涨—林彪的失败—尼克松总统的访华—困难、挫折和衰退的最后几年。整个说来，作者所采取的观点是清晰的、前后一致的；“文化大革命”“绝不是毛主义的顶峰”，毋宁说是“一场温室中的游戏”。对于“造反有理”的口号，他评价说，“这是一种没头脑的理论，导致了没头脑的实践”。在与“滋生着官僚主义的社会主义现实”作斗争当中，“毛泽东由于无法对付随着他所创造的制度而来的某些冷酷的事实，便虚构出了魔鬼”。尽管毛泽东老是谈到群众，但就是他本人常常“绕开群众”。

在特里尔的这些见解中，有许多是我同意的，但这些见解给人总的印象是令人失望的、单薄而无说服力的。毛泽东为什么能够这么容易地使群众支持长久造反的“没头脑的理论”？答案主要在于他操纵人民和政治体系的技巧，还是在于中国社会的某种性质助长了这样一种“温室中的游戏”？也许，特里尔未能令人满意地回答这些问题的主要原因，是他很明显地把全部注意力都放到了毛泽东的精神状态上。他对老年毛泽东的内心世界作了许多有价值的观察，但是，也许正因为这样，他这本书过于以毛泽东为中心了，结果未能向我们指出毛泽东这个人及其事业的意义。倘若作者较多地注意一下毛泽东作为革命的缔造者和作为社会经济变化的动力之间的关系，这一点本是可能做到的。

特里尔在结论中写道：“毛泽东的矛盾……由于中国的变化超过了他本人的变化而加深了，因此，他与中国的动荡之间的关系也改变了。这个憎恶旧事物的人，结果却执迷于一种别人已开始发现其陈旧的意识形态。”但这种意识形态是什么？如果说特里尔对于毛泽东在“大跃进”期间和“大跃进”之后作为一个关于发展问题的理论家论述得较少，那么，他倒是时常回过头来讨论毛泽东同马克思主义之间的关系以及同中国传统之间的关系。有时候，他论证说，毛泽东已经“摆脱了马克思主义的信条”，已经“从马克思主义者”发展为“孙悟空”，或者更明白地说，发展成了传统的中国统治者。然而，在别的地方，他又说毛泽东一方面在晚年是一个秦始皇，另一方面当毛泽东在半个世纪以前分析中国社会的时候，他成功地成了中国的马克思，当他领导夺取政权的斗争的时候，他成功地成了中国的列宁，当他“用瓦刀和砖块建设一个新中国”的时候，他成功地成了中国的斯大林。换句话说，就毛泽东的灵魂而言，他毕竟主要地是一个马克思主义者。矛盾依然没有解决。

另一个与此密切相关的矛盾，由特里尔在书的开头提了出来：“本书致力于说明领导者应具的资质，在今天的某些国家里需要有人具备这种资质；本书同时还致力于促使普通人摆脱对领导者的神秘感。”也许，支配中国人民自20世纪以来一直追求的一种有效政治制度的，与其说是一种“领导者的资质”（显然毛泽东是具备这种资质的），还不如说是一个强有力的合法统治者。但特里尔的表述的后半部分（如果我理解得正确的话）提得很好。我的意思并不是说，凡领导者必是神秘化的；我的意思是说，作为领导者的毛泽东的角色，逐渐地采取了掩盖这种角色性质的形式，这些形式根植于毛泽东本人的经验，但逐渐不适用于他所创立的新中国。然而，我们要问：这种情形为什么会发生？毛泽东的统治与中国人民的需要和追求之间的决定性的冲突根源于什么？

关于这一问题，或者更明确地说，关于马克思主义与中国传统之间的二元性，关于领导与群众的反应之间的二元性，正是迈斯纳的论文集《马克思主义、毛泽东主义与乌托邦主义》的中心内容。在这本集子的8篇论文中，有5篇是1968年至1977年期间发表的，包括发表在《中国季刊》上的一篇①。由于迈斯纳在该书的序言里提及了这一事实，他评论说，尽管中国人指责毛泽东最后十年是“失败的十年”，但在他看来，现在和过去一样，“毛主义的性质实际上并没有改变”。因此，他没有根据“有时候是值得怀疑的对历史的事后认识”去重写有关章节。事实确如迈斯纳所嘲讽的那样，“许多……西方观察家在毛泽东的时代发现了毛主义的那么多优点，而现在却看到了其中的错误（既然中国的官方已揭露了这些错误），并且一起投入了对由毛泽东的继承者所开始的新阶段的普遍庆祝”。能够遇到一个讲原则而不愿随波逐流的人，是令人振奋的。不过，同时也有一点是令人失望的，即像迈斯纳这样富于知识与才能的人居然会如此一味地拒绝听取他人的见解，以致不愿重新审视一下自己以前的观点——哪怕是以自己的方式去审视。

迈斯纳在他的这本集子中试图证明“毛主义的乌托邦理论”无限优越于现代中国的“非政治化”和“非激进化”的政策与意识形态。在我看来，他的这种努力由于两个基本的弱点而部分地落空

① M. Meisner, “Leninism and Maoism: Some Populist Perspectives on Marxism-Leninism in China,” *The China Quarterly*, No. 45, March 1971, pp. 2-36.

了：第一，他把对“狂热崇拜的反动”夸大到了滑稽的地步，在他看来，这种反动自毛泽东逝世以来就在中国发生了；第二，虽然他本人着重指出了在毛泽东的50年代和60年代的幻想中所存在的种种矛盾，但他在阐发总的结论的时候，却把这些矛盾都忽视了。

对于第一点，即迈斯纳对现行路线的评价，我将在本文的结论部分加以讨论，在结论部分我将简短地探讨一下毛泽东及其思想的现实意义。而在这里，我先要讨论的是迈斯纳对毛泽东本人的幻想的解释。在迄今已经发表的论著中，迈斯纳的解释是最新的解释之一（他的书的前言注明的日期是1981年8月）。他的解释虽然在我看来存在缺陷，但毕竟以尖锐的形式提出了大部分要害问题。

迈斯纳的书的主题，如其书名所示，是对毛泽东思想以及马克思和列宁的思想中的乌托邦成分的性质和作用进行研究。迈斯纳把芒福德的一个评论拿来作为自己论证的基础。芒福德的评论大意是：“乌托邦”或者可以说是“人类希望的顶点，或者可以说是人类愚昧的顶点”。迈斯纳以这个观点为基础，展开了一个复杂的论证：证明马克思主义如果要在“落后的国度”找到“有意义的表达”，就需要以一个“千年王国的乌托邦理想”证明“毛主义”的这一特征对中国革命自50年代到70年代的过程中所产生的基本上是积极的影响。

一句话，迈斯纳的观点是：由毛泽东宣布的社会目标虽然是“马克思主义所唤起的”，但“实现这些目标的手段却不是如此”。他在如下一段关于“大跃进”（“大跃进”被看成是毛主义幻想的最充分、最质朴的表现）所说的话中提出了这一观点。他说：“当然，在毛主义关于实现革命性的社会变革的真正创造力在农村而不在城市的信念中，既没有马克思主义的东西，也没有列宁主义的东西；在关于人的精神力量是创造新社会的决定性因素的信念中，也没有马克思主义和列宁主义的东西；在关于‘从社会主义到共产主义的过渡’可以在经济落后的条件下完成的设想中，也同样如此。”尽管迈斯纳的书从头到尾不时地提及“文化大革命”具有某些因循守旧的和明显地反马克思主义的现象，但是他仍然认为这场“文化大革命”是一场真正的、自发的群众革命运动。因为“文化大革命”

“是从对中国过去的传统发动猛烈的冲击开始的……它的进行是以这样的观点为根据的，即认为摧毁旧的价值观念是对人民的意识作新的、革命的改造的前提”。

“毛主义的幻想”在整整一段时期里主宰了中国的政治生活。在对这一幻想加以总结的时候，迈斯纳断言：这一幻想的“中心内容当然是一个得自马克思主义的关于未来共产主义乌托邦的观念”。他指出：“毛主义者们始终如一宣称他们决心达到几个经典的马克思主义目标，即消灭脑力劳动与体力劳动之间的差别，消灭城市与乡村之间的差别，消灭工人与农民之间的差别——甚至最后使国家‘消亡’。毛主义的社会经济政策和纲领强有力地追求着这些马克思主义的目标（至少是前三个目标），而且这种追求不无有意义的历史后果。”

毛主义幻想的某些方面已经发挥，并且还能继续发挥有益的作用——对于这一观点，我并无异议。实际上，我自己在这本杂志上也发表过这样的观点，只是我的分析所用的语言和结构多少与迈斯纳的有所不同。我那篇文章是和迈斯纳的书差不多同一个时候付印的。[①] 然而，我还是对迈斯纳做出自己的论证所用的公式存有两个基本的怀疑。

首先，迈斯纳过分夸大了毛泽东对农民、青年和无知者的依靠，或者更广义地说，夸大了毛泽东对“从精神上和道德上改造人民”的片面倚重，认为毛泽东把这种改造当作建设社会主义的关键因素和手段。迈斯纳断言：“毛主义者（顺便提一下，这是一个他经常使用但从未下定义的范畴）把客观的经济条件降到次要的地位。”这种曲解，由于迈斯纳的另一个观点而变得更加突出。迈斯纳的另一个观点认为，只是在 1958 年毛泽东自己才成为一个成熟的“毛主义者”。任何一个人只要稍微注意一下毛泽东在 1956 年 1 月的见解，就会知道认为毛泽东一贯敌视技术和官僚政治的专门知识的论点显然站不住脚。1956 年 1 月，在向最高国务会议作的关于农业发展 12 年纲要的讲话中，毛泽东明确指出，要达到“消灭中国的农

① *The China Quarterly*, No. 87, September 1981, pp. 407-439.

业、科学和文化的落后状况”的“伟大目标”，“决定性的因素是要有干部和有足够数量的优秀的科学家与技术人员”①。而且，甚至在“大跃进”期间——如果不是在“文化大革命”期间的话——毛泽东还是始终如一地强调工业化、“现代化”（这是一个他常常使用的术语）和经济发展的重要性。

当论述到某一点时，迈斯纳承认了这些事实。例如，当他给毛主义的目标下定义时，他说，毛主义的目标是通过“鼓励促进现代经济发展的实验与革新精神”来“合理地支配世界”。在迈斯纳看来，这定义既适用于“大跃进”，也适用于“文化大革命”。但是这个定义很难同迈斯纳本人的另一些观点相一致。迈斯纳的另一些观点认为，在毛主义者的精神世界中存在着部分非理想社会的禀性。正是由于这种禀性，在现存的经济落后状况中的主导价值观念和倾向才得以进入对一个精神性的、以农村为基础的未来理想社会的设想中。

迈斯纳对“未来理想社会的毛主义设想”所作的刻画，也使我们感到迷惑不解：

> 人民的道德改造不仅是共产主义的必要前提，而且也是关于未来社会设想中的一个组成部分。这个未来社会是一个社会的和物质的乌托邦，同时也是一个精神的乌托邦。一个集体主义的社会以共同的精神纽带为基础，并且通过同经常出现的错误思想的侵袭作不停息的“思想斗争”来维持。毛主义关于从“必然王国”向“自由王国”飞跃的思想并不意味着一个建立有利于个人潜在能力自由实现的社会的马克思主义理想，而只是一个这样的社会：其中的成员不停地进行斗争，以使指定的集体主义道德观念和社会准则内在化和现实化。

迈斯纳并没有表示完全赞成这种设计，但广义地说，这种设计看来是同迈斯纳所认为的毛主义乌托邦的积极一面相一致的。我猜

① H. Carrere d'Encausse and S. Schram, *Marxism and Asia* (London, Allen Lane, The Penguin Press, 1969), p. 293.

想，那些经历了“文化大革命”的中国人更多是把它当作一场噩梦而留在自己的记忆中的。

引起某种怀疑的第二点，是迈斯纳对毛泽东政治方面所作的论述。他承认并且确实强调了对毛泽东崇拜的现实及其在中国历史上的根源。他提到这种崇拜在“文化大革命”中被“加进”了“传统宗教的象征方法”。在他看来，这种崇拜，一方面在“文化大革命”的早期阶段“激励了群众去采取革命的、反偶像的行动”，另一方面在运动的末期“只是为群众又造就了崇拜的偶像”。他还指出，这种崇拜“同在党中央主席职位的可能继承人之间的拜占庭式的政治斗争和宫廷阴谋有着密切的联系。这种宫廷斗争代表了毛泽东最后几年中的中国政治生活的特征”。而且，他还强调指出，对毛泽东的崇拜“在其社会政治作用上”同对斯大林的崇拜“根本不同”，这种崇拜“日益明确地采取了符合农民需要的形式”，因为在迈斯纳看来（如在今天的中国人看来一样），这种崇拜大部分是农民心理的反应。他做出结论说：这种崇拜“被毛泽东用于促进他的缓和对农村地区的开拓的政策……这种政策展示了一条农民走向社会主义的道路”。然而，他又补充说：“……对毛泽东的崇拜是现代史上人民的社会权力异化为偶像化的政治权威的最极端的例子之一……一开始，是一度造反的农民把权力给了毛泽东，是他们给他染上了‘救星’和‘天才’的神秘色彩，而现在他们就在他们的解放者的石膏像前顶礼膜拜……”

这样一种“陈腐的、异己的”“偶像化政治权威”形式，以“一种新的政治奴役”取代了农民们过去所受的经济压迫。这种情况如何能同迈斯纳对毛泽东在他最后20年为中国革命所作的贡献的总看法相一致呢？他认为，毛泽东在最后20年的贡献在于他详尽阐述了有着深远的、积极的历史影响的乌托邦理想。我想，解决这个疑问的关键就在论述对毛泽东崇拜的一章的几行结论性文字中。在那里，迈斯纳引用了青年马克思的一段精辟论述：“只有当人认识到自己的‘原有力量’并把这种力量组织成为**社会**力量因而不再把社会力量当做**政治**力量跟自己分开的时候，只有到了这个时候，人类解放才能完成。”如果我们把这一论述看成是对马克思主义国家理论的正确概括（迈斯纳显然是这样看的），那么可以认为，既然在世界上还到处存在着这种对领袖的神秘化，那么，过分严厉地批评毛泽东未能有效地促进“国家消亡”就是不公正的。据我看来，在马克思的思想中，国家权力在历史发展的进程中所具有的积极作用远比迈斯纳所愿意承认的要多得多。但是，不管马克思是否采取了迈斯纳所赋予他的观点，迈斯纳把专制政治或无政府状态的选择摆到中国人民面前，实际上并没有为中国人民摆脱自己的困境提供任何有意义的或切实可行的方法。

斯塔尔的《继续革命：毛的政治思想》是1976年之后唯一的以整本书的篇幅来研究整个毛泽东思想的专题著作（而金思恺的专题著作，虽然它的英文版在1979年发表，但实际上是在毛泽东生前出版的，并且已经在杂志上得到了评论[①]）。斯塔尔的书有许多优点。它叙述出色，广泛地使用了它修订付梓时（1978年夏）可以得到的原始资料，并且有系统地论述了毛泽东思想的大部分重要方面——既有政治方面，又有哲学方面。作者经常将毛泽东的思想同西方研究政治学和社会学的学者的理论作有趣的对比。然而，这本书的价值到底还是受到了两个因素的限制。

首先，正如书名所暗示的，这本书显然是在“文化大革命”期间酝酿而成的。虽然，如我在上面讨论迈斯纳的书的时候所指出的，我决不认为我们应该不做进一步的研讨就把毛泽东在他最后26年中所做的一切都当成错误加以否定，但是，斯塔尔书中有一个论述仍是不妥的。书中写道，尽管“年轻的学生们在冲击封建文化的残余时，其举动有时候是任性的并经常是过分的”，但“文化大革命”“是这样一场运动，把新的合法性赋予直接的群众行动以解决社会中久已存在的冲突”；书中还写道，在“文化大革命”期间所进行的改革，虽然“在某些情况下……由于遇到了来自不愿意放弃其既有权力的强有力的利益集团的顽强抵抗而不可能完成”，“但毕竟开始把权力滥用的问题当作造成资产阶级的一个因素来对待”。“权力滥用问题”的确存在，但是“文化大革命”几乎没有解决这

① *The China Quarterly*, No. 68, December 1976, pp. 845-848.

个问题。

这一失误（或者我所认为的失误）部分是偶然造成的，因为如果斯塔尔迟两三年来修订他这本书，他也许就不会用同样的话来做出与此完全相同的结论。然而，即使如此，斯塔尔的书可能还会存在另外一个，也许是更为严重的问题，这个问题是由他的研究方法的非历史性所造成的。他本人也清楚地意识到了这一问题。他为自己的方法作了如下的辩解：

> 虽然在谈论毛泽东一生中思想演进时，不时常提及他生涯中某些事件是不可能的；虽然我已经试图把毛泽东思想中几次重大的转变同我相信是影响了这些转变的事件联系起来，但我并没有打算把他的政治思想同他的政治经历有系统地进行联系……
>
> ……同实践相分离的理论，如毛泽东在许多场合经常阐明的，是既不合理又无用的。由于这个基本原则，所以研究同其现实背景相分离的毛泽东的理论结论，是有某种不合理性的。对毛泽东的政治思想作历史的陈述可能更接近于他本人关于理论与实践的必然联系的观念……但是，这样的陈述形式的不利之处在于，在认识论的忠实性上之所得并不能补偿在陈述的清晰性上之所失。

当然，对毛泽东及其生平的讨论，在某种程度上必须把按年月的方法同按主题的方法结合起来，而且，在原则上也不会有人反对把重点放在后一种方法上。但是在这种情况下，清楚地指出同每一个主题相关的毛泽东的思想或政策的发展阶段，仍是必不可少的。斯塔尔的书仅在极小的程度上做到了这一点。总的看来，作者倾向于把毛泽东从20年代至70年代的每一篇著述都当成一个单一的整体来对待，从每一个整体中都可以任意选出一组适于证明某一观点的话。同这种研究方法并行的是斯塔尔对“文化大革命”的赞美，这就使他做出了如此的结论：毛泽东的“理论遗产”的精髓尤其在于这样一点，即“政治的发展等于政治秩序的非制度化——或者，如果你愿意这样说的话——等于对创造性的混乱的鼓励”；同资产阶级的形成所作的持续斗争呈现出“半无政府的面貌”。

人们完全可以怀疑，毛泽东在最后几年所提出的这样一种观点是否真的构成了他最大的理论贡献；而人们一定会更加怀疑，类似这样的思想能否在毛泽东1960年以前的文章中找到。然而，还是有一些领域可以在其中找到贯穿毛泽东一生的连续的实质性要素。这些要素之一，无疑就是他对辩证法的理解。

斯塔尔以一定的篇幅讨论了这些问题，而这些问题则构成了金思恺的《毛泽东思想：形式和内容》和弗朗西斯·苏的《毛泽东的辩证法理论》两书的主题。两个主要的问题是理论与实践的关系和矛盾理论（被选进《毛泽东选集》的两篇文章正说明了这一点）。在第一个问题上，斯塔尔断言，毛泽东的见解具有把“实用主义”和“革命浪漫主义”融合进来的特点。他论证说，毛泽东的认识论“同美国实用主义者杜威的认识论有着明显的相似之处，后者的思想在五四时期产生了很大的影响。和杜威一样，毛泽东也认为思想观念是从实践经验中产生的，并反过来影响实践经验……事实上，毛泽东也清楚地看到了这种相似之处，因为他不止一次地把自己描绘成一个实用主义者”。斯塔尔在这里所提及的是毛泽东在1958年写的一篇文章。在这篇文章中，毛泽东所用的这个术语（实际主义者）是否应该被译为“实用主义者”而不是“现实主义者”，是很值得怀疑的。[1] 不过，这是一个可争论的问题。事实上，当我在1962年写作《毛泽东的政治思想》时，马尔库塞曾经和我讨论毛泽东的哲学著作，他这样评论《实践论》：“其中，杜威多于马克思。”

金思恺绝不同意这一点。事实上，在他的书中完全没有出现过杜威的名字。弗朗西斯·苏的书也是如此。金思恺认为，毛泽东对理论与实践的关系（他把这个关系总结为“实践—理论—实践”的公式）的阐述牢固地植根于马克思主义的传统，但同时，与马克思

① *Wan-sui*（1969），pp. 192-193；*Miscellany of Mao Tse-tung Thought*（*1949—1968*）[Arlington Virginia，Joint Publications Research Service（JPRS），1974]，Part Ⅰ，p. 96.

本人的文献相比（不提恩格斯、列宁和斯大林）前进了一大步。他论辩说，马克思“从来没有系统地论述过”认识论的问题。① 至于在矛盾问题上，斯塔尔和金思恺都同意，毛泽东对恩格斯的辩证法三个基本规律中的两个规律（即量变质变规律和否定之否定规律）的否认是有重要意义的。但是他们对这一发展的意义的评价却是彼此完全相反的。斯塔尔写道，毛泽东关于到达一个综合的过程（或否定之否定的过程）的概念，“是机械的，而不是有机的，这也许因为毛泽东仅仅是通过恩格斯来了解黑格尔的”。毛泽东在 1965 年 11 月杭州讲话的一段中提到了“扬弃”这个概念。斯塔尔把毛泽东关于“扬弃”的概念阐释成向自己本源的自觉回归，并且补充说，毛泽东对这个词语的“错误理解”表明他既背离了黑格尔的综合概念，也背离了马克思的综合概念。

相反，金思恺则把这一发展看成是毛泽东努力使“辩证的和历史的唯物主义的理论和方法摆脱形而上学和唯心主义残余”的又一进步，“这样就使它们”比在马克思本人手中时“更加纯洁”。金思恺指出，毛泽东早在 1937 年就把对立双方既统一又斗争的规律置于恩格斯的其他两个规律之上。在指出了这一点之后，金思恺就论证说，在 60 年代初同杨献珍的论战中，毛泽东提出“一分为二”的口号就已暗示了三个规律从此可以归并为对立面互相斗争的规律，或者由这个规律来取代。当然，这也显示了毛泽东打算刻不容缓地抓阶级斗争的意图。在 1964 年的哲学讲话中，毛泽东就明确地否认了其他两条规律。金思恺欢呼：这是“辩证唯物主义的理论和方法的一个重大发展”，它“增强了唯物辩证法的一致性”，它“使唯物辩证法更加符合现实”。考虑到金思恺的极端辩证法的观点，他认为于光远不是一个真正的马克思主义哲学家，就是很自然的了。他这样看待于光远，是因为于在 1956 年写道，某些实际生活中的问题“并无理论意义”。显然，当金思恺写他这本书的时候，他还囿于

---

① 如果公平地对待中国，那么，人们已经注意到，在 20 世纪 70 年代早期，作者们关于马克思主义哲学的学识，并不比斯塔尔作出的同样过度的评论要强多少；因此，马丁·尼古拉斯（Martin Nicolaus）在为《政治经济学批判大纲》所撰序言中就说，毛的《实践论》和《矛盾论》是“既严守正统……又高度原典的”，并作为一个整体，它们保持了唯物辩证法的经典阐述，这为一切其他作品提供了评判的标准，并且在一个相对长的时段内，可能是无与伦比的。见 *Grundrisse*（Harmondsworth，Penguin Books，1973），p. 43。

“文化大革命”的天地，在这个天地里，毛泽东思想是种西瓜的秘诀。然而，当我们发现他批评已故的、因“批林批孔”而闻名的杨荣国“避开了十分重要的‘一分为二’问题”的时候，不能不感到啼笑皆非。

至于弗朗西斯·苏的著作，它为我们关于毛泽东、毛泽东的时代和毛泽东的思想的知识所能做的贡献，由于这样一个事实而受到了严重的局限，即他把他的研究几乎完全建立在四卷《毛泽东选集》的基础上。这显然是因为他把《毛泽东思想万岁》中的材料和1937年论辩证唯物主义的演讲都看成是假造的。事实上，当毛泽东向斯诺否认他是《论辩证唯物主义》的作者（苏引用了毛泽东的这段话）的时候[①]，1937年的全部演讲已经在中国搜集起来加以复制[②]，现已在中国得到公开承认，而且已经发表了文章评论《毛泽东选集》中的《矛盾论》与原来演讲的相应部分之间的差异。[③]

《中国季刊》的读者会注意到，毛泽东1937年演讲的全文——其中包括形成《矛盾论》的最后部分——最近已经可以到学者们的手中了。[④] 这篇讲稿的一个译得非常仔细的英文全译本，也已经作为奈特的一本专著《毛泽东的〈矛盾论〉——对新中国成立前的版本的注译》出版了。该译本附有对1937年的本子和1952年的本子之间全部差别的说明。由于奈特的译作已经发表在本杂志上，所以我只让自己就两点做出评论：第一，颇有代表性的是，在1949年之后的本子，斯大林对俄国革命的分析被引作“把握了矛盾有特殊性与普遍性的一个范例”，而毛泽东在1937年则宁愿提及苏东坡，把他作为一个透彻地理解了绝对与相对之间的关系的人。毛泽东从苏的著名词作《念奴娇·赤壁怀古》中摘取了一段来说明问题。第二，并且是更重要的一点，现已证明，科恩在1964年的一段论述是

① 这篇文稿最早发表在1965年2月27号的《新共和》杂志上，但这并不保证它就是权威的。而毛就小心翼翼地避开了他从未发表过这一演讲的断然的声明。这个访谈作为《漫长的革命》一书再版附录，其中说：“……他并不记得他曾写过这本书，并认为他也许不会忘记他以前做过的事情。”见 *The Long Revolution* (London, Hutchinson, 1973), p. 207。

② 参见《毛泽东哲学思想（摘录）》，581页，北京大学哲学系，1960。

③ 参见《中国哲学资料》，第1卷，1～44页，1979。

④ Nick Knight, “Mao Zedong's on Contradiction and on Practice: Pre-Liberation Texts,” *The China Quarterly*, No. 84, December 1980, pp. 641-668.

十分错误的。他说，如果不是斯大林在1938年和1950年的著作中向毛泽东作了示范，毛泽东是不可能违背马克思主义的“决定论”而去谈论上层建筑的决定作用的。事实上，在毛泽东1937年演讲的原本上的相应段落中，对主观因素的强调程度远比现行官方版本大得多。我并不是要冒昧地暗示斯大林抄袭了毛泽东，但这第二点是应该引起注意的。

上述第二点引导我们去讨论我的书单所列的其他七本著作。这不仅是因为，在回溯到1937年去探讨毛泽东的哲学思想之源以后，需要进一步回溯到五四时期，而且是因为，正像上面提到了奈特的小型译著一样，最近一批论述毛泽东早年生涯的著作已经提供了大量丰富的新材料，在这些新材料的基础上，我们将有可能重新思考以前的解释。

我首先要提及沃马克的《毛泽东政治思想的基础：1917—1935》，因为它包括了1935年之前毛泽东思想发展的整个形成时期，并且以慎重而富于启发性的措辞明确地提出了毛泽东的早年时期与其随后生涯之间的关系问题。沃马克全面考察了以往研究毛泽东的前共产主义者时期及该时期与其后阶段的关系的著作，他区分出三种研究方法：一是“思想史”的研究方法，即认为“毛泽东的青年期与成熟期之间的连续性比非连续性或发展更为重要”。这种研究方法在某种程度上为韦克曼和中国作者（如李锐）所共同采用。二是所谓所罗门的“还原主义方法”。这种方法同样强调连续性，但不是从思想观念的角度来研究，而是从心理的角度来研究。三是“施拉姆的非连续论”。按照这种非连续论，毛泽东早期著作中的思想在他的马克思主义时期（1922—1965年）一直是潜伏着的，直到“文化大革命”才重新显示出来。

沃马克的这些描述对于其他几个有关的作者是否公正，这由他们去考虑。我只想简短地评论一下沃马克对我的观点的陈述。在我的一篇附有《民众的大联合》的译文的文章中，我确实表达过上述沃马克所赋予我的观点。[①] 沃马克对这一观点所写的评语把这样的

---

① *The China Quarterly*, No. 49, March 1972, p. 88.

见解归于我，即在毛泽东一生中“真正的毛主义时期”是在青年和老年。但是，这就越出了我在1972年写过的任何文章的内容。不过，人们竟然从我的那篇文章中读出了这样的含义，也表明了我在那时所采取的观察角度是错误的。

实际上，特里尔批评我恰好犯了相反的错误，即认为毛泽东“在其整个一生基本上是前后一致的”。我确实说过，毛泽东的思想自始至终有不变的要素，而且现在仍然相信这一点。但这并不意味着我认为毛泽东思想从20年代到70年代基本上是一个东西。这种观点，我在讨论斯塔尔的著作时，刚刚作出过批评。在我看来，合适的方法正是沃马克所提倡的方法。他把这种方法表达得非常好，因而我情愿直接引用他自己的话：

> 这种研究的目的是要发现毛泽东著作的政治性质和政治背景，以便对毛泽东的早期政治思想做出生动的解释。我试图把毛泽东所形成的政治概念同这些概念原来所针对的事物结合起来，并且讨论毛泽东作为一个政治行动者面临政治上的关键时刻时所认为的紧迫和重大的问题。这种研究方法特别适用于毛泽东，因为毛泽东的理论概念通常是在实践经验的过程中产生的，而不是在理论研究的步骤中形成的……
>
> 毛泽东的理论发展从来都不是仅仅阐发他以前的信念；发展着的经验和变化着的政治环境使他的思想不断改变……
>
> 从开端起，按月顺序研究发展的诸阶段，是重要的。因为，只有通过这种方法，研究者们才能了解到毛泽东的有关政治策略经验。这样的研究并不排斥对毛泽东的政治思想作一般的概括，而在我看来，它可以分清幼稚的概括与慎重可靠的概括。

总的说来，沃马克非常成功地实行了他这样为自己定下的方案。显然，我在这里不可能详尽地讨论他对自1917年到1935年各个连续阶段的论述。在像沃马克这样的研究中，事实方面的微小错误以及作者的某些别人可能不同意的观点，都是不可避免的。我在这里仅想提及一个事实方面的问题。我非常惊讶地发现，沃马克宣称，对于像《湖南农民运动考察报告》这样极重要的文献，《毛泽东选集》所作的编辑上的改动主要是“文体上的”。沃马克在这里提到了陈志让所编《毛泽东文集》的导言，但这篇导言并没有证实这一说法。这一说法是难以接受的。因为，《毛泽东选集》删去了把 70%革命成功的希望寄托在农民身上的公式，删去了所有提及贫农领导权的话，并且，从总体上说，删除了原本近 15%的篇幅。

然而，沃马克的大部分论述不仅是准确的，而且是稳健的、有洞察力的和深刻的。沃马克对毛泽东自前共产主义者时期起的思想的连续性作了概括。在我看来，他的概括总的说来是正确的。他认为，毛泽东的思想的连续性在于“在伦理学和社会分析中，注重当前状况……注重辩证逻辑的运用”；在于“‘联合起来的人民大众是最强大的政治力量’的主要假设……尽管毛泽东的社会分析的框架有过基本的改变”，以及在于“斗争的必然性和实践的重要性”的假设。沃马克对《一个苏维埃中的社会主义》(Socialism in One Soviet）的讨论和对毛泽东 30 年代初与二十八个半布尔什维克的关系的讨论，是熟练而又稳健的。

沃马克还对包含在毛泽东的研究中的课题作了概括。对于这个概括我也是赞同的：

> 对毛泽东在长征之前的政治思想进行分析，所要求于我们的，不是我们去理解毛泽东的理论工作，而是由我们来为毛泽东的政治活动的一致性作理论概括。这不仅是一个关于毛泽东的思想的早期阶段的课题。我认为，毛泽东的政治活动还从来没有得到全面的理论阐述。毛泽东的政治思想一直是以一种模糊的辩证形式而与政治形势和马列主义的主导思想相连的。

我认为，沃马克的书是许多年来所发表的论述毛泽东思想的最好的著作之一。他的书的最大弱点是其资料基础的不足与过时。虽然该书标明的日期是 1982 年，但是书中没有提及任何在 1979 年中期以后已经得到的材料。看来，夏威夷大学出版社花了三年的时间才使该书得以出版。这是学院出版者常有的情形。结果是，作者甚至没有能够利用1980年2月发表的李锐著作的修订和大大增补了的版本，更不用说利用1981年5月以意大利文出版的《湘江评论》的完整文献了。他也没有得到自1979年以来中国为内部使用而出版的原始材料集，尽管其中有一些在中国之外的图书馆也可以得到。

在这里讨论新近发表的"内部材料"（例如，有关中国共产党第一次全国代表大会的材料，或有关"新民学会"的材料[1]），或许是不适当的。一方面是因为这些材料并不直接以毛泽东为主，另一方面是因为这些出版物只是《中国季刊》的读者中的很小一部分才容易得到。可以庆幸的是，就毛泽东的研究的目标而言，这些材料如今已经被刚刚出版的东京版1949年前毛泽东文集的五个《补卷》的第一卷所取代了。

1971年，当这部十卷本的《毛泽东集》原版开始问世时，我曾经对之做过评论。我把它描述成"一部仔细而有批判地编辑而成的毛泽东著作集。这部著作不仅可以使人们方便地得到大量迄今只能在分散的、有时是字迹模糊的原始材料中获得的东西，而且指出了在1951年的官方版本中所有经过改动的地方"[2]。在这十年当中，这个东京版本对于每一个对20世纪前半期中国历史和政治作严肃的学术研究的人来说，都成了不可缺少的参考工具。特别是，每当引证当代文献比较适宜的时候，实际上所有以毛泽东1949年前的文章为论述对象的作者都用这个东京版本作为引证材料的源泉。因为，与那些30年代和40年代的珍本杂志书籍不同，这个东京版本在许多图书馆能找到。然而，由于原版的印数比较少，这部《毛泽东集》并不如人们所希望的那样容易得到，尤其是个人不容易得到。到了70年代中期，由于不讲道德的香港中间商的活动，这部集子翻印本的供应增加了。这些中间商们不仅非法翻印了东京的版本，而且在侵权之上还加以侮辱，把他们所谓的"编辑委员会"的名字印在封面上，取代了竹内实和其他几个实际做了编辑工作的人。

现在，原来的十卷本已经再版。再版之后，印刷清晰，装订很

① 参见《一大前后》，北京，人民出版社，1980；《新民学会资料》，北京，人民出版社，1980。

② *The China Quarterly*, No. 46, June 1971, pp. 368-369.

好，更正了若干错讹与误印。这件事本身就是一个好消息。因为，不管它们的价格如何，从今天整个书价水平来看，这十卷本代表了一种很值得的投资。而这个十卷本增补材料（编者非常恰当地把增补材料分列为补卷，而不是将它们同现存的十卷本合并起来；这样，已经拥有原版的人不必两次购买同一套书）的出版，则是一个更好的消息，因为，这些材料将把对毛泽东早年的研究置于一个全新的基础之上。仅仅提及第一补卷以超过300页的篇幅包含了1920年年末以前这段时期的材料这一事实，就可以对这一突破性影响有所了解。现在，我们不仅有了毛泽东写给《湘江评论》的文章，有了毛泽东与新民学会其他成员之间的完整的通信集，而且还有了毛泽东在五四时期写给长沙《大公报》的全部文章，另外还有许多其他材料。无疑，全部十五卷本的《毛泽东集》及其《补卷》*，在今后许多年中，将成为所有研究毛泽东在中华人民共和国成立之前的言论和著述的人所使用的标准本。

* 现在《补卷》已编到十卷，即《毛泽东集》加《补卷》共为二十卷。——译者注

上述这些对集纳毛泽东文章的东京版本的评论，很自然地把我们引向了迈克·戴为原版所提供的译本《毛泽东，1917—1927：文献》。它是我在这里所讨论的唯一在1976年以前问世的书，因此作一点解释是需要的。我把这本书包括进来的理由是十分简单的：这本书虽然早就送到了《中国季刊》杂志社，但是没有人撰写和发表过评论文章。不过我可以问心无愧地说，这种怠慢不是任何一个与《中国季刊》有联系的人的过失。看来，只有利用现在的机会弥补这一疏忽才是适宜的。

迈克·戴的译作，作为提交给斯德哥尔摩大学的博士论文，完整地将《毛泽东集》第一卷译成了英文，并且翻译了1917年至1927年期间的其他一些文献，此外，还附以评注。作为一部译作，一般说来，它是准确的、有想象力的和语言通顺的。因此，从这个方面讲，它对于没有能力读原文的或不想花时间读原文的人来说，是十分有用的。至于该书的大量注释，实际上构成了一篇解释毛泽东的思想发展的意义不凡的论文。

在迈克·戴讨论的许多论题中，我在这里只选取两个进行评论。第一个论题——它也可看作迈克·戴的译作的主题——是认

为，正如毛泽东本人后来所说的，毛泽东实际上不是从 1925 年，而是从 1923 年就开始意识到农民的关键作用了。迈克·戴把这一点同一个广泛得到承认的事实联系起来。这个事实就是，在第一次统一战线的早期，国民党对农民的兴趣远比中国共产党大得多。通过这样的联系，迈克·戴找到了关于毛泽东自 1923 年起对国家主义者采取相对调和态度的一个主要的解释。迈克·戴的这样一个论证也许有些说过了头，但无疑是值得我们考虑的。

迈克·戴的另一个有洞察力的见解，是他强调了胡适在五四时期对毛泽东产生的影响。对于一本写于 1975 年的、受到了毛泽东及其革命成就的巨大崇敬的激励的译作，这样的见解确实是很了不起的。这一见解现在已为中国作者们坦率承认，而在“四人帮”的全盛期，这一点显然是不能提及的。[①] 迈克·戴在提出这一见解的时候提到了毛泽东为《湘江评论》创刊号所写的社论。在这篇社论中有这样的论述：在哲学的领域里，世界已经进步到了实验主义阶段。迈克·戴并没有像斯塔尔那样由此得出结论：毛泽东在其一生的其余阶段自然是一个实用主义者。但是，他强调指出（在我看来这是十分正确的）毛泽东在 1919 年深切地赞同，并且后来继续赞同胡适对某些人的指责，“这些人以空谈主义来代替研究问题的艰苦工作”。

现在，让我们来谈谈《湘江评论》。曼蒂奇的意大利文译本第一次使这本杂志能够在中国之外到达读者手中。曼蒂奇怎样得到这个期刊的中文本的故事本身，正可以说明，在“文化大革命”期间和之后，有关毛泽东生平及思想的材料怎样通过无法预料的途径为学者们所获得。1979 年春天，曼蒂奇得到许可在上海图书馆查阅《湘江评论》的照相版。他询问是否可以复印这些杂志，图书馆员对他的大胆要求非常吃惊，回答他说，在中国只有一个人有权决定，他就是华主席。于是，曼蒂奇写信给这位主席。1979 年 10 月，他收到了复印本。

曼蒂奇为他的译本所写的导言，大部分是对五四时期的政治和

① 参见汪澍白、张慎恒：《青年毛泽东世界观的转变》，载《历史研究》，1980 年第 5 期。（该文实际刊于《历史研究》1980 年第 10 期。——译者注）

思想潮流作总的考察。但是在结论部分，他发表了一些颇具洞察力的见解，评论了五四运动在毛泽东的一生中对他整个思想的发展所具有的意义。他论证说，这四期《湘江评论》反映了毛泽东“把五四运动置于世界历史潮流之中的明确意图”，毛泽东断言，这场运动将以一个正在形成的“新中国”，为全世界的学生和工人反对制造第一次世界大战恐怖的“列强们”的斗争做出贡献，它将使整整一代中国知识分子的幻想不复存在——他们幻想可以通过西方路线的现代化进程来直接“拯救”中国。和其他作者一样，曼蒂奇也指出了毛泽东强调个人解放是一个“公正”的“现代”社会的必要条件（五四运动普遍地强调这一点）。他论证说，毛泽东在这本杂志上所阐发的观点可以概括在一个公式中：个人＝需要＝新社会。由于目前的中国社会不能满足“民众”的需要，所以“民众”必须实行大联合以改造这个社会。毛泽东的直觉可能是从他阅读无政府主义的小册子而来的。他直觉地感到，一个不能满足“民众”需要的社会就是“不公正”的社会。“……只有一个公正而新型的社会才能满足我们今天所说的……‘民众’的‘非异化的’或‘有个性’的需要。”在毛泽东的头脑中是否有曼蒂奇在脚注中所明确揭示的类似于布达佩斯学派的异化概念，这是很可疑的。但是，他对毛泽东1919年思想的实质内容所作的这一概括，却是很有见识的。

导言之后的译文，总的说来是准确易读的，但也有一两处例外。最让人迷惑不解的地方，是开头部分，即在为《湘江评论》创刊号所写的社论中。在援引了自文艺复兴起所发生的“思想解放”（不是今天的“解放思想”）之后，毛泽东提到了宗教改革及随之而来的宗教自由，提到了从独裁政府到代议制政府的过渡，还提到了如上所述的“实验主义”的到来。在曼蒂奇的翻译中，文艺复兴成了“文化发展”，宗教改革成了对未来宗教改革的号召，代议制政府成了“多元主义”，而实验主义则成了“一种实验主义”。在第44页上的一个注释中，曼蒂奇提到了迈克·戴为同一篇文章所提供的译文，并且评论说，戴的译文同中文原文比较起来，“常常有歪曲之处”。但是，据我判断，在上述四处译法上歪曲毛泽东的意思的是曼蒂奇而不是迈克·戴。我之所以说这一错译令人迷惑不解，是因为把毛泽东用文艺复兴和宗教改革所作的明确引喻模糊化，恰好损害了毛泽东将五四运动纳入世界历史潮流的意图，而毛泽东的这一意图是曼蒂奇自己在该书导言中所强调的。

现在，我们要转向五四运动与其后事件（即在中国共产党的早年发生的事件）之间的联系问题。让我们讨论一下本文所评论的著作的第二本，即李锐的《毛泽东的早期革命活动》的第二版。这本书在这方面是最丰富、最重要的著作（除了东京版的《毛泽东集》），它的第一版出版于 1957 年，其英文译本出版于 1977 年。[①] 由于我在《毛泽东的政治思想》一文中和在第一版英译本的导言中尖锐地批评了李锐的偶像化传记的写作方法，以及批评他的通过有选择的引证来修饰毛泽东早年生涯的倾向，所以我有责任特别在这里强调一下新版所具有的十分显著的变化。

如果李锐当初了解到西方学者们对他谈论些什么，那么像我这样的批评无疑会使他感到一种莫大的讽刺。因为，当我在 60 年代初写下我的批评的时候，他已经由于在 1959 年 7 月至 8 月间的庐山会议上反毛泽东路线的罪名而被监禁起来了。他从此被监禁了 20 年。[②] 因此，毫不奇怪，当埃德加·斯诺从《毛泽东的政治思想》一文了解到有李锐的一本传记存在，并在 1965 年问起这本书的时候，他被告知，李“不在北京”，他的书是“非正式的”，其中有“不准确之处”。这个向斯诺提供情况的人还补充说，李“并没有被毛泽东本人接见”[③] ——一句聪明的半真话，因为他自己是毛泽东的随从之一，他当然不需要请求“接见”。[④]

尽管有这些经历，李锐这本书的第二版——它被作了如此广泛的修订，以至于成了一本新的书——仍然很谨慎并对毛泽东非常同情。当第二版问世时，李是电力部副部长，因此，他这本历史著作可以看成是他个人业余爱好的产物。在十二届党代会上，他被选为中央委员会委员，这样，他在此以后论述毛泽东的文章就要归入另

① *The China Quarterly*, No. 76, December 1978, pp. 915-918.

② 关于这些事件的描述，见李锐：《我心中的总理》，载《人物》，1982 年 9 月第 5 号，14～18 页。

③ Roderick MacFarquhar, *The Origins of the Cultural Revolution*, Vol. Ⅱ (Oxford, Oxford University Press, 1983), p. 397, n. 29, and p. 409, n. 228.

④ 参见埃德加·斯诺 1965 年 7 月 19 日致本人的信。

外一类了。

仅仅几个例子就足以说明两个版本在研究方法上的差别。第一版中，有一段引自毛泽东写在泡尔生的伦理学教程上的边注，其中有这样的话："我们必须将我们的体力和智力发展到最大的程度……无论哪里，只要存在着对个人的压抑，就不可能存在更大犯罪。"在新的版本中，这段话之前还有引人注目的第一句话："人类之目的，在实现自我而已。"在与此相邻的一段文字中，李锐指出，这时，毛泽东还是一个"唯心主义者"。当讨论到《民众的大联合》一文时，李锐承认，当时毛泽东还没有弄清楚马克思主义与无政府主义之间的差别。最后，他承认，由毛泽东在 1919 年创立的"问题研究会"的会名，当然受到了胡适的影响。

正如我已经指出的，李锐在新版中较全面而较少倾向性地利用了可以得到的文献资料这一事实，并不意味着他已转向对毛泽东的贬低。更确切地说，他要向我们说明，青年毛泽东，作为一个真实的历史人物，并非生来就是一个伟大的马克思列宁主义者，而是逐渐地认识马克思主义的。因此，一方面，李锐强调，1920 年至 1921 年冬以前毛泽东在不同程度上所具有的唯心主义的、个人主义的、无政府主义的和实用主义的思想，实际上为整整一代五四时期的人所共有，其中包括像陈独秀、李大钊这样比较年长、比较博学的人。另一方面，他又指出，毛泽东对自我的关心一开始就是同对组织起来实现个人解放的重要性的理解联系在一起的。他还指出，毛泽东对研究具体问题的重视，很快就汇入了探讨革新中国社会的根本方案的更大追求之中，而不是探讨琐碎的改革道路。李锐用了很长的篇幅论述毛泽东在 1921 年之前的思想发展。在讨论这部分关键时期的文字时，在我看来，必须承认这两个点是最精细、最稳健、最深刻的论述。我并不是说，李锐没有任何意识形态的或政治的考虑，也不是说，他写的一切都应该作为正确的和有事实根据的而加以接受。但是，考虑到他的写作受到了约束，能写出这样的作品就是很不错的了。我们很难设想，在 1956 年或 1957 年的苏联，会有类似的论述斯大林早年思想的书出版——且不管作为一个年轻的神学院学生的斯大林有没有令人感兴趣的思想。

麦克唐纳的书《农村革命的城市根源——1911 年到 1927 年中国湖南省的名人和民众》，虽然论述了在毛泽东几乎始终活跃于他的家乡的 16 年中湖南省的政治、社会和思想的历史，但是，青年毛泽东在他的叙述中并不如人们所期望的那样显得突出。这主要是因为他在方法论上的观点正与特里尔的相反。按照麦克唐纳的观点，中国革命“主要的不是一小群‘政治天才’的产物”。他写道：“毛泽东在我要讲的故事中确是一个重要人物，但是还有许多其他人也是重要的人物……”

麦克唐纳的分析是从大量吸引人的细节材料出发的。对于这些细节材料，我在这里不可能进行概述。但是，他的中心论点对于我们努力把毛泽东及其作用放入更广大的背景之中，是一个重要的贡献。他在书的末尾谈到农民运动的时候，把这一论点阐述得最为有力。他论证说，农民协会在 1926 年 4 月之后的迅速发展，“不能从千年王国的角度来理解”，不是一种支持北伐的自发的群众起义。麦克唐纳在解释毛泽东 1926 年 9 月论农民和国民革命的文章的含义时写道：“外来的鼓动家是一个关键。毛泽东是一个能够同农民对话，唤起他们的觉悟、支配他们的能量的人。”然而，在北伐的领袖人物中，“激进主义者和自由主义者”虽然能够在最初的发动上彼此合作，但是关于这场群众运动的意义及其后果的问题，他们之间存在分歧，并且，最终激进主义者（毛泽东当然是其中的一个）只能作为失去了资格的人而在农村幸存。作者认为，这一分析，对于是否存在一个老百姓铤而走险反抗吴佩孚霸权的浪潮的问题是一个有保留的“肯定”。但这一肯定是如此有保留，以至于“也可以很容易地看成是有保留的‘否定’”。实际上，这是一种微妙的说法，其本意就是，毛泽东领导的（或他在其中起了某种作用的）中国革命既不能明确地被归入“列宁主义的革命”，也不能明确地被归入“民粹主义的革命”，而是这两者的混合物。这种分析在我看来是富于启发性的、有事实根据的。

谢弗的书《毛泽东和工人们：湖南劳工运动，1920—1923 年》，虽然其书名中有毛泽东的名字，但主要是一本关于社会史的著作。这本书用英语汇集了许多有关 20 年代初湖南劳工运动的有用资料，从而为我们理解毛泽东的政治和理论发展提供了进一步的背景材料。她的论述虽然在某种程度上受到“文化大革命”措辞的影响（“文化大革命”企图把青年刘少奇变成一个平庸、妥协的工会官僚），但总的来说是正确的。然而，当她论述到更为广泛的问题时，人们一定会持有保留意见。

谢弗颇为谨慎地以这样的话作为自己的座右铭：“你将知道真理，真理将使你自由。”她提出“摈弃”这样的观点，即毛泽东在1923年倾向于“把革命在民族主义阶段上的领导权交给商人”。她的这一建议使她的读者摆脱了由许多人（其中包括我本人）所传播的错误见解。这个问题必须从两个方面加以考虑：其一，关于商人在中国革命中的作用问题，毛泽东在1923年7月的《北京政变与商人》一文中说了些什么？其二，他说这些话的真正含义是什么？

在第一个比较狭窄的问题上，谢弗完全忽视了证据，因而整个地来说是错的。谢弗对这篇文章作了广泛的摘引，然后明确断言，毛泽东当时没有提及商人的领导权。而事实上，毛泽东十分清楚地写道：“商人的团结越广，声势越壮，领导全国国民的力量就越大，革命的成功也就越快。”①

在第二个比较广泛的问题上，谢弗提出了一个观点，但由于她把这个观点说过了头，结果严重地削弱了她的论证的力量。尽管我从未说过，在1923年或在中国共产党成立之后的其他什么时候，毛泽东准备在一定的时期里把革命的领导权交给资产阶级（或它的政党——国民党），但是我要坦率地承认，出于要捣乱一下的情绪，我曾在《毛泽东的政治思想》的第一版中把1923年的这篇文章加以突出，以反对在1963年及其后15年中流行的这样一个观点，即认为毛泽东是始终革命、一贯正确的观点。也许，当时我把毛泽东的这篇文章解释过头了，但它也不能通过解释而变得不存在。甚至迈克·戴——他从一个不同于谢弗的政治角度来研究早年毛泽东——也承认毛泽东的这篇文章给他造成了“问题”，并着手对这篇文章进行精细而稳健的分析。

---

① S. Schram, *The Political Thought of Mao Tse-tung* (New York, Praeger, 1969), p. 208.

迈克·戴和沃马克都提出了一个很好的论证（我基本上赞同这一论证），其大意是：这篇文章以及关于毛泽东在1922年至1925年间的观点的其他证据，都向我们表明，毛泽东虽然清楚地意识到了商人及资产阶级其他阶层的弱点和局限性，但他决意要同他们合作以实现民族革命。谢弗把“商人”仅仅当作中国革命的资产阶级民主主义阶段的象征。当她热情地证明毛泽东的前后一致性的时候，她完全抹去了毛泽东的观点从1923年至1926年所发生的根本改变。毛泽东在1923年认为，城市是帝国主义压迫的主要受害者，因而是革命的中心；到了1926年，他就把注意力转到了农村，而他对中国社会的分析也就作了相应的调整。

本文所要讨论的最后一本书是马丁所编七卷本的《毛泽东文选》。该文集使用德文和中文两种文字，包括了毛泽东从中华人民共和国成立前夕到他一生终结前所写的著作。这部文集的导言于1979年发表在文集的第一卷中，但是在1980年，这篇导言以最新的、扩充了的形式用德文发表，在1982年又以英文形式发表。

在马丁这篇导言性论文中，讨论毛泽东的著作在其生前的运用的那部分，篇幅比较短，包含的新材料也比论述毛泽东死后事件的那部分要少。因此，我在这里不去讨论他关于1976年以来中国共产党各派之间就如何解释毛泽东的遗产问题所展开的斗争的论述，我将把注意力集中在文集本身。

在较长时间的一段空白之后，这部文集是收集在中国之外发表过的（也许也是在中国之内发表过的）毛泽东1949年以后的文章最为全面的一个文集，因此它必将受到热烈的欢迎。虽然它所包含的许多材料可以在“文化大革命”时出现的毛泽东演讲与著作的主要文集中找到，而其他大多数材料也是从中国出版物中收集的，但是，以一套印刷清晰的多卷本集子把所有这些材料都集在一起，对于学者们来说提供了巨大的方便。应该说明一下的是，编者所能收集到的所有材料在这个集子里都用中文印刷（凡是仅在中国之外发表的文献，则用英文印刷或用发表时的原来语种印刷），其中比较重要的（其数量大约是全集总页数的70%）则被译成了德文。这些德语译文不仅对于那些其本族语是德语的人来说是有用的，而且对于所有那些阅读德文要比阅读中文容易的人来说也是有用的，因为这些文献中的重要部分还没有英语译文。附在每一卷末尾的人名和主题索引也是很有用的。

这部文集的主要弱点实际上来自编者们的劲头与效率，材料的收集工作从 70 年代中期就已开始，参与合作的有高英茅（音译）领导的美国小组和中村公嘉领导的日本小组。他们的名字都作为编委会的成员出现在封面上。但是，在没有其他出版计划要实行的情况下，马丁和他的同事们在 1979 年开始了这部文集的出版工作，并于 1982 年完成。

虽然承担这项工作的愿望是值得称道的，但是德国小组所做出的这一决定显然是基于这样一种看法，即认为在红卫兵活动所带来的“信息爆炸”之后，在不久的将来以这种途径获得新材料的可能性较小。这一看法在 1978 年显得很有道理，但事实证明，它只是部分说对了。毛泽东的文献虽然不再如洪流般涌现，但也没有变成涓涓细流，而且今天已有种种迹象表明将再次增多。因此，在这部集子中，某些真正有价值的材料没有被收入了。只要出版工作推迟二三年，这些材料本是可以被收入的。但是，这样的文集是不能要求其尽善尽美的，而且就目前来讲，这部《毛泽东文选》是仅有的最好的一部，应该被收进第一个严肃关心中国事务的图书馆之中。

至此，我已经完成了对毛逝世后发表的论毛泽东的著作的回顾。这一回顾已是过于冗长了。现在我要转向对未来研究的展望。正如我在一开始就指出的，我的见解是，未来进展的关键在于材料与观点。

第一点的重要性是显而易见的。早在 30 年前，当著名的布兰特—史华慈—费正清三个小组首次在西方开始对中国共产主义史作严肃的研究时，在他们的《文献史料》一书中，甚至某些最基本的资料也不得不从日文转译。近如 60 年代初，当时在《中国季刊》创刊号上出现了魏特夫与史华慈之间的论战，并有科恩、陈志让和我本人论述毛泽东及其思想的书问世，但是仍无毛泽东从 1917 年至 1923 年写的完整的文章集可资利用，仅有毛泽东为湖南自修大学成立所写的一篇通告是例外，该通告于 1921 年印出，并于 1923 年在中国的出版社重印。实际上，唯一的资料来源，除了毛泽东讲给埃德加·斯诺听的自述以外，就是李锐的青年毛泽东传记的第一版。当时散见各处的毛泽东原话摘录是如此零碎，以至于实际上每一个作者都在凭自己的想象来自由创造关于毛泽东在五四期间和之后的思想历程的图景，然后再选出若干合适的语录来支持这种图景。由于毛泽东在1923年至1949年这段时期中的许多演讲和文章已经公开发表并能在中国之外的图书馆中找到，所以关于这一时期的研究，情况有了改善。但是，因为搜集极其分散的资料需要花费时间和钱财，所以学者们利用原始资料的自由受到了严重的限制。

第一次重大的实质性突破是在70年代初。那时，同时出现了十卷本的《毛泽东集》和包含着成百上千条毛泽东1949年之后的言论的红卫兵出版物。如我在前面所指出的，东京版的五本补卷*，代表了我们在对毛泽东，特别是他早年的精神和思想的了解中的另一次实质性突破。从方法论上讲，重要的是要指出，这些新获得的材料，不仅是来自近年来在中国出版的几本重要的"内部"文献集，而且还来自中国之外学者们的智慧的运用。例如，《补卷》收入了五篇毛泽东以"润之"的别名写给《政治周报》的文章。这五篇文章一直就在我们眼前，但竹内实和我都没有——据我所知，在中国之外的任何其他人都没有——认识到它们十分明显地就是毛泽东所写的，直到这一事实为一位澳大利亚籍的学者约翰·菲茨杰拉德指出时为止。[①]

* 现已出版十本。——译者注

至于毛泽东1949年之后的时期，首先是有一些"文化大革命"的汇编资料还没有被充分利用，虽然这些材料同其他与此类似的材料一样，是必须仔细地加以利用的。我已经在本文中对别人作了某些带有批评性的评论，那么现在该由我来承认我最近由于《资料选编》这样一卷书而出现的两个严重错误。在摘译这份原始资料的时候，我把《致中国农民》这篇文章说成是毛泽东所写的，而事实上非毛泽东所写。这篇文章先前发表在《共产党人》上，后为毛泽东

---

① John Fitzgerald, "Mao in Mufti: Newly-Identified Works by Mao Zedong," *The Australian Journal of Chinese Affairs*, No. 9, January 1983, pp. 1-16;《党史研究资料》(第二辑)，796～797页，成都，四川人民出版社，1981。

用于教学的目的。第二个错误发生在我去年在香港所作的演讲中。这个演讲的讲稿最近出版了。[①] 我在其中认为，毛泽东在 1917 年的书信中有一封信是写给杨昌济的。但是，只要仔细地阅读一下李锐写的传记，就会明白这封信是写给黎锦熙的。黎锦熙曾是长沙师范学校的教师，后来移居北京[②]（《毛泽东集》补卷第一卷包含了毛泽东在 1915 年至 1920 年期间写给黎的六封信的全文）。

当然，在红卫兵的汇编资料中，这样的错误常常是由偶然和疏忽所造成的，而非故意。而在官方发表的文献（我们将不得不愈益依靠这些文献以获得关于毛泽东晚年的材料）中，就没有出于偶然的错误，编辑上的决定都是以谨慎的政治决定为前提的。因此，在材料的问题中就掺入了前面提到过的另一个关键性的因素：观点——特别是当前中国流行的关于毛泽东及其历史作用的观点。

在西方，人们普遍相信，在刚刚过去的七年中，中国对毛泽东所作的论述只有一种价值，即反映了当时的政治气候，因而对于理解这个人物及其思想并无帮助。我认为，这种看法过于片面。毫无疑问，中国的前领导人确实在政治上把毛泽东当作一种象征，对毛泽东的选集作了政治上的处理。但这并不意味着从中国的出版物中我们将一无所获。

一方面，中国的最高政治领导层，几乎无一例外地是由那些从 50 年代到 70 年代，而且许多情况下是在更长的一段时期中了解毛泽东或在活动中直接观察毛泽东的人所组成的。虽然，尤其是作为十年“文化大革命”所带来的痛苦的结果，这些人的判断不可能是平静的、客观的，但他们的经历本身就构成了一种不可忽视的证据。

另一方面，自 1978 年以来否定毛泽东的“激进”阶段的倾向已经在某种程度上阻止了对他在这些年中的思想作详细、公正的讨论。“好的”时期，比如延安时期和 1956 年至 1957 年时期，已经成了许多论文的对象。并且，自 1977 年以来，最大的一部毛泽东文集

① S. Schram, “New Texts by Mao Zedong,” *Communist Affairs*, Vol. 2, No. 2, April 1983, pp. 144, 149-150. 此文全文见《共产党》，1920 年 12 月 27 日，另见《一大前后》，208～209 页。

② S. Schram, *Mao Zedong: A Preliminary Reassessment* (Hong Kong, The Chinese University Press, 1983), p. 4; *Supplement*, Vol. I, pp. 19-23.

已在中国公开发表。30万字的毛泽东的书信集，在毛泽东九十诞辰时出版发行，它跨越了1920年开始的毛泽东的整个活动生涯，“文化大革命”的十年除外。①

在强调这些出版物的重要性时，我的意见并不是说我们应该遵循为迈斯纳所批评的方法，毫无选择地接过当前在北京流行的观点。我只是相信，不仅是来自中国的文献，而且是来自中国的学术文章，都是值得认真研究的。

总而言之，必须承认，在中国主导“毛泽东的研究”的那些人，他们的政治目的和意识形态立场，对于我们研究他们的出版物的努力，不仅造成了倾向性问题，而且造成了研究焦点和重点的问题。在西方，大多数撰文论述毛泽东的人所关心的，一直是并且还将继续是在历史背景中理解毛泽东思想的起源和发展，因而也就想要了解所有那些自五四运动以来经历了文化、政治和社会动乱的中国人的经验。对于这种分析毛泽东个人经历和思想历程的尝试，中国人原则上既不否认其意义，也不否认其合法性。廖盖隆在1982年5月的一次谈话中明确指出，对于自中国共产党成立以来的60年，可以有两种分期方法：一种是对毛泽东本人的发展进行分期，一种是对整个中国革命进行分期。② 事实上，在最近的第三次党的领袖传记作者大会上，王首道在权威性发言中强调，应该把所有这些人物（包括毛泽东）都写成有血有肉的真实的人，他援引了《三国志》和根据《三国志》写成的《三国演义》的例子；他号召根据真实的历史来写人，而不是根据小说，否则，他断言，“子孙后代会骂我们”③。但实际上过于坚决地把这些原则运用于毛泽东显然是有困难的，尽管最近发表的相当数量的书信具有人性的价值而不是政治的价值。

更为重要的，也许是中国的“毛泽东的研究”与中国之外的“毛泽东的研究”在目的上的差别。作为在中国推进革命事业的毛

---

① 参见《毛泽东书信选集》，北京，人民出版社，1983。翻译摘要见《北京周报》，1983年第52期，14～19，26页。

② 参见1982年3月7日于中国社会科学院马列主义毛泽东思想研究所与廖盖隆教授的谈话。

③ 王首道：《关于党史人物研究的几个意见》，载《人民日报》，1983年12月9日。

泽东的继承者，当前的领导人和他们的意识形态发言人所关心的是，继承和发展毛泽东的思想中他们认为是正确的，因而对于指导未来的革命是有用的部分或方面。我个人比有些人更倾向于承认中国目前为毛泽东思想重新下定义方面所作的努力，确实是为了在既是真正的马克思主义又适应中国需要的双重意义上来确定毛泽东的遗产中哪一部分是正确的。然而，即使真的如此，这些目的以及中国进行的重新评价所遵循的逻辑与标准，仍不同于中国之外的学者的目的、逻辑和标准。我们所感兴趣的或应该感兴趣的（如果作为学者而不是作为公民或政治活动家的话），不是制定一种“正确的”革命学说作为中国所自称的或所依赖的“毛泽东思想”，而是确定，在夺取政权之前和之后，是什么构成了毛泽东的思想和政策的精髓或核心。这个“毛主义的主流”的内容，不应该根据什么对今天的政治有用来确定，而应该通过努力判断什么真正代表了毛泽东本人的最大特征来确定。这并不意味着要把“文化大革命”的毛泽东作为衡量标准，即使毛泽东自己可能把这些年看成是他一生经历的顶峰，而是意味着要努力发现某种平衡，或努力确定在毛泽东的思想和行动之间大量自相矛盾的记录中的重心所在。

如果我们的目标应该是记录和分析毛泽东的生平及思想发展并概括他的政治遗产的实质，那么我们今天处于怎样的水平？我要着力强调的第一点是，本文所评论的著作实际上无一例外地都对我们达到这两个目标中的一个或两个做出了有价值的贡献。虽然我已经大胆地对其中几本著作做了一些批评性的评论，但是所有这些著作，在我阅读的时候，都把我先前从未接触到的事实和观点呈现在我的面前，我发现这些事实和观点都具有价值。第二点是，由于进行“毛泽东的研究”所依赖的文献基础具有根本的重要性，所以本文所讨论的大部分著作都有待认真修订。信息爆炸甚至在这些著作发表后的几年当中就已发生（不用说，这一点也同样适用于所有我自己发表的著作）。我尤其希望沃马克修订他杰出的研究毛泽东思想观念形成时期的著作，把来自《毛泽东集》补卷的有关材料与观点吸收进去。

正如我已经说的，近几年来，可以用来做这样的修订和对以前的观点作重新思考的材料正逐渐增多。由于《毛泽东集》的近 100 万字的五个补卷的发表，最近已经有了一个新的“跃进”，而且，中国近几个月也有 50 万字左右的材料发表。在中央党校所掌握的档案馆中，起码存有几百万字的毛泽东文献。虽然这些文献极不可能在不远的将来全部公开发表，但是，看来很有理由设想，其他资料丰富的卷帙将不时出现。

从某种意义上讲，长久以来还存在着这样一个看法，即从数量上看，资料几乎是太多了。威尔逊和特里尔在论述到毛泽东生涯的后半部分的时候，他们都在文献堆里折腾。我这样说并无贬低他们的意思，因为当我最近在《剑桥中国史》的几个章节中开始费劲地论述毛泽东的思想发展的时候，我也遇到了同样的困难；而且，如果我要修订我的毛泽东传的话，我肯定将遇到更大的困难。然而，尽管文献资料数量很多，但是在我们关于毛泽东的生平和他的整个时代的视野中，仍有一些区域还很模糊。我们首先想到的，就是江西时期，甚至对于 1942 年之后的时期，或 1949 年之后的时期，即对于毛泽东已成为最高领导的时期，我们仍在许多情况下对这样一点搞不清楚，即毛泽东是否按照自己的决定行动，或者，他的作用是否主要在于批准别人的决定。每一个片断的补充资料都可能帮助澄清这类问题，因此都应该看作是一种新的希望而不是一种负担——尽管消化每一则补充资料都需要做出努力。在这种情况下，当然“资料”不仅仅指毛泽东的文献，也包括在中国出版的许多历史著述。这些著述尽管有着强调集体领导的倾向，但毕竟包含了关于毛泽东的权力的性质与范围的非常有价值的言论。

虽然弄清事实非常重要，但是，在我看来，对这些事实的解释在今后研究毛泽东的任务中应该被置于更高的地位。关于毛泽东的政策及其影响的实际意义仍然是中国之外的观察家感到难以把握的问题。在这个问题上，我们必须主要地依靠中国人，是他们亲身经历了“反右运动”、“大跃进”和“文化大革命”。如果我们不依靠他们，而像某些人那样不相信他们的经常自相矛盾的陈述，那么，我们就不得不依靠我们自己的想象。想象，当然可以是勾画乌托邦的丰富源泉，并且可以是对研究工作的一种有价值的补充，但如果作为学术研究的主要基础，则是不能令人满意的。

我并不想淡化在克服文化和政治的障碍去利用中国人的陈述和解释方面所具有的困难。例如，正像弗里德曼在 1981 年所指出的，把延安整风运动当作解决当前困境的典范的趋势（必须说，这一趋势自 1981 年以来已变得更加清楚了），严重阻碍了对当时所真实出现的，尤其是 1943 年在康生的指挥下所出现的消极方面的研讨。①

与此同时，正如史华慈很久以前就已指出的（当时许多人正在欢呼延安整风运动是“文化大革命”及未来浪潮的原型），现在被普遍拔高了的延安经验“既有其‘硬’的一面，又有其‘软’的一面”②。同这个“软”的一面紧密相连的是“实事求是”的格言。这个格言是毛泽东在 1941 年提出来的。一个中国作者最近考证说，毛泽东从班固的《汉书》中引用了这一格言。③ 迈斯纳认为，根据这一“平庸的律令”来重新定义“毛主义学说的实质”，是中国“信仰危机”的主要原因，象征着马克思主义被降低为一种“现代化的意识形态”。甚至两年前，正当迈斯纳为他的书写下最后一句话的时候，马克思主义或毛泽东思想在中国已明显地表明它们已不仅仅意味着“实事求是”了。

至于这些运动的动态，我在这里不可能加以论述。然而，尽管有这些最近的趋向，毛泽东在延安提出的、1978 年被重新加以阐述的“实践标准”，仍然有效。如我在前面所论证的，这一“实践标准”同延安遗产的“软”的一面联系在一起。因为，虽然它绝不是取消了对马克思主义和共产主义目标的信奉，但至少在原则上排斥了在任何时候对不可达到的目标的主观追求。在这方面，我猜想，大多数中国人会把这一“实践标准”看成是一种重新保证，而不是一种“平庸”，因为这种慎重的态度虽然是毛泽东早年的特征，但在他最后的 20 年中却绝不是一种平庸。

1981 年 6 月的《关于建国以来党的若干历史问题的决议》（以

---

① *The China Quarterly*, No. 86, June 1981, pp. 350-352.

② Benjamin I. Schwartz, “China and the West in the ‘Thought of Mao Tse-tung,’” in Ping-ti Ho and Tang Tsou (eds.), *China in Crisis*, Vol. I (Chicago, University of Chicago Press, 1968), p. 367.

③ 参见李海生：《试论毛泽东哲学思想从中国历史文化遗产中汲取素养的特点》，载《社会科学》，1983 年第 10 期。

下简称《决议》）确定了对毛泽东及其思想的官方评价。在通过这项《决议》的两年之后，1983 年 11 月 5 日至 12 日，在南宁召开了关于解释毛泽东思想的专题讨论会。讨论会收到 300 多篇论文。当时的报道列出了这些论文所讨论的几个主要的课题：中国式的现代化，人民的民主与党内民主，党的建设，社会主义社会中的基本矛盾等等。据我所知，至今没有发表其中任何一篇论文。廖盖隆在这次会上所作的定基调的发言也没有发表。但是有关方面透露，在廖看来，建设“中国式社会主义”的经济工作和政治工作的“指导原则”，很久以前就为毛泽东所制定，并在一个长时期里将继续有效。[①] 然而，我们完全可以有理由断定，廖盖隆所采取的路线同胡耀邦在纪念毛泽东诞辰九十周年的文章中所确定的路线没有差别。[②]

总的来说，胡的观点，如人们可能已经料到的那样，正是 1981 年 6 月的《决议》所确立的观点：中国共产党必须把毛泽东的巨大的积极的贡献同他晚年的错误分开，以前者作为自己的基础，对后者分析其原因。他把毛泽东的遗产的精华概括为“科学思想与革命精神”的结合。按照胡的观点，毛泽东的思想的科学方面在于强调实践，强调调查研究，强调向“人民、社会和前人”学习。如提及前人这一点所表明的，胡对革命精神的理解不仅包括对马克思主义和共产主义的信念，而且包括“全心全意投入中国人民的解放”的献身精神。

在南宁会议的讲话中，廖盖隆除讨论了毛泽东的理论贡献以外，还论及了怎样把这份遗产运用于当前和未来的问题。他所提出的路线同十二大的路线是基本一致的：把经济现代化、“党和国家政治生活的民主化”以及社会主义精神文明的建设作为三个主要任务。当然，他也号召积极投入反“精神污染”的斗争，但是，像比他更具权威性的发言人在每一个可能的场合一样，他也坚持认为对外开放将不成问题。如果这种情况持续下去，那么将会继续存在学术和思想交流的机会，甚至在解释毛泽东及其思想这样的微妙问题

① 参见《人民日报》，1983 年 11 月 14 日。

② 参见胡耀邦：《最好的怀念》，载《人民日报》，1983 年 11 月 14 日。关于南宁会议的细节，参见中共中央党史研究室王琪的文章《继承和发扬毛泽东思想》，载《北京周报》，1983 年第 52 期，20～26 页。

上，也会有交流机会。且不说这一展望是否过于乐观。近几年来中国之外的学者们已经有了如此大的收获，以至于他们只要更好地来利用所获得的资料就能把毛泽东的研究提高到了一个新的更高的水平。除了要同事实材料相符并更加清晰地勾画出毛泽东的经历及他的思想发展以外，我认为，应该提出来的一个主要问题是毛泽东与他生活于其中的世界的关系问题。托尔斯泰认为，英雄是历史火车头中喷出的烟雾（或者按照庸俗马克思主义的观点，领袖仅仅是被模糊定义的“社会力量”的工具），与其相反的观点认为，领袖是神、是救星、是历史的铸造者。要驳斥这两种观点是很容易的。比较困难的——但也是我们今天能够并应该做的——是通过研究毛泽东一生中一系列突出事件来认真考察这个人在多大程度上创造了时势，时势又在多大程度上创造了这个人。

这里仅举两个例子。毛泽东强调实践，强调使马克思主义理论适应中国革命的具体实践，这在多大程度上是由于他在 20 年代末与 30 年代认识了自己的处境？也就是说，这在多大程度上是由于他无法进入城市，因而无法依靠工人阶级这一事实，以及是由于同样明显的另一事实，即他至少在 30 年代末以前对马克思主义理论的掌握不如他的许多党内竞争者？或者，相反地，这在多大程度上是由于他的头脑的天然倾向（这种倾向可以追溯到五四时期他在胡适的影响下所创立的“问题研究会”）？至于讲到毛泽东的晚年，那么，“文化大革命”是否如许多人已经论证的那样，仅仅是现代化的集权主义专政必定经过的“斯大林”阶段在中国的特有表现？或者，这场“文化大革命”是毛泽东的思想和个性的产物？或者是中国政治文明的产物？

我认为，上述问题，以及就毛泽东一生中别的时期也应该提出来的其他问题，都不可能用一个简单的陈述——a 或 b——来回答。但是，我们需要深入探讨事实，然后思考所有相关方面的问题，因为这些问题既同这个在几十年中支配了中国历史的人有关，也同使他成为这样一个人的中国有关。如果我们认真而有效地进行了这一研究，那么，也许我们就可以现实地预言：到了 1986 年，即毛泽东逝世十年之后，将真正能够在历史的天平上对毛泽东做出评价——

至少能够以一种初步的形式来评价。

（忻剑飞译）

参考文献

Wilson，D（1979）Mao：The People's Emperor. London：Hutchinson：480.

Terrill，R（1980）Mao：A Biography. New York and London：Harper and Row. 481.

Meisner，M（1982）Marxism，Maoism and Utopianism：Eight Essays. Madison：University of Wisconsin Press：255.

Starr，J B（1979）Continuing the Revolution：The Political Thought of Mao. Princeton：Princeton University Press：366.

Chin，S（1979）The Thought of Mao Tse-tung：Form and Content. Hong Kong，The University of Hong Kong，Centre of Asian Studies Occasional Papers and Monographs，No. 31：287.

Soo，F Y K（1981）Mao Tse-tung's Theory of Dialectic. Dordrecht：D. Reidel：192.

Mao Zedong's "On Contradiction，" in Nick Knight（1981）An Annotated Translation of the Pre-Liberation Text. Nathan，Queensland：Griffith University，Griffith Asian Papers Series No. 3：53.

Womack，B（1982）The Foundations of Mao Zedong's Political Thought，1917—1935. Honolulu：The University Press of Hawaii：238.

Takeuchi Minoru（ed.）（1983）Mao Zedong ji（Collected Writings of Mao Tse-tung）. Tokyo：Sōsōsha，Rev. ed. 10 vols. Mao Zedong ji bujuan（Supplements to Collected Writings of Mao Tse-tung），Vol. 1. Tokyo：Sōsōsha：315.（The remaining four Supplementary volumes，plus one chronological volume，are scheduled for publication between February and October 1984.）

Day，M H（1975）Máo Zédōng 1917—1927：Documents. Stockholm：University of Stockholm，Skriftserien för Orientaliska Studier No. 14：394.

Mao Zedong，Translated by Giorgio Mantici（1981）Pensieri del fiume Xiang. Rome：Editori Riuniti：250.

Li Rui（1980）Mao Zedong de zaoqi geming huodong（The Early Revolutionary Activities of Mao Zedong）. Changsha：Hunan Renmin Chubanshe：490.

McDonald, A W (1978) The Urban Origins of Rural Revolution: Elites and the Masses in Hunan Province, China, 1911—1927. Berkeley: University of California Press: 369.

Shaffer, L (1982) Mao and the Workers: The Hunan Labor Movement, 1920—1923. Armonk: M. E. Sharpe: 250.

Martin, H (ed.) (1979—1982) Mao Zedong, Texte. München: Carl Hanser Verlag: 6 Vols. in 7.

Martin, H (1980) China ohne Maoismus? Wandlungen einer Staatsideologie. Hamburg: Rowohlt Verlag: 240. (English trans: Cult and Canon. The Origins and Development of State Maoism. Armonk: M. E. Sharpe, 1982: 233.)

附录 6

我看毛泽东[①]

最终把战争引向胜利的，是以农村的游击战为基础的斗争形式。而在这方面毛泽东的贡献最大，恐怕很少有人否认这一事实。在评价他的历史作用时，当然应该着重强调这一点。其分量必须与革命前在中国社会上占支配地位的非正义和压迫的严重性相称，必须与鸦片战争以来中国处在四分五裂状态，沦落到对西方列强与日本软弱无力的地位，中国人民遭受侮辱的深重性相称。1949 年 9 月，在中华人民共和国成立的前夕，毛泽东曾说过，“我们站起来了”*。这句话本身以及在这句话背后的艰苦卓绝的斗争是不容易被忘记的。

* “中国人从此站起来了。”这是毛泽东在 1949 年 9 月 22 日中国人民政治协商会议第一届全体会议上的开幕词的标题。——译者注

就 1949 年以后发生的事情而言，50 年代前期，毛泽东致力于社会主义建设。作为特点，人们经常引用以下两点：（1）群众为了自己的事业应该动员起来。（2）在经济发展中，比起技术因素来，应该更强调人的因素。许多西方观察家认为这两点在十年前显示了“中国模式”对苏联模式的优越性。今天，在国内外对毛泽东的这些遗产的评价是很复杂、很混乱的。但是我认为应该积极地论述这两点。同时这两点又确实不像从前设想的那样直截了当和明了。

只有无休止的斗争

就指导的类型而言，毛泽东的一生，从总体上看有这样一个特点，那就是他明确主张需要进行政治上的指导和管理。事实上，这一特点便是“群众路线”本身的一个构成要素。十年前，所谓群众

① 译自日本《世界》杂志，1984 年 9 月号。

路线意味着群众解放自己，自发地做事情，常常浪漫地、多愁善感地处理问题……实际上，毛泽东把政治工作当作教育工作的一部分，而那种主张“学生”在学习什么的问题上应该完全自由选择的斯波克（美国儿科医生、教育家）派的想法并不是毛泽东的想法。恰恰相反，“群众路线”，不是对列宁的“民主集中制”概念的否定或它的相反的一极，而是强调领导者与被领导者关系的特定因素的补充概念。

就经济发展的问题而言，值得强调的是毛泽东对现代化和工业化一直抱着积极的态度。近年来有一种倾向，把毛泽东看作某种牧歌式的空想家，是对抗“无限膨胀”经济的游击战士，是提出代替我们的先进工业社会的方案的人。实际上，毛泽东在主宰中华人民共和国命运的 27 年间，不断号召尽快发展经济，不断号召生产几千万吨钢和几亿吨粮食，以便在数量上取得明显的进步。

毛泽东从对苏联缺点的分析中引出的结论，与人们常常议论的不同。中国人需要的不是集中统一而是民主主义，不是提倡物质刺激而是提倡精神鼓励，不是需要自上的领导而是应该依靠自下的革命。但是，这些并不是采取与苏联完全相反的做法。实际上，毛泽东解决问题的方法是把矛盾的两个侧面结合在一起，就是说一方面要批判苏联的缺点，另一方面又要吸取它的成功经验。无论在政治工作上还是在业务工作上，无论在道德鼓励上还是在物质刺激上，毛泽东采取的都是列宁主义加上延安的遗产。

毛泽东的原则性立场是相对保持均衡的，或者至少比一般认为的要均衡一些。然而在“大跃进”时（1958—1960 年）他却采取了极端的失去均衡的做法，甚至把不均衡和混乱提高到美德水平上来。“大跃进”是 1968 年 5 月的事件（法国的 5 月革命）十年前的事，但是当时毛泽东抓住巴黎学生们在后来的一个著名的口号“靠想象力取得权力”做解释工作，当然中国与法国不同，毛泽东实际上掌握着权力。在 1958 年夏季，他不是依靠冷静的观察而是把幻想当作确定真实和现实的标准。1958 年 9 月*，在总结情况后，毛泽东这样宣布：全国的粮食生产可能要翻一番，1959 年要翻三番。除了人吃和喂马之外，现在还没有找到用途，也许会发生问题。实际

*应为 8 月。——译者注

上发生了什么事情呢？第二年、第三年几百万人由于饥饿或营养不良而病死，粮食产量出现了毁灭性的下降。

毛泽东在1959年7—8月间召开的庐山会议上，做了有限的自我批评，提出了要纠正“大跃进”政策的过火做法。尽管如此，当彭德怀（在这次会议上被解除国防部长职务）与其他领导人严厉地批评毛泽东的政策时，在毛泽东的心里却出现了决定性的变化，这便直接导致了“文化大革命”。1943年（延安整风运动期间）以来，毛泽东在党内与其他所有领导人不同，他占有特殊的地位。由于争论还在继续，所以毛泽东未必能在所有方面实行自己的做法。从这时起，毛泽东变得更强调他自己作为中国革命领袖的历史作用了，而且把对他自己和他的政策的任何批评都看作是“大逆不道”的。

那么，“文化大革命”是怎么回事呢？在毛泽东的晚年，几组对立物的统一——这种统一共存于从前那种有生气的、有创造性的紧张生活之中——被破坏了。于是，曾有人指出，放开的力量最后把毛泽东的思想和行动弄到毁灭性的方向上去了。在那之前统一了的、带有决定性的同时又有内在联系的方面的分解，是在十中全会（1962年9月召开，通过了在毛泽东首倡下强调阶级斗争的公报）以后开始的。毛泽东逐步认识到领导者们的特权同整个社会的关系，已从人民内部矛盾转化为敌我矛盾。共产党实质上都被看作是由把持特权的人构成的，因此作为这种洞察的必然结论，党通过与群众接触，不仅可以得到锻炼和更加纯洁，而且至少其大部分不得不被粉碎。

在毛泽东的思想中，除了党或者党内的特权分子同群众的关系之外，在60年代初期已经分解的其他统一物还有（1）物质刺激和道德鼓励的统一，（2）业务知识与群众创造性的统一。毛泽东在1959年，不，在1960年尽管强调了道德鼓励和物质刺激相结合的必要性，但是后者渐渐地隶属于前者了，随后便作为修正主义的东西、非道德的东西加以批判。在社会主义经济建设中，毛泽东不是在依靠专家的同时依靠广大群众，而是提倡用依靠广大群众来取代依靠专家。那时候的群众已同物质刺激毫不相干了。在这样的环境中，毛泽东日益陷入悲观主义。这未必值得大惊小怪，推行继续革命并非经济发展理论的必然展开，倒是让人感到那近似于在依靠违背历史潮流的东西来创造什么奇迹。之所以这样说，是因为如果进步主要由群众左右的话，那就变成由潜伏在工人、农民、老革命家心中的“资产阶级”倾向左右了。只有无休止的斗争才能战胜人们的堕落倾向，这样看来，无休止的斗争正是毛泽东所追求的东西，而且实际上也是他想在“文化大革命”中制度化的东西。

高尚与卑劣

他为什么要发动这场运动呢？决定开展“文化大革命”同“大跃进”运动是什么关系呢？他采取极端的行动路线是因为他的思想出了偏差，还是因为他面临一个现实问题——特别是处罚批评过自己的人，而且让他们最后毁灭的欲望——他是否像已经行动的那样思考问题的呢？

人们认为这两个因素都在起作用。我的看法是，起支配作用的是后者。换言之，对于他的行动来说，显然政治上的和心理上的动机比起理性上的动机更为重要。例如，他攻击干部和知识分子，与其说是由于他们成了剥削群众的特权分子（毛泽东举出好多例子说明他们变了），倒不如说由于他们没有像毛泽东那样对斗争抱着幻想，因而没有衷心地拥护他的指示。

1968年，在伦敦的学术讨论会上，我根据当时的理解用下述语言对“文化大革命”作了概括：毛泽东发动这场运动，是受着高尚的动机和卑劣的动机这两个方面驱使的。我大胆地使用高尚和卑劣这种极为激烈的语言，前者将触怒一部分人，而后者又会使另一部分人愤慨。他最终追求的目的是造就一种新人——不因贪婪和支配的本能而被腐蚀的人，这确实是一种高尚的尝试。与此同时，随便地抛弃共事40年的同志们，把他们定了大罪，这确实有些卑劣（如果没有同志们的集体努力，革命的胜利是决然不可能的）。

由于这样评价“文化大革命”，又由于我在1967年1月出版的《毛泽东》的一节中增加了许多人被红卫兵打死的事实，因此当时非难我是“反中国分子”。今天，在中国政府内外的许多人当中恐怕不会认为我的这种评价是随意想出来的吧。

在这一时期毛泽东的行动中最为暗淡的侧面，显然是对轻视和反对他的人的报复情绪。

1966 年至 1967 年因暴力而死去的几万人中的大部分，显然是由于江青及其一伙的政治野心和报私仇而死的，他们的死是在毛泽东的消极默许下或者是在与他无关的世界中发生的。毛泽东也同斯大林一样，并非热衷于“以血换血”。但是 60 年代初期批评过毛泽东的邓拓和吴晗之死，还有毛泽东的原接班人，1969 年 12 月被迫害致死的刘少奇等一些人的死，毛泽东本人是应该受到谴责的。虽然他没有明确的命令去杀害他们，但是有他的一句话，他们就可以得救。可是他并没有说一句话。

在毛泽东的整个生涯中，“文化大革命”应该占有什么位置？在制作他的生涯的“贷借对照表”时，它应该占多大比重？“文化大革命”自 1966 年开始以来，我的看法是：它对于毛泽东致力于革命来说并非是必须和不可避免地要达到的目标，而对于他的一生来说却是一个可能有的归结，完全是理论上的必然归结。他那激烈的容易冲动的气质，把一种想法推向极端的情绪，对党内的批评者过去十年间一直追究不放的报复心理——由于这些，他被引进了“文化大革命”。这一切因素，由于下述两个原因而得到加强：第一，意识到了自己的寿命；第二，在有生之日使中国发生决定性变化的意志。他被考虑客观现实这种多年的誓约给限制住了——即使没有像刘少奇那样更为正统的列宁主义者尊重党；作为领导层中不可缺少的一员属于党并受党的约束，而且应该受到约束。换言之，他虽然注定要遇到临终的问题，但是对他面临的这种临终不应该大惊小怪。

应该如何总结这种多方面的非凡人物的革命经验呢？我赞成现在中国对毛泽东的评价，毛泽东的功大于过。但是就一个人物而言，想区别他的积极方面和消极方面也并非易事。譬如，得到土地的几亿农民的幸运和在土地改革、“镇反”过程（1950—1952 年）中被判刑，这些应该如何评价呢？或者从别的角度讲，在被镇压的几百万人中的一部分确实罪该万死，但有一部分人显然不该死，对这样的事实应该如何看呢？第一个五年计划（1953—1957年）的经济发展或者说毛泽东领导下的整个27年的经济发展与群众的饥饿——由于“大跃进”的错误领导而掀起的狂热之后带来的——以及“文化大革命”中血腥的混乱景象，到底应该怎样估计呢？

当然，毛泽东路线大致有几年是正确的，有几年是不正确的，可以做个近似的计算。中国的正式评价是，1949年以前，大部分是正确的，1949年以后正确方面不到一半。由此出现“三七开”（即七分正确，三分错误），这近似于毛泽东自己对斯大林的评价。还出现了三分之二和三分之一以及“六四开”的评价。然而这毕竟不能算作科学的评价，不能算作有意义的评价。为什么这样说呢？这是因为出色的成功的一年或毁灭性的失败的一年与好坏难分的几年比较，也许比重更大。

“孙悟空”的形象

我的结论不是用数学，也不是用伦理学，而是依靠隐喻。1966年清华大学附中的红卫兵在毛泽东的热情支持下，发表了“金猴奋起千钧棒，玉宇澄清万里埃……创造无产阶级的新世界”的文章，把自己比作孙悟空。

早期，毛泽东曾反复使用孙悟空的形象，把他作为一种政治上的象征。在“大跃进”之前，几乎都是作为否定的象征使用的，1938年5月，把孙悟空比作始终被压在和平阵营构成的“五行山”下面的“法西斯主义侵略者”。可是，1958年突然变调了。毛泽东这样说：孙悟空无法无天。大家为什么不学习孙悟空呢？孙悟空反对教条主义，他什么都敢干……

这可能比其他任何象征都更能概括毛泽东政治贡献的本质及其深远的暧昧性。作为拒绝神和人以及自然和马克思主义法则约束的永远的叛逆者，他在四分之一多的世纪里领导着中国人民。在这期间，他采取了大胆的富于想象力的方法，而且常常是自取灭亡的方法，去追求那种虽然往往得到赞赏但是不可能达到的目标。他是为着人类向不可能挑战的浮士德或者普罗米修斯呢？还是迷恋于自己的权力和贤明，抱有放荡野心的铁腕政治家呢？显然更接近后者，但是也还具备一些前者的因素。总之，还没有作出最后的裁决。

（张惠才译）

附录 7

论毛泽东个人权威的基础与意义①

本文旨在阐明，毛泽东作为一位领袖，何以能在其晚年从某种程度上超越党内职权范围而凌驾于党之上，并结合此一问题，剖析中国 1949—1976 年及其以后国家权力的基础。

文章标题提出是党的领袖还是“天子”（true ruler）*，意在指出上述现象的两个方面：毛泽东是共产党员，即现代西方式政党的领袖，但又是处在一个具有视领袖为“天子”的中国传统观念的社会文化环境中。中国自 20 世纪初以来，形成一种混合或者说兼收并蓄的政治文化，把领袖看作“天子”这一传统观念，在这种文化中仍占据重要地位。众所周知，马克斯·韦伯（Max Weber）将合法性权威划分为三种类型，其中两类是“法理型权威”（legal-rational authority）和“传统型权威”（traditional authority）**，“党的领袖”和“天子”似乎分别相当于这两种类型的权威。弗雷德里克·泰维斯的新作《中国的领导层、合法性与冲突》② 采取的就是韦伯的分类法。这部著作中有许多引人注意的深刻见解。但泰维斯本人也感到，套用韦伯提出的那三个范畴论述毛泽东，问题说不清楚，而且三个范畴之间有很大重叠。我认为，他遇到这个难题有力地说明，那三个范畴不能作为分析问题的主要框架。我不仅对韦伯的模式被用于分析毛泽东和现代中国的政治问题，而且总的说来对它是

* 本文原标题为 *Party Leader or True Ruler? Foundations and Significance of Mao Zedong's Personal Power*。

** 还有一类是“超凡魅力型权威”（charismatic authority）。——译者注

① 译自 Stuart R. Schram ed., *Foundations and Limits of State Power in China*, School of Oriental and African Studies, University of London, 1987。

② Frederick Teiwes, *Leadership, Legitimacy, and Conflict in China: From a Charismatic Mao to the Politics of Succession* (London, Macmillan, 1984). 尤其参见该书第二章“领袖的合法性”，43～92 页。

否适用于中国，都有相当大的保留。

我之所以这样说，同另一问题不无关系，即我宁愿用“基础”（foundations）二字而不用“合法性”（legitimacy）一词来点明本文研究的主题。“合法性”通常使人联想到以法立国，这种观念在中国人的思想上很陌生。韦伯的分析有合法主义的味道，因而还带有欧洲中心主义色彩。

问题的症结是，根据韦伯的分析，合理性和合法性实际上是统一的。韦伯在介绍其由三部分构成的权威模式时写道，第一种类型法理型权威，其合法性本身“具有合理性，因为人们认为，法定规章制度当然是合法的，那些被委任根据这种规章制度行使职权的人当然有权发号施令”[①]。韦伯说，这种权力体制最重要而且突出的象征就是官僚制度（bureaucracy）。他是这样评价官僚制度的：

> 各种情况下的经验都证明，纯粹官僚型行政体制，亦即根据成文典章官僚独揽施政大权的方式，从纯技术角度看，能够获致最高的效能。在此意义上，它也就成为正规地行使权力的最合理的手段。它在准确性、稳定性、纪律性、一致性、可靠性等方面具有优势，因而它对一个组织的首脑或这个组织所涉及的人来说，都具有可预测性。说到底，这种体制在行政工作深度和广度两个方面都具有优越性，普遍适用于一切部门。一切领域中“现代”形式的组合集团（政府、教会、军队、政党、经济企业、利益集团、俱乐部、基金会，以及其他）的发展，都与官僚行政体制的发展和不断增强相一致。现代西方国家的核心就是官僚行政体制。[②]

换言之，合理性＝合法＝官僚体制＝现代国家＝西方。

这个等式当然不足以充分表达韦伯的复杂论点，但我认为它也

① Max Weber, *The Theory of Social and Economic Organization* (New York, The Free Press, 1964), p. 328; Guenther Roth and Claus Wittich ed., *Economy and Society* (New York, Badminster Press, 1968), p. 215; Abteilung, *Wirtschaft und Gesellschaft* (2nd ed., Tübingen, J. C. B. Mohr., 1925), p. 124.

② Max Weber, *The Theory of Social and Economic Organization*, p. 337; *Wirtschaft und Gesellschaft*, p. 128.

不是一种漫画式的描述。韦伯当然非常了解，在中华帝国，官僚制度居于重要地位，并获得充分的发展。他在《经济与社会》这本书中曾简要提到这一点，而在分析儒家学说时有较详细的论述。但是，由于他认为皇权既属传统因袭型，又属超凡魅力型，二者融为一体，故而他夸大了在中国进入近代以前，世袭和皇恩对任用官吏的重要意义，而大大低估了高度集权行政体制的效能。①

就我们研究的问题而论，更重要的是，不仅韦伯，而且许多近年论述这些问题的学者都未能看到中国从秦至清的政治体制在实质上具有两重性。韦伯写道："中国人迷信魔力，这在一定程度上构成了君权的基础。"② 假如附加一些条件，这个论点是正确的，但也只说对了一半。实际上，中国在发生革命以前的政治体制，同时存在着高度发展的理性官僚行政制度和宗教非理性皇权基础，这在秦朝改革国家制度以前就是如此。这一观点对分析现代中国的政权及其同传统的关系有一定意义。

当然，韦伯所研究的不仅仅是"现代西方国家"的突起，还包括资本主义的产生。《经济与社会》和他对儒教和道教的研究，其主要目的是研究清楚究竟有哪些因素促使资本主义在欧洲诞生而在中国却窒息而死。既然如此，乍一看似乎令人感到奇怪，为什么他对"目标导向型合理性"（Zweckrationalität）的分析竟在如此大的程度上集中于法律和官僚制度。正如马克·埃尔文（Mark Elvin）曾公正指出的那样，韦伯的研究之所以如此，其原因在于他所强调的是组织制度的合理性而非技术变革的合理性，并使这种强调达到无视"工业革命"的程度。③ 韦伯确曾尖锐地指出，由于现代科技进步需要具备技术条件，所以在现代条件下，社会主义比资本主义需要更高度的正规官僚制度。不过他仍然认为，建立合格、"合理"

---

① Max Weber，*The Theory of Social and Economic Organization*，pp. 343，360；*The Religion of China：Confucianism and Taoism*（New York，The Free Press，1951），pp，42－50，107－113，142－150，etc.

② Max Weber，*The Religion of China*，p. 200. 另见沃尔夫冈·施卢赫特为该书撰写的序言，尤其参见 Wolfgang Schluchter（ed.），*Max Webers Studie über Konfuzianismus und Taoismus：Interpretation und kritik*（Frankfurt，Suhrkamp，1983），pp. 42－43。

③ Mark Elvin，"Warum hat das vormoderne China keinen industriellen Kapitalismus entwickelt? Eine Auseinandersetzung mit Max Webers Ansatz"，in W. Schluchter（ed.），*Max Webers studie über Konfuzianismus und Taoismus*，pp. 21，147－148.

的官僚体制，是资本主义的最重要标志。① 其实，中国官吏也受过某种“专门培训”，不仅学儒家经典，也习法律，当然不是韦伯所说的那类和那种程度的技术性专门知识。中国的官僚体系的确至少部分地符合韦伯所立全部八个“法理型权威的基本范畴”，以及这种官僚体系中官吏所应具备的全部十条标准，唯有现代科学知识一条例外。②

尽管人们认为，中国的朝廷并非根据法律确立自己的合法性，但是，在“法”（the law）的任何意义上，像中国皇帝那样用很多时间制定各种法规并处理法律案件的统治者，在世界各国历史上并不多见。③ 这是一个具有根本意义的重要论点，因为60年代，尤其是70年代，许多当然比韦伯更了解这些情况的学者会写道，中国之所以在50年代曾经关心“社会主义法制”，完全是因为受到苏联和西方的影响，一到“文化大革命”，毛泽东以及他的支持者们则全盘否定苏联和西方的法制观念，就又重新回到真正“中国”的轨道上。如果说葛兰言（Gernet）和宾格（Bünger）对于儒学的研究以及安东尼·何四维（Anthony Hulsewé）关于清代只把“法”当作国家权力的工具的观点，存在根本性误读的话，那么，我们则可以说，在中国两千年历史上“法理型权威”和“传统型权威”在很大程度上是融为一体的。

既然韦伯本人认为超凡魅力是中国历代皇帝权威的渊源④，那么他所谓的权威的三种类型似乎就可以合而为一了。对韦伯的权威分类法用于革命前的中国时作这样的归纳，并不完全适当。因为一方面，韦伯深知，那三类之间并没有绝对明确的区分；另一方面，尽管朝政既非停滞不前，也非无所作为，但它也未显现出现代西方

① Max Weber，*The Theory of Social and Economic Organization*，pp. 338-339.

② Ibid.，pp. 330-334；Abteilung，*Wirtschaft und Gesellschaft*，p. 126. 八个范畴是：（1）职能机构受到各种法规的约束，并具有连续性；（2）明确划分职权范围；（3）按等级制设立办公机构；（4）每项职务均有规章或准则可循，任职者需受专门训练；（5）官员公私财产分明；（6）在职者不滥用职权；（7）决议和决定均被记录在案；（8）通过官僚体系行使法定权力。

③ 我根据的是卡尔·宾格（Karl Bünger）的看法。

④ Max Weber，*The Theory of Social and Economic Organization*，p. 360；*The Religion of China*，pp. 30-32，实际上到处可见。如何将超凡魅力施于文人学士，见 Max Weber，*The Religion of China*，pp. 119-129。

国家那种活力或目标导向型理性。所以，尽管有其局限性，韦伯所划分的那三种类型尤其是超凡魅力型仍有参考价值，本文在下面将不止一次地加以引用。而且，正因为在毛泽东执政的时代，那三种类型的权威比以往几个世纪更加彻底地融为一体，所以可利用这种定型分析法揭示毛泽东其人的不同方面。然而，那些模式并不是剖析毛泽东个人崇拜现象的锐利武器。

如本文标题所暗示，毛泽东的角色可一分为二：既是党的领袖，又是现代“天子”（son of heaven）*，这种提法也还太狭窄和含糊，不足以作为一个标准去评价毛泽东时代的政治。况且，苏联的实例早已证明，不管它们在理论上多么截然不同，在共产党国家，党的领袖的作用和专政的作用并不一定是互相排斥的。斯大林作为列宁主义政党（早已冒称有权代表无产阶级说话）的化身，以无产阶级及其历史使命的名义行使专政，但是他本人和他的同代人都深知，他的统治与彼得大帝和伊凡雷帝有相像之处。

这种现象不能仅仅归咎于斯大林的个人品质及其所作所为，但像其他许多事情一样，它确是列宁关于先锋队政党理论的题中应有之义。这样的党宣称因得到最先进因而是最重要的社会阶级的支持而有资格掌权，但实际上这是一个具有双重疑问的论点：党和阶级之间的关系并没有明确地如实地反映出来；工人阶级的“专政权”或“领导权”，不管说起来有多少科学根据，归根结底还是以带有随意性的有待证实的理论为基础的。

因此，虽然党的领袖的权力，就他同整个党的关系而论，如果党的法规得到遵守的话，那么这一体制就具有“法理型权威”的特性。但是，这种权力和帝王神权或天命一样，也是一种（马克思主义原义上的）意识形态，也是建立在信仰之上的。这在中国尤其如此，因为中国革命的阶级基础已经远远离开了马克思的故有原理。所以，毫不奇怪，毛泽东在全国人民的心目中既是“主席”又是“天子”，他本人也这样认为。然而，问题不仅仅是这两种角度如何结合在一起而又互有影响，而且是它们又如何同国家权力的基础这一更大的问题联系在一起。

我想从以下三个方面分析这一双重角色的现象：（1）国家权力

* 原文中不时将“真正的统治者”（true ruler）和“天子”（son of heaven）交替使用，作者并未就此给出明确的区分。但按韦伯的理路，所谓 true ruler 一词暗含着受到被统治者心悦诚服之拥戴的政治权威之意，带有明显的合法性权威类型中的“传统型”权威意涵，而 son of heaven 的权威基础则更多地来自“天命”，所以更侧重于“超凡魅力型”权威意涵。在我们的译文中很难对此做出确切的表达，故而直接将英文概念注于其后。——译者注

的意识形态或哲学基础，既包括旧中国的宗教和礼仪原理，也包括毛泽东和共产党掌握国家权力的理论；（2）国家权力的社会基础，不管是地方士大夫政权还是工农政权；（3）国家权力的组织基础，不仅包括法律和官僚制度，而且包括选举以及其他确立统治权的手段。我指出这三点，并非认为它们合在一起构成国家权力基础的理论或模式，而只是为了提醒人们注意这几个方面是不应该被忽视的。

在简略地回顾毛泽东取得统治权并最后被神化的历史以后，我还要进一步论述这些问题。现在我仅指出，自早年起，毛泽东就深刻地意识到作为领袖的独特天职，正如卡尔·宾格所指出的，当一个领袖，与其说有权统治，不如说有此责任。早在20年代初，毛泽东对政治权力的阶级基础就提出了明确的观点。相对说来，他对组织基础的认识，自始至终都是很粗线条的，而对官僚主义则历来深恶痛绝。

这不是说他认识不到组织作为一种政治武器的重要性，恰恰相反，早在五四运动以前他在长沙建立“新民学会”时就表现出组织才能，而且此后一直明显表现出这种才干。根据多方面的不同材料（既有对毛泽东进行称道的也有非议的），可以看出毛泽东多么有力而有效地把自己塑造成一个领袖。[①] 这不仅仅是个能言善辩或个人有吸引力的问题，毛泽东同时表现出作为一个“组织家”的卓越本领。

20年以前，我曾提出，或许毛泽东的人格中就存在某种“天生的列宁主义”，这可以与神学家所说的“天生道德”作一类比，即在某种程度上直觉地懂得组织的重要性。他早在接触马克思主义以前就表现出这种特征，这也许是他在政治上取得成功的原因之一。[②] 在任何角度上讲，这都是一个终其一生而存在的特征。即使在晚年毛泽东怀疑列宁主义的党是否还是真理和权威的来源之时，他仍然表现出利用组织以驾驭局面的才能，并使这些组织服从于自己的意志。

---

① 例如，1963年7月1日，毛泽东在长沙师范学校的同学萧子昇在台北接受采访时说，虽然毛泽东不在会议上发表长篇讲话，但是他在诸如1919—1920年间几次会议上关于驱逐张敬尧运动的简短插话是非常有分量的。

② S. Schram, *The Political Thought of Mao Tse-tung* (New York, Praeger, 1969, Revised edition), p. 35. 1963年第1版也有这段话。

命运的序曲

毛泽东在“文化大革命”前夕的领袖形象，基本上是由他前 40 年所起的作用以及这种作用在人们头脑中所形成的种种知觉（perceptions）或迷思（myths）所造成的。因而我们现在回顾一下毛泽东作为领袖的经历。

虽然毛泽东 1935 年以前没有机会在中国共产党内扮演一个潜在的卓越角色，但他的确从 1923 年起就身居要职，并在这个过程中既娴熟地掌握了民主集中制的理论，又通晓了这种理论在列宁主义政党中的实践。他从中或赖以学会做工作的其他组织当然是红军，还有保卫部门。有一点是很清楚的，即毛泽东这时已认识到情报网的重要性。顺便说一句，这是一个现代政治实践同帝王史一脉相通的领域。①

自 1927 年年末毛泽东率领一小股游击队上山至 1931 年中华苏维埃共和国在瑞金成立，这是毛泽东担任领袖的见习期，但在他自己的部队活动地区，他是掌握实权的人。此后，1932—1934 年，由于追随莫斯科的那一派在党内居于支配地位，他的影响逐渐削弱。尽管 1935 年 1 月他在遵义会议上事实上成为党的领袖（the *de facto* leader of the Party），但其主导地位并未得到正式认可。最初，他仅仅是三人军事指挥小组的一把手，组内成员还有周恩来和曾在莫斯科学习过的王稼祥。虽然毛泽东不久就担任了党中央军委主席，但直到 1943 年才正式取得全党的最高领导权。

在 1943 年 3 月一次政治局会议上，毛泽东被选为政治局主席，同时规定，党的日常工作由毛泽东、刘少奇和任弼时三人组成的书记处负责，而毛泽东作为书记处主席有最后决定权，换言之，他的意见可以凌驾于其他两人之上。②

现在中国方面已认识到这种规定对集体领导和民主集中制的原

---

① 例如，明代皇帝就曾利用这种手段绕过正常的官僚体系，见 S. Schram（ed.），*The Scope of State Power in China*（London，SOAS and Hong Kong，The Chinese University Press，1985），pp. 27－50。

② 参见《党史研究》，1980 年第 2 期。

则是一种严重的损害，事实的确如此。[①] 但是，这种情况究竟是怎么产生的呢？我认为，这部分也是由两方面显然不同的因素互相作用而又互相增生而促成的：一方面毛泽东力争在党的组织结构内巩固其权力，另一方面他在全国的威望日益提高。这两种趋向在1936年红军在西北立足以后有所强化，而在1942—1943年整风期间达到鼎盛。

在毛泽东同所谓“国际派”（即亲莫斯科派）的斗争中，意识形态成为一个重要武器。在1938年10月的六届六中全会上，毛泽东提出“使马克思主义在中国具体化”的口号。他说：

> 今天的中国是历史的中国的一个发展；我们是马克思主义的历史主义者，我们不应当割断历史。从孔夫子到孙中山，我们应当给以总结，继承这一份珍贵的遗产。……共产党员是国际主义的马克思主义者，但是马克思主义必须和我国的具体特点相结合并通过一定的民族形式才能实现。……因此，使马克思主义在中国具体化，使之在其每一表现中带着必须有的中国的特性，即是说，按照中国的特点去应用它，成为全党亟待了解并亟须解决的问题。洋八股必须废止，空洞抽象的调子必须少唱，教条主义必须休息，而代之以新鲜活泼的、为中国老百姓所喜闻乐见的中国作风和中国气派。把国际主义的内容和民族形式分离起来，是一点也不懂国际主义的人们的做法，我们则要把二者紧密地结合起来。在这个问题上，我们队伍中存在着的一些严重的错误，是应该认真地克服的。[②]

这种论点显然是针对“二十八个半布尔什维克”这类人讲的，这些人也许比毛泽东更通晓马列主义的经典著作，但却不懂中国国

① 参见廖盖隆：《历史的经验和我们的发展道路》，142页，台北，1981；译文载于《问题与研究》，1981年10月、11月、12月号，本文所引见于该刊11月号第92页。这是廖在1980年10月25日中央党校召开的中共党史学术讨论会上的报告，作了修改才在中国正式发表，被收入廖盖隆：《党史探索》，308～365页，北京，中共中央党校出版社，1983。这本书相应的段落（第332页）并未提到1943年的那项决定，但有一切理由相信台北出版的原文本是可靠的。

② 《毛泽东选集》，2版，第2卷，534页。

情。他们对这种尖锐的批评当然不会毫无察觉。上述引文后来在重庆由新华新闻委员会译成英文发表，其最后三句话被修改为："国际主义的内容同民族主义的形式不能分离。这种分离会导致向落后的群众只讲他们所喜欢听的对自己国家的赞美。这实际上是助长了沙文主义，而不是国际主义者所应该做的。共产党员必须懂得，国际主义的内容同民族主义的形式是不可分割的。我们的队伍中仍然存在着这类错误，应当立即加以克服。"这个译文与毛泽东文章的整个精神显然是抵触的。我曾向埃德加·斯诺询问篡改者可能是谁，斯诺说博古当时在重庆市负责出版工作，很可能是他干的，尽管他与王明是老搭档，但并未和他商量。[①]

由主席到最高领导

1942 年 1 月 23 日，毛泽东指示军队干部学习曾由他起草的《古田会议决议》，要求彻底弄通。1942 年 2 月 1 日和 8 日，他就整风问题发表两篇基调讲话，在第二篇讲话中他抱怨 1938 年他发出的马克思主义"中国化"的号召并没有引起注意。前已提到，1943 年 3 月，毛泽东当选政治局主席。1943 年 4 月，发起所谓"审干运动"，作为对整风运动的补充。"审干运动"由康生代表毛泽东主持，实际上是对党内有不同意见的人或反毛主义分子的一次大清洗。1943 年 5 月 26 日，在评论共产国际的解散时，毛泽东宣称，虽然 1935 年 8 月共产国际第七次代表大会以后莫斯科没有干预中国共产党的事务，但中共的工作却卓有成效。

1942 年 3 月整风运动正在进行之时，毛泽东发表了一篇关于党史的讲话，生动地证明整风所要解决的意识形态问题和领导人问题，是两个紧密相连的问题。在谈及中国传统思想中一个非常重要的问题，即何谓"中"，何谓"外"，以及"中"与"外"之关系时，他第一次从政治上加以阐述。他说，所谓"中"，是指中国共产党，广义上讲，指辛亥革命和五四运动以来革命的或进步的力量

---

① 参见斯诺致作者的信，1967 年 2 月 26 日。

以及激进思潮。所谓“外”，是指军阀、蒋介石和帝国主义反动派。但在另一种意义上，“中”也指中国。毛泽东清楚地表明，对“中”的这种双重解释在许多方面更具有根本意义：

> 研究中共党史，应该以中国做中心，把屁股坐在中国身上。世界的资本主义、社会主义，我们也必须研究，但是要和研究中共党史的关系弄清楚，就是要看你的屁股坐在哪一边……我们研究中国就要拿中国做中心，要坐在中国的身上研究世界的东西。我们有些同志有一个毛病，就是一切以外国为中心，作留声机，机械地生吞活剥地把外国的东西搬到中国来，不研究中国的特点。①

从意识形态方面看，显而易见，这段话重申了毛泽东1938年以后提出的马克思主义中国化的要求，但也十分明确地维护了他的领导权而抵制了王明和“二十八个半布尔什维克”，因为毛泽东的屁股是一直坚定地坐在中国的实际之上的。

毛泽东上升到无人敢于挑战的最高领导地位，康生的改换阵营是另一个不可低估的因素。康生曾在莫斯科接受苏联的秘密警察训练。1937年他和王明刚从莫斯科回来时站在王明一边。但是，回到延安不久，他就意识到实权掌握在谁的手里，到1941年他成了反对王明的急先锋。② 他有共产国际的背景，又通晓情报工作，所以是一个对毛泽东极其有用的人物，直到他1975年去世。延安审干时他所起的作用，已预示出他在这方面是个能手。

在毛泽东正式上升到最高领导地位的同时，开始出现一些只能被称作个人崇拜的现象。早在1942年，山东在5月4日这一具有象征性的日子创办了“泽东青年干部学校”。③ 1943—1944年冬，劳动英雄及其他积极分子欢呼毛泽东是中国人民之“大救星”的致敬信

---

① 《如何研究中共党史》，载《党史研究》，1980年第1期。

② 1982年9月和1980年4月，我曾在北京采访许多人，其中还有李锐，1943年他曾被康生逮捕过。又见仲侃：《康生评传》，74～81页，北京，红旗出版社，1982。

③ 参见《解放日报》，1942年5月11日。

纷至沓来。[①]

1945 年 4 月党的第七次全国代表大会上，这种个人崇拜之风最盛，确切地说是达到其第一个高峰。当时，将毛泽东的思想作为全党工作的指导思想写进党章。在关于党章的报告中，刘少奇提到毛泽东的名字多达百余次，因毛泽东在马克思主义“中国化”或“民族化”，即将马克思主义应用于中国的具体条件方面的巨大功绩而对他大加称道，颂扬之甚，较之代表大会以后至“文化大革命”以前人们所听到的种种肉麻的赞美之词，有过之而无不及。刘少奇在报告中说道：“我们的毛泽东同志，不只是中国有史以来最伟大的革命家和政治家，而且是中国有史以来最伟大的理论家和科学家”[②]。

毛泽东原不过是同事中资格最老的一位领导人，往往需要经过奋斗才能贯彻自己的主张。现在一跃而凌驾于一般人之上，并非仅仅由于他有此雄心，还有其合乎情理或现实主义的一面，也就是说需要树立一个足以能同蒋介石争夺领导权的政治人物。从前述的情况可以看出，这也是为了部分地满足人民群众尤其是农民的迫切要求。但是恰恰由于这一点，使毛泽东处于一种极其含糊不清的新的领导地位。在以后的 30 年内，党的由组织进行常规化集体领导的列宁主义准则，持续不断地受到一位伟大领袖个人运作的威胁。这位伟大领袖是属于党的，但又不完全属于党。

至于党同群众的关系这一涉及面更广的问题，虽然毛主义遗产中确有真正的民主精神，但如果我们纵观毛泽东的一生，显然可以看出，他的思想有一个突出的特征，即坚持群众必须接受政治精英人物的坚定领导。[③]

但是究竟由谁来实施这种领导呢？中华人民共和国成立之初，虽然大量表现出对毛泽东的称颂，并没有把他仅仅看作集

① 参见《解放日报》1943 年 11 月 21 日、12 月 2 日和 1944 年 1 月 13 日所刊登之致敬信，1943 年 12 月 13 日《解放日报》还报道了毛泽东接见劳动英雄的消息。

② 《刘少奇选集》（上卷），336 页。

③ S. Schram (ed.), *The Scope of State Power in China*, pp. 81 - 125，尤其是该书的第 84～85 页。又见拙著《毛泽东的思想》（即将于 1987 年由剑桥大学出版社出版）。

体领导之一员[①]，但是他个人的地位并未像后来以及延安时代那样突出。

早在1955年夏，7月31日为研究农业合作化问题而专门召开的省、市、自治区党委书记会议上，毛泽东提出了迫切需要加快合作化的意见。尽管会上未通过正式决议，但大家还是被推动去贯彻毛泽东的路线，10月间中央委员会开会时，其他中央领导人发现自己所面临的已是既成事实。

毛泽东坚信加快合作化的发展利大于弊，也可能有人认为他在这个问题上的认识不无道理，不过近年中国官方的看法也认为他走得太远了，太快了。[②] 毛泽东本来就非常明显地表现出唯有他才能洞察历史发展之进程的自信，纵然他在农业合作化问题上是正确的，但此事也助长了他的那种自信。他脑子里有此信念，又采取强加于人的方式提出自己的观点，这就促使他由一个列宁主义政党的领袖（即使并非民主选举，也要通过一定的形式产生的），变成一个凌驾于党之上的领导者。[③]

1956年2月赫鲁晓夫在苏共二十大上的秘密报告，批判了斯大林的罪恶，对毛泽东的形象产生重大影响。中国的第一个反应是《人民日报》于4月5日发表一篇社论。这篇社论是在毛泽东和政治局指导下写成的，其中说赫鲁晓夫批判个人崇拜是对的，不过斯大林仍然是

---

① 参见中央音乐学院研究室：《毛泽东颂歌》，42页，北京，万叶书店，1951；中央音乐学院研究室：《中国出了个毛泽东》，42页，北京，人民文学出版社，1951；中国大众文艺研究协会：《中国出了个毛泽东》，98页，北京，人民文学出版社，1951。此类歌颂毛泽东的材料不胜枚举。又见于《学习》（初级版），1950年第1卷，第6—7期合刊，36页。该刊为简述中共党史，登了一幅中共第一次全国代表大会会场照片，毛泽东居中坐，在发表讲话，其他人围桌而从，均投以钦佩的目光，并像小学生在老师面前一样专心听讲。

② 例如，中共中央党史研究室编的《中共党史大事年表》（北京，人民出版社，1981）第113～114页作出一简要而权威的评价，认为毛泽东在这个问题上批评同志的“右倾”是错误的，并说他在1955年7月31日的讲话以及在《中国农村的社会主义高潮》一书的按语都表现出“操之过急”。

③ 我在一篇通俗文章《毛泽东》中提出此观点，见 S. Schram，“Mao Zedong，” *History Today*，Vol. 31，April 1981，p. 25。此文在中共内部刊物《党史资料通讯》1981年第24期译载时，编者按语说，我对一些问题的理解是对的，但是错误地认为，毛泽东在1955年犯了“急性病”，并且在农业合作化问题上同“党中央的一致意见”相对应。后一点看法没有确切地反映出我的观点，而且显然是为了掩盖当时工作程序上的反常，这个不正常的做法意味着使毛凌驾于党之上，或者说会产生这种效果。我现在仍然认为，毛泽东在7月31日的那种做法的确造成了这种后果。

一个伟大的革命家，不能低估他的积极贡献。[①] 众所周知，在党内以及同苏联人讨论时，毛泽东对斯大林的功过评价是三七开。[②]

显然为了适应苏联“去斯大林化”所造成的气候，中共在 1956 年 9 月召开的第八次全国代表大会通过的新党章中，不再提毛泽东思想，并力图降低抬高毛泽东个人地位的调门，同时又尽力避免给人造成好像公开贬低毛泽东的印象。刘少奇在会议上说，毛泽东所以在革命事业中起着“伟大的舵手作用”，所以在全党和全国人民中享有“崇高的威望”，不但因为他善于将马克思主义同中国的实践结合起来，相信“群众的智慧和力量”，而且也因为他“坚持党的民主原则和集体领导的原则”。邓小平似乎力图防止人们批评毛泽东搞个人崇拜，但他也对毛泽东的地位加以限定。他说：领袖们“不是在群众之上，而是在群众之中，不是在党之上，而是在党之中”。他们必须是服从党的组织、遵守党的纪律的模范。他还说：“对于领袖的爱护——本质上是表现对于党的利益、阶级的利益、人民的利益的爱护，而不是对于个人的神化。苏联共产党第二十次代表大会的一个重要的功绩，就是告诉我们，把个人神化会造成多么严重的恶果。”[③]

然而，1956 年 12 月，《人民日报》发表第二篇社论《再论无产阶级专政的历史经验》，根本不再提个人崇拜问题，大体上不再批评斯大林，而在社会主义制度下的阶级斗争等问题上持更加“左”的立场。[④]

1957 年 3 月，康生曾着重指出这个变化。近年中国学者认为这是“改变调子”的标志。这种转变显然在很大程度上是受到 1956 年

① 参见《无产阶级专政的历史经验》(英译本)，1～20 页，北京，外文出版社，1959。此书还包括多种文献汇编。

② 近年中国对此问题有许多权威论述，如李学昆、张佩航：《党内个人崇拜的历史考察——兼驳康生的造神谬论》，载《党史研究》，1981 年第 2 期。

③ 转引自《刘少奇选集》(下卷)，271 页，北京，人民出版社，1985；《邓小平文选》，2 版，第 1 卷，235 页，北京，人民出版社，1994。对这些问题较为充分的论述，见 S. Schram，“The Party in Chinese Communist Ideology,” in J. W. Lewis (ed.), *Party Leadship and Revolutionary Power in China* (Cambridge, Cambridge University Press, 1970), pp. 174 - 177，185 - 187。此文还综述了刘少奇 1941 年的观点，他说服从是服从“真理”，服从中央委员会，而不是服从个人。近年对中共八大详尽得多的分析，见 Roderick MacFarquhar, *The Origins of the Cultural Revolution* (1): *Contradictions among the People* (London, Oxford University Press, 1974), pp. 99 - 165。

④ 参见《再论无产阶级专政的历史经验》，载《人民日报》，1956 年 12 月 29 日。

秋“波匈事件”的影响，但不难想象毛泽东对个人地位的考虑也起了作用。不过，当时党内其他高级领导人也开始担心过分贬低领袖的作用会产生不良后果。

1956年4月底，毛泽东提出“百花齐放、百家争鸣”的口号[①]，1957年初他又将此口号向党外推广。在1957年2月27日《关于正确处理人民内部矛盾问题》报告的原始文本中，他指出阶级斗争在中国基本结束了。[②] 他自信中国广大人民群众是拥护社会主义建设事业的，因此不顾党内许多领导人的强烈反对，无所畏惧地鼓励非党知识分子大胆讲话，批评政府的各种弊端。尽人皆知，此事后来失去控制，一些冒失或鲁莽的人，不限于批评具体错误，还对社会主义制度本身横加攻击。因此，到5月下旬至6月初，前几个月的“大鸣大放”便无声无息，而代之以粗暴的“反右运动”。这个运动的矛头不仅指向党外的那些“资产阶级知识分子”，还针对党内的“修正主义分子和右倾分子”，说他们同那些心怀敌意的批评社会主义的人一个鼻孔出气。[③]

1957年夏，中央决定由“鸣放”转入“反右”，尽管毛泽东对此极为支持，但同事们仍然认为他在年初估计形势时犯了错误，他痛恨因此而使自己丢了面子。1957年下半年，在许多方面的确是毛泽东一生的一个重大转折点，毛泽东在其观点和人格上都有显著的变化，给他最后19年的整个历程投下了阴影。

对毛泽东个人崇拜的进一步发展

1958年的“大跃进”使毛泽东影响形势发展的力量有了新的膨胀，也使对这位主席的个人崇拜，就1945年以后至“文化大革命”

① 4月28日政治局讨论《论十大关系》时，他首次使用此语；1965年5月2日最高国务会议上，他系统地阐释了这一思想。参见中共中央文献研究室：《关于建国以来党的若干历史问题决议（注释本）》，253～254页，北京，人民出版社，1985。此本子和1983年内部本内容基本相同，但比较充实，现在一般引用此本。

② 参见《学习文选》（无出版单位和出版时间，估计是1967年），212～213页。更详细的论述，见我即将出版的《毛泽东的思想》。

③ 关于5月下旬毛泽东在态度上的转变，麦克法夸尔在《“文化大革命”的起源》对这一形势发展有充分的论述，见 Roderick MacFarquhar，*The Origins of the Cultural Revolution*，pp. 169-269。

以前这一时期来说，达到一个顶点。其最重大的象征就是毛泽东在1958年3月成都会议上的讲话。他说，一个人如果代表真理，那么对他个人的崇拜就是正确的。[①] 会上有人附和说："相信毛主席要到迷信的程度，服从毛主席要到盲从的程度。"[②]

有两件事足以说明这句话的具体含义。一是8月初发表了毛泽东关于"人民公社好"的谈话，大家莫不信服，看来已经在实践上解决了应否在全国建立公社的问题。半个月以后，即8月29日北戴河会议上，中央才就这个问题做出了决议。[③]

二是关于毛主席1958年8月4日参观"徐水人民公社"（第一批样板公社之一）的报道：在等待他到达时，人们热情高涨，"冲到九重天上"。从下午4点半到7点半，毛主席在那里停留了3个小时，会见农民，并到土法炼钢等许多地方看一看。当他快要离去时，人们奔走相告，要大家都快点来看一眼毛主席。自然有一些未能看到领袖面容的，他们当然会感到无限遗憾，但他们和曾经见到毛主席的人一样欣喜若狂。人人都说：毛主席并没有离开徐水。你看，咱们大家不是都充满了更大的干劲？毛主席仍然在咱们的前面走，鼓舞咱们的干劲。8月4日这一天，有许许多多的人一想到他们过去的日子，就觉得眼前的生活这么美好，都禁不住热泪横流。有很多母亲虽然已经几天没有见到孩子了，但是现在也不想到幼儿园去看一看。……这一夜如同白天，好像一片光明，整个徐水都宛如领会到毛主席的思想和智慧，听到毛主席的声音，看到毛主席的笑容，使徐水的全面"大跃进"奔腾向前，达到一个更高的高度。[④]

1958年夏，中国到处呈现出欢欣鼓舞的景象，在这种气氛中，纯属空想的东西也被大家认为完全有希望实现甚至已经实现。毛泽东本人在总结1958年9月的形势时说，全国粮食产量已大体翻一

---

① 1958年3月10日毛泽东在论述斯大林问题时讲到这一点，见S. Schram，*Mao Tse-tung Unrehearsed*（Harmondsworth，Penguin，1974），p. 100。

② 王年一：《试论"文化大革命"的由来》，载《党史研究》，1982年第1期。

③ 那谈话是1958年8月9日在山东讲的，8月13日《人民日报》发表。后来毛泽东又就此事责怪记者说："我在山东，一个记者问我：'人民公社好不好？'我说'好'，他就登了报。小资产阶级狂热性也有一点，以后新闻记者要离开。"

④ 参见康濯：《毛主席到了徐水》，1、8～9页，徐水人民出版社，1958。

番，1958年还可以再翻一番，这样的话粮食太多了，连做饲料都用不完，如何处理将会成为一个问题。[①]

1958年年底，毛泽东开始纠正这种看法，但他毕竟是这种虚妄构想的主要制造者。1959年7—8月间庐山会议上产生不同意见，使党内的紧张关系达到顶点。

庐山会议不仅涉及党的政策，而且也反映出毛泽东对其同事的态度以及对个人尊严的关切，其影响之大无论如何估计都不会过分。这次会议原是为了纠正"大跃进"某些过失的"左"的做法。[②]毛泽东本人已为此采取了许多步骤，政治局扩大会议根据前十天会议上交换意见的结果，草拟了一份"议定纪要"。似乎可以根据这份文件达成一项可以为大家所接受的折中方案。但还有重大意见分歧，主要有两点：一是"大跃进"的方针问题，对其错误和缺点的程度应有清楚的认识；二是党内的言论自由问题。彭德怀在其"意见书"中尖锐地提出了这两个问题。

毛泽东的反应极其激烈。他对彭德怀关于"大跃进"在经济上造成损失的批评非常敏感，因为他知道党内外许多人都有此忧虑，还因为他认为像彭德怀那样摆事实，怀疑自己的判断，已达到不可接受的程度。很明显，他对说他"对待同志们态度不民主"更为生气，他对张闻天的发言尤为恼火。彭德怀发表意见直率，用的是军人语言，张闻天要说明的问题与彭德怀相同，但态度平静，理论性强得多。[③] 7月23日毛泽东对此给予猛烈反击。张闻天随后作自我批评，承认在领导作风问题上，他和彭德怀认为其要害是"如何避免一言堂问题"[④]。

如果认为庐山上的斗争是毛泽东同整个党中央领导之间的对抗，那就错了。事实上，如前所指出，1956年12月以后，维护领

① 参见《毛泽东思想万岁》（1969年版），228页。现在公开发表的材料中也可见到此类说法。例如，上注关于毛泽东到徐水参观的报道，说毛泽东向农民指出，他们将无法用余粮交换机械，因为每个公社都有剩粮，就不存在对粮食的需求了。

② 根据1986年4月18日同李锐的谈话。李是起草委员会六成员之一。还见于他的文章《重读张闻天同志的"庐山发言"》，见《回忆张闻天》，289～302，长沙，湖南人民出版社，1985。

③ 参见张闻天：《在庐山会议上的发言》，见《张闻天选集》，480～506页，北京，人民出版社，1985。

④ 李锐：《重读张闻天同志的"庐山发言"》，见《回忆张闻天》，298页。

袖的威望日益成为一个大家关心的问题。“文化大革命”之后，包括我在内，有一个共同的看法，认为毛泽东将忠于他和他的思想视为革命先锋队成员的主要标准，而刘少奇则认为党的组织才是真理和权威之所在。[①] 在这个问题上，两人有着重大分歧，下面还要论述。不过，刘少奇也认为个人崇拜还是有用的。在庐山会议的讲话中，他强烈支持毛泽东，在彭德怀罢官之后，即1959年9月军委会议上，他说：

> 我这个人，历来是积极地提倡“个人崇拜”的，也可以说“个人崇拜”这个名词不大妥当，我是说提高毛主席的领导威信。我在很长时期就搞个事情。在七大以前，我就宣传毛主席，七大的修改党章报告我也宣传，现在我还要搞，还要搞林彪同志的、小平同志的个人崇拜，你们不赞成我搞，我也要搞……[②]

罗德里克·麦克法夸尔认为，刘少奇在庐山会议上和会议后所以采取那种态度，其部分原因是出于对自己政治前途的考虑，这是完全可能的。[③] 同时还必须考虑到整个党中央领导因毛泽东的激烈反击而处于守势。但是，以上引语似乎反映出刘少奇真心实意地认为，党的权威只有通过领袖其人及其行动才能体现出来，才能为广大党员看得见。

十年以后，刘少奇被迫害致死，成了他所极力维护的“领导威信”的牺牲品，而庐山会议就是招致这种恶果的一个决定性转折点。自此以后，谁批评毛泽东的政策，毛泽东就自觉不自觉地视之为叛逆，对胆敢如此放肆的人一定严加惩处，以儆效尤。而且，他日益强调个人的作用，把自己看作中国革命历史上居于重要地位的领袖，把自己提出的任何思想观点都视为检验合法性和真正忠于共

---

① S. Schram, “The Party in Chinese Communist Ideology,” in J. W. Lewis (ed.), *Party Leadership and Revolutionary Power in China* (Cambridge, Cambridge University Press, 1970), pp. 170 - 202.

② 转引自王年一：《试论“文化大革命”的由来》，载《党史研究》，1982年第1期。

③ Roderick MacFarquhar, *The Origins of the Cultural Revolution* (2): *The Great Leap Forward* (London, Oxford University Press, 1983), pp. 228 - 232.

产主义事业的试金石。

虽然毛泽东在庐山会议上批评彭德怀到七年以后发动“文化大革命”，其发展过程很复杂，这里不能细加分析，但批评彭德怀和“文革”之间具有联系则是明白无误的。其联系主要不在于“大跃进”的政策和毛泽东晚年的政策具有相似之处。我已在别的地方指出，两者之间有根本区别，其最重大的不同是，1958 年由党挂帅，而到 1966 年党则被打垮了。[①] “文化大革命”的根源在于 1958—1959 年出现了两大动向：对毛泽东的个人崇拜掀起新高潮和在“左”的政治思想气候下更加尖锐地强调阶级斗争。

事实上，这两种现象是密切相关的。简言之，由于毛泽东日益倾向于从意识形态上划分阶级，把忠于他个人视为真正无产阶级思想的试金石，所以，他越是遭到反对，便越是“左”倾。反过来，他越是尖锐地以“左”的观点看问题，认为中国正在“变修”，便越发滥用自己的权威，而日益变得独断专行。

这是中国近年来分析“文化大革命”起源问题的一个主导观点[②]，已为早已获得的文献资料所证明[③]。人们指出，1962 年 1 月中央工作会议具有极其重要的意义，会议虽然采取了某些调整经济的政策，并扭转了对某些问题原来认为是“右倾”的错误看法，但是并未能系统地纠正以前的错误，因为当时“左”倾还占上风，还有个人崇拜，这些都是会议不可克服的障碍。[④] 1962 年 9 月中共八届十中全会上，毛泽东提出“千万不要忘记阶级斗争!”的口号，使“左”的倾向达到“系统化理论化”，以反对他所谓当年上半年党的经济政策中的“黑暗风”和“单干风”。“社教运动”中他提出将矛头对准党内“走资本主义道路的当权派”，刘少奇表示不同意，

---

① S. Schram, “To Utopia and back: A Cycle in the History of the Chinese Communist Party,” *The China Quarterly*, No. 87, Sep. 1981, pp. 407 - 439.

② 参见王年一：《试论“文化大革命”的由来》，载《党史研究》，1982 年第 1 期；李学昆、张佩航：《党内个人崇拜的历史考察——兼驳康生的造神谬论》，载《党史研究》，1981 年第 2 期。

③ S. Schram, “Classes, Old and New, in Mao Zedong's Thought, 1949—1976,” in J. L. Watson (ed.), *Class and Social Stratification in Post-Revolution China* (Cambridge, Cambridge University Press, 1984), pp. 29 - 55.

④ 参见李学昆、张佩航：《党内个人崇拜的历史考察——兼驳康生的造神谬论》，载《党史研究》，1981 年第 2 期。

他就终于决定要打倒刘少奇。中国一位学者评论说："一位主席因为意见不同就要从政治上搞掉一位副主席，令人惊异。"[①] 以党规而论，的确令人惊异，刘少奇无疑也会感到惊异。但鉴于前十年逐渐形成的政治形势，此事并不出人意料，我们知道，对于这种形势的形成，刘少奇是起了推波助澜作用的。

毛泽东最后十年，也许比他一生其他任何时期都更加充满曲折、变化和矛盾。这十年以发表拥护巴黎公社式群众民主的宣言开始，以为秦始皇高唱赞歌而告终。"上海激进分子"竟然宣扬专制领袖控制之下的中央集权制，视之为理想政体，这似乎自相矛盾。其实不然，因为无政府主义和专制主义是国家机体内部能够互相诱发的两种顽疾。而且，发动"文化大革命"以后，毛泽东本人不但积极鼓励人们死记硬背地学习他的思想，而且助长人们以传统的忠君精神对他进行宗教式的个人崇拜。

毛泽东日益以传统主义的观点看待自己的作用，是对他分析政治制度中领袖的地位有影响的一个因素。我认为这一点固然重要，但党已"变修"这一信念，则为美化专制独裁的倾向提供了进一步的理由，或提供了一块意识形态上的挡箭牌。这个"修正主义"的幽灵或妖怪，促使毛泽东完全支持 1975 年春张春桥和姚文元所发动的"无产阶级专政理论的学习运动"。在中国，资产阶级主要在党内，这是 1975—1976 年提出的观点，毛泽东的确持有这种看法。而且，他还从这个前提引出一个符合逻辑的结论：这些新资产阶级分子通过社会主义制度的机制即国家机构剥削工人和农民。[②]

如果说毛泽东注意的主要是党内"资产阶级分子"，那么其部分原因是这些人享有更多的特权，可能使他们受到腐蚀，他们还拥有更大的权势，可能使他们去腐蚀别人。同时，应该强调指出，在毛泽东看来，腐化的根源不仅是根据权力所得到的报酬，而且是权力本身。根据 1976 年 5 月一份刊物的引证，毛泽东在生前所发出的最后一批指示中说，将来总还是要革命的，因为"小官、学生、工

① 王年一：《试论"文化大革命"的由来》，载《党史研究》，1982 年第 1 期。

② 参见廖盖隆：《历史的经验和我们的发展道路》，135～136 页。另根据 1982 年 5 月 7 日同廖的谈话。

农兵，不喜欢大官压迫他们”①。虽然毛泽东仍然认为必须有领导，必须有强有力的国家，但很清楚，除了他本人之外，他对把权授予其他任何人都感到不放心。这样，在其去世前四个月，毛泽东就再次认定，其治国安邦的权威同所有其他领导人的权威不可同日而语，不管他们的职位多高，在毛泽东看来，他自己的权威是天经地义、不容置疑的，而别人的权威都要仰伏于他之下。

个人崇拜的意义和影响

以上较为详细但仍仅是概括地探索了毛泽东逐步走向神化的几个阶段，现在可以就中国国家权力的基础问题，较为系统地探讨从这个历史发展过程中可以得出的经验教训。

中国的国家体制是在1949年经历了根本变革，还是恰恰相反，毛泽东仍然在多大程度上是一个因袭历史和传统的领导者，抑或是他打破或超越了1949年后的模式和传统模式乃至一切模式，而寻求创立一种新的领导模式，建立一种新型国家?

我认为，这三种看法都有其符合实际的地方。我在文章开头已经指出，同斯大林一样，毛泽东晚年在其领导思想中明显地将列宁主义同历史传统结合起来，故而不仅毛泽东的思想和行动，而且整个中国的政治文化都带有模棱两可或折中主义的特点。同时，必须认识到，毛泽东并不仅仅希望成为苏联式的党的领袖或一位新朝代的开国元勋。自1956年尤其是1958年起，他开始有意识地设计“中国的社会主义道路”，这条道路不仅解决发展战略问题，在政治领域还有一些涉及国家性质的创新。

可是，虽然毛泽东实行这样的政策，他却住在宫廷——中南海，那是昔日皇上每年春播为民开犁的地方，当时进北平后数周之内就决定党和政府驻于此地，其象征性意义迄今尚未进行过适当的探讨。

我在前面曾经提到应当着眼于国家权力的哲学、社会和组织的

① 《北京周报》，1976年第21期，6页。

基础。其中哪些是受到列宁主义的启示？哪些是中国传统所固有的？毛泽东的领导模式有哪些独特之处？在探讨这些问题之前，似应首先思考一个看似简单其实非常复杂的问题，即如何将真正的旧的东西和真正的新事物区分开来。

弗雷德里克·泰维斯系统地运用韦伯的三个范畴论述毛泽东的合法性，并十分正确地指出，民族主义在中国是一个极其重要的因素，但“不适于纳入韦伯划分合法性权威的框架”。于是，他在超凡魅力型权威这一类型之下提出了一个有所更改的结构，将民族主义这一因素包括进去。然而，泰维斯认为，不能过分强调民族主义因素，当然，因为民族自豪感必然和伟大的传统相联系，像斯大林发展成为暴虐的沙皇一样，一位领袖以“历史上的伟人”自许，是有可能“获得某种民族主义感召力的”，尽管中共已经抛弃了许多传统的东西，但在中国仍然如此。泰维斯在论证何以不能过分强调民族主义因素时说：

> 中共明确地抛弃了中国过去的许多东西，因此对当代中国的形势发展，人们不宜轻易地从历史传统中寻求解释。确实，一些强调历史连续性的分析家，往往只注意到古今一些现象上的类似，而未能揭示出新社会制度的内在动力本质上仍然源于历史传统。①

泰维斯因而将 1949 年毛泽东赢得革命的胜利视为其超凡魅力的最重要的渊源。② 毋庸置疑，毛泽东迄于 1949 年乃至 1957 年的领导非常成功，创下丰功伟绩，表现出超人的气质，这是引起人们敬畏的一个重大原因，而敬畏感正是韦伯所提出的超凡魅力这一概念的核心内容。但我不认为，在毛泽东时代，尤其是在毛泽东塑造其臣民心态的过程中，中国传统政治文化所占的地位像泰维斯估计的那样低。

不容否认，如泰维斯在上述引文中所说，仅仅罗列一些历史与

---

① Teiwes, *Leadership, Legitimacy, and Conflict in China*, pp. 46, 53, 60－61.

② Ibid., pp. 53, 60－61.

当代的相似之处，以证明其间的连续性，而不充分研究这种相似之处究竟是形式上的还是实质性的，这种研究方法未免过于简单化。以“对皇帝的崇拜”比拟对毛泽东个人崇拜的许多论著无疑都犯有这个毛病。沃尔夫冈·鲍吾刚（Wolfgang Bauer）的著作也是如此，不过程度较轻，是持相反的观点，他硬把毛泽东纳入旧中国的反儒或道家传统，而把刘少奇视为“大传统”的继承者[①]，书中虽然广征博引，许多细节引人入胜，但最终缺乏说服力。

虽然，除非着眼于传统的性质或革命以前的实际情况，并研究现实同历史之间的联系，否则，连续性问题就说不清楚。这里无法论述整个中华文明的精髓，哪怕简要介绍其特征亦不可能，而且对我们现在研究的这个主题关系也不大；但的确有一系列的问题直接同国家的职能因而也同国家权力的基础有关。问题的中心是，在进入近代以前，中国人的思想是否只知道听天由命而不是力争改天换地？这在韦伯对中国“宗教”的分析中是个很重大的问题。这个问题有两个方面：中国传统思想提出了些什么目标？国家为追求这些目标起了什么作用？

韦伯认为，儒家吸收佛、道思想后有所变化，宛如“一个兼容异说的魔园”，根本不可能孕育近代西方达成合理化的经济和技术。如果说儒家伦理有任何理性的话，那也无非是引导人们安于现状。[②]韦伯认为，那种“魔园”（magic garden）既不能为历史变革提供动力，也不能为其指出方向，中国传统社会因深陷此“魔园”而基本上是停滞不前的。孟德斯鸠、黑格尔和马克思也持此种观点，但这种看法近年来受到尖锐的挑战。1968 年，艾森斯塔特（S. N. Eisenstadt）曾谈道“停滞性的新传统主义持续不断地推动中国文化向不会引起社会变革的方向发展”[③]。但他现在的论点却同韦伯截然相反，认为维护世俗和超越世俗这两种力量之间的斗争必然

① Wolfgang Bauer, *China und die Hoffnung auf Glück: Paradiese, Utopien, Idealvor-stellungen* (München, Carl Hanser, 1971). English translation: *China and the Search for Happiness: Recurring Themes in Four Thousand Years of Chinese Cultural History* (New York, Seabury Press, 1976).

② Max Weber, *The Religion of China*, pp. 227, 247-248.

③ S. N. Eisenstadt, "The Protestant Ethic Thesis in an Analytical and Comparative Framework," in S. N. Eisenstadt (ed.), *The Protestant Ethic and Modernization* (New York, Basic Books, 1968), p. 26.

导致整个社会和文明的变革，中国传统是不乏这种斗争的，而且以“人们内心世界寻求自我超越”的方式表现出来。[①]

对于这种认识上的转变，托马斯·墨子刻（Thomas A. Matzger）的著作《摆脱困境：新儒学与中国政治文化的演进》及其于1977年发表后所引起的讨论起了重大的推动作用。墨子刻认为，儒家并不纯粹是为了将等级制和社会现状说成是合理的，自朱熹起，新儒学还促使儒学家“通过修身养性”寻求“圣人起改造作用的巨大物质力量”[②]。许多学者同意这一观点。但是，墨子刻认为，说12世纪的新儒学家“不再相信‘帝王’是以伦理纲常治国的中心人物”这一论断未免在“修正观点”的道路上走得太远了。[③] 不管新儒家有时如何怀疑，在某个时候，君王是否有“道”，是否起了应有的明天理安社稷的制衡作用，他们都有责任对国家发挥这种作用则是无疑的。

在这方面，张灏对他所谓皇权中心的一“重”一“轻”作出了一个很好的区分。他写道：“要建立一个伦理纲常的社会，唯一的希望乃是处于社会政治中心的那些人身体力行，以身作则。”不过，这个“治国安邦的道德中心”可以采取“重”的方式，由皇帝“利用国家机器主宰社会和改造社会”，或者采用“轻”的方式，由政治中心“主要依靠伦理和礼仪的力量维护社会秩序”。张灏认为，王安石采取的是第一种途径，新儒学主流派采用的是第二种途径。[④]

张灏的见解同葛兰言（Gernet）等人的观点比较一致。可另一方面，国家显然起了凝聚作用。卡尔·宾格曾指出：

> 在中国无所谓“儒家之国”，亦无所谓“儒家之法”。秦以

---

① Shmuel Eisenstadt, “Innerweltliche Transzendenz und die Strukturierung der Welt: Max Webers Studie über China und die Gestalt der chinesischen Zivilisation,” in Schluchter (ed.), *Max Webers Studie über Konfuzianismus und Taoismus*, pp. 369, 383.

② Thomas A. Metzger, *Escape from Predicament: Neo-Confucianism and China's Evolving Political Culture* (New York, Columbia University Press, 1977), p. 121.

③ Ibid., p. 120.

④ Hao Chang, “Neo-Confucian Moral Thought and Its Modern Legacy,” *Journal of Asian Studies*, Vol. 39, No. 2, February 1980, p. 260.

> 后各朝代都保留了法家的根本原则：以法治国，所有国家机关和当权者均须严格遵守法律，并依靠控制和制裁以确保法律约束的有效性。这些根本原则是必须坚持的。不然，由秦朝开始建立的具有新的形态的国家就会分崩离析，而这种形态的国家无论就经济上还是政治上来说都是必要的。①

这并不意味着儒学对于国家职能的影响只限于为国家施行严刑峻法打掩护。如格奈特所说，习俗和教育"归根结底构成政治秩序的基础"，如果说它还影响不到其结构的话，那么，对帝王政体的风尚则有着深刻影响。但是，从总体看，皇帝的教化作用和不可思议的魔力仍然是非常大的。

墨子刻除了对新儒学的实质具有上述认识外，他还对我们这里所研究的旧中国和毛泽东领导的新中国之间的连续性问题持非常明确的观点。西方社会科学家和中国五四运动一代知识分子认为，中国现代发展的最主要特征是同过去决裂。墨子刻对此不以为然。他认为，"中国人热忱地进行现代化，乃是把它作为实现其历史上根深蒂固的民族信念的一个重要途径"②。张灏反驳道，虽然如墨子刻所说，现代技术为实现传统目标提供了手段，但利用"旧手段"实现"新目标"也可能是整个发展进程中同样重要的一个方面。③ 艾森斯塔特则将两种观点结合起来，也许是强调第二种看法。他说，在欧洲以及各种各样的社会中，虽然问题的性质变了，但解决问题的方式也许未变。在艾森斯塔特看来，虽然构成中国文明或其他大国文明特征的"核心观念"的确有变化，但是在变化的程度和方式上，与其他因素的变化是不同的。④

五四运动并未使文化领域成为一片净土，中国后来所建立的现

---

① Karl Bünger, "Das chinesische Rechtssystem und das Prinzip der Rechtsstaatlichkeit," in Schluchter (ed.), *Max Webers Studie über Konfuzianismus und Taoismus*, p. 166.

② Thomas A. Metzger, *Escape from Predicament: Neo-Confucianism and China's Evolving Political Culture* (New York, Columbia University Press, 1977), p. 233.

③ Hao Chang, "Neo-Confucian Moral Thought and Its Modern Legacy," *Journal of Asian Studies*, Vol. 39, No. 2, February 1980, pp. 268 - 269.

④ S. N. Eisenstadt, "Modernization and the Dynamics of Civilization," *IHJ Bulletin*, Vol. 5, No. 1, Winter 1985, pp. 2 - 6. 该文为1984年9月4日在日本国际研究所的讲演。

代文化主要是受到西方的熏陶，而不是土生土长的。虽然这种看法无疑是正确的，但我认为，墨子刻对这个观点的论述未免太绝对了。不过，问题的症结是新瓶可以装旧酒，但旧瓶也可以装新酒。如泰维斯所说，看似明显的连续性可能是假象，但看似明显的革新也可能掩盖连续性。我认为在进一步讨论连续性问题时应该考虑到这一点。

泰维斯的一个论断可以证明这一点。他说，1949 年的胜利是毛泽东超凡魅力最重要的来源，因为对革命家来说，最重要的莫过于使革命取得胜利。然而，人们可能把这一成就仅仅说成是毛泽东和他的同志们经过一个漫长的动乱、内战和对外战争而取得的军事胜利，并建立了一个强大而稳固的政权。这一政权建立于 20 世纪中叶，在这个意义上，它是属于现代的；但它又再现了以前许多朝代盛衰更替的模式，从这个意义上说，新的人民国家的权力基础又是同传统完全协调的。

毫无疑问，共产党要求掌握政权，对所有社会阶级和阶层都有重要意义，但特别令农民信服，因为在内战期间，已有大量农民从土地改革中受益。可另一方面，农民是解放军的主要组成部分，往往持"贫雇农打江山坐江山"的观点，或认为"民主政府只是农民的政府"（这种看法曾于 1948 年 2 月受到毛泽东的批评[①]）。换言之，他们不仅同新政府站在一起，还认为新政府就是属于他们的。

至于工人，虽然自 1927 年发生流血惨案到 1947—1949 年人民解放军进城，其大多数持消极态度，但也有很多人曾受到刘少奇等人所领导的"白区工作"的某些影响。这部分人整体来说对党怀有好感，他们认为党代表他们，并以他们的名义实行专政。当然还有许多知识分子同情左派观点和马克思列宁主义或共产主义。但是，尽管上述几类人都比较倾向于中国新的执政者，但没有一个社会阶级或阶层可以被认为基本上或完全献身于共产主义事业，城市居民

① 参见毛泽东：《纠正土地改革宣传中的"左"倾错误》，见《毛泽东选集》，2 版，第 4 卷，1280～1282 页。文字与原件稍有不同。原件载《新闻政策手册》，41 页，中共中央华南分局宣传部，1950。这是毛泽东为中共中央起草的对党内的指示，指出 1947 年 10 月起，就反映出孤立地依靠贫农和敌视中农的问题，党的报纸和广播电台还宣传这种错误观点。不过，本文所引证的那些说法仍足以反映出农民的思想。

和共产党之间也没有很多接触或了解。只有为数较少的中国人了解共产党据以掌握政权的唯一理论基础，即列宁主义关于无产阶级先锋队的党理论。

由此看来，归根结底，新中国的“合法性”主要取决于共产党成功地行使国家权力，尤其是成功地奠定了社会的物质基础和塑造了人们的精神面貌。

首先，在物质基础方面，历来的统治者都应当保证国家的富强和人民的幸福。按照马克思主义的说法，国家的任务是发展生产力（今天是实现“四个现代化”），并在此基础上保证满足人民不断增长的各种需求。本文所说的连续性，需取决于如何理解帝制中国时代朝廷为使人民幸福而发挥的“物质上的改造力量”（不管是通过所谓“重”方式还是“轻”方式）。如果按照一般的看法（马克斯·韦伯完全同意这种看法），认为中国在进入近代以前所谓改造环境只不过是为了更好地顺应天命，而不是像普罗米修斯或浮士德那样力图驾驭自然，那么，今日建设新的社会主义经济制度的目标就标志着同过去的彻底决裂。但是，历史事实表明，不管儒家如何强调和为贵，他们绝没有在中国排除经济上的变革和开发，也没有阻止国家发展经济。毛泽东反复以“富强”的口号表明其经济政策的实质，就象征着在这个领域存在着连续性。①

其次，还有同传统的宇宙观和马克思主义历史观相联系的对人们的精神面貌和社会的改造。墨子刻写道：

> 社会的统一性来自大家共同信仰一种思想，这种思想既能说明宇宙的运动规律，又能解释人类社会的发展动力。毛主义的重要意义，在一定程度上就在于它解决了这个问题，它用辩证的宇宙法则证明，人们追求富强和高尚情操，最重要的就是要无私地投入群众运动。②

---

① 例如，1945 年 7 月，毛泽东曾谈到中国人民的目标是“独立、自主、民主、统一、富强”，见 S. Schram，*The Political Thought of Mao Tse-tung*，pp. 400－404。1957 年 11 月 2 日在抵达莫斯科机场时，他说“十月革命使中国人民找到了彻底解放和繁荣富强的道路”，见《毛主席在苏联的言论》，2 页，北京，人民出版社，1957。

② Thomas A. Metzger，*Escape from Predicament：Neo-Confucianism and China's Evolving Political Culture*（New York，Columbia University Press，1977），pp. 230－231.

对人们精神面貌进行社会改造，仅仅是为了实现繁荣的手段，还是它本身也是目的呢？依照墨子刻的思路，从传统的和马克思主义的观点来看，并联系到艾森斯塔特所说的“核心观念”，思想改造既是目的也是手段。的确，艾森斯塔特认为，“不管看来多么自相矛盾，共产主义革命也许在中国历史上第一次以儒家所固有的内心世界的自我超越精神成功地实现了对社会的改造”[①]。

上述那些论断比较引人注意，因为不管是墨子刻还是艾森斯塔特，在意识形态上都不同情共产主义。毫无疑问，在中国，一个既能确保国家兴旺又能达到社会和谐的政府，总会被认为是一个好政府。毛泽东自称，已经找到一种方法，促使人们通过参加群众运动自我提高觉悟，从而促使社会高速地奔向共产主义。然而事实证明，并不是中国社会各阶层都认为或一直认为毛泽东实现了这两项目标。

现在先谈一谈具体目标，然后再说精神面貌层面的问题。各种政治信仰不同的观察家普遍认为，毛泽东享有统治权的强大支柱，是一个多世纪以来他第一次建立了一个强大而统一的中国，并且在朝鲜胜利地抗击了美国。第一个五年计划期间的工业发展，中国人民引以为傲，也使党及其领袖提高了威望。但人们同样普遍认为，由于“大跃进”招致的经济灾难，党几乎丧失了领导权。

当时记述这场灾难最为生动的仍然是罗瑞卿及其参谋人员1961年1—2月间视察工作时所收集到的材料。毫不奇怪，解放军战士回家探亲或和家里通信时发现家里许多人死于“浮肿”（实际死于饥饿）时，士气受到严重影响。有一个战士有两个姐妹饿死，还有一个小弟弟被狼咬死。这位士兵不仅仅把人民吃不饱肚子归于天灾，还认为与党的领导有关。但他说，“毛主席95%的正确”[②]。

毛泽东本人看过关于以上情况的报告，并且批示“很好”[③]。很难说他是因这个报告如实地反映情况而表示赞许，还是因这位战士

---

① S. N. Eisenstadt, “Modernization and the Dynamics of Civilization,” *IHJ Bulletin*, Vol. 5, No. 1, Winter 1985, pp. 2-6. 该文为1984年9月4日在日本国际研究所的讲演。

② 《工作通讯》，1961年3月2日第11期，12页。

③ 同上书，1页。

虽对党失去了信任但仍认为他本人 95%正确而感到高兴。要是在六年以后的 1967 年年初，说他不是永远地 100%正确，那当然会被认为是无法无天地对毛主义的反革命诽谤了。[①] 1961 年说他 95%正确，他就可能很知足了。当时，他仅仅是为了这位战士说实话而感到高兴，还是因为认为忠于或信任领袖就象征着或实质上忠于国家？这对我们现在进行的研究则是一个更有意义的问题。

探讨这个问题必须联系到“大跃进”时期一个广为流传、众所周知的观点，即在国家政权机关“人民公社”的体制内，由体现国家权威的党所动员起来的精神力量能够创造奇迹。《红旗》杂志创刊号发刊词（估计为陈伯达所写）声称：“在具有冲天气概的中国人民面前，高山也要低头，河水也要让路。”[②] 另一位重要理论家吴江写道：

> 人们愈能在自己的社会关系上进行自觉革命，便愈能增强自己对自然界作战的能力，愈能像魔术似的自由呼唤潜藏着的生产力，使它从各处涌现出来，获得高速度发展。[③]

是谁又是如何赋予中国人民以这样的“魔力”呢？是如某些农民乌托邦主义所说，这种力量为农民所固有吗？是过去人们认为皇帝才具有的魔力和超凡魅力的体现吗？或是由于党具有掌握历史规律和创造历史的独特才能，并按照党所制定的正确政策使“人民群众的主观能动性”得到充分发挥？

“大跃进”前夕，从全国看，流行的是第三种思想，也就是比较正统的马列主义观点。1957 年 4 月，刘少奇在上海干部会议上说：

> 今天的国家谁来代表？你们代表国家，自然也包括我在

① 1967 年下半年，清华大学“井冈山兵团”编的一个小册子说：“七大时……彭德怀恶毒地攻击毛泽东思想。他胡说：‘毛泽东思想 99.9%正确，0.1%不正确’。”见 *The Case of Peng Teh-huai 1959—1968* (Hong Kong，Union Research Institute，1968)，p. 194 (English)，and p. 472 (Chinese)。

② 《红旗》，1958 年 6 月 1 日创刊号，1 页。

③ 吴江：《不断革命论者必须是彻底的辩证唯物论者》，载《哲学研究》，1958 年第 8 期。

内。我们……就代表国家，共产党就代表国家。①

正如我在前面所指出的，毛泽东和刘少奇两人在这个问题上的观点不同不能说得太绝对，但分歧也不容否认。正因如此，1959年他们在一部分观点上的一致，就为研究中国共产党本身的使命感提供了一个富有启发性的出发点。明白点说，党领导中国人民的权力，一部分来自领袖的超凡魅力，一部分来自集体智慧，集体智慧使党能按照历史规律行事。这后一部分，如我在本文开头所说，虽然也带有某种随意性，但至少具有一定的合理性。但是个人权威逐渐淹没了集体智慧，确切地说，人们日益认为，马列主义真理出自领袖，党从属于领袖。

早在“文化大革命”以前，人们普遍感到毛泽东具有一种令人难以捉摸的品质，这种品质韦伯称之为“超凡魅力”（charisma）。将近20年以前，在亚洲召开的一次关于超凡魅力领袖的学术讨论会上，我就认为毛泽东是这样的一个人。莱因哈德·本迪克斯（Reinhard Bendix）虽对我的某些论述有疑问，但发现说明毛泽东具有这种品质的证据“极多”。② 弗雷德里克·泰维斯固然考虑到毛泽东的其他方面，但仍将具有超凡魅力的领袖品质作为他分析的重心。不过，显而易见，毛泽东超凡魅力的表现及其政治影响随着时间的推移有所变化。

这方面像其他许多方面一样，最重大的分界线是1959年的庐山会议。1960年10月20日军委扩大会议决议中的两个口号足以说明全部问题。一方面说毛泽东思想是“精神原子弹”，另一方面提出“政治挂帅，也就是用毛泽东思想挂帅”③。这些说法出自经毛泽东亲自修改和批准的决议。④ 这象征着改造物质世界和精神世界的主要职能已经从党转移到党的主席身上。

---

① 《刘少奇在上海市党员干部大会上的讲话》，见《刘少奇资料汇编》，97页，天津，1967。

② S. Schram, “Mao Tse-tung as a Charismatic Leader,” *Asian Survey*, Vol. Ⅶ, No. 7, 1967, pp. 383-388; Reinhard Bendix, “Reflections on Charismatic Leadership,” *Asian Survey*, Vol. Ⅶ, No. 7, 1967, pp. 349-351.（他对毛泽东的评论。）

③ 《工作通讯》，第3期，3、8页。

④ 参见《工作通讯》，第2期，4～5页。

此后事情的发展虽然不是直线前进，但不可避免地导致产生1966年的形势，当时毛泽东的确被看作一个能够创造奇迹的人。“文化大革命”期间有人曾说并不存在对毛泽东的个人崇拜，只不过是尊崇他的思想。现在当然谁也不会再这样说了。

就是在当时，凡认真考虑问题的人都明白，实际上这是崇拜毛泽东个人，因为学习其思想的方式乃是把他的思想作为他本人的影像或象征。1967年在谈到“红宝书”的意义时，我写道：

> 从《毛泽东选集》发展到《毛主席语录》，反映出以下三个方面的转变：从重写历史到抛开历史，从政治分析到道德说教，从马克思主义经典著作到民族革命者的连祷文*。第三种变化主要指《毛主席语录》的用途，这是前两种变化符合逻辑的必然结果。学生只有通过分析老师如何解决具体问题才能学会推理方法（毛泽东和列宁都这样教导）。如果学生不掌握方法，只熟记一些绝对正确的教导，就会导致不会分析，只会背教条，并把教条变成犹如宗教一般的信仰。[①]

* litany，基督教仪式中的一种有问有答的祈祷方式。——译者注

这种情况很快发展到荒谬透顶的程度，林彪提出：“我们对毛主席的指示要坚决执行，理解的要执行，不理解的也要执行。”[②] 可是这种做法却被誉为“活学活用毛泽东思想”，这真是绝妙的讽刺。

“文化大革命”期间，毛泽东思想仅仅被视为毛泽东的人格或品德的体现，因此，整个政治发展过程都以毛泽东个人为中心。很明显，这意味着，在群众的心目中国家的权力是属于毛泽东的，即使其他领导人并不这样看。

毫无疑问，对毛泽东的个人崇拜是中国的历史造成的。不管沃尔夫冈·鲍吾刚怎样说，这种个人崇拜都主要源于历史传统中的正统思想而非来自异端邪说，但这个问题不能简单地用正统或异端来加以说明。

---

① S. Schram，“On the Quotations，” Introduction to *Quotations from Chairman Mao Tse-tung*（New York，Frederick A. Praeger，1967），pp. xiii－xiv.

② 转引自《聂荣臻回忆录》，第3卷，866页，北京，解放军出版社，1984。

实际上，如村松佑次（Muramatsu Yuji）在一篇颇有见地的文章中所说，即使就人民大众的思想意识而论，“大传统”和“小传统”也是无法明确区分开的，因为造反农民在思想上也混杂着许多儒学成分，正统和异端在其思想根源上的确有某些共同之处。① 从早年起毛泽东在思想上和人格上就被深深打上了正统和异端两种烙印。尤其在其一生的最后十年，毛泽东将中国所固有的两种传统融为一体，自己以既是“天子”又是“造反派领袖”的姿态出现，似乎还乐于发挥这种模棱两可的象征性作用。

毛泽东曾坦率地向埃德加·斯诺承认，他在“文化大革命”期间积极推动对他的个人崇拜，乃是把它作为反对刘少奇及其他所谓党内“走资派”的一种武器。② 但是，这种个人崇拜并不是只有中国国内的根源。为了说明这一点，不妨先回顾一下毛泽东当时主宰中国政治舞台的奇特情景：他一露面，人们就像着了魔似的纵情欢呼，简直达到失去理智的程度。这种事例在中国报刊上日复一日地报道，而且还成了许多著作和文章的主题，有些作品纯属奉承，有些作品令人啼笑皆非。只需简要摘引运动开始阶段的两三段报道，便足以使人回想起当时的气氛，那种气氛15年以前多么使人感到亲切，而现在却显得多么古怪。第一段摘自1966年10月18日一次红卫兵群众大会的报道：

> 当太阳从东方地平线上喷出万道霞光的时候，英姿焕发的红卫兵和革命师生们，高举红旗和毛主席像，从四面八方汇集到天安门广场……。小将们……人人手持闪着红光的《毛主席语录》，整个队伍绵延达五十华里，结成了一条极其壮观的红色巨流。小将们……一遍一遍地朗读《毛主席语录》……
>
> …………
>
> 我们最最敬爱的领袖毛主席和他的亲密战友林彪同志，以

---

① Muramatsu Yuji, “Some Themes in Chinese Rebel Ideologies,” in Arthur Wright (ed.), *The Confucian Persuasion* (Stanford, Stanford University Press, 1960), pp. 240-268. 鲍尔当然知道这种相互作用，但他在阐述毛泽东的作用时并未将这一点考虑在内。

② 1970年12月会见时所谈，见 Edgar Snow, *The Long Revolution* (New York, Random House, 1972), pp. 168-170。

> 及中央其他负责同志……分乘九辆敞篷汽车，来到了广大红卫兵和革命师生中间。这时，天安门广场和宽广的大道上，激起无比欢腾的声浪。千万双手臂挥舞红光闪闪的《毛主席语录》，千万双眼睛迎向心中最红最红的红太阳。“毛主席万岁”、“毛主席万岁”的欢呼声，震响云霄。
>
> 当毛主席乘着敞篷汽车从……革命师生的队伍面前驰过以后，许多学生赶紧打开《毛主席语录》，在扉页上写下了同样的语言：“10月18日下午1时10分，是我一生中最最幸福、最最难忘的时刻，我见到了永远不落的红太阳毛主席。”①

六个月以后，在1967年4月20日北京市革命委员会成立大会上通过的“向毛主席的致敬电”说道：

> 在此最盛大的无产阶级革命者的节日，我们欢呼，我们歌唱，千万颗心同声高呼：毛主席万岁！毛主席万万岁！
>
> 毛主席！当我们回想起中国革命激动人心的历程时，语言难于表达我们对您的无限忠诚，歌曲无法唱出对您的赞颂，大海容纳不下我们对您的敬爱。②

1966年10月1日另一次群众集会的报道说，天安门的群众队伍成了“红浪澎湃的海洋。欢呼声、口号声，好像阵阵春雷，滚滚不息，震天动地”③。实际上，这些群众大会上“毛主席万岁！”的欢呼声，通过无线电广播传到海外，人们听起来宛如30年以前在德国听到过的“胜利万岁！”的呼叫声。

中国人现在承认“文化大革命”中的某些法西斯式的做法，不过没有将之归于毛泽东。对毛泽东的个人崇拜同崇拜斯大林有相似之处，这也说明“文革”还另有起因。斯大林在其一生的最后15年

① 《北京周报》，1966年第43期，5、8页。

② 《北京周报》，1967年第17期，8页。S. N. Eisenstadt, “Modernization and the Dynamics of Civilization,” *IHJ Bulletin*, Vol. 5, No. 1, Winter 1985, pp. 2-6. 该文为1984年9月4日在日本国际研究所的讲演。

③ 《北京周报》，1966年第41期，4页。

不仅仅具有彼得大帝或伊凡雷帝的性格，他们是带有亚细亚或半亚细亚特征的俄罗斯接受西方化的人。从1936—1938年的大清洗到斯大林去世，苏联政治制度的特征在一定程度上可以概括为“红色法西斯主义”。因此，斯大林对毛泽东的影响是多方面的，毛泽东对待斯大林主义的遗产有其自觉性的一面，也有其盲目性的一面。

上述影响并非在毛泽东个人崇拜问题上唯一属于非传统或者说非中国固有的因素。1968—1969年，曾有一位学者提出，“文化大革命”中，毛泽东赋予中国人以前所未有的心理：负罪感。毛泽东由此将“面子文化”改造成“内疚文化”，从而对中国社会的现代化作出重大贡献。①

近年，中国一篇权威性的文章提出了一个与此颇为相似的观点。文章回顾说，“文化大革命”中出现了一系列来自传统的迷信或类似宗教的做法，例如设立挂毛主席像的圣坛，向毛泽东“早请示”、“晚汇报”和宣誓效忠一类的事情。作者接着写道：

> 还有一种更接近于基督教“原罪”教义的“赎罪”活动，就是认定除了革命领袖和他周围的少数“革命左派”之外，其他人都有资产阶级思想，都有数不清的私心杂念，要过社会主义关，比骆驼钻针眼还困难。所以要无休止地受批判，作检讨，斗私批修，在灵魂深处爆发革命，在领袖像前请罪忏悔。②

在“文化大革命”的政治环境中，并鉴于中国历史上就皇帝和国家而论原属政教合一，上述内疚感或负罪感当然是一种社会现象而非个人的宗教活动。

关于毛泽东权力的根基，前面主要从哲学、思想或文化方面加以论述。现在需要进一步从社会和体制方面展开探讨。无论是从传统的还是马克思主义的观点来看，这两个方面当然都是紧密相连

---

① 这是比尔·布鲁格提出的看法。

② 李学昆、张佩航：《党内个人崇拜的历史考察——兼驳康生的造神谬论》，载《党史研究》，1981年第2期。“原罪”并非完全属新教教义，人们还是可以进一步研究此处所说各处做法所反映出的究竟是基督教的影响还是佛教的影响。

的。按照传统观点，只有同地主阶级站在一起的文人学士，才能成为政府机构的成员，参与行使政权。反映这一观点的最权威而简要的说法是《孟子》中一句很有名的话：“劳心者治人，劳力者治于人。”从马克思主义的观点看，当然是因为共产党代表劳动人民首先是城市工人，它才能够成为社会的主宰和历史变革的动力。

毛泽东原则上接受这一马克思主义立场，但人们普遍认为，他对工人阶级领导权这一核心问题的态度有点模棱两可。我在专门论述毛泽东的思想的一本书中指出，无论在实践上还是在思想上，他并未真正解决农民既是社会中坚，同时又是工人阶级在社会主义建设事业上的“小兄弟”这一矛盾。[①] 正因为如此，历史唯物主义的基本原则和党的领导权之间的逻辑关系被削弱了。所以毛泽东往往笼统地说，他所领导的国家是人民的国家，因而也是一个好的国家。

在国家权力的体制问题上，也存在着和阶级问题相类似的模糊观点。在毛泽东延安时期的著作中，他按照传统的观点将“国体”和“政体”加以区分。新中国成立初期，通常的看法是，“国体”兼指国家的阶级性和统治方式（专政），而“政体”除了“群众路线”之外就没有什么内容了。[②] 这样，国家的结构问题，除听取群众意见一条之外，就同国家权力的基础问题完全割裂开来，国家的合法地位基本上取决于给国家贴上的阶级标签。而这种关于国体的定义，如我在前面所指出的，在很大程度上带有随意性。

从另一角度来看，即从社会各阶层对待毛泽东和人民共和国的态度来看，国家的阶级性究竟如何呢？我以前曾经论述过 1949 年以后几年中人们所可能采取的态度。但是，在“文化大革命”的岁月里人们持什么态度呢？

的确，早在 1926 年，李大钊在一篇谈“红枪会”的文章中就说过，农民所真正需要的是一位“真主”，换言之，即一位能够按照农民的愿望反抗洋人而保持天下太平的好皇帝。[③] 大量事实证明，毛泽东的威望在农村特别高，现在仍然如此。“文化大革命”初期，

---

① S. Schram，*The Thought of Mao Tse-tung*.

② S. Schram，“Decentralization in a Unitary State”，pp. 90－92。

③ 参见李大钊：《鲁豫陕等省的红枪会》，见《李大钊选集》，566～567 页。

设神龛、在毛泽东像前点燃蜡烛，这种事报道得最多的也是在农村。以其他多种多样但不那么极端的形式表达对领袖由衷的爱戴，在农民中显然是有其深厚基础的。这不足为奇。一方面，毛泽东出身农民，自然对农民有感召力；另一方面，像在其他发展中国家一样，传统的看法在中国农村更加顽固。

在中国少数民族聚居的边疆地区，情况更是如此。1981年10月，在云南一次讨论1981年6月27日《关于建国以来党的若干历史问题的决议》的党政干部会议上，廖盖隆指出：

> 云南省有些藏族的干部想不通，说毛主席解放了我们，人都死了，你还说他的错误，这是不道德的。[①]

1982年5月，在同廖盖隆和中国其他负责的理论工作者讨论此问题时，他们向我指出，1949年以前西藏实行农奴制，这种地区的人民比其他地区更有理由因为得到解放而对毛泽东感恩戴德。但同时他们说，该地区的人民以及全国农民能够理解目前对毛泽东的批评，如果向他们加以适当解释的话。[②]

以上情况说明，农民爱戴毛泽东，其性质和原因是复杂的。一方面因为毛泽东“解放了”他们，所以要感谢他，换言之，如泰维斯所说，毛泽东因1949年取得革命胜利而具有超凡魅力。但另一方面，认为对已故领袖缺乏应有的尊重是“不道德的”，这种看法似乎反映了传统心理。

即使如此，“文化大革命”时代崇拜毛泽东的并非只有农民。恰恰相反，1966—1968年第一个高潮期间被他动员起来的、对他毫无批评的狂热支持者，主要是学生和教师，其中大多数不是农民或工人阶级出身。1966年夏，一位在华外籍教师形容“文化大革命”是“又懒又笨的学生向老师造反”。这种论断有一定道理，特别是考虑到他们之中还包括那些正在受训的“小电影明星”，他们考试不及格却急于扮演政治角色。所有这些人都不喜欢“按劳付酬”的

---

① 廖盖隆：《关于“决议”中提出的一些问题的解答》，载《云南社会科学》，1982年第2期。

② 参见1982年5月11日同胡福明的谈话以及5月18日同廖盖隆的谈话。

社会主义原则，因为他们对社会的贡献都不大。但是，如果像马克思因为对路易·波拿巴实行专政而责备巴黎的流氓无产阶级一样，仅仅去责难这些人也是不公平的。

理查德·麦迪森近年出版了一部著作，对毛泽东晚年中国政治文化上的变革和社会各阶层对待毛的态度做了大量阐述。[①] 根据对1964—1982年广东一个农村非常细致的研究，麦迪森认为：(1) 60年代初农民“谈论起公德”，其“基本内容”大体上仍然是儒家那一套；(2) 1963—1964年“社会主义教育运动”第一阶段提倡禁欲主义和自我牺牲精神，其中所贯穿的“毛主义道德逻辑”那时开始和传统的政治文化相结合，变成“一种脆弱然而可行的综合道德观”；(3) 在1964年在“下乡”的城市知青的影响下，通过学生带头的“崇拜毛泽东及其思想”的运动，国家倡导的毛主义道德开始受到儒家思想的某种改造；(4) 到头来，因为对毛泽东的个人崇拜不仅把毛泽东作为教导为人民服务的贤哲加以崇敬，而且还要求人们对毛泽东提出的一套庞杂的信条唯命是从，又由于毛主义因脱离实际而僵化，在自命旗手的那些人的煽动下，到处是一片毫无教育意义的残酷斗争的景象，结果，毛主义“骤然变得荒谬”[②]。

麦迪森对问题进行了多方面的精细分析，以上只是将他的论点作一简要归纳，但已足以表明，他从意识形态和宏观政治角度提出的问题，倒是切中通过严格而彻底的实地调查研究所发现的基层实际状况。

关于文化传统和现代化之间的关系，麦迪森既反对中国传统道德准则已为现代价值观念所取代的观点，也否定现代价值观念“仅仅是以伪装出现的传统价值形态”的看法，他认为，“在农村人民公社，人们贬低传统文化中的某些指导原则，而强调适合其现代社会状况的另一些指导原则，他们对待现代官方指导思想，也采取同样的态度”，因而产生“一种由在一定程度上互相矛盾的成分所组

---

① Richard Madsen, *Morality and Power in a Chinese Village* (Berkeley, University of California Press, 1984).

② Ibid., pp. 11－28, 131－133, 148－150.

成的综合价值观念”①。这一论点又涉及前面提到的墨子刻和张灏之间的争论，他们争论的问题是：现代化（包括毛主义的现代化），中国人是“把它作为实现其历史上根深蒂固的民族信念的一个重要途径”，还是利用“旧手段”以实现“新目标”？概括地说，根据麦迪森这部著作，在毛泽东时代，中国农民更倾向于把现代化作为实现固有民族信念的重要途径（墨子刻持此观点），不过，1978 年以来，由于实施新的政策，这种情况可能已经发生变化。在我看来，毛泽东本人反而强调以旧手段实现新目标。在文化传统和现代化关系问题上尤其如此。毫无疑义，他力求动员他所能够支配的全部传统主义权威，以追求阶级斗争和“继续革命”之类的目标，这种目标则完全是非传统的。然而，与此同时，他在思想上不仅仅是持有而且是浸透了十足传统的价值观念，包括统治者的天命思想。

毛泽东对国家权力组织基础重要意义的认识，在很大程度上取决于他在思想上如何认识统治者个人所起的作用。在其一生最后 20 年越来越是这样。更为重要的是，毛泽东对自己作用的认识不断有发展，这种认识以及由此认识所决定的他对组织体制的态度，最终确定了人们考虑中国体制问题的思想方法，或者说，确定了他们敢于谈论这种问题的唯一方式。

必须指出，这个问题有两个方面：党和国家机构之间的关系，以及对各类机构重要性的认识，这两个方面既有联系又有区别。像中国和其他国家所有列宁主义者一样，毛泽东也认为党的权威比国家的权威更加重要。但在延安时期和人民共和国初期，他很重视政府制度。1940 年他在《新民主主义论》中写道：

> 必须实行……真正普遍平等的选举制，才能适合于各革命阶级在国家中的地位，适合于表现民意……②

毛泽东虽然认为各“革命”阶级都占有一定的“地位”，其地

---

① Richard Madsen, *Morality and Power in a Chinese Village* (Berkeley, University of California Press, 1984), p. 20.

② 《毛泽东选集》，2 版，第 2 卷，677 页。

位是由党决定的，并在党的理论中有规定，但他在这里同样重视选举制。“大跃进”第一个高潮期间，在北戴河，他对国家机器的态度则傲慢得多了：

> 宪法是我参加制定的，我参加制定的，我也记不得。……我们每个决议都是法，开会也是法……我们各种规章制度……是司局搞的，我们基本不靠那些，主要靠决议……人民代表大会有他们那一套，我们还是靠我们那一套。①

1958年这些看法清楚地表明毛泽东对组织制度的轻视，1967年5月，他对阿尔巴尼亚军事代表团的著名谈话也反映出这一点：

> 有人说选举很好，很民主，我看选举还是个文明的字眼，我就不承认有真正的选举，我是北京区选我做人民代表的，北京有几个真正了解我？我认为周恩来当总理，就是中央派的。②

虽然毛泽东在这里提到党组织的作用，但党内制度和程序，在“大跃进”和庐山会议时已经遭到极大破坏，这时毛泽东已经完全不把它放在眼里了。中央委员会甚至政治局已被由毛泽东的亲信组成的所谓“文化大革命小组”所取代。这件可悲之事已有论及，毋庸赘述。③ 对我们来说最重要的一点是，“文化大革命”十年，即使仍能运转的党政重要机关，也都是在勉强容许的情况下维持工作的。不能从中找出关于国家权力基础的经验教训，因为它们所具有的任何权力都来自领袖。虽然以礼仪为基础的皇权同带有理性的国家组织并存了两千年，但在60年末和70年代，理性几乎完全为魔力所吞没。

---

① 1958年8月21日讲话，载《学习文选》(无出版单位和时间)，310页。

② 1967年5月1日谈话，见《毛泽东思想万岁》(1969年版)，678页。

③ 再论这个问题的一部著作《毛泽东和“文化大革命”》(1980年版)，深刻而有说服力，见Wang Xizhe，“Mao Zedong and the Cultural Revolution，” a text of 1980 reproduced in Anita Chan，Stanley Rosen，and Jonathan Unger，*On Socialist Democracy and the Chinese Legal System*：*The Li Yizhe Debates* (Armonk，N. Y.，M. E. Sharpe，1985)，pp. 177－260。

超凡魅力还存在吗?

从逻辑上说，既然毛主席已去世，由他主宰一切的局面已不复存在，现在有可能更好地了解毛泽东个人权力的真实性质，以及他作为领袖的政治体制的真实性质了。至少是1976年以来的形势发展，从以前鲜为人知的几个方面揭示了毛泽东的统治。

本节标题提出的问题有两个意思。其一，毛泽东的超凡魅力在他逝世后在多大程度上并以何种形式继续存在?其二，在中华人民共和国，领导权的性质以及国家权力的基础，是否已经开始发生根本的变化，或者说我们能否看出这种变化?

1974年，一位研究宗教的英国专家斯马特（Smart）写道，意识形态是毛泽东超凡魅力的根本因素。他说："我想毛泽东在辞世后会变得更加神圣，因为中国现代的问题是必须保持从中央到地方的全国团结……意识形态将成为更加重要的实现团结的手段。"①"文化大革命"初期，莱因哈德·本迪克斯从不同的角度作出一个与此相似的论断：

> 有理由预计，毛泽东去世后将在某种程度上被神化，因为其年老的和年轻的追随者，为他们自己以及全社会着想，都会力求保持他的超凡魅力。现在毛泽东似乎预见到将来会发展到这一步。他不仅为选接班人而且也为接班人如何继承毛主义的革命遗产制定出基本原则，其目的也许是防止他的信徒滥用他的魅力，那些人比他更想将这种魅力定型化。毛泽东力图以新人取代党内精英，并利用红卫兵作为"继续革命"的工具，这在一定程度上乃是一位年迈老人为了身后人们能够正确地利用他的著作和他的威望而进行的一场斗争，这一点颇为引人注意。②

① Ninian Smart，*Mao*（Glasgow，Fontana/Collins，1974），pp. 92－94.

② R. Bendix，"Reflections on Charismatic Leadership，" *Asian Survey*，Vol. Ⅶ，No. 7，1967，p. 351.

显然，本迪克斯的这一论断是绝对正确的，即“文化大革命”中，毛泽东的确在尽力预防人们将来“滥用他的魅力”，并确定他去世后人们应正确利用“他的著作和威望”。但同样明显的是，毛泽东基本上没有做到这一点。他未能如斯马特所预言的变得“更加神圣”，也没有“在某种程度上被神化”。虽然意识形态仍然被视为“实现团结的手段”，但现在很难想象还有任何形态的马克思主义理论比今日中国提出的各种思想更远远地脱离“文化大革命”期间毛泽东试图确立的正宗经典信条。

当然，这不意味着邓小平及其他现任领导人不去利用毛泽东的业绩及声望作为他们享有合法正统地位的重大依据。剔除“其晚年错误”之后的毛泽东思想依然受到尊重，至于他的超凡魅力，不能说已经固定化或被滥用，因为几乎看不到了。

中国问题观察家中，不管他们是否曾认为毛泽东身后会变得“更加神圣”，然而很少有人能够预料到十年之内会发生如此大的变化。我认为，上述现象必须从毛泽东个人权力的基础和其继承人的政策两个方面进行分析。

关于毛泽东的领导作风，1980 年 8 月奥琳埃娜·法拉奇在采访时向邓小平说，毛泽东像西方国王选继承人一样选择林彪为接班人，邓小平答道：“一个领导人，自己选择自己的接班人，是沿用了一种封建主义的做法。”他说，这证明中国的政治制度不健全。[①]

1969 年林彪的名字第一次写入党章时，当然会有许多人感到那种选接班人的做法类似封建帝王。[②] 很难设想毛泽东本人没有意识到这一点，但这显然并没有使他过分担心。我要大胆地说，他不会担心，因为他对自己的革命品质极其自信，他认为自己不会为外界的任何影响所左右，他可以采取任何政治手段，因为只要由他经手，任何手段都会有利于革命。换言之，他可以混合采取新旧两种手段，以达到其主要是新的但有时也是非常旧的目标，并准确无误地驾驭事物发展的全过程。由此可见，其独断专行的统治是历史上的帝王所未曾有过的，极少例外，因为那些帝王还需要去应付业已

① 参见《邓小平文选》，2 版，346～347 页，北京，人民出版社，1994。

② S. Schram, “The Party in Chinese Communist Ideology,” in J. W. Lewis (ed.), *Party Leadership and Revolutionary Power in China* (Cambridge, Cambridge University Press, 1970), pp. 198 - 199.

稳固建立的官僚机构和各种既成的规范和习俗。毛泽东总是赞赏那些不受惯例束缚的人，这是可以理解的。他指出，殷纣王能文能武。秦始皇、曹操都变成坏人，这是不对的。① 毛泽东曾屡次威胁说，他要去农村打游击，并建立一支新的红军，如果他的意见不被接受的话。这话也许最能说明，他宁愿采取既是传统的又是激烈的手段以维护自己的权力。②

归根结底，毛泽东的权力像他的思想一样，实质上是兼容并蓄的，是由古今中外多种互相抵触的因素混合构成的。可以断言，在一个以文化大融合为特征的时代，毛泽东身上能够体现出具有如此根本不同性质的理想、规范和价值观，这正是他的一个主要力量来源。但是，正因为毛泽东所起的作用具有多种不同的性质，所以他所扮演的整个角色是难以传给一个接班人的。除此之外，毛泽东的权力是建立在过去 30 年（1927—1957）几乎无往而不胜的领导所积累起来的威望之上的。这样成功的领导谁也不可能再有机会重演。泰维斯对此有很好的论述。在评论“百花齐放”运动和“大跃进”的后果时，他写道：“这种失败与共产主义革命和民族解放的双重胜利相比就算不得什么了。不管 1959 年毛泽东所犯的方针错误和违反党内准则多么严重，他的同事还是不能把他同党或国家分开。”正是毛泽东所作出的贡献，构成了他迄今仍然享有声望的主要基础，尽管他的魔法般的魅力在逐渐消失。③

由于种种原因，他生前所确立的模式在他去世后不可能再维持下去了。就领袖接班人的合法继承问题而论，不可能用任何一条原则将毛泽东个人所扮演角色的各个不同方面融为一体传之后世。如果说权力最终都属于他一个人，那么，他可以像昔日的皇帝那样指明如何进行权力移交。如果说这是一个为党挑选新的主席的问题，

---

① 参见毛泽东 1959 年评斯大林《苏联社会主义经济问题》，见《毛泽东思想万岁》（1967 年版），163 页。

② 参见 1959 年庐山中央全会上毛泽东关于这个问题的讲话。

③ Teiwes, *Leadership*, *Legitimacy*, *and Conflict in China*, p. 67. 1982 年 5 月 18 日我同廖盖隆谈话时，他根据同朱德的长期接触，提出一个与此类似的看法。他说，以前毛泽东常常是正确的。因此，大多数其他高级领导人，虽然对“大跃进”的方针有严重怀疑，但难以在庐山会议上去反对他，怕事实证明他再次是正确的。不过，朱德曾发言为彭德怀辩护。我曾指出过，担心、谨慎，也许还有野心，这些也都是影响其他领导人态度的因素。近年中国有一篇关于毛泽东在人民心中地位的权威论述，见《毛泽东仍然活在人们的记忆中》，载《北京周报》，1986 年第 36 期，15～18 页。

则根本不应由毛泽东个人决断。最后，毛泽东谋求以传统方式和现代（即合法合理的）方式相结合的办法任命华国锋为主席*，但其实际做法（包括庄重地载入文件）显然是因袭传统或传统主义的。①他这种做法表明，归根结底，权力既属于他个人，也属于党的组织。

* 实际为第一副主席。——译者注

这种做法含有内在的矛盾，是不可能取得成功的。而且，这样做，毛泽东反而加剧了中国20世纪以来在国家权力终极基础问题上本已存在的混乱状态。事实上，在向控制着国家机构的“走资派”夺权的生死斗争中，毛泽东吃过苦头而后才被发现。不仅对于刘少奇和邓小平，而且对整个政治领导精英来说，无论如何是党本身而不是党的领袖，仍然是合法性权威的主要体现者。总之，离开了党的组织结构，继承权问题是无法解决的。然而，后来邓小平所起的作用证明，政治权力决不能从体制上加以限定。

现在我们作一归纳，研究一下毛泽东的继承者如何看待毛泽东所建立的政治秩序以及这种秩序未来可能发生什么变化。泰维斯把“领袖在高层领导精英心目中的合法性”视为“在列宁主义体制中得以生存的关键因素”，故而将这一点作为分析的重心。他虽然承认，在领袖居于主宰地位的时期，将“韦伯所谓首脑僚属关系”列为首要因素是“很有问题的”，但他还是认为，“在中华人民共和国所有时期，领导集团承认毛泽东的合法性地位（虽然在其革命生涯的末期未必承认他拥有绝对权威），基本上不以他在群众中享有威望为转移”。泰维斯认为，“毛泽东最后20年屡遭失败，严重地损害了制度和领袖在人民群众中的正统地位”，但他说，“对邓小平以及将来任何其他领导人来说，其合法正统性现在是将来依然是取决于领导精英”②。

泰维斯提出这一观点是为了反驳查默斯·约翰逊（Chalmers Johnson），约翰逊将毛泽东的领导视为韦伯所谓的“专制政治”，以自己的超凡魅力号召群众镇压对手。泰维斯说，“如果领导精英不承认其合法正统地位，毛泽东在各个转折关头是否能够直接号召群

① 泰维斯对毛泽东的意图及实际情况等各种问题作出了正确的分析和论断，见 Teiwes，*Leadership，Legitimacy，and Conflict in China*，pp. 77－82。

② Teiwes，*Leadership，Legitimacy，and Conflict in China*，p. 45.

众而使自己占上风还是一个可以讨论的问题”，但“事实是高层领导精英心甘情愿地接受其领导，所以就不存在这个问题了”①。虽然“文化大革命”的确表现出以独裁的方式操纵群众，但我认为泰维斯的这一看法是正确的：毛泽东之所以能够在那个期间打倒对手，不仅仅是由于红卫兵施行暴力（还得到人民解放军的支持），还因为，如我在前面所指出的，其他领导人在很大程度上对毛泽东怀有一般群众所具有的敬畏之心，因而接受他的领导。然而，我非常怀疑泰维斯所说，毛泽东最后20年“屡遭失败”对干部的影响会比对普通老百姓小。我也不认为中国领导人的合法正统性“现在是将来依然是”完全取决于领导精英。

短期来看，尤其是在危机时刻，无疑是最高领导层决定其中谁能在党内享有最高权威。但比较概括地说，我想在某种意义上可将泰维斯的论点颠倒过来。正因为毛泽东在党内、国内的威望有所下降，才有那么多的人不仅活了下来，而且保住了政治生命，还使他在“文化大革命”期间的许多计划未能按最初意图执行。确实是因为毛泽东的感召力由此而受到削弱，邓小平和同邓小平站在一起的那些人才能开始对毛泽东及其思想实行“非神化”。②

我曾指出，毛泽东的权力观念在世俗化和神圣化的两极中更接近神圣化。当今中国的主导权力观念则不然。至少邓小平在原则上认为，国家权力唯一的健全基础在于人民群众的支持和拥护，这种拥戴不是像毛泽东在世时那样靠参加“运动”来体现，而是通过各种组织反映出来。但邓小平同时认为，今日中国任何一个政权，若没有共产党的领导，都不可能取得合法地位。现就这一观点的两个方面略加分析。

1980年8月18日，邓小平在《党和国家领导制度的改革》一篇讲话中说了一段很引人注意的话：

---

① Teiwes, *Leadership*, *Legitimacy*, *and Conflict in China*, p. 45. 约翰逊的观点见 Johnson, “Caesarism in China,” *Encounter*, December 1976。

② 参见董太：《对待“外论”的经验教训》，载《人民日报》，1979年3月9日，文章说中国不是搞“非毛化”，而是搞“非神化”。

> 斯大林严重破坏社会主义法制，毛泽东同志就说过，这样的事件在英、法、美这样的西方国家不可能发生。他虽然认识到这一点，但是由于没有在实际上解决领导制度问题……仍然导致了“文化大革命”的十年浩劫。[1]

关于“权力过分集中于个人或少数人手里”和“个人凌驾于组织之上”的问题，邓小平指出其根源不仅在于中国的“封建专制”传统，而且同“共产国际时期实行的各国党的工作中领导者个人高度集权的传统”有关。涉及毛泽东，就导致个人崇拜和一言堂之类“家长制现象”。[2]

邓小平指出苏联在制度上的缺陷，如他那篇讲话的题目所表明，乃是为了解决在中国建立苏联所未曾达到的社会主义民主制度的问题。中国是否真正有希望实现民主改革不是本文所要讨论的问题。[3] 可以想象，中国人在政治行为有法律规范约束的制度下生活了两千年，在实行现代化改革的条件下，完全能够有准备地过渡到一个最终会产生以法制为基础的合法正统观念的新时期。

这一点显然同法律和道德之间的关系问题有联系。我在这篇文章中始终强调法制的重要性，并指出法制在中国历史上已有先例，意在纠正这个问题上过于强调道德风尚的片面性，但不应低估无所不在的儒家伦理道德的影响。雅克·杰内特（Jacques Gernet）曾援引顾炎武的一句话以概括在这个问题上的传统看法：法律和禁令对于统治者是必不可少的，但这并非是可赖以达到大治的手段，因为大治的本原“存乎人心，赖于习俗”。毛泽东在“大跃进”时期说过类似的话：不能靠法律治多数人，多数人要靠养成习惯……治安

---

① 《邓小平文选》，2版，第2卷，333页。

② 参见上书，329～330页。

③ 关于此问题的论述，见邹谠：《中国国家建设事业中的马克思主义、列宁主义政党、群众和公民》；［澳］戴维·古德曼：《民主、利益和德行：中华人民共和国追求合法下领导地位》（均载《中国国家权力的基础和限度》一书）。在《中国国家权力的范围》一书中我有简要论述，见 *The Scope of State Power in China*，pp. 113－125。而在《三中全会以来的意识形态和方针政策》中谈得较详细，见 S. Schram，*Ideology and Policy in China since the Third Plenum*（London，SOAS，1984）。我对此问题的最新研究已经论述到1984—1986年的情况，见 S. Schram，“Has Deng Xiaoping gone beyond Mao Zedong?” *Chuō kōron*，No. 10，October 1986，pp. 222－237。

条例也靠养成了习惯才能遵守。

毛泽东的这些话和顾炎武讲到一块去了，这绝非偶然。毛泽东的话表明，在中华人民共和国，掌握权力或统治权的主要是党而非国家机构（虽然毛泽东并不这样说），因为正是党始终将自己作为道德观念的主要灌输者。毛泽东和顾炎武二人在观点上也有细微差别。在顾炎武看来，法律的作用是必不可少的，道德和习俗对法律起补充和增强作用；而对毛泽东来说，党的告诫可以超越甚至取代法律。

尽管近年有人坚持说党不应当代替国家机关进行具体领导工作，但今日占支配地位的关于国家权力最终本源的观点实质上仍是刘少奇的看法，即权力必须属于党。共产党被称为"执政党"（ruling Party），"执政党"这一通常的说法既充分而又简明地表达了上述观点。①

的确，如果说在可预见的将来没有哪一个人能够完全复活毛泽东晚年所享有的权威，党则要求有这种领导权。四分之一世纪之前，罗伯特·利夫顿曾提出，通过"思想改造"，中国过渡性一代知识分子，以过去父子和君臣关系所表现出的忠孝之心忠于新政权。② 按照我们现在的观点，这一说法等于认为，中国历史上皇帝所发挥的使政权合法正统化的职能现已由政府承担，政府机构则像过去一样继续行使国家权力。

虽然党执掌国家权力的概念可以这样从历史传统的角度加以分析，但这不是说中国领导人责任也这样来推论。我的意思是说，尽管党而不是政府机构被视为国家权力的基础，干部们和公民们对这样的体制不管从中国传统观点还是从列宁主义的观点来理解，都安之若素。

1981年4月邓小平关于党的历史问题决议草案的一段谈话，表明了在今日中国显然占主导地位的观点：

---

① 关于这个问题，见 H. von Senger, "Recent Developments in the Relations between State and Party Norms in the People's Republic of China," in S. Schram (ed.), *The Scope of State Power in China*, pp. 171-207。

② Robert Jay Lifton, *Thought Reform and the Psychology of Totalism: A Study of "Brainwashing" in China* (Harmondsworth, Penguin, 1967), pp. 412-442.

> ……有些意见不能接受……说八届十二中全会、九大是非法的。如果否定八届十二中全会、九大的合法性，那我们说“文化大革命”期间党还存在，国务院和人民解放军还能进行许多必要的工作，就站不住了。八届十二中全会时周恩来同志有个说明，说十位中央委员去世，从候补中央委员中补上十位，这样，中央委员出席的就是五十位，过半数了。这就是讲的合法性……党的组织生活停止过一段时间，但是党实际上存在着。①

这段话很能说明问题。首先，它清楚地表明，领导权属于党，政府和军队仅仅是在党的领导下“进行工作”。其次，就党本身而论，邓小平似乎将国家权力的基础和国家机器的正常运转，将党的领导权和这种权力的合法行使，加以区分，这种区分同杰内特所强调的观点相类似。如果达不到法定人数，某次会议或某项决议就会是非法的（意即“不符合法规”）。但显而易见，对于邓来说，只要党“实际上存在着”，党就因掌握了马克思主义的历史发展规律而继续享有领导权。这无疑可以理解为，如果党长期一直不断地犯错误，在邓看来，党就会丧失领导权，那时，他也许也会说党不存在了。尽管“文化大革命”时期造成了浩劫，但党始终存在。现领导自1978年以来因重新制定了一条正确的路线而巩固了党的存在及其领导权。

中国人民对中国共产党发挥先锋作用的信心，显然因毛泽东最后20年所发生的一些事情而有所动摇。不仅非官方的“民主运动”，而且许多身居高位的起领导作用的知识分子，都在寻求通过政治体制“民主化”尤其是通过选举表达民意，建立另一种合法政治模式。但是，从总体上看，这种试验决不能脱离双轨战略，即还要通过建立新的社会主义“精神文明”解决对党及其意识形态的“信仰危机”。归根结底，一旦体制改革威胁到党的权威，本能的反应就是强调第二个轨道，即党的或者说意识形态的轨道。

---

① 《邓小平文选》，2版，第2卷，304页。

现在已经非常清楚的是，中国既要求思想一致又尊崇最高领导人这一政治文化的影响力仍然是非常强大的。但是，不能排除这一可能性，即从长远来看，80 年代的形势发展，将标志着中国自五四时期以来发生了最深刻的文化革命。以前几十年的社会大动荡乃至 1966—1976 年的“无产阶级文化大革命”对此都起了促进作用（一部分是反面教育作用），故毛泽东仍将被视为五四运动一代充满矛盾的一位传人而活在人们的记忆中。①

（王应一　萧延中译）

① 关于对“文化大革命”影响的进一步分析，见 S. Schram，“The Limits of Cataclysmic Change：Reflections on the Place of the ‘Great Proletarian Cultural Revolution’ in the Political Development of the People's Republic of China，” *The China Quarterly*，No. 108，December 1986，pp. 613 - 624。

附录 8

施拉姆已发表著述的文献书目①

一、关于中国事务

图书

Mao Zedong, Uneétude de l'éducation physique (translation, with an introduction). Paris: Mouton, 1962.

Documents sur la théorie de la "révolutionpermanente" en Chine: Idéologiedialectiqueetdialectique du réel (translation, with an introduction). Paris: Mouton, 1963.

Marxism and Asia (with Hélène Carrère d' Encausse). London: Allen Lane, 1969 (revised and expanded edition of a work originally published in French in 1965).

Mao Tse-tung, Basic Tactics (translation, with an introduction). New York: Praeger, 1966.

Mao Tse-tung. Harmondsworth: Penguin, 1966; revised edition, 1967. (Also published in the U. S. by Simon and Schuster.)

Quotations from Chairman Mao (edited, with an introduction). New York: Bantam Books, 1967.

The Political Thought of Mao Tse-tung. New York: Praeger, 1963; revised edition, 1969.

L'U. R. S. S. et la Chine devant les révolutionsdans les sociétéspré-industrielles (with Hélène Carrère d'Encausse). Paris: Armand Colin, 1970.

Mao Tse-tung Unrehearsed: Talks and Letters, 1956—1971 (edited, with

① 本书目由哈佛大学费正清中国研究中心图书馆资深馆员南希·赫斯特女士提供。

an introduction). Harmondsworth：Penguin，1974.（Also published in the U. S. by Pantheon under the title. Chairman Mao Talks to the People.）

Mao Zedong：A Preliminary Reassessment. New York：St. Martin's Press，1983；Hong Kong：Chinese University Press，1983.

Ideology and Policy in China since the Third Plenum，1978—1984. London：Contemporary China Institute，School of Oriental and African Studies，University of London，1984.

The Thought of Mao Tse-Tung. New York：Cambridge University Press，1989.

Authority，Participation and Cultural Change in China. Cambridge：Cambridge University Press，1973.

The Scope of State Power in China. London：School of Oriental and African Studies，University of London；New York：St. Martin's Press，1985.

Foundations and Limits of State Power in China. London：School of Oriental and African Studies，University of London；Hong Kong：Chinese University Press，1987.

Mao's Road to Power：Revolutionary Writings 1912—1949. Armonk，NY：M. E. Sharpe，1992—2005，7 vols.

刊于其他图书的著述

"Comments on Benjamin Schwartz's Article 'China and the West in the 'Thought of Mao Tse-tung.'" In Ping-ti Ho and Tang Tsou (eds.)，China in Crisis，vol. 1，bk. 1. Chicago：University of Chicago Press，1968，380-389.

"The Party in Chinese Communist Ideology." In J. W. Lewis (ed.)，Party Leadership and Revolutionary Power in China. Cambridge：Cambridge University Press，1970，170-202.

"Social Revolution and Cultural Revolution in China." In A. Dyson and B. Towers (eds.)，China and the West：Mankind Evolving. London：Garnstone Press，1970，65-81.

"Mao Tse-tung Gestern und Heute." In F. A. Lutz (ed.)，Ostasien：Tradition und Umbruch. Zurich：RentschVerlag，1971，85-113.

"Mao and Maoism." In J. M. Gibson and D. M. Johnson (eds.)，A Century of Struggle：Canadian Essays on Revolutionary China. Toronto：Canadian Institute of International Affairs，1971，118-132.

"Mao Zedong and the Role of the Various Classes in the Chinese Revolution，1923—1927." In Chûgoku no seiji to keizai (The Polity and Economy of China).

Tokyo: TôyoKeizaiShinpôsha, 1975, 227 - 239.

"The Marxist." In Dick Wilson (ed.), Mao Tse-tung in the Scales of History. Cambridge: Cambridge University Press, 1977, 35 - 69.

"Introduction." In Li Rui, The Early Revolutionary Activities of Comrade Mao Tse-tung. White Plains, NY: M. E. Sharpe, 1977, ix-xiii.

"The Chinese Soviet Republic: Some Introductory Reflections." In W. E. Butler (ed.), The Legal System of the Chinese Soviet Republic, 1931—1934. Dobbs Ferry, NY: Transnational Publishers, 1983, 7 - 20.

"Mao Tse-tung." in Tom Bottomore (ed.), A Dictionary of Marxist Thought. Oxford: Basil Blackwell, 1983, 298 - 301.

"Classes, Old and New, in Mao Zedong's Thought, 1949—1976." In James L. Watson (ed.), Class and Social Stratification in Post-Revolution China. Cambridge: Cambridge University Press, 1984, 29 - 55.

"Decentralization in a Unitary State: Theory and Practice, 1940—1984." In S. R. Schram (ed.), The Scope of State Power in China, Hong Kong: Chinese University of Hong Kong Press, 1985, 81 - 125.

"Mao Tse-tung's Thought to 1949." In John King Fairbank and Albert Feuerwerker (eds.), The Cambridge History of China, vol. 13: Republican China, 1912—1949, part 2. Cambridge: Cambridge University Press, 1986, 787 - 870.

"Chûgokunijusekaishi no naka no MôTakutô" ("Mao Zedong in the History of China in the Twentieth Century"). In Rekishi no naka no MôTakutô: Sonoisan to saisei (Mao Zedong in History: His Heritage and Reincarnation). Tokyo: Sôsôsha, 1986, 30 - 38.

"Party Leader or True Ruler? Foundations and Significance of Mao Zedong's Personal Power." In Stuart R. Schram, Foundations and Limits of State Power in China. Hong Kong: Chinese University Press, 1987, 203 - 256.

"Mao Zedong and His Thought." In Vernon Bogdanor (ed.), Encyclopedia of Political Institutions. Oxford: Basil Blackwell, 1987, 353 - 354.

"Mao Tse-tung's Thought from 1949—1976." In Roderick MacFarquhar and John K. Fairbank (eds.), The Cambridge History of China, vol. 15: The People's Republic, part 2: Revolutions within the Chinese Revolution, 1966—1982. Cambridge: Cambridge University Press, 1991, 1 - 104.

"Deng Xiaoping's Quest for Modernization with Chinese Characteristics and the Future of Marxism-Leninism.” In Michael Ying-Mao Kau and Susan H. Marsh (eds.), China in the Era of Deng Xiaoping: A Decade of Reform. Armonk, NY: M. E. Sharpe, 1993, 408 - 439.

“Mao Tse-Tung's Thought from 1949—1976.” In Merle Goldman and Leo Ou-Fan Lee (eds.), An Intellectual History of Modern China. New York: Cambridge University Press, 2002, 395 - 498.

“Mao Zedong.” In Antonio S. Cui (ed.), Encyclopedia of Chinese Philosophy. London: Routledge, 2003, 423 - 431.

“Mao Zedong Thought.” In Daniel Leese (ed.), Brill's Encyclopedia of China. Leiden: Brill, 2009, 615 - 619.

期刊论文

“L'U. R. S. S. et la Chine devant la révolutionturque.” Orient 14, 1960, 1 - 15.

“Chinese and Leninist Components in the Personality of Mao Tse-tung.” Asian Survey 3 (6), 1963, 259 - 273.

“Mao Tse-tung, Stalin and Khruschev.” Current Scene 2 (23), 1 November 1963, 1 - 11. “The ‘Military Deviation’ of Mao Tse-tung's ‘Deviation’ in 1927.” Problems of Communism 1, 1964, 49 - 56.

“On the Nature of Mao Tse-tung's ‘Deviation’ in 1927.” The China Quarterly 18, 1964, 55 - 66.

“Mao as a Poet.” Problems of Communism 5, 1964, 38 - 44.

“La Chine de Mao Tsé-toung.” Revue française de science politique 6, 1965, 1079 - 1110.

“Mao: The Man and His Doctrines.” Problems of Communism 5, 1966, 1 - 7.

“Mao Tse-tung and Secret Societies.” The China Quarterly 27, 1966, 1 - 13.

“Mao as a Charismatic Leader.” Asian Survey 7 (6), 1967, 383 - 388.

“Mao Tse-tung and the Chinese Political Equilibrium.” Government and Opposition 4 (1), 1969, 141 - 158.

“Mao Tse-tung and the Search for a ‘Chinese Road’to Socialism.” Royal Central Asian Journal 56 (1), 1969, 30 - 41.

“MôTakutôshisôniokeruReninshugi to jinminshugi” (“Leninism and Populism in the Thought of Mao Tse-tung”). AhichôGeppô 1, 1970, 2 - 22.

“Mao Tse-tung and the Theory of the Permanent Revolution, 1958—1969.” The China Quarterly 46, 1971, 221 - 244.

“MôTakutô o tai-So taido (1958—1962 nen)” (“Mao Tse-tung's Attitude toward the Soviets, 1958—1962"). The Asia Quarterly (Tokyo) 3 (3), 1971, 2 - 23.

"Mao Tse-tung and Liu Shao-ch'i, 1939—1969." Asian Survey 12 (4), 1972, 275 - 293.

"From the 'Great Union of the Popular Masses' to the 'Great Alliance'." The China Quarterly 49, 1972, 76 - 105.

"Some Recent Studies of Revolutionary Movements in China in the Early Twentieth Century." Bulletin of the School of Oriental and African Studies 35 (3), 1972, 588 - 605.

"Mao Tse-tung: A Self-Portrait." The China Quarterly 57, 1974, 156 - 165.

"Mao Tse-tung." Encyclopaedia Britannica vol. 11, 15th ed. (1974; revised 1987), 465 - 469.

"Some Reflections on the Pfeffer-Walder 'Revolution' in China Studies." Modern China 3 (2), 1977, 169 - 184.

"Chairman Hua Edits Mao's Literary Heritage: 'On the Ten Great Relationships.'" The China Quarterly 69, 1977, 125 - 135.

"Mao Tse-tung and the Soviets." IL Politico 43 (3), 1977, 445 - 464.

"Démocratieetcentralismedans la Chine d'après-Mao." Pouvoirs 3, 1977, 59 - 70.

"Chûgokugenseiken to MôTakutô no Isan" ("The Present Regime in China and the Heritage of Mao Zedong"). AjiaJihô 2, 1979, 9 - 28.

"Modernization and the Maoist Vision." International House of Japan Bulletin 36, 1979, 1 - 22.

"Mao Zedong." History Today 31, April 1981, 22 - 29.

"To Utopia and Back: A Cycle in the History of the Chinese Communist Party." The China Quarterly 87, 1981, 407 - 439.

"New Texts by Mao Tse-tung, 1921—1966." Communist Affairs 2 (2), 1983, 143 - 165.

"MôTakutô-ima, ikannihoyokadekiruka" ("How Can Mao Zedong Be Evaluated Today?"). Sekai 9, 1984, 40 - 51.

"Economics in Command? Ideology and Policy since the Third Plenum, 1978—1984." The China Quarterly 99, September 1984, 417 - 461.

"TôShôheiwa, MôTakutô o norikoeruka" ("Has Deng Xiaoping Gone beyond Mao Zedong?"). ChuôKôron 10, October 1986, 222 - 237.

"The Limits of Cataclysmic Change: Reflections on the Place of the Great

Proletarian Cultural Revolution in the Political Development of the People's Republic of China." The China Quarterly 108, 1986, 613-624.

"Ideology and Policy in China in the Era of Reform, 1978—1986." Copenhagen Papers in East and Southeast Asian Studies 1, 1987, 7-30.

"Political Reform in China in the Primary Stage of Socialism." International House of Japan Bulletin 8 (2), Spring 1988, 1-8. [Translated in ChuôKôron, no. 8 (August 1988), "TôShôheiseijiyotsu no zentei," 96-105.]

"China after the 13th Congress." The China Quarterly 114, 1988, 177-197.

"Woyanjiu Mao Zedong sixiang de jingyan" ("My Experiences in Studying Mao Tse-tung's Thought").

Mao Zedong zhexuesixiangyanjiu (Studies in Mao Tse-tung's Philosophical Thought) 4, August 1989, 72-75.

"Mao Zedong: The Formative Years." Humanities 10 (6), November/December 1989, 19-22.

"Mao Zedong a Hundred Years on: The Legacy of a Ruler." The China Quarterly 137, 1994, 125-143.

书评

"Mao Studies: Retrospect and Prospect." The China Quarterly 97, 1984, 95-125.

"Right in Her Soul: The Life of Anna Louise Strong." The China Quarterly 103, 1985, 518-523.

"The Rise of Power of the Chinese Communist Party." The China Quarterly 150, 1997, 487-488.

"Mao Zedong." The China Quarterly 154, 1998, 413-415.

"Mao Zedong's World View." The China Quarterly 159, 1999, 740-741.

"Autocracy and China's Rebel Founding Emperors: Comparing Chairman Mao and Min Taizu." The China Quarterly 167, 2001, 768-770.

"Mao: The Unknown Story." The China Quarterly 189, 2007, 205-208.

Chinese and Japanese Translations KaikakukiChûgoku no ideorogii to seisaku, 1978—1987 (Ideology and Policy in China in the Era of Reform, 1978—1987). Tokyo: Sôsôsha, 1987.

Shilamuji (A Collection of Writings by Schram). Tianjin: Renminchubanshe, 1993.

文献书目提供者说明：这个清单并未包含施拉姆上述著述的全部译本。其中，《毛泽东》已被译成十种语言；《毛泽东的政治思想》、《马克思主义与亚洲》和《未经修饰的毛泽东》被译成四五种语言，此外还有许多版本的中译本。同时，《毛泽东》也被制作成录音带以供盲人阅读。

二、关于其他主题

图书

Protestantism and Politics in France. Alençon，1954（doctoral thesis，privately printed）.

Communisme et nationalismedans les pays sous-développés：Quelques variations régionales（with Françoise Guillaume）. Paris：FondationNationale des Sciences Politiques，1960.

刊于其他图书的著述

“L'Unionsoviétique et les Etatsbaltes.” In J.-B. Duroselle（ed.），Les frontièreseuropéennes de l'U. R. S. S. Paris：Armand Colin，1957，25 - 166.

“Le protestantisme rural：Traditions，structures et tendancespolitiques”（with Pierre Poujol）. In J. Fauvet and H. Mendras（eds.），Les paysans et la politiquedans la France contemporaine. Paris：Armand Colin，1958，361 - 385.

期刊论文

“Le poujadismedans le Gard.” Christianisme Social 3 - 4，1956，195 - 207.

“Christian Rakovskij et le premier rapprochement franco-soviétique.” Cahiers du monde russe et soviétique 2，1960，205 - 237.

新版整理后记

这部《毛泽东》是国际最著名的毛泽东研究专家和毛泽东著作翻译家施拉姆教授的代表作之一，发表于1966年。虽然在今天看来，该书无论就史料还是就观点而言都显得相对“陈旧”，但倒推半个世纪，正当中国的“文革”运动兴起之时，它则是当时国外毛泽东研究的先锋之作，一时洛阳纸贵，也由此奠定了作者“毛泽东研究专家”的学术地位。至今我们仍可想象这部著作在西方世界呼风唤雨的情景。

施拉姆教授可以说是一位学界的传奇人物，他的学术生涯颇富戏剧性。1924年生于美国明尼苏达州，1944年毕业于明尼苏达大学，后赴法国求学。20世纪50年代初期，他已成为一位核物理学家，参与了著名的“曼哈顿计划”（第二次世界大战期间美国陆军自1942年起开发核武器计划的代号），从事核物理研究工作，用法文和德文发表了若干研究论文，同时自学了俄文和日文。但不久，本可成为一名著名的核物理专家的施拉姆，却一头钻入偏门，对与其研究领域相隔甚远、在当时西方学界属于空白的毛泽东研究产生了浓厚的兴趣，于是回到美国，开始了长达50多年的毛泽东研究事业。施拉姆于1954年获哥伦比亚大学哲学博士学位，20世纪60年代在哈佛大学从事博士后中国问题研究，1967年以后长期担任英国伦敦大学东方与非洲研究院（SOAS）政治系教授，兼任该院现代中国研究所所长，1989年应聘在哈佛大学费正清中国研究中心主持英文版多卷本《毛泽东集》的编纂工作。

1966年，这部《毛泽东》出版了。这是施拉姆教授的第一部毛泽东学术传记著作，从而成为西方学术界领略毛泽东生平的必读的严肃学术参考著作。尽管后来《未经修饰的毛泽东：谈话与书信集（1956—1971）》（1973）、《对毛泽东的初步重估》（1984）和《毛泽东的思想》（1989）等著述先后问世，但作为领袖传记名著，这部《毛泽东》仍在国际毛泽东研究史上占有不可替代的卓越地位。

2003年12月，美国哈佛大学召开了“毛泽东诞辰110周年暨表彰施拉姆教授在毛泽东研究中杰出贡献学术研讨会”，会议主题为“再评毛泽东”（Mao：Re-evaluated）。不少跟随施拉姆教授翻译毛泽东著作的著名西方学者，都把与他的合作看成是“得到一个学习和训练的机会”。斯坦福大学现代中国研究权威范力沛教授甚至认为，“正如人们无法想象中国革命离开了毛泽东一样，离开了施拉姆的工作，也将无法想象在研究中国革命的过程中，西方学者将如何理解毛泽东”。可见他在西方“中国问题”和毛泽东研究领域里的重要影响。正是在这次学术会议上，施拉姆教授总结自己一生的研究说：“从各种各样的角度看，毛泽东的政治本能都是健全的。他力图为中国人民谋利益。只不过50年代以后，他在个人的情感方面，过于感情用事、固执任性和狂热，从而铸下大错和大罪，但尽管如此，他仍然是一个伟大的领袖，他总是想把最好的东西留给中国。我认为人们会因此而永远铭记他。”施拉姆教授一生的大部分时光集中在毛泽东研究上，直到2012年7月22日以88岁的高龄在美国波士顿逝世。

2012年，我在美国哈佛大学费正清中国研究中心做访问学者，研究主题是史华慈思想资料的收集与研究。由于研究领域和学术兴趣的缘故，国际著名毛泽东研究专家施拉姆的著述自然也在搜集和研究之列。但遗憾的是，此时因病已长期卧床的施拉姆教授，其身体状况已不适宜接待客人。在施拉姆教授去世后，该中心图书馆资深馆员南希·赫斯特（Nancy Hearst）女士在第一时间就把这一不幸的消息告诉了我。在人过中年并逐渐不情愿地向老年趋步的行程中，越发对沧桑人事背后的冥冥轨迹平添了些许难以言状的切身体悟，其中当然不免感慨与惊奇，可一切似乎又都是那么“自然而然”。每每在寂静的深夜仰望浩瀚星空之时，“数风流人物，还看今朝”一类出自人世的豪言壮语，必将随着流逝的宇宙时间而渐渐远去，只断断续续地留下“残阳如血”的袅袅余音：“What is man that thou art mindful of him?”（“人，算什么，你凭什么这样顾念

他?”——《旧约·诗篇》8:4)

在施拉姆教授去世以后，有一次麦克法夸尔教授约杨奎松教授和我到他哈佛大学的办公室聊天，南希也在场。当谈及对于若干毛泽东著述史料的真伪甄别和判断问题时，自然要涉及已故的施拉姆教授。麦克法夸尔教授曾是著名学刊《中国季刊》的创办人，那时施拉姆教授正是伦敦大学著名的东方与非洲研究院的掌门人，后来二人又在哈佛大学费正清中国研究中心共事多年，相交甚笃。麦克法夸尔教授说起老友总是不断地流露出怀念和惋惜之情，他介绍说，施拉姆是个“认真”得出了名的人，年轻的时候脾气很不好，工作中出现的一点点小纰漏都会使他“火星四溅”。施拉姆在伦敦大学的同事说，他们总能听见隔壁办公室的施拉姆在电话中不停地“骂人”。到了哈佛大学以后，施拉姆的脾气好多了，但即使是这样，他仍被安排在燕京图书馆后面的一间办公室里，那里只有他一个人，所以他想“吵架”也找不到人了。好多年前，瑞士青年沈迈克（Michael Schoenhals）在北京潘家园地摊上“淘”到了毛泽东1957年2月27日讲话的记录稿，当他把这个记录稿拿给施拉姆看时，没想到这位名教授竟然试图一把抢下那份稿子，而丝毫没有考虑到讲话记录稿拥有者沈迈克本人的感受。读者不难想见，当一位倾尽全力于研究专业的学者发现了寻觅多年的珍贵历史文献时，其亢奋的举止竟达到了失礼乃至失态的程度，这是多么以及如何地“忘我”、“投入”和“痴迷”!

麦克法夸尔教授还谈到，施拉姆生前曾就自己的主要研究精力的投入方向问题征求过他的意见。当时施拉姆面临着两个选择，或者是重新修订这部《毛泽东》，或者是专注于毛泽东著作的翻译领域。麦克法夸尔教授的意见是专心翻译，因为随着史料的进一步披露，修订原书可以说是无止境的，但是翻译毛泽东著作的工作则需要更高的要求，除了施拉姆教授以外别人很难胜任。于是，施拉姆采纳了老友的意见，毅然放弃《毛泽东》一书的修订工作，尽管他本人对自己的这部作品非常珍视。在施拉姆教授不懈的努力下，由其任总主编的《毛的通往权力之路：革命的文献（1912—1949）》（*Mao's Road to Power: Revolutionary Writings, 1912—1949*）终于逐卷出版。该系列译丛选取1912年至1949年期间毛泽东著述的原始资料，加以翻译、注释。该系列计划十卷本，从1992年到2016年已由M. E. Sharpe出版社出版了八卷，目前前八卷共收录翻译文稿1 602篇，是目前西方学术界所翻译编辑的最全面的英文毛泽东著作集。这前八卷的大致内容如下：第一卷“前马克思主义时期”（1912年至1920年），收入文稿172篇（1992年版）；第二卷“民族与社会革命”（1920年12月至1927年6月），收入文稿130篇（1994年版）；第三卷“从井冈山根据地到江西苏维埃”（1927年7月至1930年12月），收入文稿130篇（1995年版）；第四卷“中华苏维埃共和国的兴起与衰落”（1931年至1934年），收入文稿234篇（1997年版）；第五卷“第二次合作前”（1935年1月至1937年6月），收入文稿171篇（1999年版）；第六卷“新阶段”（1937年8月至1938年），收入文稿215篇（2004年版）；第七卷“新民主”（1939年至1941年），收入文稿320篇（2005年版）；第八卷“从延安整风到七大”（1942年7月至1945年），收录文稿230篇（2016年版），助理编辑是齐慕实。据我所知，第九卷已付梓，第十卷则进入最后的校勘阶段。

今天看来，施拉姆教授最后的这个决定是值得钦佩的正确选择。但同时我们也要说，当人们通过译著了解毛泽东之生平和思想时，施拉姆教授的这部传记性著作，仍须作为重要的背景参考资料，供读者体会阅读。

20世纪80年代末期，施拉姆的主要研究著作和大量高质量的研究论文就已陆续被译成中文，产生了较大影响，同时他也与中国学者和研究机构一直保持着密切的学术交往，他的名字也广为中国一般学者所熟知。这部《毛泽东》理所当然地成为中国学界最早引入的西方毛泽东研究著作的首选作品之一，经王应一、唐秀兰、何祚康、杨德几位学术前辈精心翻译，于1987年由红旗出版社出版（内部发行）。在这次对全书重新整理的过程中我们发现，原译文准确、精致，包括注释在内都十分规范，从中再次体会到老一辈学人译书、治学的严肃和严谨态度，顿时肃然起敬。

此次《毛泽东》一书的重新整理工作由萧延中主持，除了对原译稿做了逐一勘校以外，为了让读者更加全面地了解施拉姆教授的研究成果，在附录中刊出了他的七篇重要的代表性研究论文，同时增加了“施拉姆已发表著述的文献书目”，以供读者参考。

这里要特别感谢施拉姆夫人慷慨地授予《毛泽东》一书的中文版版权，更要特别感谢哈佛大学费正清中国研究中心图书馆的南希·赫斯特女士，她在百忙之中无私地承担了与施拉姆夫人的联络事宜，提供了“施拉姆已发表著述的文献书目”，给我以莫大的支持和帮助。

我的研究生王伟丽同学在本书正文的中英文本的比较中，做了大量具体的工作，在此致以谢意。

自然，新版《毛泽东》一书中选目、翻译和其他方面的不足，由我本人负责。

萧延中

2018年五一国际劳动节于上海

图书在版编目（CIP）数据

毛泽东/（美）施拉姆著；王应一等译．—北京：中国人民大学出版社，2016.1
ISBN 978-7-300-19830-9

Ⅰ.①毛… Ⅱ.①施… ②王… Ⅲ.①毛泽东（1893～1976）—生平事迹 Ⅳ.①A752

中国版本图书馆 CIP 数据核字（2015）第 274316 号

国外毛泽东研究译丛（第二辑）
主编　石仲泉　萧延中
毛泽东
［美］斯图尔特·施拉姆　著
王应一　唐秀兰　何祚康　杨德　译
萧延中　审译
Mao Zedong

出版发行	中国人民大学出版社		
社　　址	北京中关村大街 31 号	**邮政编码**	100080
电　　话	010－62511242（总编室）		010－62511770（质管部）
	010－82501766（邮购部）		010－62514148（门市部）
	010－62515195（发行公司）		010－62515275（盗版举报）
网　　址	http://www.crup.com.cn		
经　　销	新华书店		
印　　刷	涿州市星河印刷有限公司		
开　　本	720 mm×1000 mm　1/16	**版　　次**	2018 年 9 月第 1 版
印　　张	29 插页 8	**印　　次**	2023 年 12 月第 5 次印刷
字　　数	442 000	**定　　价**	98.00 元